FACHWERK

BIOLOGIE

7/8

Allgmeine Ausgabe

FACHWERK

BIOLOGIE

7/8

Allgmeine Ausgabe

Autorinnen: Dr. Denisa May, Nina-Valeska Neuschäfer, Anika Osenberg, Anke Pohlmann, Susanne Schwarze

Mit Beiträgen von: Ulrike Dives, Judith Fischer, Dr. Udo Hampl, Kathrin Janik, Birgit Lange, Marquarth, Andreas Marquarth, Andreas Miehling, Dr. Matthias Niedermeier, Katrin Oberschelp, Michaela Paul, Dr. Peter Pondorf, Dorothea Ratke, Matthias Ritter, Alexandra Schulte, Ingmar Stelzig, Ulrike Tegtmeyer, Steffen Wachs, Josef Johannes Zitzmann

Redaktion: Christina Egenolf, Yvonne Schanzenbächer
Bildrecherche: Melanie Tönnies
Gesamtgestaltung: Studio SYBERG, Berlin
Technische Umsetzung: Reemers Publishing Services
Technische Umsetzung Gefahren- und Gebotszeichen: Atelier G

www.cornelsen.de

Dieses Werk wurde anhand wissenschaftlicher Kriterien geprüft und für den sprachsensiblen Unterricht zertifiziert. Gutachter: Prof. Dr. Christian Efing (Universität Aachen). Eine Übersicht der Kriterien haben wir für Sie unter www.cornelsen.de/mittlere-schulformen zusammengestellt.

Dieses Werk enthält Vorschläge und Anleitungen für Untersuchungen und Experimente. Vor jedem Experiment sind mögliche Gefahrenquellen zu besprechen. Beim Experimentieren sind die Richtlinien zur Sicherheit im Unterricht einzuhalten.

Die QR-Codes im Buch sind eine fakultative Ergänzung zu Fachwerk Biologie, die die inhaltliche Arbeit begleitet und unterstützt. Als solche unterliegt sie nicht der Genehmigungspflicht.

Die Webseiten Dritter, deren Internetadressen in diesem Lehrwerk angegeben sind, wurden vor Drucklegung sorgfältig geprüft. Der Verlag übernimmt keine Gewähr für die Aktualität und den Inhalt dieser Seiten oder solcher, die mit ihnen verlinkt sind.

1. Auflage, 1. Druck 2024

Alle Drucke dieser Auflage sind inhaltlich unverändert und können im Unterricht nebeneinander verwendet werden.

© 2024 Cornelsen Verlag GmbH, Berlin

Soweit in diesem Lehrwerk Personen fotografisch abgebildet sind und ihnen von der Redaktion fiktive Namen, Berufe, Dialoge und Ähnliches zugeordnet oder diese Personen in bestimmte Kontexte gesetzt werden, dienen diese Zuordnungen und Darstellungen ausschließlich der Veranschaulichung und dem besseren Verständnis des Inhalts.

Bei diesem Buch handelt es sich um eine Prüfauflage. Es ist nur für Prüf- und Testzwecke des Lehrers/der Lehrerin im Rahmen des Unterrichts vorgesehen und darf nicht weiterverbreitet bzw. in Ausschnitten oder Teilen vervielfältigt, verbreitet sowie verkauft werden. Rückmeldungen zur Prüfauflage sind auf www.cornelsen.de/Produktbewertung an den Verlag erbeten.

Druck: Mohn Media Mohndruck, Gütersloh

ISBN 978-3-06-011331-6 (Schulbuch)
Produktnr. 1100030360 (E-Book)

PEFC-zertifiziert
Dieses Produkt stammt aus nachhaltig bewirtschafteten Wäldern und kontrollierten Quellen
PEFC/04-31-1033   www.pefc.de

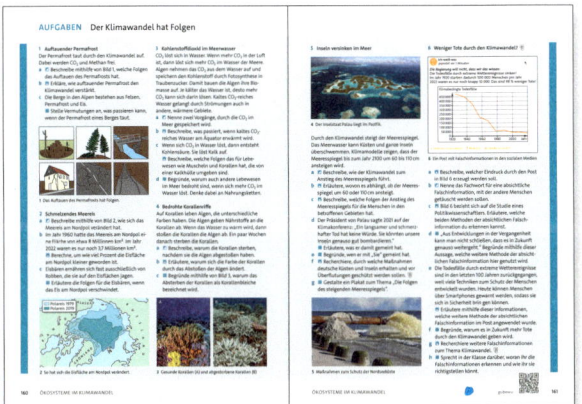

Auf den **Aufgabenseiten** kannst du dein Wissen wiederholen, anwenden und vertiefen.

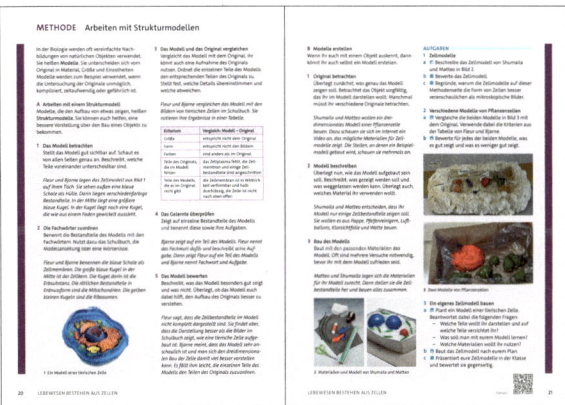

Die **Methodenseiten** zeigen dir Schritt für Schritt, wie du vorgehen kannst, wenn du naturwissenschaftliche Fragen untersuchen, verstehen oder präsentieren willst.

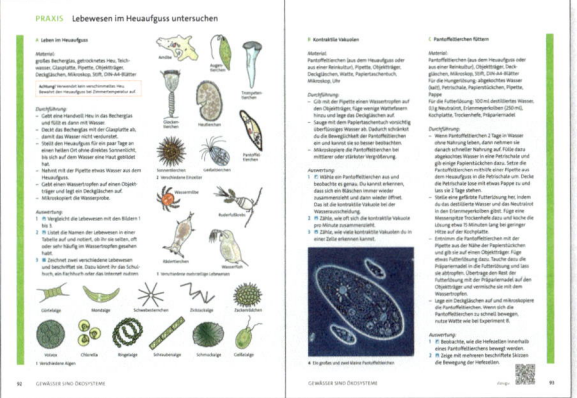

Auf den **Praxisseiten** findest du Anleitungen für Experimente, praktische Übungen oder die Arbeit mit Modellen.

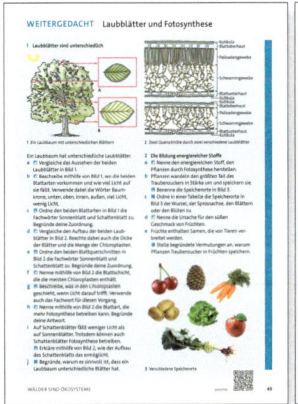

Die **Weitergedacht-Seiten** enthalten knifflige Aufgaben, die über das Grundwissen hinausgehen. Hier kannst du dein ganzes Wissen und Können einbringen.

Auf den **Extraseiten** findest du Inhalte, die über das Grundwissen hinausgehen. Damit kannst du dein Wissen erweitern und vertiefen.

Das ist mit den Symbolen im Buch gemeint:

Die Aufgaben sind **unterschiedlich schwierig** und deshalb gekennzeichnet mit:

- grundlegend
- erweitert
- erweitert plus

Dieses Zeichen zeigt dir, dass die Seite oder Aufgabe besondere Kenntnisse und Fähigkeiten der **Medienbildung** berücksichtigt.

QR-Codes im Buch:

magago

Die QR-Codes auf den Grundseiten führen dich zu Videos und bewegten Bildern sowie zu Hilfen zu den Aufgaben.

Auch die QR-Codes auf allen anderen Seiten mit Aufgaben führen dich zu Hilfen zu diesen Aufgaben.

Die QR-Codes auf den Teste-dich-Seiten führen dich zu den Lösungen der Aufgaben.

zaxuwi

Die QR-Codes auf den Zusammenfassung-Seiten führen dich zu einer Liste mit den Fachwörtern des Kapitels.

Inhaltsverzeichnis

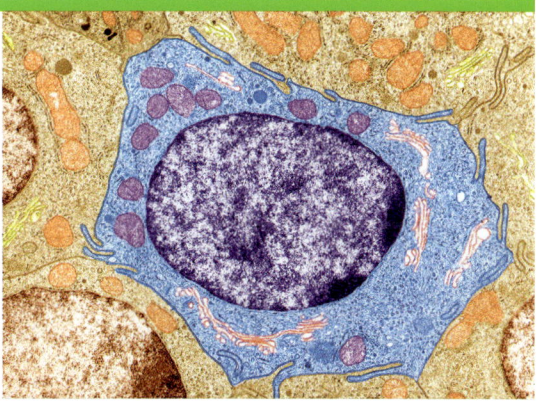

Städte sind Ökosysteme _____ 118

Ökosysteme im Klimawandel ___ 142

Sinne und Wahrnehmung ___ 192

Zum Nachschlagen

Die im Inhaltsverzeichnis mit ▣ gekennzeichneten Seiten dienen dem Erwerb von Medienkompetenz. Das Zeichen ▣ findet sich außerdem auf vielen anderen Seiten im Buch – immer dort, wo es noch weitere Angebote zum Erwerb von Medienkompetenz gibt.

Die folgenden QR-Codes führen zu:

einer Übersicht aller Videos und bewegten Bilder im Schulbuch.

Diese Übersicht gibt es auch hier:
https://www.cornelsen.de/codes/code/magago

magago

einer Übersicht aller Fachwörter-Listen im Schulbuch.

Diese Übersicht gibt es auch hier:
https://www.cornelsen.de/codes/code/zaxuwi

zaxuwi

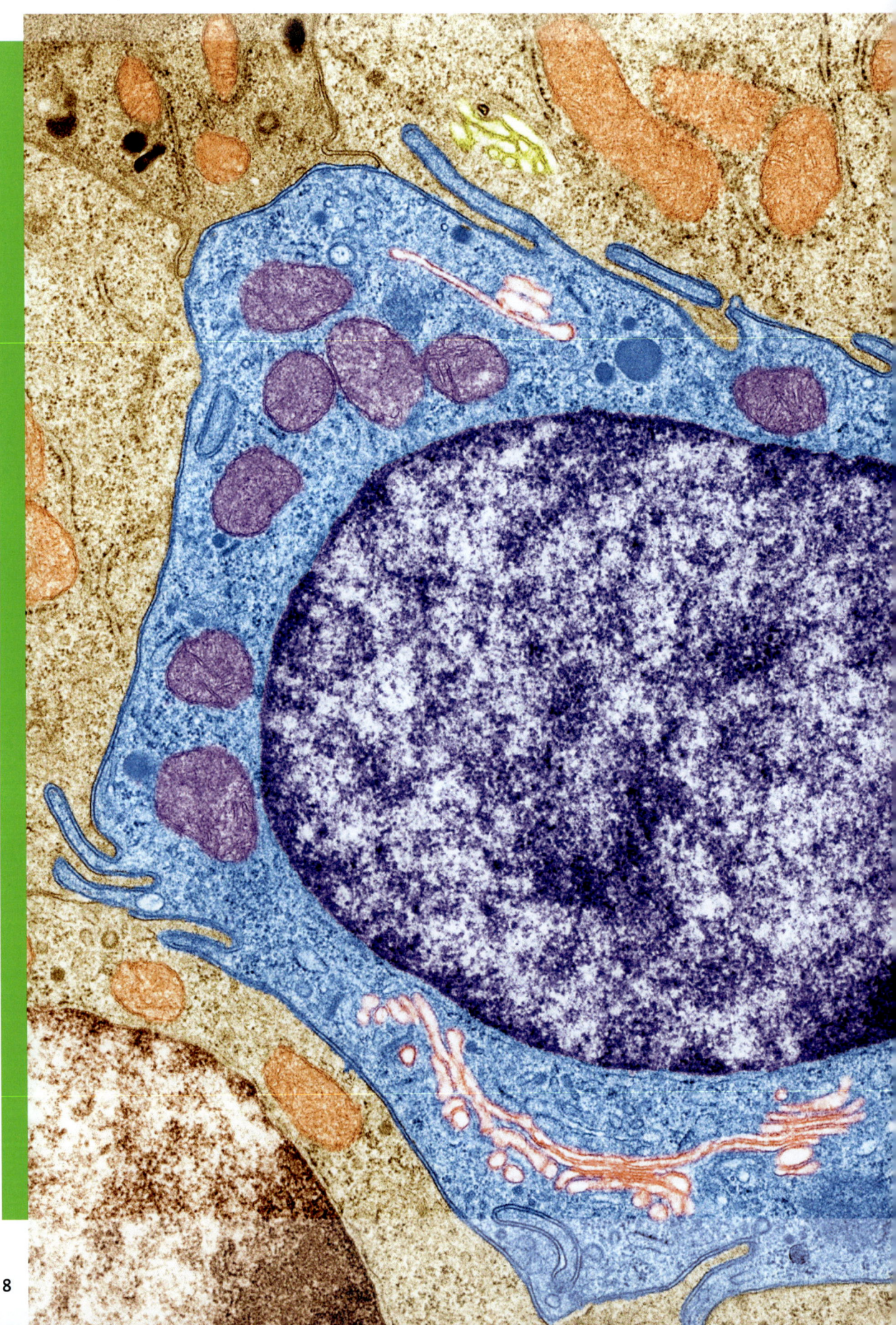

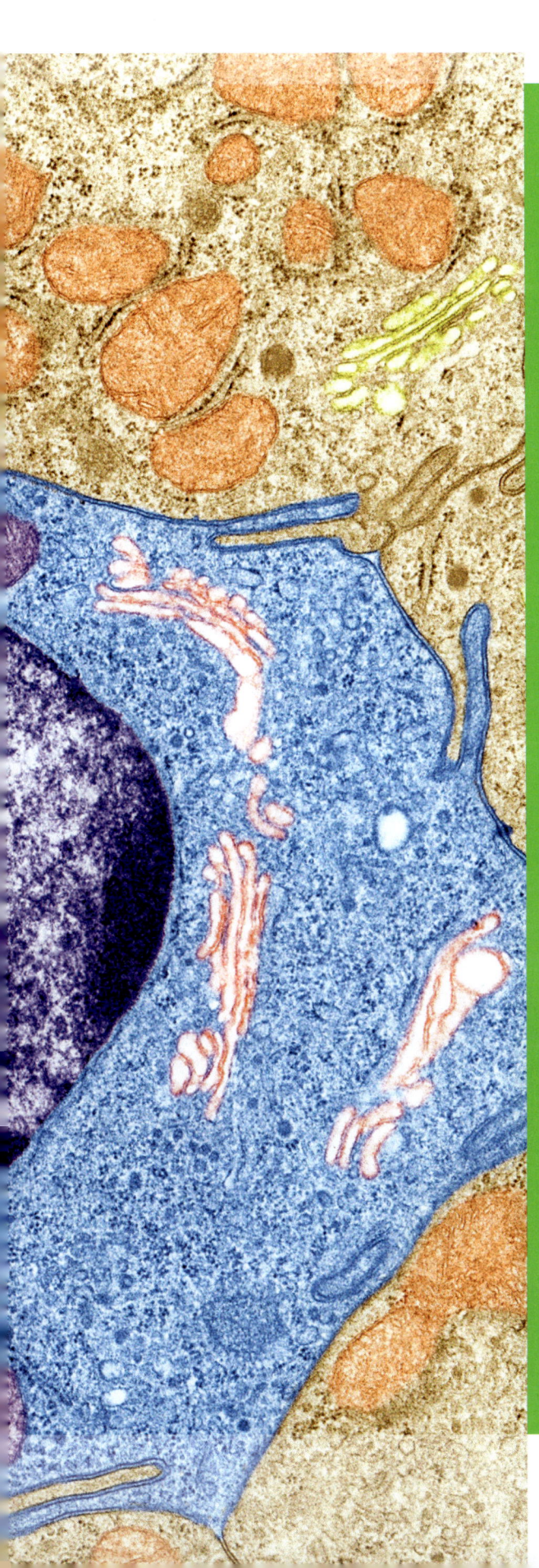

Lebewesen bestehen aus Zellen

In diesem Kapitel erfährst du, ...
... welche Merkmale Lebewesen besitzen.
... dass Lebewesen aus Zellen bestehen.
... wie die Zellen von Pflanzen und Tieren gebaut sind.
... wie Pflanzenzellen die Energie der Sonne für andere Lebewesen nutzbar machen.
... wie Zellen die Energie aus der Nahrung nutzbar machen.
... wie sich die verschiedenen Zellen eines Lebewesens entwickeln.
... wie vielzellige Lebewesen wachsen und aufgebaut sind.

Lebewesen sind aus Zellen aufgebaut

1 Noah fragt sich, wie ein Laubblatt gebaut ist.

Noah will mit der Lupe die Einzelbausteine eines Blattes anschauen, doch er kann nichts erkennen.

Die Zellen

Alle Lebewesen bestehen aus kleinsten Bausteinen. Sie werden **Zellen** genannt. Zellen sind sehr klein, sie werden erst in einem Mikroskop sichtbar. Große Lebewesen bestehen aus viel mehr Zellen als kleine Lebewesen. Die Zellen von Pflanzen und Tieren sind ähnlich gebaut.

Der Bau von Pflanzenzellen

Im Mikroskop erkennt man, dass ein Laubblatt aus vielen kleinen eckigen Zellen besteht (Bild 2). Die Zellen haben eine feste Wand. Das ist die **Zellwand**. Sie schützt die Zellen und gibt ihnen ihre Form. Durch winzige Löcher können Zellen Stoffe mit der Umgebung austauschen. Diese Löcher in der Zellwand heißen in der Fachsprache **Tüpfel**.

Die Zellen besitzen noch eine weitere Hülle, die innen an der Zellwand liegt. Das ist die **Zellmembran**. Im Innern der Zelle befindet sich eine zähe Flüssigkeit aus Wasser und gelösten Stoffen. Sie wird **Zellplasma** genannt. Im Zellplasma liegen die kleinen „Organe" der Zelle. Das Fachwort für ein kleines Zellorgan ist **Organelle**.

Die Organellen in Pflanzenzellen

Jede Zelle enthält alle Informationen über die Merkmale des Lebewesens. Diese Informationen heißen **Erbinformationen**. Sie sind in einem Stoff gespeichert. Dieser Stoff wird **Erbsubstanz** genannt. Die Erbsubstanz befindet sich im **Zellkern** (Bild 3). Der Zellkern steuert mithilfe der Erbsubstanz alle Vorgänge in der Zelle.

Die Zellen von Laubblättern haben viele kleine grüne Körner (Bild 2). Diese Blattgrünkörner werden **Chloroplasten** genannt. Sie enthalten einen grünen Farbstoff, das **Chlorophyll**. Chloroplasten nutzen die Energie des Sonnenlichts, um Traubenzucker aufzubauen.

Pflanzenzellen besitzen einen großen Raum im Zellplasma, in dem Wasser und Stoffe gespeichert werden. Dieser Raum ist die **zentrale Vakuole**. Sie drückt wie ein prall mit Flüssigkeit gefüllter Luftballon von innen gegen die Zellwand und macht die Zelle stabil.

Im Zellplasma liegen die Kraftwerke der Zelle, die **Mitochondrien**. Sie setzen Energie aus Traubenzucker frei. Die Fabriken in den Zellen sind die **Ribosomen**. Hier werden verschiedene Stoffe aufgebaut.

2 Mehrere Pflanzenzellen im Mikroskop

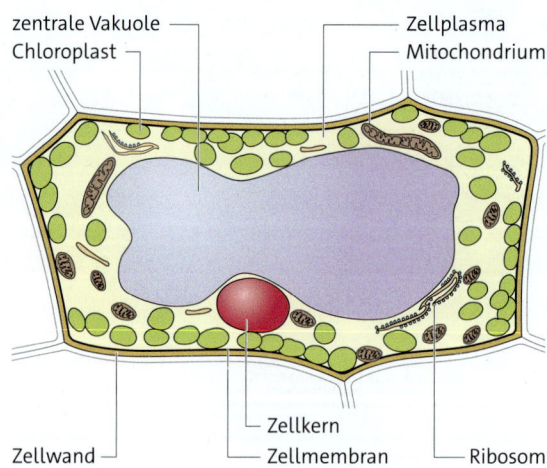

3 Eine Schemazeichnung einer Pflanzenzelle

Der Bau von Tierzellen

Die Zellen von Tieren und Pflanzen sind ähnlich gebaut. Tierzellen besitzen wie Pflanzenzellen eine Zellmembran und sind mit Zellplasma gefüllt. Im Zellplasma von Tierzellen liegen der Zellkern, die Mitochondrien und die Ribosomen (Bild 4). Tierzellen besitzen keine feste Zellwand und keine zentrale Vakuole. Dadurch sind Tierzellen verformbar und weniger stabil als Pflanzenzellen. Tierzellen haben auch keine Chloroplasten (Bild 5). Deshalb können Tierzellen die Energie des Sonnenlichts nicht nutzen, um Traubenzucker aufzubauen.

Einzeller und Vielzeller

Es gibt winzige Lebewesen, die nur aus einer Zelle bestehen. Sie heißen **Einzeller**. Größere Lebewesen bestehen aus vielen Zellen. Deshalb werden sie **Vielzeller** genannt. Die verschiedenen Zellen von Vielzellern unterscheiden sich je nach ihrer Aufgabe in der Größe und der Form. Ihr Grundbauplan ist aber gleich. Es gibt Einzeller und Vielzeller bei den Pflanzen und bei den Tieren. Man spricht auch von tierischen und pflanzlichen Einzellern sowie tierischen und pflanzlichen Vielzellern.

> Lebewesen bestehen aus Zellen. Pflanzenzellen und Tierzellen besitzen eine Zellmembran, Zellplasma sowie Mitochondrien und Ribosomen. Im Zellkern befindet sich die Erbsubstanz. Pflanzenzellen besitzen zusätzlich eine Zellwand, Chloroplasten und eine zentrale Vakuole. Einzeller bestehen aus einer Zelle. Vielzeller bestehen aus vielen Zellen.

AUFGABEN

1 Die Zellen von Pflanzen und Tieren

a ⊡ Beschreibe, was Zellen sind.

b ⊠ Vergleiche die Bestandteile einer Pflanzenzelle und einer Tierzelle in einer Tabelle.

c ⊡ Lies aus deiner Tabelle ab, welche Organellen nur in Pflanzenzellen vorkommen.

d ⊠ Notiere die Aufgaben der einzelnen Organellen in einer Tabelle.

Organelle	Aufgabe
Zellwand	...
Zellmembran	...
...	...

e ⊠ Begründe, warum Tierzellen das Sonnenlicht nicht nutzen können, um Traubenzucker aufzubauen.

f ⊠ Stelle Vermutungen an, warum Pflanzenzellen durch eine feste Zellwand geschützt sind, Tierzellen jedoch nicht.

g ⊠ Erstelle eine Skizze von einer Pflanzenzelle und von einer Tierzelle. Die Bilder 3 und 4 helfen dir dabei. Beschrifte deine Skizzen mit den Fachwörtern.

h ⊠ „Die Mitochondrien sind die Kraftwerke der Zelle." Nimm Stellung zu dieser Aussage.

i ⊠ Arbeitet zu zweit. Überlegt euch, womit ihr die Organellen vergleichen könntet. Orientiert euch an dem Vergleich bei den Mitochondrien. Begründet die Wahl eurer Vergleiche.

j ⊠ Vergleiche Einzeller und Vielzeller.

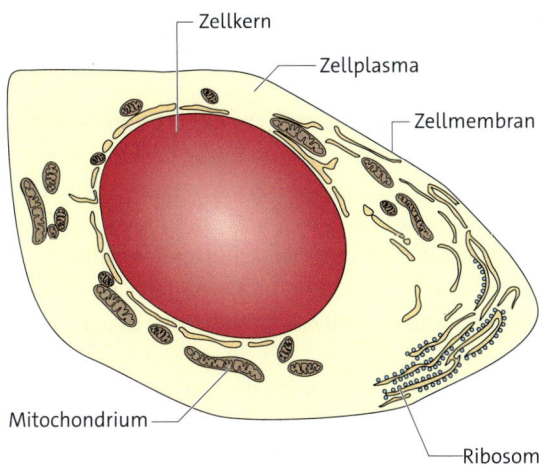

4 Eine Schemazeichnung einer Tierzelle

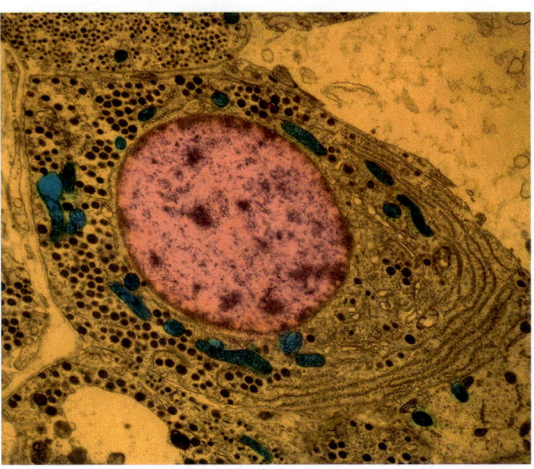

5 Eine Tierzelle im Mikroskop

METHODE   Mikroskopieren

Ein **Mikroskop** ist ein Gerät, das sehr stark vergrößerte Bilder von sehr kleinen Dingen erzeugt. Dadurch kannst du kleinste Einzelheiten erkennen. Um ein Mikroskop richtig benutzen zu können, musst du wissen, wie es aufgebaut ist.

Du schaust am oberen Ende in das Mikroskop. Dieses Bauteil heißt **Okular**. Es besteht aus mehreren Linsen. An der Beschriftung des Okulars kannst du ablesen, wie stark diese Linsen ein Bild vergrößern. Wenn auf dem Okular zum Beispiel „10x" steht, dann bedeutet das „10-fache Vergrößerung".

Das Okular ist über ein Rohr mit dem restlichen Gerät verbunden. Dieses Rohr wird **Tubus** genannt. Der Tubus ist schräg angebracht und drehbar. Dadurch kannst du beim Mikroskopieren eine angenehme Körperhaltung einnehmen.

Unter dem Tubus befindet sich eine Drehscheibe mit mehreren vergrößernden Bauteilen. Ein solches Bauteil heißt **Objektiv**. Es besteht aus mehreren Linsen. An der Beschriftung des Objektivs kannst du die Vergrößerung ablesen. Auf der Drehscheibe befinden sich mehrere Objektive mit unterschiedlicher Vergrößerung. Die Drehscheibe wird **Objektivrevolver** genannt.

Unter den Objektiven erkennst du die Auflagefläche für das Objekt, das du betrachten willst. Diese Fläche ist der **Objekttisch**. Er besitzt oft kleine Metallklammern, mit denen du das Objekt festklemmen kannst. Diese Klammern heißen **Objekthalter**.

In der Mitte des Objekttischs ist ein Loch. Darunter befindet sich auf der Unterseite des Objekttischs eine Vorrichtung, mit der das Licht gebündelt wird. Das ist die **Blende**. Du kannst sie weiter öffnen oder schließen, bis das Objekt gleichmäßig ausgeleuchtet ist.

Unterhalb der Blende befindet sich eine **Lichtquelle**. Sie beleuchtet das Objekt von unten.

Die Lichtquelle ist auf einem schweren Gehäuse am unteren Ende des Mikroskops angebracht. Das Gehäuse heißt **Fuß**. Er enthält die Technik für die Beleuchtung.
Am Fuß des Mikroskops ist eine Halterung für die restlichen Teile des Mikroskops verankert. Diese Halterung heißt **Stativ**.
Fasse das Mikroskop zum Tragen immer nur am Fuß und am Stativ an.

Am Stativ siehst du einen Drehknopf zum Scharfstellen des Bildes. Wenn du daran drehst, dann bewegt sich der Objekttisch nach oben oder unten. Dadurch verändert sich der Abstand zwischen dem Objekt und dem Objektiv. Der Drehknopf ist oft zweigeteilt. Mit dem größeren Teil kannst du den Abstand schneller verändern, die Einstellung ist also sehr grob. Deshalb spricht man vom **Grobtrieb**. Mit dem kleinen Teil des Drehknopfs kannst du den Abstand sehr langsam verändern, die Einstellung ist also sehr fein. Deshalb spricht man vom **Feintrieb**.

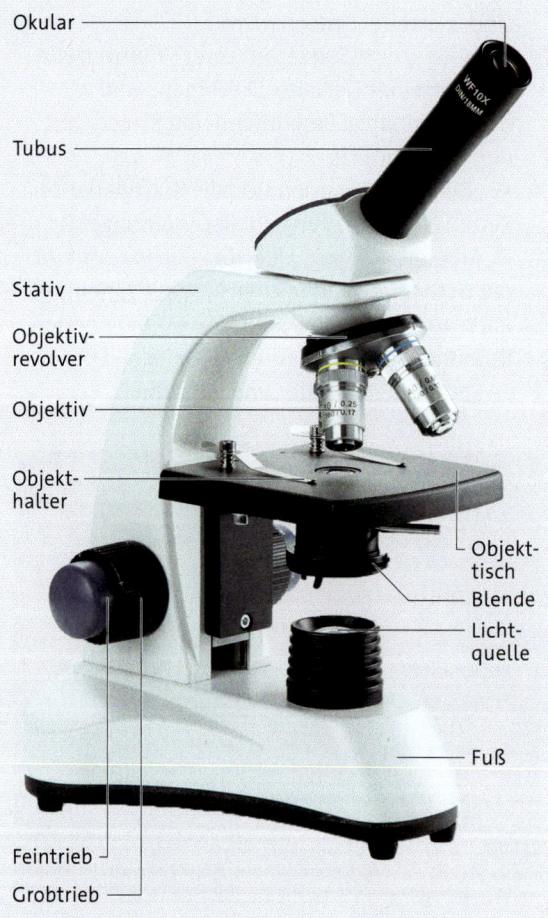

Okular
Tubus
Stativ
Objektivrevolver
Objektiv
Objekthalter
Objekttisch
Blende
Lichtquelle
Fuß
Feintrieb
Grobtrieb

1 Die Bauteile eines Mikroskops

Wenn du ein Mikroskop verwendest, um kleinste Einzelheiten zu betrachten, dann mikroskopierst du. Gehe dabei immer nach den folgenden Schritten vor:

1   Das Mikroskop aufstellen
Trage das Mikroskop immer mit einer Hand am Stativ und mit der anderen Hand unter dem Fuß. Stelle es auf den Tisch und stecke den Stecker in die Steckdose.

2   Die Grundeinstellung vornehmen
Drehe den Objekttisch mit dem Grobtrieb ganz nach unten. Drehe den Objektivrevolver so, dass das Objektiv mit der kleinsten Vergrößerung über dem Loch des Objekttischs ist. Schalte die Lampe ein und schließe die Blende zu einem Drittel.

3   Das Präparat auflegen
Lege den Objektträger mit dem vorbereiteten Objekt über das durchleuchtete Loch des Objekttischs. Klemme den Objektträger mit den Objekthaltern fest.

4   Das Bild scharf stellen
Schau von der Seite auf das Mikroskop und drehe den Objekttisch mit dem Grobtrieb nach oben, bis sich Deckgläschen und Objektiv gerade noch nicht berühren (Bild 2). Schau nun durch das Okular und bewege den Objekttisch mit dem Feintrieb langsam nach unten, bis du ein scharfes Bild siehst. Stelle mit der Blende die Helligkeit so ein, dass du scharfe Kontraste siehst.

3 Valeria mikroskopiert.

5   Einen Überblick verschaffen
Betrachte zunächst das gesamte Objekt. Suche eine besonders schöne oder interessante Stelle und schau sie dir genauer an. Bringe sie dazu in die Mitte des Bildes, indem du den Objektträger vorsichtig auf dem Objekttisch verschiebst.

6   Vergrößern und scharf stellen
Drehe den Objektivrevolver, bis das Objektiv mit der nächsten Vergrößerung über deinem Objekt ist. Schaue durch das Okular und drehe den Feintrieb, bis du ein scharfes Bild siehst.

Die Regeln zum Umgang mit dem Mikroskop
– Fasse das Mikroskop zum Tragen immer nur am Stativ und am Fuß an.
– Berühre die Linsen von Okular und Objektiv niemals mit den Fingern.
– Beginne beim Mikroskopieren immer mit der kleinsten Vergrößerung.
– Drehe immer am Objektivrevolver, niemals am Objektiv.
– Stelle das Bild immer zuerst mit dem Grobtrieb, dann erst mit dem Feintrieb scharf.
– Achte darauf, dass das Objektiv niemals das Objekt berührt.
– Stelle nach dem Mikroskopieren wieder die kleinste Vergrößerung ein.

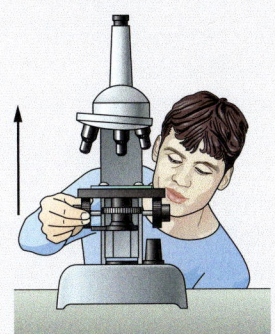
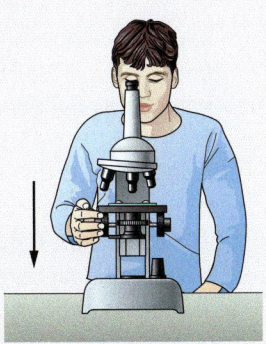

Heben des Objekttischs   Einstellen der Bildschärfe

2 Das Scharfstellen des Bildes

A Die Wasserpest

Material:
Pipette, Wasser, Objektträger, Wasserpest, Pinzette, Präpariernadel, Deckgläschen, Küchenpapier, Mikroskop, Stift, DIN-A4-Blatt

Durchführung:
– Gib mit der Pipette einen Tropfen Wasser auf die Mitte des Objektträgers.
– Zupfe mit der Pinzette ein Blättchen von einer Wasserpestpflanze ab.
– Lege das Blättchen in den Wassertropfen auf dem Objektträger.
– Lege ein Deckgläschen auf.
– Sauge überschüssiges Wasser am Rand des Deckgläschens vorsichtig mit etwas Küchenpapier ab.
– Mikroskopiere das Präparat. Stelle dazu zuerst die kleinste Vergrößerung ein. Suche eine schöne Stelle. Stelle erst dann die nächste Vergrößerung ein.

Auswertung:
1 ☒ Zeichne und beschrifte 3 bis 5 Zellen.
2 ☒ Berechne die Gesamtvergrößerung, mit der du das Präparat betrachtet hast.

 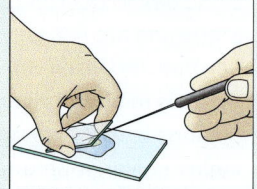
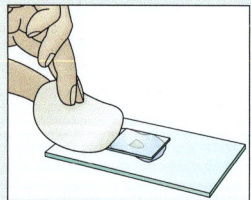 

1 Ein Präparat der Wasserpest herstellen

B Die Mundschleimhaut

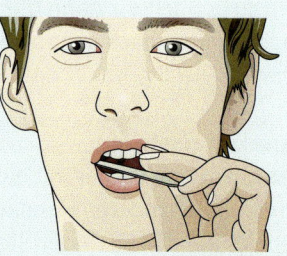

2 Mundschleimhautzellen abschaben

Material:
2 Pipetten, Wasser, Objektträger, Holzspatel, Deckgläschen, Mikroskop, Methylenblau ⚠, Küchenpapier

> **Achtung!** Methylenblaulösung ist gesundheitsschädlich. Setze die Schutzbrille auf. Der Farbstoff ist von Tischen und Kleidung nur sehr schwer wieder zu entfernen. Vermeide Hautkontakt.

Durchführung:
– Gib mit der ersten Pipette einen Tropfen Wasser auf die Mitte des Objektträgers.
– Schabe mit dem Holzspatel etwas Mundschleimhaut von der Innenseite deiner Wange. Verwende jeden Spatel nur einmal!
– Gib die Mundschleimhautzellen in den Wassertropfen auf dem Objektträger.
– Lege ein Deckgläschen auf.
– Mikroskopiere das Präparat. Beginne mit der kleinsten Vergrößerung und steigere sie dann.
– Gib mit der zweiten Pipette einen Tropfen Methylenblau neben den Rand des Deckgläschens.
– Sauge mit dem Küchenpapier vom gegenüberliegenden Rand des Deckgläschens die farbige Lösung durch das Präparat.
– Mikroskopiere das Präparat erneut.

Auswertung:
1 ☒ Zeichne und beschrifte 3 bis 5 Zellen.
2 ☒ Berechne die Gesamtvergrößerung, mit der du das Präparat betrachtet hast.
3 ☒ Viktoria sieht nichts im Mikroskop. Überlege, welche Fehler sie bei der Herstellung ihres Präparats oder beim Mikroskopieren gemacht haben könnte.

AUFGABEN Die Zellen

1 Eine pflanzliche oder eine tierische Zelle?

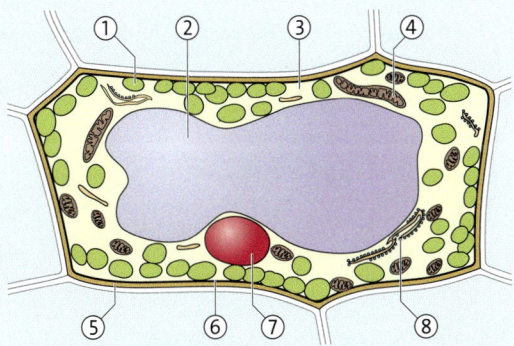

1 Eine Zelle

a ☑ Übertrage die Zeichnung in Bild 1 in dein Heft.

b ☑ Gib an, ob es sich um eine Pflanzenzelle oder um eine tierische Zelle handelt.

c ☑ Beschrifte die Organellen in deiner Zeichnung. Nimm Bild 2 und dein Buch zu Hilfe.

d ☒ Markiere die Organellen grün, an denen du erkennst, was für eine Zelle es ist.

e ☒ Erstelle für die grün markierten Organellen eine Skizze, die ihre Aufgabe darstellt. Orientiere dich für die Ideen deiner Skizzen an den Skizzen in Bild 2.

2 Das Mikroskop

Ein Mikroskop enthält zwei Linsen. Die erste ist das Objektiv. Die zweite Linse ist das Okular. Damit schaust du dir das durch das Objektiv vergrößerte Bild des Objekts noch einmal vergrößert an. Wie stark ein Bild vergrößert ist, kannst du berechnen. Dazu multiplizierst du die Vergrößerung des Okulars mit der Vergrößerung des Objektivs.

☒ Übertrage die folgende Tabelle in dein Heft und berechne die Vergrößerungen in den leeren Feldern:

Vergrößerung Okular	Vergrößerung Objektiv	Gesamt-vergrößerung
10-fach	4-fach	...
10-fach	...	100-fach
...	10-fach	200-fach
15-fach	40-fach	...

3 In Zellen steckt noch viel mehr

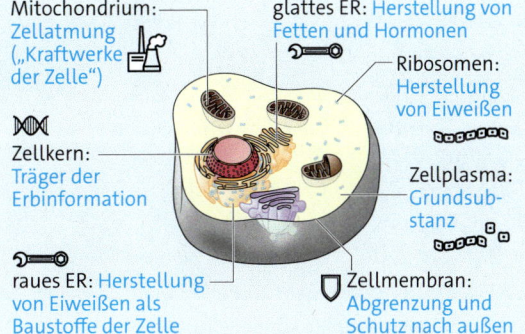

2 Verschiedene Zellbestandteile und ihre Aufgaben

Der Zellkern ist von einer doppelten Membran umgeben. Das ist die **Kernhülle**. Sie hat viele Öffnungen. Man nennt diese Öffnungen **Kernporen**. Durch die Kernporen tauschen der Zellkern und das Zellplasma Stoffe aus. An manchen Stellen ist die Kernhülle mit einem verzweigten Membransystem verbunden. Dieses Membransystem wird als **Endoplasmatisches Reticulum** bezeichnet. Die Abkürzung dafür ist ER. Man unterscheidet das glatte und das raue ER. Am rauen ER befinden sich Ribosomen. Das raue ER und die Ribosomen sind wichtig für die Herstellung von Eiweißen. Im glatten ER werden Fette und Hormone hergestellt.

3 Ein Informationstext zur Zelle

a ☒ Gib an, ob Bild 2 eine pflanzliche oder eine tierische Zelle zeigt, und begründe deine Antwort.

b ☑ Notiere die Zellbestandteile aus Bild 2 untereinander in dein Heft.

c ☒ Notiere mithilfe der Informationen in Bild 2 die Aufgaben der Zellbestandteile daneben.

d ☒ Erläutere mithilfe der Informationen in Bild 3 die Aussage: „Über die Kernporen kommuniziert der Zellkern mit dem Rest der Zelle."

e ☒ Nenne den Unterschied zwischen dem rauen und dem glatten ER.

f ☑ Nenne die Aufgaben des Endoplasmatischen Reticulums.

Zellen teilen sich und wachsen

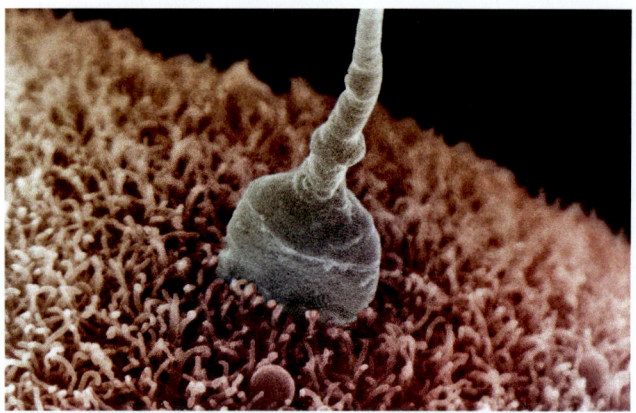

1 Eine menschliche Spermienzelle (grau) befruchtet eine Eizelle (rot).

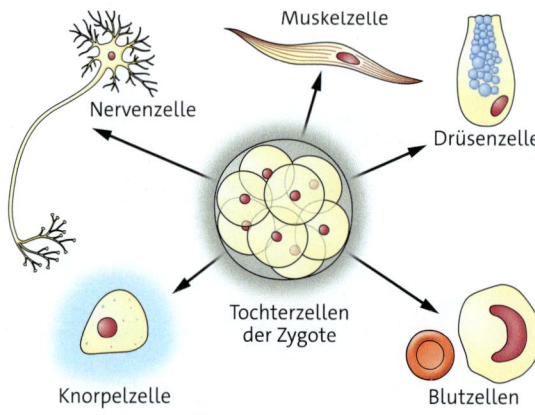

3 Aus der Zygote entstehen alle Zelltypen.

Wenn eine Spermienzelle eine Eizelle befruchtet, dann entwickelt sich aus der befruchteten Eizelle ein neues Lebewesen. Das neue Lebewesen besteht aus vielen verschiedenen Zellen.

Die Zellteilung

Alle Lebewesen mit geschlechtlicher Fortpflanzung wachsen und entwickeln sich aus einer befruchteten Eizelle. Das Fachwort dafür ist **Zygote**. Lebewesen wachsen, indem sich ihre Zellen vermehren. Dazu teilen sich die Zellen. Auch die Zygote vermehrt sich, indem sie sich teilt. Eine Zelle, die sich teilt, heißt **Mutterzelle**. Aus einer Mutterzelle entstehen zwei neue Zellen. Man nennt sie **Tochterzellen**. Vor jeder Zellteilung teilt sich der Zellkern der Mutterzelle. Bei dieser **Kernteilung** verdoppelt sich die Erbsubstanz. Es entstehen zwei Zellkerne mit gleichen Erbsubstanzen. Bei der anschließenden Zellteilung bekommt jede Tochterzelle einen Zellkern. Das Zellplasma und die übrigen Zellbestandteile werden auf die Tochterzellen verteilt. Schließlich entsteht in der Mitte der Mutterzelle eine neue Zellmembran. Sie trennt die beiden Tochterzellen.

Die Tochterzellen wachsen

Nach der Zellteilung wachsen die Tochterzellen, indem sie neues Zellplasma und neue Zellorganellen herstellen. Dadurch wird das Volumen der Zellen größer. Diese Form des Wachstums nennt man **Plasmawachstum** (Bild 2).

Die Zelldifferenzierung

Vielzellige Lebewesen besitzen verschiedene Zellen. Die Zellen in der Haut zum Beispiel sind anders gebaut und haben andere Aufgaben als die Zellen im Muskel. Die Tochterzellen der Zygote teilen sich und entwickeln sich mit der Zeit zu verschieden gebauten Zellen (Bild 3). Die verschieden gebauten Zellen haben verschiedene Aufgaben. Man sagt auch: Sie sind auf verschiedene Aufgaben spezialisiert. Gleich gebaute Zellen mit gleichen Aufgaben gehören zu einem **Zelltyp**. Beispiele für Zelltypen beim Menschen sind Nervenzellen, Muskelzellen und Blutzellen. Der Vorgang, bei dem eine Zelle sich aus einer Mutterzelle zu einer Zelle eines bestimmten Zelltyps entwickelt, heißt **Zelldifferenzierung**. Das Wort Differenzierung bedeutet Unterscheidung.

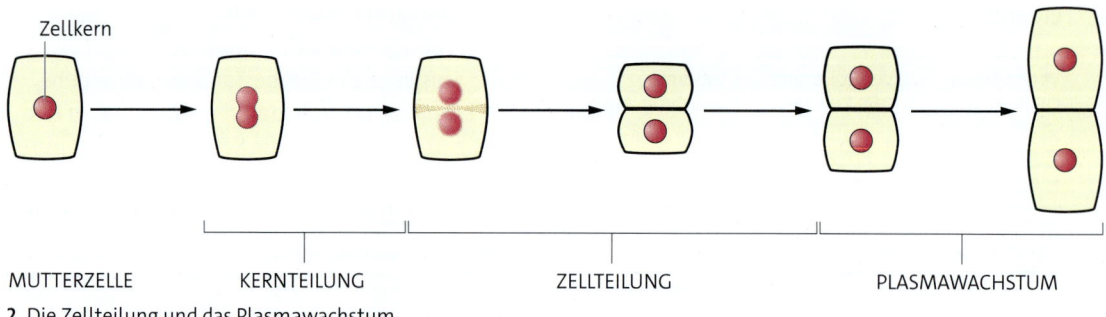

2 Die Zellteilung und das Plasmawachstum

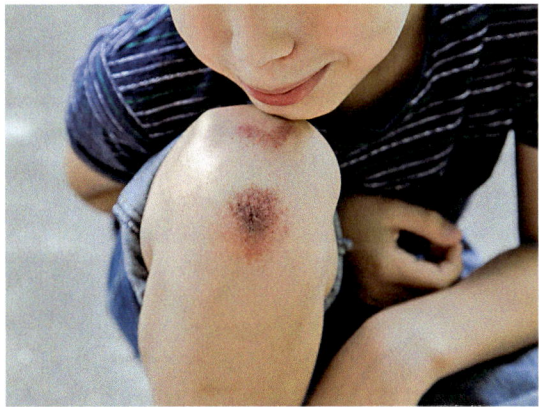

4 Um die Verletzung zu heilen, teilen sich Zellen.

Die Erneuerung von Zellen

Wenn Lebewesen ausgewachsen sind, dann teilen sich ihre Zellen nur noch, um abgestorbene Zellen zu ersetzen oder um Verletzungen zu heilen (Bild 4).

Pflanzenzellen lagern Wasser ein

Manche Pflanzenteile wachsen sehr schnell. Die Zellen in diesen Pflanzenteilen vermehren sich durch Zellteilung. Die Tochterzellen vergrößern ihr Volumen durch Plasmawachstum. Anschließend vergrößern die Pflanzenzellen ihr Volumen weiter, indem sie Wasser einlagern. Die Zellen sammeln das Wasser zunächst in mehreren kleineren Vakuolen (Bild 5). Diese vereinigen sich später zu einer großen Zentralvakuole. Durch die Einlagerung von Wasser erhöht sich der Druck in der Zelle. Deshalb dehnt sich die Zellwand und die Zellen werden größer. Man sagt auch: Die Zellen strecken sich. Dadurch werden die Pflanzenteile länger. Diese Form des Wachstums bezeichnet man deshalb als **Streckungswachstum**.

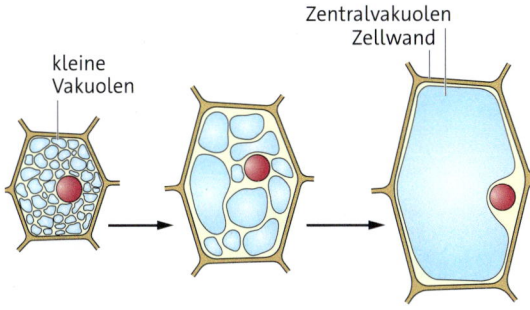

Die Zellen vergrößern sich durch Wassereinlagerung in die Vakuolen.

5 Das Streckungswachstum durch Einlagerung von Wasser

Lebewesen wachsen durch Vermehrung und Wachstum ihrer Zellen. Die Vermehrung der Zellen erfolgt durch Zellteilung. Pflanzen wachsen zusätzlich durch Streckungswachstum. Während des Wachstums entwickeln sich durch Differenzierung verschiedene Zelltypen. Sie erfüllen verschiedene Aufgaben.

AUFGABEN

1 Die Zellteilung

a ⊠ Stelle die Vorgänge bei der Zellteilung in einem Flussdiagramm dar.

b ⊠ Beschreibe, wie das Streckungswachstum bei Pflanzen erfolgt.

c ⊠ Vergleiche das Plasmawachstum von Zellen mit dem Streckungswachstum bei Pflanzenzellen in einer Tabelle.

2 Die Zelldifferenzierung

a ⊠ Nenne zwei Beispiele für Zelltypen beim Menschen.

b ⊠ Beschreibe, was mit dem Fachwort Zelldifferenzierung gemeint ist.

c ⊠ Rote Blutzellen sind scheibenförmig und an beiden Seiten nach innen eingedellt. Durch diese Form können sie schneller Sauerstoff aufnehmen. Sie transportieren den Sauerstoff im Blut in alle Körperteile. Erläutere den Zusammenhang zwischen dem Bau einer Zelle und ihren Aufgaben am Beispiel der roten Blutzellen.

BASISKONZEPT Struktur und Funktion

Alle vielzelligen Lebewesen besitzen verschiedene Zellen, die verschiedene Aufgaben erfüllen. Die Muskelzellen ermöglichen durch ihren Bau das Zusammenziehen eines Muskels. Die Nervenzellen ermöglichen durch ihren Bau das Weiterleiten von Reizen in Form von elektrischen Impulsen. Das Fachwort für den Bau einer Zelle oder eines Bestandteils von Lebewesen heißt **Struktur**. Die Struktur ermöglicht die Erfüllung der Aufgaben. Diese Aufgaben nennt man **Funktionen**. Bestimmte Strukturen ermöglichen also bestimmte Funktionen. Das gilt für alle Lebewesen. So einen grundlegenden Zusammenhang bezeichnet man als **Basiskonzept**.

Von der Zelle zum Organismus

1 Mila und Leo betrachten ein Modell des menschlichen Körpers.

Die Lehrerin stellt ein Modell des menschlichen Körpers auf den Tisch. Daran kann sie zeigen, wie das Innere des Menschen gebaut ist.

Lebewesen bestehen aus Zellen

Alle Lebewesen bestehen aus Zellen. Während Lebewesen wachsen, entstehen durch Differenzierung verschiedene Zelltypen. Muskelzellen, Nervenzellen und Knochenzellen sind Beispiele für Zelltypen beim Menschen. Palisadenzellen, Epidermiszellen und Wurzelrindenzellen sind Beispiele für Zelltypen bei Pflanzen. Jeder Zelltyp eines Lebewesens hat bestimmte Aufgaben. Eine Muskelzelle kann sich zusammenziehen, eine Nervenzelle kann Signale weiterleiten. Eine Palisadenzelle kann Lichtenergie aufnehmen.

Die Zellen arbeiten in Geweben zusammen

Gleich gebaute Zellen sammeln sich an bestimmten Orten in einem Lebewesen an. Dort arbeiten die Zellen zusammen und erfüllen alle die gleiche Aufgabe. Dadurch verstärken sie ihre Aufgabe gegenseitig. So eine Ansammlung von gleich gebauten Zellen mit gleicher Aufgabe nennt man **Gewebe**. Das Wort Gewebe bedeutet zusammenhängen. Die Muskelzellen im Herzen nennt man Muskelgewebe (Bild 2). Die Knochenzellen im Knochen heißen Knochengewebe. Die Palisadenzellen im Blatt werden Palisadengewebe genannt.

Organe bestehen aus mehreren Geweben

Mehrzellige Lebewesen bestehen aus verschiedenen voneinander abgegrenzten Teilen. Das sind **Organe** (Bild 2). Das Herz, die Lunge, die Knochen und die Muskeln sind Beispiele für Organe beim Menschen. Die Sprossachse und das Laubblatt sind Beispiele für Organe bei Pflanzen. Jedes Organ besteht aus verschiedenen Geweben, die zusammenarbeiten. Dadurch kann das Organ bestimmte Funktionen erfüllen. Das menschliche Herz besteht aus verschiedenen Geweben, wie Nervengewebe und Muskelgewebe. Die unterschiedlichen Gewebe zusammen bewirken, dass das Herz Blut durch unseren Körper pumpt. Die Laubblätter bestehen aus Geweben wie Palisadengewebe, Schwammgewebe und Stoffleitungsgewebe. Die Aufgaben der Laubblätter sind die Fotosynthese und der Gasaustausch mit der Luft.

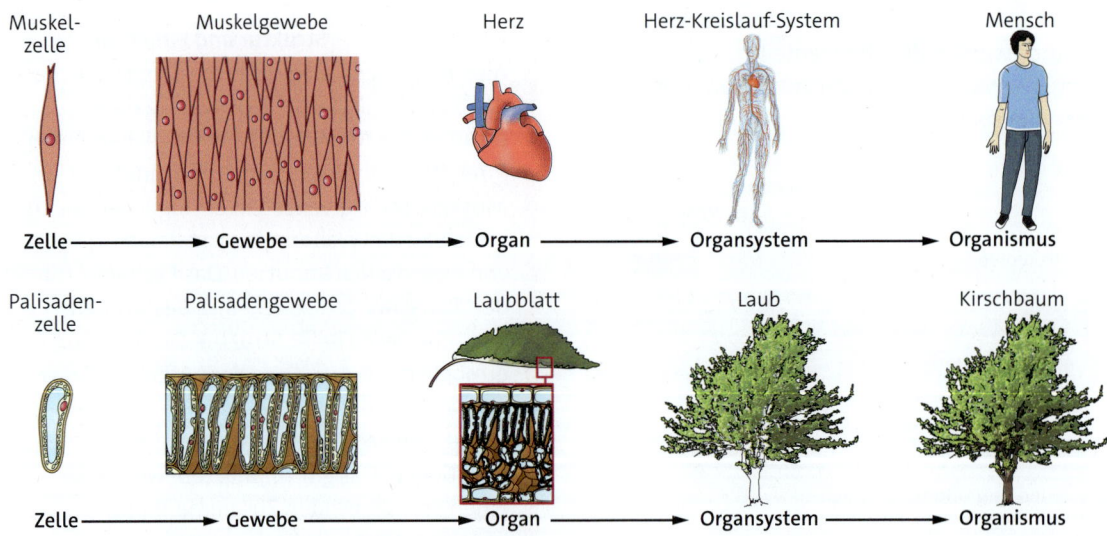

2 Zwei Beispiele für die Systemebenen in Lebewesen

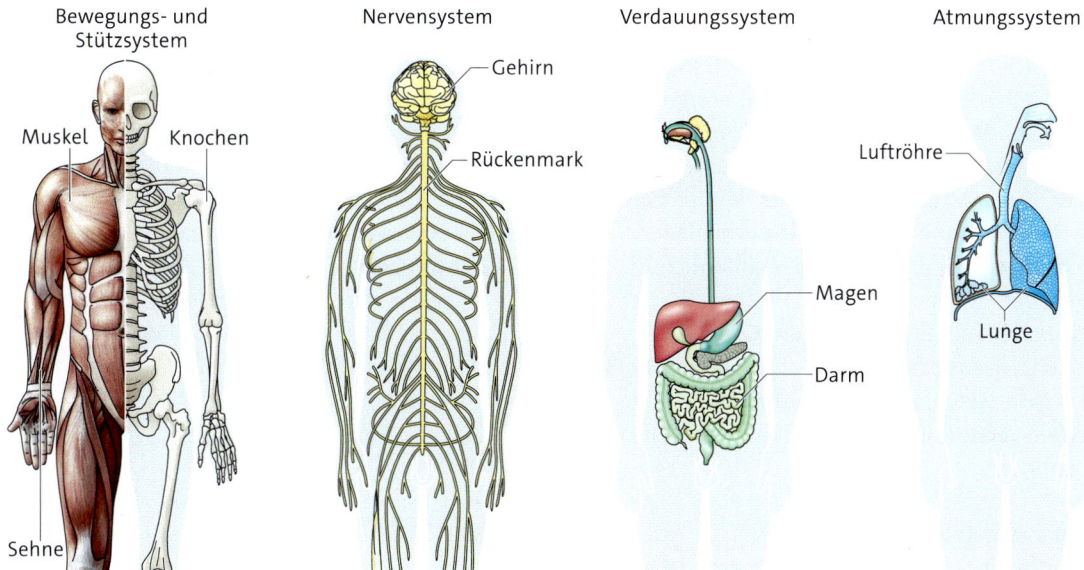

Bewegungs- und Stützsystem

Muskel Knochen

Sehne

Nervensystem

Gehirn

Rückenmark

Verdauungssystem

Magen

Darm

Atmungssystem

Luftröhre

Lunge

3 Vier weitere Organsysteme im Körper des Menschen

Die Organe arbeiten zusammen

Das Herz pumpt das Blut durch die Blutgefäße in den Körper. Die Organe arbeiten in einer Gruppe zusammen und erfüllen dadurch bestimmte Aufgaben. Eine solche Gruppe von Organen heißt **Organsystem**. Das Blut fließt in einem Kreislauf durch den Körper. Deshalb nennt man das Organsystem aus Herz, Blut und Blutgefäßen **Herz-Kreislauf-System** (Bild 2). Alle Laubblätter eines Kirschbaums gehören zum Organsystem Laub.

Weitere Organsysteme beim Menschen

Die Muskeln bewegen den Körper. Die Knochen stützen ihn. Die Sehnen übertragen die Bewegung von den Muskeln auf die Knochen. Das Organsystem, das den Körper bewegt und stützt, heißt **Bewegungs- und Stützsystem** (Bild 3). Im Gehirn findet die Wahrnehmung statt. Das Gehirn sendet Signale an den Körper, die über Nervenzellen weitergeleitet werden. Das Organsystem aus Nervenzellen und Gehirn heißt **Nervensystem**. Der Magen und der Darm sind an der Verdauung der Nahrung beteiligt. Zusammen mit weiteren Organen bezeichnet man sie als **Verdauungssystem**. Die Luftröhre und die Lunge sind an der Atmung beteiligt. Zusammen mit weiteren Organen gehören sie zum **Atmungssystem**. Alle Organsysteme zusammen ergeben ein Lebewesen. Das Fachwort für Lebewesen ist **Organismus**.

> Lebewesen bestehen aus Zellen. Gleich gebaute Zellen sammeln sich in Geweben an. Ein Organ besteht aus mehreren Geweben. Verschiedene Organe arbeiten in einem Organsystem zusammen. Ein Lebewesen besteht aus verschiedenen Organsystemen.

AUFGABEN

1 Der Bau von Organismen

a ☑ Nenne drei Beispiele für Organe und drei Beispiele für Organsysteme.

b ☒ Beschreibe, was ein Gewebe ist.

c ☒ Stelle den Aufbau von Lebewesen am Beispiel des Verdauungssystems in einem Flussdiagramm dar. Nimm Bild 2 zu Hilfe. Beginne so: Darmzelle → Darmgewebe → ...

d ☒ Ordne die folgenden Wörter in einer Tabelle nach Zellen, Organen und Organismen. Übertrage die Tabelle dazu in dein Heft.

Blutzellen, Tulpe, Ohr, Fliege, Blüte, Spermien, Gelenk, Pferd, Nadel, Palisadenzellen.

Systemebene	Beispiele
Zelle	...
Organ	...
Organismus	...

METHODE   Arbeiten mit Strukturmodellen

In der Biologie werden oft vereinfachte Nach-
bildungen von natürlichen Objekten verwendet.
Sie heißen **Modelle**. Sie unterscheiden sich vom
Original in Material, Größe und Einzelheiten.
Modelle werden zum Beispiel verwendet, wenn
die Untersuchung der Originale unmöglich,
kompliziert, zeitaufwendig oder gefährlich ist.

A Arbeiten mit einem Strukturmodell

Modelle, die den Aufbau von etwas zeigen, heißen
Strukturmodelle. Sie können euch helfen, eine
bessere Vorstellung über den Bau eines Objekts zu
bekommen.

1 Das Modell betrachten

Stellt das Modell gut sichtbar auf. Schaut es
von allen Seiten genau an. Beschreibt, welche
Teile voneinander unterscheidbar sind.

*Fleur und Bjarne legen das Zellmodell aus Bild 1
auf ihren Tisch. Sie sehen außen eine blaue
Schale als Hülle. Darin liegen verschiedenfarbige
Bestandteile. In der Mitte liegt eine größere
blaue Kugel. In der Kugel liegt noch eine Kugel,
die wie aus einem Faden gewickelt aussieht.*

2 Die Fachwörter zuordnen

Benennt die Bestandteile des Modells mit den
Fachwörtern. Nutzt dazu das Schulbuch, die
Modellanleitung oder eine Wörterliste.

*Fleur und Bjarne benennen die blaue Schale als
Zellmembran. Die große blaue Kugel in der
Mitte ist der Zellkern. Die Kugel darin ist die
Erbsubstanz. Die rötlichen Bestandteile in
Erdnussform sind die Mitochondrien. Die gelben
kleinen Kugeln sind die Ribosomen.*

1 Ein Modell einer tierischen Zelle

3 Das Modell und das Original vergleichen

Vergleicht das Modell mit dem Original. Ihr
könnt auch eine Aufnahme des Originals
nutzen. Ordnet die einzelnen Teile des Modells
den entsprechenden Teilen des Originals zu.
Stellt fest, welche Details übereinstimmen und
welche abweichen.

*Fleur und Bjarne vergleichen das Modell mit den
Bildern von tierischen Zellen im Schulbuch. Sie
notieren ihre Ergebnisse in einer Tabelle.*

Kriterium	Vergleich: Modell – Original
Größe	entspricht nicht dem Original
Form	entspricht nicht den Bildern
Farben	sind anders als im Original
Teile des Originals, die im Modell fehlen	das Zellplasma fehlt, die Zellmembran und einige Zellbestandteile sind angeschnitten
Teile des Modells, die es im Original nicht gibt	die Zellmembran ist in Wirklichkeit verformbar und halb durchlässig, die Zelle ist nicht nach oben offen

4 Das Gelernte überprüfen

Zeigt auf einzelne Bestandteile des Modells
und benennt diese sowie ihre Aufgaben.

*Bjarne zeigt auf ein Teil des Modells. Fleur nennt
das Fachwort dafür und beschreibt seine Aufgabe. Dann zeigt Fleur auf ein Teil des Modells
und Bjarne nennt Fachwort und Aufgabe.*

5 Das Modell bewerten

Beschreibt, was das Modell besonders gut zeigt
und was nicht. Überlegt, ob das Modell euch
dabei hilft, den Aufbau des Originals besser zu
verstehen.

*Fleur sagt, dass die Zellbestandteile im Modell
nicht komplett dargestellt sind. Sie findet aber,
dass die Darstellung besser als die Bilder im
Schulbuch zeigt, wie eine tierische Zelle aufgebaut ist. Bjarne meint, dass das Modell sehr an-
schaulich ist und man sich den dreidimensiona-
len Bau der Zelle damit viel besser vorstellen
kann. Es fällt ihm leicht, die einzelnen Teile des
Modells den Teilen des Originals zuzuordnen.*

B Modelle erstellen

Wenn ihr euch mit einem Objekt auskennt, dann könnt ihr auch selbst ein Modell erstellen.

1 Original betrachten

Überlegt zunächst, was genau das Modell zeigen soll. Betrachtet das Objekt sorgfältig, das ihr im Modell darstellen wollt. Manchmal müsst ihr verschiedene Originale betrachten.

Shumaila und Matteo wollen ein dreidimensionales Modell einer Pflanzenzelle bauen. Dazu schauen sie sich im Internet ein Video an, das mögliche Materialien für Zellmodelle zeigt. Die Stellen, an denen ein Beispielmodell gebaut wird, schauen sie mehrmals an.

2 Modell beschreiben

Überlegt nun, wie das Modell aufgebaut sein soll. Beschreibt, was gezeigt werden soll und was weggelassen werden kann. Überlegt auch, welches Material ihr verwenden wollt.

Shumaila und Matteo entscheiden, dass ihr Modell nur einige Zellbestandteile zeigen soll. Sie wollen es aus Pappe, Pfeifenreinigern, Luftballons, Klarsichtfolie und Watte bauen.

3 Bau des Modells

Baut mit den passenden Materialien das Modell. Oft sind mehrere Versuche notwendig, bevor ihr mit dem Modell zufrieden seid.

Matteo und Shumaila legen sich die Materialien für ihr Modell zurecht. Dann stellen sie die Zellbestandteile her und bauen alles zusammen.

2 Materialien und Modell von Shumaila und Matteo

1 Zellmodelle

a ⊡ Beschreibe das Zellmodell von Shumaila und Matteo in Bild 2.

b ⊠ Bewerte das Zellmodell.

c ⊠ Begründe, warum die Zellmodelle auf dieser Methodenseite die Form von Zellen besser veranschaulichen als mikroskopische Bilder.

2 Verschiedene Modelle von Pflanzenzellen

a ⊠ Vergleiche die beiden Modelle in Bild 3 mit dem Original. Verwende dabei die Kriterien aus der Tabelle von Fleur und Bjarne.

b ⊠ Bewerte für jedes der beiden Modelle, was es gut zeigt und was es weniger gut zeigt.

3 Zwei Modelle von Pflanzenzellen

3 Ein eigenes Zellmodell bauen

a ⊠ Plant ein Modell einer tierischen Zelle. Beantwortet dabei die folgenden Fragen:
- Welche Teile wollt ihr darstellen und auf welche Teile verzichtet ihr?
- Was soll man mit eurem Modell lernen?
- Welche Materialien wollt ihr nutzen?

b ⊠ Baut das Zellmodell nach eurem Plan.

c ⊠ Präsentiert eure Zellmodelle in der Klasse und bewertet sie gegenseitig.

A Das Organsystem Blüte

Material:
Blüte (z. B. Raps oder Ziest), Pinzette, Lupe, Stifte

Durchführung:
– Betrachte die Blüte mit der Lupe.
– Vergleiche die Blüte mit Bild 4. Notiere die Bestandteile, die du mit der Lupe erkennen kannst.
– Zerlege die Blüte mit der Pinzette vorsichtig in ihre Bestandteile.
– Betrachte die Blüte mit der Lupe.
– Notiere deine Beobachtungen.

Auswertung:
1 ☒ Beschreibe den Bau der Blüte.
2 ☒ Ordne jedem Bestandteil der Blüte eine Aufgabe zu.
3 ☒ Begründe, warum es sich bei einer Blüte um ein Organsystem handelt.
4 ☒ Arbeitet in Gruppen. Diskutiert, ob Pollenkörner Organe, Gewebe oder Zellen sind.

B Das Verdauungssystem

Material:
– ein Torso, Stifte, dieses Schulbuch

Durchführung:
– Verfolge am Torso den Weg der Nahrung durch den Körper.
– Leber und Bauchspeicheldrüse sind Verdauungsdrüsen. Hier werden wichtige Verdauungssäfte produziert. Finde die Stellen, an denen die Gänge der beiden großen Drüsen münden.

Auswertung:
1 ☒ Erstelle ein Flussdiagramm, das den Weg der Nahrung darstellt.
2 ☒ Beschreibe, wie die Gallenflüssigkeit aus der Leber zum Nahrungsbrei gelangt.
3 ☒ Der Torso ist ein Modell. Benenne Aspekte, die das Modell gut und die es nicht so gut zeigt.

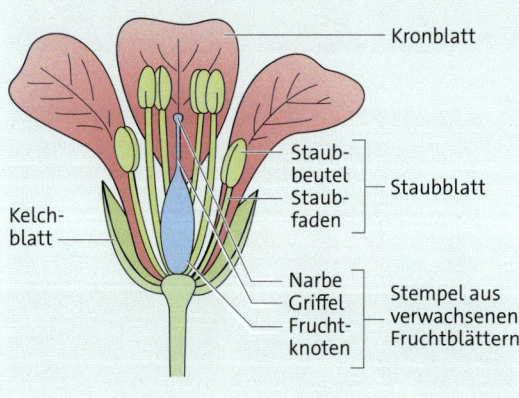

Kronblatt
Staubbeutel
Staubfaden — Staubblatt
Kelchblatt
Narbe
Griffel — Stempel aus verwachsenen Fruchtblättern
Fruchtknoten

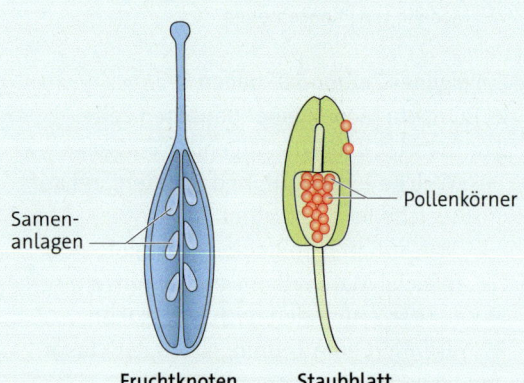

Samenanlagen
Pollenkörner
Fruchtknoten   **Staubblatt**

1 Schemazeichnung einer Blüte

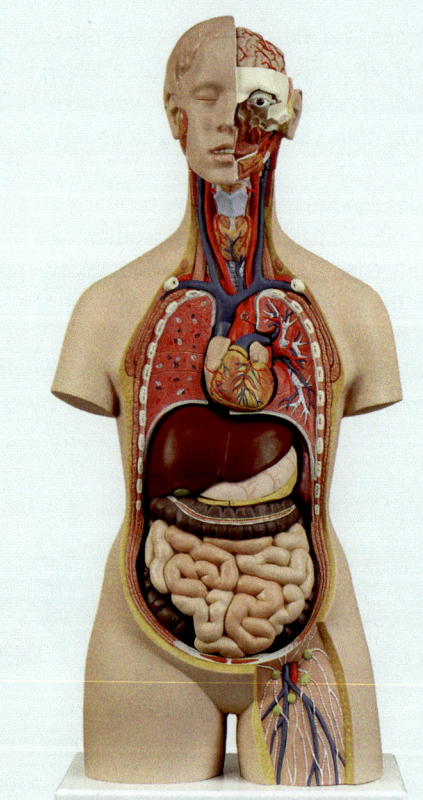

2 Ein Torso

PRAXIS   Mit Modellen arbeiten

A Modelle für die Wirbelsäule bauen

Material:
drei Holzplatten, Blumendraht, Reißzwecken, Lineal, Zange, 30 Büroklammern

Durchführung:
— Schneide mit der Zange drei 30 Zentimeter lange Blumendrahtstücke ab.
— Biege an jedem Drahtstück ein Ende zu einem Haken und das andere Ende zu einer Öse (Bild 1).
— Setze einen Draht mit der Öse nach unten in die Mitte auf eine Holzplatte.
— Setze die Spitze einer Reißzwecke in die Mitte der Öse und schlage sie mit dem Hammer durch die Öse in die Holzplatte.
— Befestige die anderen beiden Drähte genauso auf den anderen beiden Holzplatten.
— Biege einen Draht einfach, einen Draht zu einer S-Form und den dritten Draht zu einer Doppel-S-Form (Bild 1).
— Biege die Drähte so, dass die Haken am oberen Ende 25 cm Abstand zur Holzplatte haben.

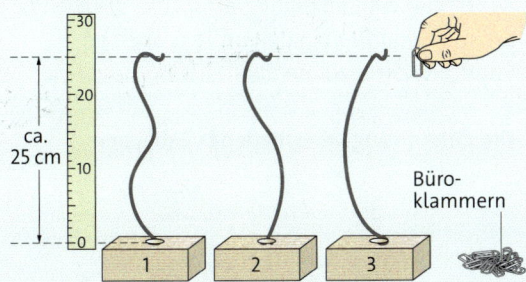

1 Drei verschiedene Wirbelsäulenmodelle

— Hänge an jeden Haken 30 Büroklammern.
— Miss die Höhe der Drahtstücke.
— Notiere deine Beobachtungen.

Auswertung:
1 ⊠ Beschreibe, wie die drei Drähte auf die Belastung durch Büroklammern reagieren. Beschreibe, was sich verändert hat.
2 ⊠ Erkläre, welche Eigenschaften der Wirbelsäule dieses Experiment veranschaulicht.
3 ⊠ Vergleiche dieses Modell mit der Wirklichkeit. Nenne die Grenzen dieses Modells.

B Das Fußgewölbe im Modell

Das Fußskelett ist nach oben gewölbt. Man spricht vom Fußgewölbe.

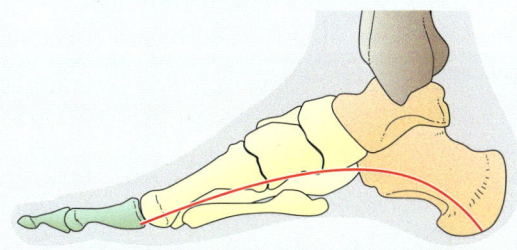

2 Das Fußskelett ist gewölbt.

Material:
Steckbausteine, Steckplatte, ein DIN-A4-Blatt

Durchführung:
— Baue mit länglichen Steckbausteinen zwei Brückenpfeiler in etwa 10 cm Abstand zueinander auf die Platte (Bild 3).
— Lege das DIN-A4-Blatt zuerst nach unten gebogen auf die Brückenpfeiler (Bild 3A).
— Lege nacheinander Steckbausteine auf die Papierbrücke, bis sie einstürzt.
— Zähle die Bausteine, die die Brücke tragen konnte, und notiere die Anzahl in dein Heft.
— Wiederhole das Experiment mit einer Papierbrücke in gerader Form und dann in nach oben gewölbter Form.

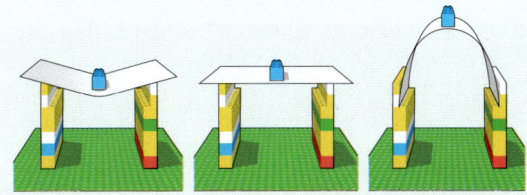

A   B   C

3 Eine Papierbrücke als Modell für das Fußgewölbe

Auswertung:
1 ⊠ Vergleiche das Papierbrückenmodell mit dem Fußskelett. Nimm Bild 2 zu Hilfe.
2 ⊠ Beschreibe den Zusammenhang zwischen der Form der Papierbrücke und dem Gewicht, das die Brücke tragen kann.
3 ⊠ Erläutere die Vorteile des Fußgewölbes mithilfe deiner Ergebnisse.

1 Zellen sind unterschiedlich gebaut

Ein Mensch besteht aus 75 Billionen Zellen. Alle Zellen haben einen bestimmten äußeren und inneren Bau. Ihr Bau ermöglicht, dass sie im Körper verschiedene Aufgaben erfüllen.

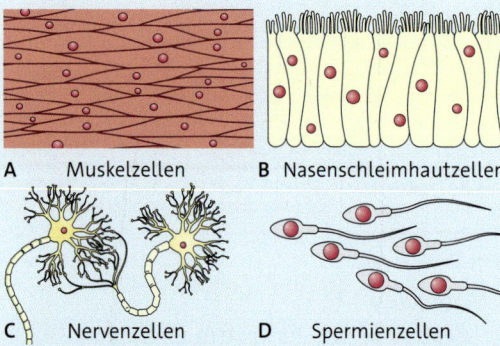

A Muskelzellen **B** Nasenschleimhautzellen

C Nervenzellen **D** Spermienzellen

1 Unterschiedliche Zelltypen beim Menschen

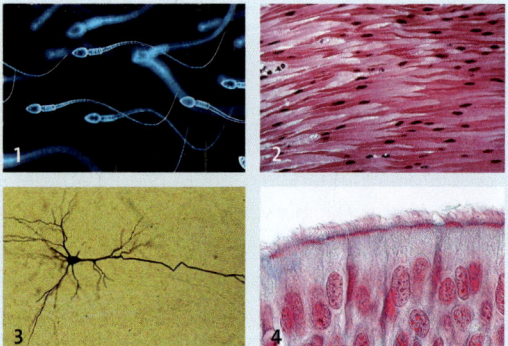

2 Mikroskopische Aufnahmen verschiedener Zelltypen

a ☒ Beschreibe den äußeren Bau der Zellen A bis D in Bild 1. Gehe dabei auf ihre Form, Zellanhänge und die Organellen ein, die du erkennen kannst.

b ☒ Ordne den Zellen aus Bild 1 die passenden mikroskopischen Aufnahmen aus Bild 2 zu.

c ☒ Entscheide, welche Fotos 1 bis 4 in Bild 2 ein Gewebe darstellen.

d ☒ Begründe deine Entscheidung aus Teilaufgabe 1c.

e ☒ Stelle eine Vermutung über die Aufgaben der Zellen in Bild 2 an.

f ☒ Recherchiere im Internet, welche Aufgaben die Zelltypen im Bild 2 im Körper erfüllen. 🖥

g ☒ Überprüfe deine Vermutungen aus Teilaufgabe e mit den Ergebnissen deiner Internetrecherche.

2 Die Anzahl der Mitochondrien

Die Menge an Zellorganellen unterscheidet sich bei verschiedenen Zelltypen. Rote Blutzellen zum Beispiel haben keine Zellkerne und keine Mitochondrien. Leberzellen besitzen bis zu 2000 Mitochondrien. Die Herzmuskelzellen haben bis zu 6000 Mitochondrien. In den Eizellen befinden sich 10000 Mitochondrien.

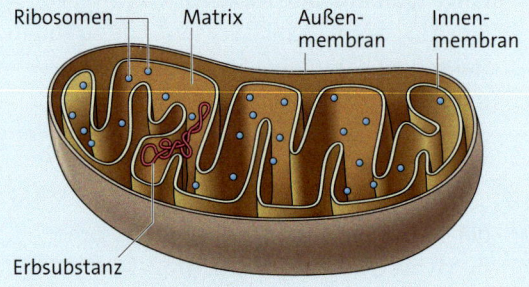

3 Aufbau eines Mitochondriums

a ☒ Beschreibe den Bau von Mitochondrien mithilfe von Bild 3.

b ☒ Begründe, warum man die Mitochondrien auch als „die Kraftwerke der Zelle" bezeichnet.

c ☒ Stelle Vermutungen an, warum Herzmuskelzellen sehr viele Mitochondrien besitzen.

d ☒ Erstelle ein Balkendiagramm, das die Menge an Mitochondrien in den im Text oben genannten Körperzellen darstellt.

3 Die Entstehung verschiedener Zelltypen

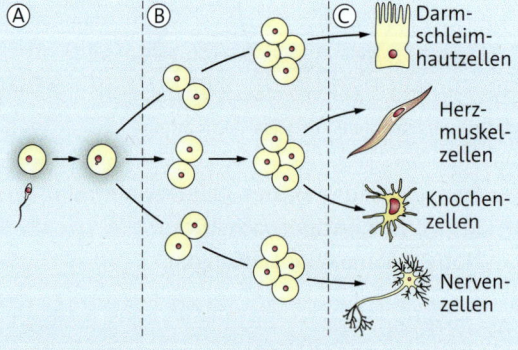

4 Die Entstehung verschiedener Zelltypen

a ☒ Beschrifte die Abschnitte A bis C in Bild 4 mit den Fachwörtern für die Vorgänge, die darin dargestellt sind.

b ☒ Wähle einen der drei Vorgänge aus und beschreibe den Vorgang.

AUFGABEN   Von der Zelle zum Organismus

1 Die Bausteine von Organismen

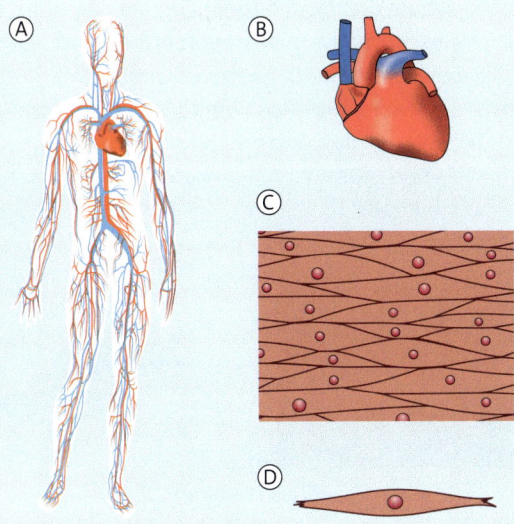

1 Die Bausteine von Lebewesen

a ☑ Ordne den Buchstaben A bis D in Bild 1 folgende Fachwörter zu: Zelle, Organismus, Gewebe, Organ.

b ☒ Bring die Fachwörter aus Aufgabe a in einem Flussdiagramm in eine sinnvollen Reihenfolge.

c ☒ Beschreibe am Beispiel eines Baums, was mit den Fachwörtern Zelle, Gewebe, Organ und Organsystem gemeint ist.

2 Das Modell einer Zelle

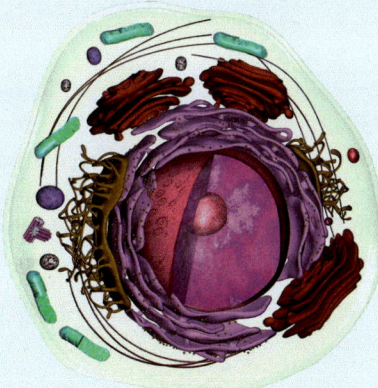

2 Ein Modell einer tierischen Zelle

a ☑ Begründe, warum es sich bei dem Modell in Bild 2 um ein Strukturmodell handelt.

b ☒ Diskutiert in der Klasse über die Vorteile und die Nachteile des Lernens an Modellen.

3 Die Organsysteme

Emil will möglichst schnell mit dem Fahrrad auf den Bauernhof fahren, auf dem sein Freund Nino wohnt. Emil liebt Tiere. Heute darf er sich das neugeborene Kalb anschauen und es vielleicht sogar streicheln. Er fährt deshalb sehr schnell. Aufgrund der Anstrengung atmet er schnell und schwitzt. Emil hat Apfelkuchen dabei, den seine Oma gebacken hat. Emil riecht den Zimt. Er stellt sich vor, wie gut der Kuchen nachher schmecken wird. Während Emil träumt, übersieht er ein abbiegendes Auto. Er versucht auszuweichen, doch es ist zu spät. Mit einem Schrei fällt er zu Boden. Zum Glück hat er sich nicht so stark verletzt.

3 Emil hatte einen Unfall.

a ☒ Lies den Text. Liste alle darin beschriebenen Handlungen, Gedanken und Vorstellungen von Emil auf.

b ☒ Arbeitet zu zweit. Vergleicht eure Listen aus Aufgabe a und ergänzt eure beiden Listen.

c ☒ Überlegt zusammen, welche Organsysteme bei Emil aktiv waren.

d ☒ Zeichnet die Mindmap aus Bild 4 in euer Heft. Schreibt in jeden leeren Kasten ein Organsystem, das bei Emil aktiv war.

e ☒ Ordnet die Tätigkeiten aus euren Listen den Organsystemen zu.

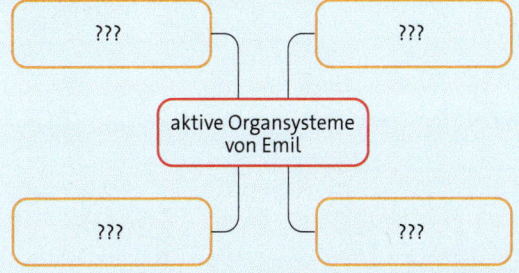

4 Eine Vorlage für die Mindmap

TESTE DICH!

1 Lebewesen sind aus Zellen aufgebaut ↗ S. 10/11

a ☑ Erstelle in deinem Heft eine Tabelle mit drei Spalten wie in Bild 1. Liste die Organellen einer Pflanzenzelle in der ersten Spalte auf.

b ☑ Schreibe die Aufgabe jeder Zellorganelle in die zweite Spalte jeweils daneben.

c ☒ Gib in der dritten Spalte an, welche Zell-organellen Tierzellen besitzen. Setze dazu ein Kreuz, wenn die Zellorganelle vorkommt. Lass das Feld leer, wenn sie nicht vorkommt.

d ☒ Begründe, warum nur Pflanzenzellen das Sonnenlicht nutzen können, um Traubenzucker herzustellen.

Zellorganellen (Pflanzenzelle)	Aufgabe	Zellorganellen (Tierzelle)
Zellwand	...	...
Zellmembran	...	...
...	...	x
...	Zellatmung	...

1 Vorlage für die Tabelle

2 Zellteilung und Zelldifferenzierung ↗ S. 16/17

a Nenne den Vorgang, durch den vielzellige Lebewesen wachsen.

b Beschreibe den Vorgang aus Aufgabe 3a in Stichpunkten. Nutze dazu folgende Fachwörter: *Mutterzelle, Zellbestandteile, Kernteilung, Zellmembran, Tochterzellen.*

c ☑ Beschreibe, was ein Zelltyp ist.

d ☑ Nenne Beispiele für Zelltypen beim Menschen.

e ☒ Beschreibe mithilfe von Bild 2, wie unter-schiedliche Zelltypen entstehen.

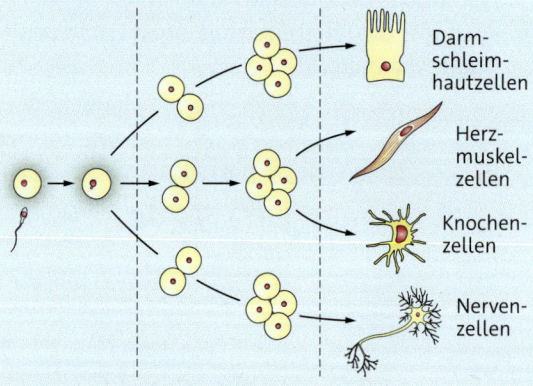

2 Die Entstehung verschiedener Zelltypen.

3 Von der Zelle zum Organismus ↗ S. 18/19

a ☑ Nenne drei Beispiele für Organe der Pflanze.

b ☒ Beschrifte die Buchstaben in Bild 3 mit den Fachwörtern für die Systemebenen.

c ☒ Erläutere mithilfe von Bild 3 den Bau von Lebewesen. Beginne mit dem kleinsten Bau-stein von Lebewesen. Verwende die Fachwörter aus Aufgabe 3b.

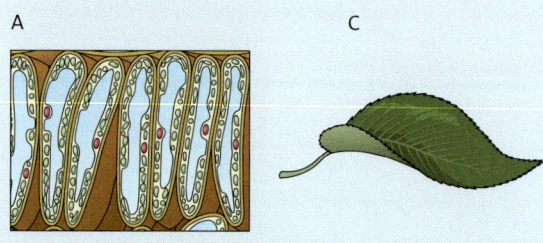

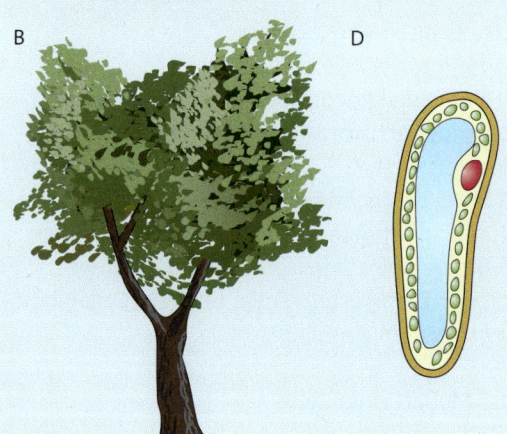

3 Organisationsebenen bei einem Baum

d ☒ Vergleiche den Bau und die Aufgaben eines Gewebes und eines Organs.

e ☒ In Bild 4 siehst du einen Ausschnitt der Nasenschleimhaut. Stelle eine begründete Vermutung an, ob die Nasenschleimhaut ein Gewebe oder ein Organ ist.

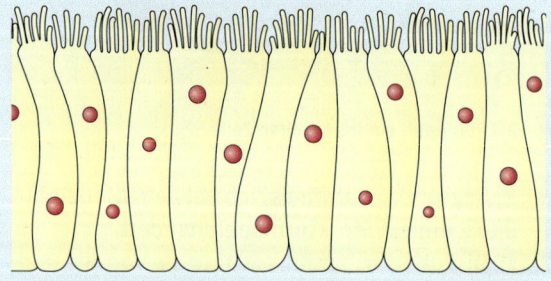

4 Die Nasenschleimhaut des Menschen

fikuge

ZUSAMMENFASSUNG Lebewesen bestehen aus Zellen

Die Lebewesen bestehen aus Zellen

Lebewesen bestehen aus Zellen. Im Bau von Pflanzenzellen und Tierzellen gibt es Gemeinsamkeiten und Unterschiede:

Bestandteil	Pflanzenzelle	Tierzelle
Zellwand	×	−
Zellmembran	×	×
Zellplasma	×	×
Mitochondrien	×	×
Ribosomen	×	×
Chloroplasten	×	−
zentrale Vakuole	×	−

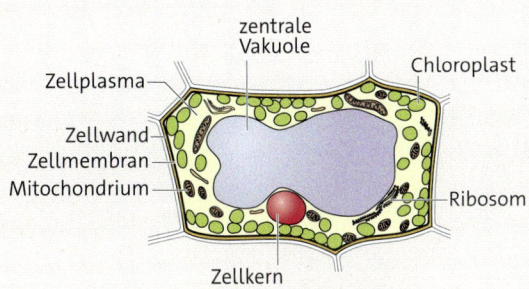

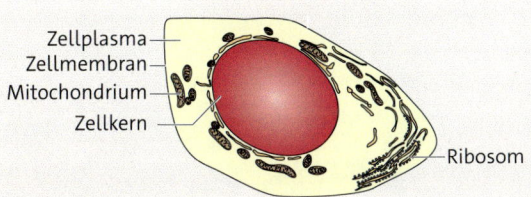

Die Zellteilung

Zellen vermehren sich, indem sie sich teilen.

Mutterzelle: eine Zelle, die sich teilt

Tochterzellen: entstehen durch Teilung aus einer Mutterzelle

Nach der Zellteilung wachsen die Tochterzellen durch Zunahme von Zellplasma. Das nennt man **Plasmawachstum**.

Die Zelldifferenzierung

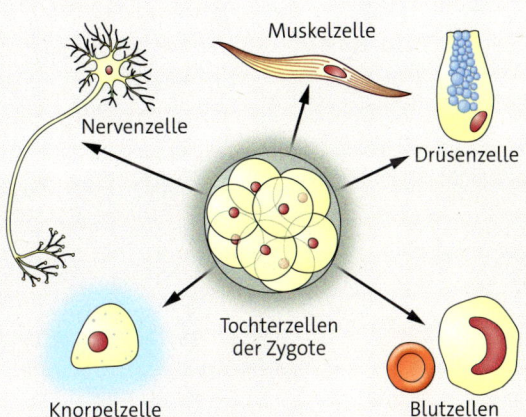

Während vielzellige Lebewesen wachsen, entwickeln sich verschieden gebaute Zellen mit verschiedenen Aufgaben.

Zelldifferenzierung: Vorgang, bei dem eine Zelle sich aus einer Mutterzelle zu einer Zelle mit speziellem Bau und speziellen Aufgaben entwickelt

Von der Zelle zum Organismus

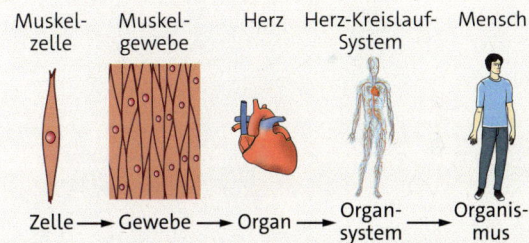

Zelle: kleinster Baustein von Lebewesen

Gewebe: Ansammlung von gleich gebauten Zellen mit gleicher Aufgabe

Organ: abgegrenzter Teil eines Lebewesens, der aus mehreren Geweben besteht

Organsystem: eine Gruppe von Organen, die zusammenarbeiten und dadurch bestimmte Aufgaben erfüllen

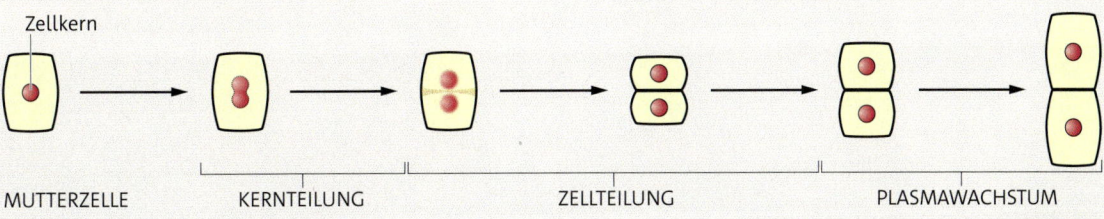

Wälder sind Ökosysteme

In diesem Kapitel erfährst du, ...

... woraus ein Wald besteht.

... welche Lebewesen es in einem Wald gibt.

... wie sich Wälder in den Jahreszeiten verändern.

... wie die Lebewesen an ihren Lebensraum angepasst sind.

... wie sich Pflanzen ernähren.

... wie Lebewesen Energie gewinnen.

... welche Nahrungsbeziehungen zwischen Lebewesen bestehen.

... wie sich Stoffe und Energie in Ökosystemen bewegen.

... wie Menschen den Wald nutzen und warum er gefährdet ist.

Ein Wald ist ein Ökosystem

1 Ein Reh in einem Wald

3 Ein Dachs trinkt Wasser aus einem Waldsee.

Malik geht im Wald spazieren. Plötzlich kommt ein Reh hinter den Bäumen hervor. Es schaut kurz zu ihm hin und springt dann schnell davon.

Leben im Wald

Rehe fressen Gräser, Kräuter sowie Knospen und Blätter von Bäumen. Das Vorhandensein oder Fehlen von Nahrung beeinflusst das Leben der Tiere. Solche Voraussetzungen, die das Leben von Lebewesen beeinflussen, heißen **Umweltfaktoren**. Wenn Rehe an Pflanzen fressen, dann beeinflussen sie das Leben dieser Pflanzen. Lebewesen beeinflussen sich also gegenseitig. Lebewesen sind lebendig. Sie werden **biotische Umweltfaktoren** genannt (Bild 2). Die Vorsilbe *bio* im Wort biotisch heißt: Leben. Das Leben der Lebewesen wird auch durch das Wasser, die Temperatur, das Sonnenlicht und den Boden beeinflusst. Diese Umweltfaktoren sind nicht lebendig. Sie heißen **abiotische Umweltfaktoren** (Bild 2). Die Vorsilbe *a* im Wort abiotisch bedeutet: nicht.

Der Umweltfaktor Wasser

Alle Lebewesen brauchen Wasser, denn sie bestehen zu einem großen Teil daraus. Tiere nehmen Wasser mit der Nahrung auf oder trinken es (Bild 3). Wasser ist auch in der Luft und im Boden enthalten. Pflanzen können nur wachsen, wenn sie mit ihren Wurzeln genug Wasser aus dem Boden aufnehmen können. Wenn viel Wasser vorhanden ist, dann sagt man: Der Lebensraum ist feucht. Manche Tiere wie Regenwürmer und Schnecken brauchen einen feuchten Lebensraum. Sie atmen durch die Haut, dazu muss ihre Haut feucht sein.

Der Umweltfaktor Temperatur

Die Temperaturen im Lebensraum wirken auf die Lebewesen. Die Samen von Pflanzen brauchen bestimmte Temperaturen, um keimen zu können. Einige Tiere wie die Haselmaus verbringen den kalten Winter schlafend (Bild 4). Wenn die Temperaturen im Frühling steigen, dann werden die Tiere wieder aktiv.

2 Die Bestandteile des Ökosystems Wald

4 Eine Haselmaus hält Winterschlaf.

5 Waldkäuze suchen im Dunkeln nach Nahrung.

Die Temperatur beeinflusst auch das Wasser in einem Lebensraum. Je wärmer es ist, desto mehr Wasser verdunstet über die Blätter der Pflanzen und aus dem Boden.

Der Umweltfaktor Licht

Die Sonne beleuchtet die Erde. Pflanzen können die Energie des Sonnenlichts nutzen, um Stoffe für ihr Wachstum herzustellen. Die meisten Tiere sind aktiv, wenn es hell ist, und schlafen, wenn es dunkel ist. Waldkäuze dagegen schlafen, wenn es hell ist, und wachen auf, wenn es dunkel wird (Bild 5).

Der Umweltfaktor Boden

Der Boden eines Lebensraums bestimmt, welche Lebewesen dort vorkommen (Bild 6). Auf lockerem Sandboden wachsen kaum Pflanzen, weil ihre Wurzeln nur wenig Halt finden. Ein Sandboden kann zudem kaum Wasser speichern, ein Lehmboden kann viel Wasser speichern. Ein steiniger Boden bietet Verstecke für kleine Tiere.

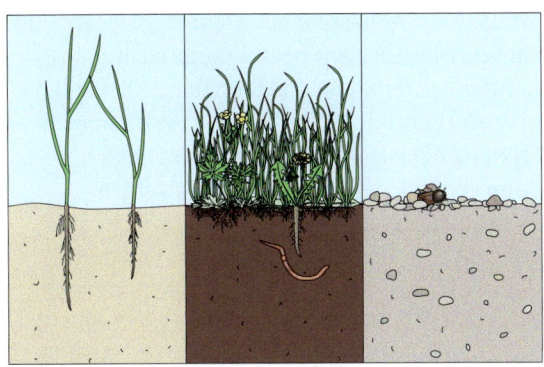

6 Unterschiedliche Böden

Lebewesen als Umweltfaktoren

Waldkäuze fressen Mäuse (Bild 5). Wenn es viele Waldkäuze gibt, dann werden viele Mäuse gefressen. Dadurch gibt es weniger Mäuse und die Waldkäuze finden weniger Nahrung. Die Lebewesen beeinflussen sich also gegenseitig. In einem Lebensraum gibt es zudem nur eine bestimmte Menge Licht, Wasser und Bodenfläche. Pflanzen brauchen genug Licht und Wasser zum Wachsen. Tiere brauchen genug Nahrung und Verstecke, um überleben zu können. Die Lebewesen kämpfen um diese Umweltfaktoren.

Leben in Ökosystemen

Das Gebiet, in dem bestimmte Pflanzen und Tiere leben, nennt man **Lebensraum**. Die abiotischen Umweltfaktoren bestimmen die Lebensbedingungen im Lebensraum (Bild 2). Die Lebewesen im Lebensraum sind eine **Lebensgemeinschaft**. In einem Lebensraum leben nur die Tiere und Pflanzen, die mit den Umweltfaktoren zurechtkommen. Man sagt: Sie sind daran **angepasst**. Der Lebensraum und die Lebensgemeinschaft werden zusammen als **Ökosystem** bezeichnet. Ein Wald ist ein Beispiel für ein Ökosystem.

> Ein Ökosystem besteht aus Lebensraum und Lebensgemeinschaft. Wasser, Temperatur, Licht und Boden sind abiotische Umweltfaktoren. Die Tiere und Pflanzen in einem Lebensraum sind biotische Umweltfaktoren.

AUFGABEN

1 **Umweltfaktoren im Ökosystem**

a ☑ Finde einen Satz im Text, in dem das Fachwort Umweltfaktor erklärt wird. Schreibe ihn ab.

b ☑ Nenne die fünf Umweltfaktoren.

c ☒ Ordne die fünf Umweltfaktoren in biotische und abiotische Umweltfaktoren.

d ☒ Beschreibe, wie die Sonne die Temperatur und das Wasser beeinflusst.

e ☒ Erläutere an einem Beispiel die Bedeutung eines abiotischen Umweltfaktors für das Ökosystem Wald.

f ☒ Beschreibe mithilfe von Bild 2, aus welchen Bestandteilen ein Ökosystem besteht.

Die Schichten eines Waldes

1 Ein Ausflug in den Wald

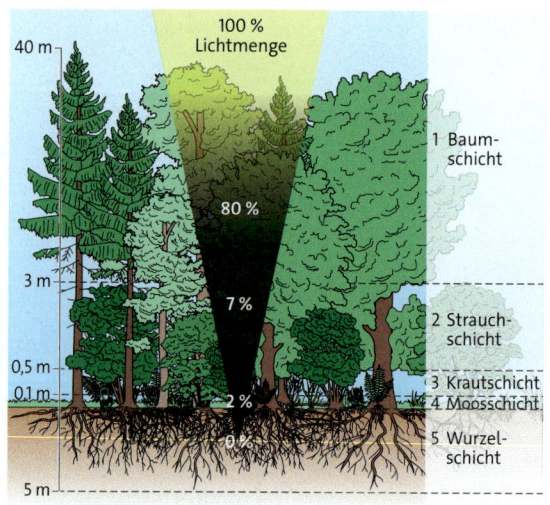

3 Die Schichten des Waldes

Bäume sind viel größer als Menschen. Andere Pflanzen sind genauso groß oder kleiner. Manche Pflanzen sind sogar nur wenige Zentimeter groß.

Die Baumschicht

Ein **Baum** ist eine Pflanze mit einem Stamm aus Holz, der sich einige Meter über dem Boden verzweigt. Die Äste mit den Blättern werden Baumkrone genannt (Bild 2). Die oberste Schicht im Wald besteht aus den Stämmen und Baumkronen. Das ist die **Baumschicht** (Bild 3). Buchen, Eichen, Fichten und Kiefern werden bis zu 40 Meter hoch. Wind, Sonne und Regen treffen direkt auf die Baumkronen. Je dichter die Bäume stehen, desto weniger Licht gelangt zum Boden (Bild 3). Regenwasser wird von den Blättern und Ästen langsam zum Boden geleitet. In der Baumschicht leben Vögel, Fledermäuse und Eichhörnchen (Bild 4C).

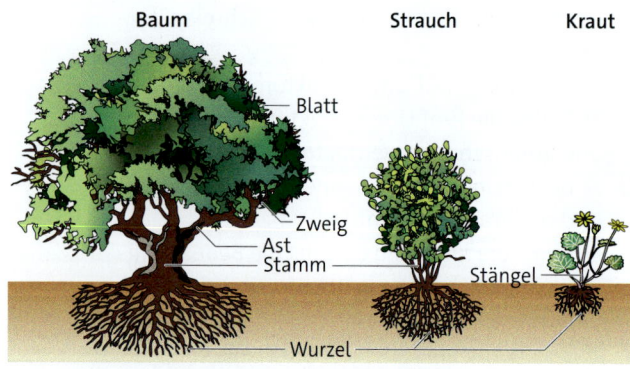

2 So sind Bäume, Sträucher und Kräuter gebaut.

Die Strauchschicht

Ein **Strauch** ist eine Pflanze mit mehreren dünnen Stämmen aus Holz, die sich dicht über dem Boden verzweigen (Bild 2). Die Schicht unter der Baumschicht besteht aus Sträuchern und jungen Bäumen. Diese Schicht heißt **Strauchschicht** (Bild 3). Sträucher wie Holunder, Himbeere, Brombeere und Hasel werden bis zu 3 Meter hoch. In den Sträuchern wachsen Kletterpflanzen wie Efeu und Waldrebe. Die Pflanzen halten den Wind ab und verhindern so, dass der Boden austrocknet. In die Strauchschicht gelangt nur ein Teil des Sonnenlichts, das auf die Baumkronen trifft (Bild 3). Sträucher bilden Früchte, die Insekten und Vögeln als Nahrung dienen (Bild 4A). Rehe und Wildschweine nutzen Sträucher als Verstecke.

Die Krautschicht

Ein **Kraut** ist eine Pflanze, deren Stängel nicht aus Holz besteht (Bild 2). Die Schicht unter der Strauchschicht besteht aus Kräutern, Gräsern und Farnen. Diese Schicht heißt **Krautschicht** (Bild 3). Kräuter wie Bärlauch und Brennnesseln werden bis zu 50 Zentimeter hoch. Wenn die Bäume im Frühling noch keine Blätter gebildet haben, dann gelangt viel Licht zur Krautschicht. Im Sommer halten die Baumkronen das Licht ab, dann ist es in der Krautschicht kühl und dunkel (Bild 3). Füchse, Hasen, Igel und Mäuse können sich zwischen den Pflanzen verstecken (Bild 4D). Auch Schmetterlinge, Bienen und Käfer leben in der Krautschicht.

4 Verschiedene Lebewesen im Wald: Amsel (A), Fuchs (B), Eichhörnchen (C), Maus (D), Schnecke (E)

Die Moosschicht

Am Waldboden wachsen kleine Pflanzen, die bis zu 10 Zentimeter hoch werden. Diese Pflanzen haben viele kleine Blättchen, aber keine Wurzeln. Sie heißen **Moose** (Bild 4E). Zwischen den Moosen wachsen Lebewesen, die keine Pflanzen und keine Tiere sind. Sie heißen **Pilze**. Moose und Pilze werden zusammen als **Moosschicht** bezeichnet. Moose nehmen Wasser auf, speichern es und geben es bei Trockenheit wieder an die Umgebung ab. Daher ist die Luft in der Moosschicht immer feucht. In dieser Schicht leben Käfer, Ameisen, Spinnen und Schnecken (Bild 4E).

Die Wurzelschicht

Die Wurzeln der Pflanzen werden zusammen mit der Erde des Bodens als **Wurzelschicht** bezeichnet. Sie kann bis zu 5 Meter dick sein. Mit den Wurzeln nehmen Pflanzen Wasser und Mineralstoffe aus dem Boden auf. In den Boden gelangt kein Licht (Bild 3). Hier zersetzen Regenwürmer und Tausendfüßer die abgefallenen Blätter der Pflanzen. So entsteht ein mineralstoffreicher Boden, der **Humus**. Zwischen den Wurzeln leben Mäuse, Maulwürfe und Füchse (Bild 4B).

> Wälder bestehen aus Baumschicht, Strauchschicht, Krautschicht, Moosschicht und Wurzelschicht. Die Schichten unterscheiden sich durch die biotischen und abiotischen Umweltfaktoren voneinander.

AUFGABEN

1 Wälder bestehen aus Schichten
Erstelle eine Tabelle mit 3 Spalten und 5 Zeilen.
a ▣ Notiere in der ersten Spalte die Namen der fünf Schichten des Waldes.
b ▣ Notiere in der zweiten Spalte für jede Schicht je zwei Pflanzen, die dort wachsen.
c ▣ Notiere in der dritten Spalte für jede Schicht jeweils zwei Tiere, die dort leben.

2 Die Tiere in den Schichten eines Waldes
a ▣ Ordne den Zahlen in Bild 3 folgende Tiere zu und notiere das Lösungswort: Ameise (H), Reh (U), Specht (B), Maulwurf (E), Igel (C).
b ▣ Spechte sind Vögel, die in Höhlen von Baumstämmen brüten. Ein schwerer Sturm lässt die Bäume brechen. Begründe, welche Folgen das für die Spechte hat.

3 Abiotische Umweltfaktoren
a ▣ Beschreibe Bild 1. Gehe dabei auf die Pflanzen, die unterschiedlichen Höhen, die Schichten und das Licht ein.
b ▣ Begründe, zu welcher Jahreszeit Bild 1 gemacht wurde.
c ▣ Suche im Text alle Sätze, in denen es um das Licht im Wald geht. Nutze diese Sätze und Bild 3, um die Lichtmengen in den verschiedenen Waldschichten zu beschreiben.
d ▣ Begründe, warum die Moosschicht feuchter ist als die Krautschicht.

Wälder sind unterschiedlich

1 Ein Mischwald

3 Ein Nadelwald aus Fichten

In manchen Wäldern wirkt die Natur wild und unberührt. In anderen Wäldern stehen Nadelbäume in geraden Reihen hintereinander.

Wald in Deutschland

Ein **Urwald** ist ein Wald, der nicht von Menschen verändert wurde. Vor 5 000 Jahren war Deutschland fast ganz von Urwäldern bedeckt (Bild 2A). Die Menschen nutzten das Holz der Bäume als Baumaterial und Brennholz. Im Laufe der Zeit fällten sie immer mehr Bäume, um auf den freien Flächen Nutzpflanzen anzubauen. Im Jahr 1900 war nur noch 25 % der Fläche Deutschlands bewaldet. Die Menschen pflanzten junge Bäume, sodass neue Wälder entstanden. Ein solcher von Menschen angelegter Wald heißt **Forst**. Heute gibt es keine Urwälder mehr in Deutschland. Doch viele Wälder werden so gestaltet, wie sie auf natürliche Weise gewachsen wären. Daher nennt man sie **naturnahe Wälder**. Heute sind 32 % der Fläche Deutschlands bewaldet (Bild 2B).

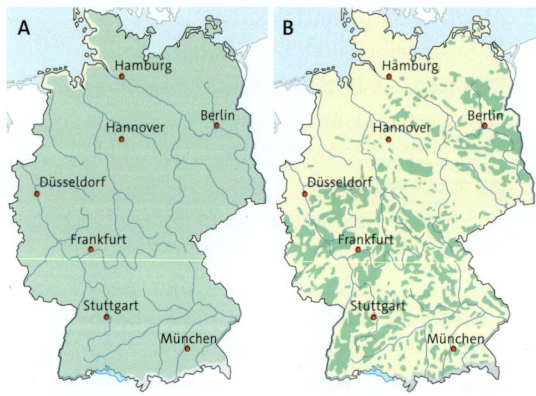

2 Wald in Deutschland: vor 5 000 Jahren (A) und heute (B)

Nadelwälder

In einem **Nadelwald** wachsen Nadelbäume wie Kiefer, Tanne, Lärche und Fichte (Bild 3). Kiefern wachsen auf trockenen, sandigen Böden und brauchen viel Licht. Fichten wachsen auf feuchten, schlammigen Böden und brauchen weniger Licht als Kiefern. Fichten, Tannen und Kiefern werfen ihre Nadelblätter im Herbst nicht ab. Dadurch gelangt das ganze Jahr nur wenig Licht zum Waldboden. Wälder, in denen immer grüne Nadelblätter an den Bäumen sind, werden **immergrün** genannt. Das ganze Jahr über fallen einzelne Nadelblätter auf den Boden und werden dort zersetzt. Dabei entstehen Stoffe, die den Boden sauer machen. In Nadelwäldern wachsen daher Pflanzen, die mit wenig Licht und saurem Boden zurechtkommen, wie der Sauerklee und die Heidelbeere. In Nadelwäldern leben vor allem Insekten und Vögel. Rehe und Hirsche gibt es kaum, denn diese Pflanzenfresser finden hier nur wenig Nahrung. In Nadelwäldern gibt es nur wenige Pflanzenarten und Tierarten. Man sagt: Nadelwälder sind **artenarm**. Die Anzahl unterschiedlicher Arten in einem Lebensraum wird **Artenvielfalt** genannt. In Nadelwäldern ist die Artenvielfalt gering. In Deutschland gibt es Forste, in denen nur eine Baumart steht. Ein solcher Forst wird **Monokultur** genannt. Ein Beispiel sind Fichten-Monokulturen.

Laubwälder

In einem **Laubwald** wachsen Laubbäume wie Eiche, Ahorn, Birke und Buche (Bild 4). Eichen und Buchen können auf feuchten und auf trockenen Böden wachsen.

4 Ein Laubwald aus Buchen

5 Ein Wald im Herbst

Buchen können im Schatten von anderen Bäumen wachsen. Durch ihre dichten Baumkronen gelangt im Sommer nur wenig Licht zum Boden (Bild 4). Daher wachsen in Buchenwäldern nur Pflanzen, die mit wenig Licht auskommen, wie das Perlgras. Eichen können nicht im Schatten von anderen Bäumen wachsen. Ihre Baumkronen lassen viel Licht zum Boden durch. Daher wachsen in Eichenwäldern viele Sträucher und Kräuter. Sie bieten Verstecke und Nahrung für viele verschiedene Tiere. Im Herbst werfen Laubbäume ihre Laubblätter ab. Daher gelangt im Frühling viel Licht auf den Waldboden. Dort wachsen dann verschiedene Kräuter. Weil in Laubwäldern nur im Sommer grüne Laubblätter an den Bäumen sind, werden sie **sommergrün** genannt.

Mischwälder

In einem **Mischwald** wachsen verschiedene Laubbäume und Nadelbäume (Bild 1). Hier gibt es viele verschiedene Pflanzenarten und Tierarten. Man sagt: Mischwälder sind **artenreich**. Die Artenvielfalt ist groß. Alle Urwälder der Erde sind Mischwälder. Verschiedene Baumarten besitzen unterschiedlich geformte Baumkronen, mit denen sie das Sonnenlicht besser nutzen können als die Bäume einer Monokultur. Zudem sind die unterschiedlich geformten Wurzeln der verschiedenen Baumarten miteinander verwachsen, dadurch sind die Bäume fest im Boden verankert. Aus diesen Gründen sind Mischwälder widerstandsfähiger als Monokulturen gegenüber Trockenheit, Stürmen und Krankheiten. In Deutschland werden deshalb viele Wälder in Mischwälder umgewandelt.

> In Deutschland gibt es keine Urwälder, nur naturnahe Wälder. Nadelwälder sind meist immergrün und artenarm. Laubwälder sind sommergrün. Mischwälder sind artenreich.

AUFGABEN

1 Die Schichten der Wälder

a ☑ Nenne die Schichten des Waldes, die du auf den Bildern 1 und 3 erkennen kannst.

b ☒ Erkläre, warum Nadelwälder als artenarm bezeichnet werden.

2 Verschiedene Wälder

a ☑ Nenne fünf verschiedene Arten von Wäldern.

b ☑ Fasse jede Waldart mit einem Stichwort zusammen.

c ☒ Beschreibe die Unterschiede zwischen einem naturnahen Wald und einem Forst.

d ☑ Beschreibe Bild 5.

e ☒ Nenne die Waldart, die in Bild 5 zu sehen ist, und erläutere, woran du sie erkennen kannst.

f ☒ Lege zwei Listen an. Sammle darin immergrüne Baumarten und sommergrüne Baumarten, die im Text genannt werden.

3 Artenvielfalt in Wäldern

a ☑ Ordne die drei Waldarten entsprechend ihrer Artenvielfalt. Beginne mit dem artenreichsten Wald.

b ☒ Schau dir die Bilder dieser Doppelseite an. Nenne das Bild, das mit dem Fachwort Monokultur beschrieben werden kann.

c ☒ Begründe deine Auswahl.

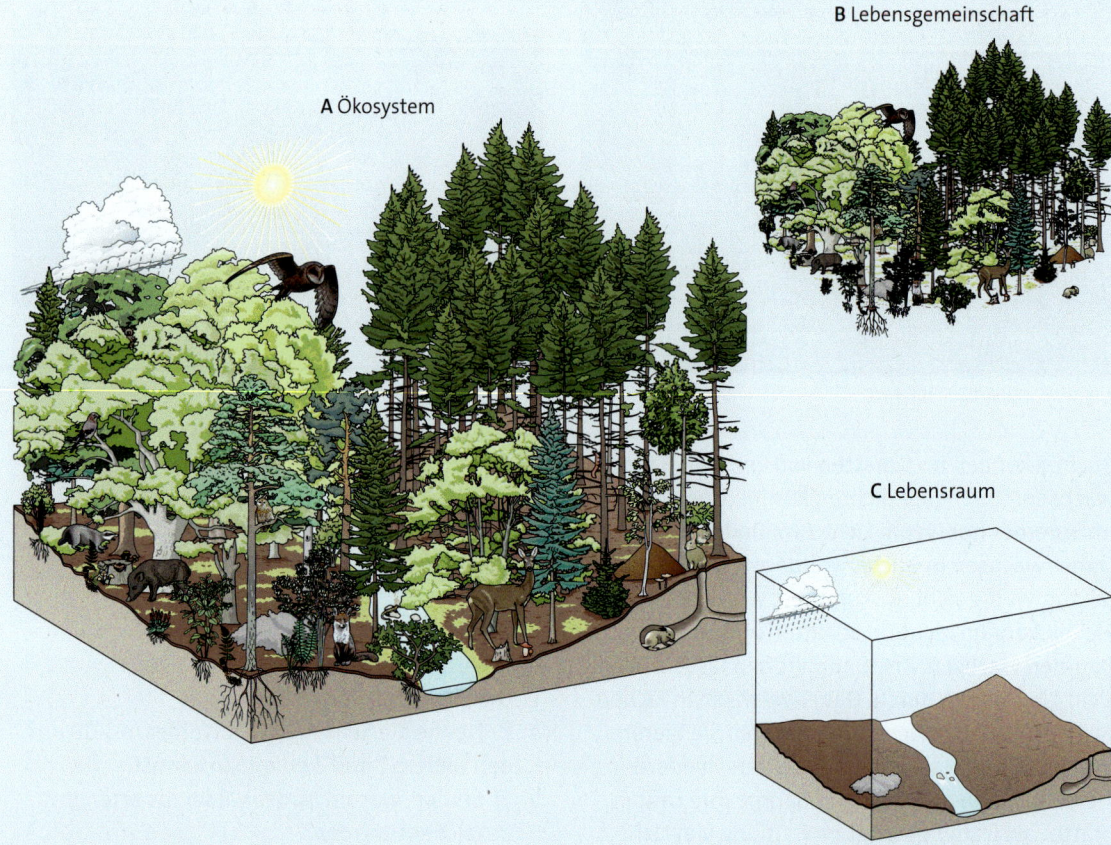

A Ökosystem

B Lebensgemeinschaft

C Lebensraum

1 Das Ökosystem Wald

1 Wälder sind unterschiedlich

a ☑ Benenne die beiden Waldarten in Bild 1A jeweils mit zwei Fachwörtern.

b ☒ Vergleiche die Lebensgemeinschaften in den zwei Waldarten. Verwende dafür Fachwörter.

c ☒ Recherchiere die Lebensweise des Eichhörnchens. Finde heraus, wo es sich aufhält. 🖱

d ☒ „Viele Tiere kann man nicht nur einer Schicht im Wald zuordnen." Erläutere diese Aussage mit deinen Ergebnissen aus Aufgabe c.

e ☒ Erläutere, was ein Ökosystem ist. Nutze dafür die Fachwörter in Bild 1 sowie die Fachwörter „angepasst" und „Umweltfaktoren". Beziehe in deine Erläuterung auch die Überschrift dieser Aufgabe mit ein.

f ☒ „Ein Wald entwickelt sich, man kann ihn nicht pflanzen." Nimm Stellung zu dieser Aussage.

g ☒ Begründe, warum jeder Wald in Deutschland ein Forst ist und es nie wieder einen Urwald geben wird.

2 Die Umweltfaktoren im Wald

a ☑ Ordne die nachfolgenden Aussagen den biotischen oder abiotischen Umweltfaktoren zu:
- *Es regnet seit Tagen.*
- *Ein Fuchs frisst ein Wildkaninchen.*
- *Ein Wildschwein reibt sich an einer Buche.*
- *Der Sommer war kurz.*
- *An einem Berg ist die Erde abgerutscht.*
- *Es war ein milder Winter.*

b ☑ Ordne jeder Aussage aus Aufgabe a einen biotischen oder abiotischen Umweltfaktor zu.

c ☒ Diskutiert in der Klasse über eure Zuordnungen von Aufgabe b.

d ☒ Vertiefe dein Wissen zu abiotischen oder biotischen Umweltfaktoren. Recherchiere dazu entweder die Keimungsbedingungen von Bärlauch oder den Schlaf-Wach-Rhythmus des Waldkauzes. 🖱

e ☒ Erstelle zu deinen Ergebnissen aus Aufgabe d eine spannende Audio-Aufnahme von etwa einer Minute.

3 Die Umweltfaktoren beeinflussen einander

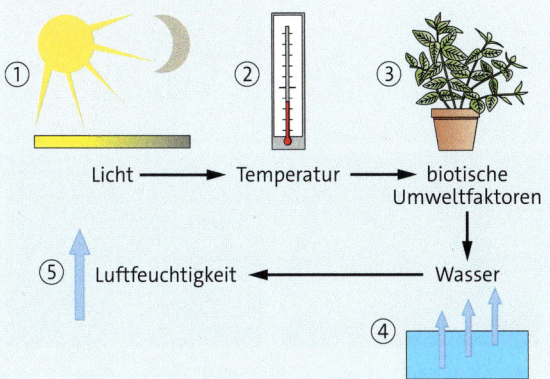

2 Die Folgen von steigenden Temperaturen im Frühling

Die Umweltfaktoren beeinflussen sich gegenseitig. Das zeigt Bild 3 am Beispiel der steigenden Temperaturen im Frühling.

a ☑ Ordne den Zahlen in Bild 2 die passenden Wörter zu: steigt, steigt, wachsen, Wasser verdunstet, länger hell.

b ☒ Formuliere das Flussdiagramm in einen Text aus mindestens 5 Sätzen um.

c ☒ Lies den Zeitungsartikel in Bild 3. Stelle die Informationen in einem Flussdiagramm dar oder formuliere sachliche Sätze.

d ☒ Recherchiere weitere Informationen zur Hyalomma-Zecke. 🖱

e ☒ Erstelle eine Mindmap mit den Informationen aus Aufgabe d oder Bild 3.

f ☒ Beschreibe an einem weiteren Beispiel, wie höhere Temperaturen andere Umweltfaktoren beeinflussen. Stelle das Beispiel in einem Flussdiagramm dar oder formuliere Sätze.

Neue MONSTER-ZECKE in Deutschland!

In Deutschland herrscht Hitze. Das findet die Hyalomma-Zecke gut. Sie lebt in warmen Regionen in Nordafrika, Asien, Süd- und Osteuropa. Aber durch wärmere Winter kommt die schnelle Riesenzecke jetzt auch bei uns vor. Das hat Folgen: Sie überträgt gefährliche Krankheiten. Die Hyalomma-Zecke sieht ihre Beute aus großer Entfernung und nimmt die Verfolgung auf.

3 Ein Zeitungsartikel

4 Abiotische Umweltfaktoren

A Monokultur

B Mischwald

Wiese

4 Lebensbedingungen in zwei Wäldern im Sommer

a ☑ Nenne die Schichten der Wälder in Bild 4.

b ☑ Vergleiche den Aufbau der zwei Waldarten. Nutze dazu deine Antwort auf Aufgabe a.

c ☑ Nenne die abiotischen Umweltfaktoren, die in Bild 4A und 4B dargestellt sind.

d ☒ Vergleiche die abiotischen Umweltfaktoren in den zwei Waldarten und auf der Wiese. Formuliere Sätze nach diesem Muster: *Im Mischwald ist es ... als in der Monokultur.*

e ☒ Erkläre, warum sich die abiotischen Umweltfaktoren im Mischwald und in der Monokultur sowie auf der Wiese unterscheiden.

f ☒ Begründe mithilfe der abiotischen Umweltfaktoren, warum Monokulturen keine Strauchschicht und keine Krautschicht haben.

g ☒ Begründe, warum am Waldrand mehr Sträucher und in der Waldmitte weniger Sträucher wachsen.

EXTRA Die Pilze

1 Ein Steinpilz

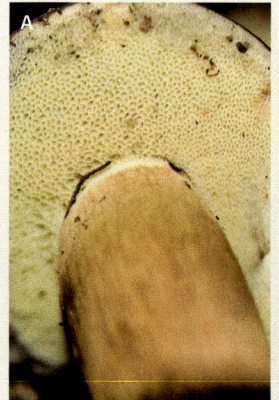

3 Ein Röhrenpilz (A) und ein Blätterpilz (B)

Die Merkmale der Pilze

Pilze sind keine Tiere und keine Pflanzen, sondern eine eigene Gruppe von Lebewesen. Die Zellen der Pilze besitzen Vakuolen und Zellwände. Sie enthalten jedoch keine Chloroplasten und daher kein Chlorophyll. Deshalb können Pilze keine Fotosynthese betreiben, um Traubenzucker herzustellen.

Der Großteil eines Pilzes besteht aus dünnen Fäden im Boden. Diese Fäden heißen Hyphen. Sie bilden ein weitverzweigtes Netz, das **Myzel** (Bild 2). Dieses Fadennetz ist das eigentliche Lebewesen Pilz. Mit dem Myzel nehmen Pilze Wasser und Nährstoffe aus der Umgebung auf. Bei vielen Pilzen wächst aus dem Myzel zu bestimmten Zeiten ein Stiel mit Hut. Er besteht aus dicht verknäuelten Hyphen und dient der Fortpflanzung. Daher heißt er **Fruchtkörper** (Bild 2).

Die Vermehrung der Pilze

Die meisten Pilze vermehren sich durch winzige Körner, die in den Fruchtkörpern gebildet werden. Diese Körner heißen **Sporen** (Bild 2). Die Sporen werden vom Wind verbreitet. Wenn sie auf feuchter Erde landen, dann keimen sie und bilden Hyphen. Wenn sich zwei Hyphenfäden treffen, dann entsteht eine Verschmelzungszelle (Bild 2). Aus ihr entwickelt sich ein neues Myzel, das neue Fruchtkörper bilden kann.

Unterschiedliche Pilze

Steinpilze haben auf der Hutunterseite eine schwammartige Schicht aus kleinen Röhren (Bild 3A). Daher werden Steinpilze zu den Röhrenpilzen gezählt. Fliegenpilze besitzen auf der Hutunterseite dünne Blättchen (Bild 3B). Daher werden Fliegenpilze zu den Blätterpilzen gezählt.

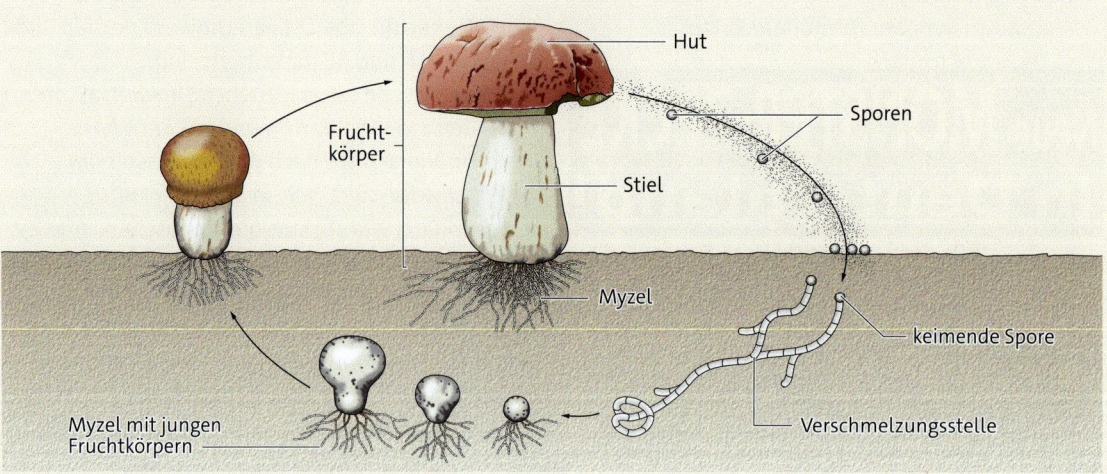

2 Der Bau und die Entwicklung eines Hutpilzes

Hut
Sporen
Frucht-körper
Stiel
Myzel
keimende Spore
Myzel mit jungen Fruchtkörpern
Verschmelzungsstelle

4 Eine Morchel (A) und ein Bovist (B)

Morcheln bilden ihre Sporen in schlauchförmigen Zellen. Daher werden sie zu den Schlauchpilzen gezählt (Bild 4A). Boviste sind rundlich und haben kurze Stiele (Bild 4B). Aufgrund dieser bauchigen Form werden sie zu den Bauchpilzen gezählt.

Die Symbiose

Manche Pilze leben in einer Lebensgemeinschaft mit Bäumen. Das Fachwort dafür ist **Symbiose**. Die Pilzhyphen wachsen um und durch die Baumwurzeln (Bild 5). Der Pilz wird von der Pflanze mit Nährstoffen versorgt, die von der Pflanze während der Fotosynthese aufgebaut werden. Die Pflanze erhält vom Pilz Wasser und Mineralstoffe. Durch das riesige Myzel des Pilzes kann die Pflanze von einer deutlich größeren Fläche Wasser aufnehmen. Das Fachwort für das Pilz-Wurzel-Netz ist **Mykorrhiza**.

Die ökologische Bedeutung der Pilze

Viele Pilze zersetzen tote Pflanzen und tote Tiere. Baumpilze können sogar das schwer abbaubare Holz von abgestorbenen Bäumen zersetzen. Die Pilze durchziehen das Holz mit ihrem Myzel, ernähren sich davon und zersetzen es dabei. Dadurch werden Mineralstoffe frei und gelangen in den Boden. Die Pflanzen können dann diese Mineralstoffe aus dem Boden aufnehmen. Manche Pilze befallen lebende Bäume und entziehen ihnen die Nährstoffe. Dadurch kann der Baum absterben. Lebewesen, die aus dem Zusammenleben mit anderen Lebewesen einen einseitigen Nutzen ziehen, werden **Parasiten** genannt. Das Fachwort für diese Beziehung ist **Parasitismus**.

AUFGABEN

1 **Pilze sind besondere Lebewesen**
a ☑ Schreibe aus dem Text die drei Bestandteile eines Pilzes heraus.
b ☒ Beschreibe, woraus alle Bestandteile des Pilzes bestehen.
c ☒ Erläutere mithilfe von Bild 2, wie sich Pilze vermehren.
d ☑ Beschreibe, was mit dem Fachwort Symbiose gemeint ist.
e ☒ Vergleiche Symbiose und Parasitismus.
f ☒ „In sehr nährstoffarmen Böden ist eine Mykorrhiza sowohl für Pilze als auch für Bäume vorteilhaft." Begründe diese Aussage.

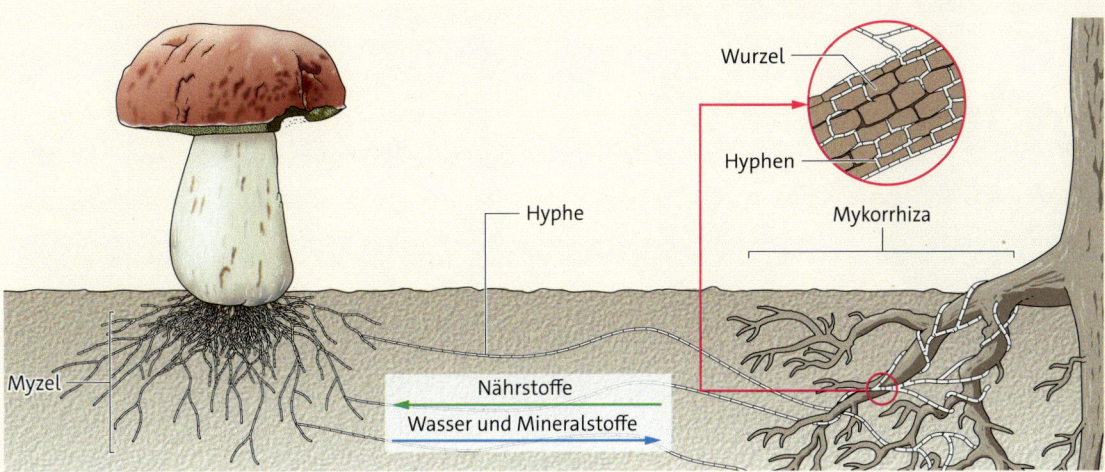

Wurzel

Hyphen

Mykorrhiza

Hyphe

Myzel

Nährstoffe

Wasser und Mineralstoffe

5 Symbiose zwischen Pilz und Baum

METHODE Biologische Zeichnungen erstellen

Zeichnen ist eine biologische Arbeitsweise, mit der du deine Beobachtungen und wichtige Einzelheiten dauerhaft festhalten kannst. Dadurch kannst du den Aufbau von Lebewesen oder ihrer Einzelteile besser verstehen. Es gibt verschiedene Arten von biologischen Zeichnungen. Die **originalgetreue Zeichnung** stellt das Objekt wie ein Foto dar (Bild 1A). Die **Pause** hebt besonders die Beschaffenheit der Oberflächen eines Objekts hervor (Bild 1B). In einer **Skizze** werden wichtige Merkmale festgehalten (Bild 1C). Eine **Schemazeichnung** zeigt die typischen Merkmale eines Objekts (Bild 1D).

2 Yuki erstellt eine Skizze von einem Ahornsamen.

1 Das Arbeitsmaterial zurechtlegen
Nutze einen weichen Bleistift und weißes Papier. Spitze den Bleistift und lege einen Radiergummi bereit. Deine Zeichenunterlage muss fest und eben sein. Wenn du sehr kleine Objekte zeichnen willst, dann lege auch eine Lupe bereit oder stelle ein Mikroskop auf.

2 Das Zeichenblatt beschriften
Notiere oben auf dem Zeichenblatt den Namen des Objekts oder den untersuchten Teil des Objekts. Wenn du ein Mikroskop oder eine Lupe verwendest, dann schreibe auch die gewählte Vergrößerung auf das Zeichenblatt. Notiere unten auf dem Zeichenblatt deinen Namen und das Datum, an dem du die Zeichnung erstellst.

3 Einen Überblick verschaffen
Überlege, was du zeichnen willst. Wenn du eine bestimmte Einzelheit zeichnen willst, dann wähle eine geeignete Stelle des Objekts aus. Nutze eine Lupe oder ein Mikroskop, um wichtige Bestandteile deutlich erkennen zu können.

4 Eine Skizze erstellen
Zeichne zuerst eine übersichtliche Skizze des Objekts in die Mitte des Papiers. Die Skizze soll mindestens so groß sein wie deine Handfläche. Sie darf auch das Zeichenblatt fast ganz ausfüllen. Zeichne mit klaren, durchgezogenen Linien zunächst die Umrisse des Objekts. Achte darauf, Formen und Größenverhältnisse richtig darzustellen. Genauigkeit ist wichtiger als Vollständigkeit. Radiere möglichst wenig.

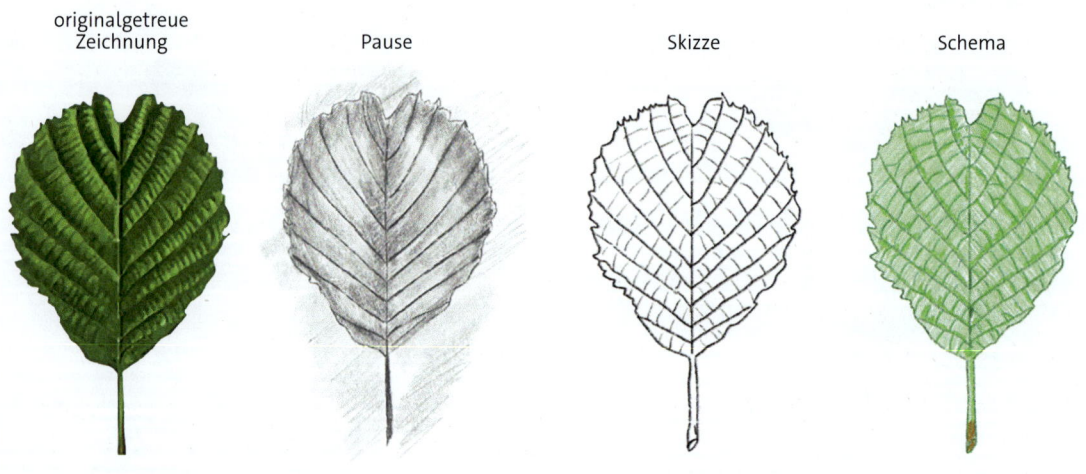

originalgetreue Zeichnung   Pause   Skizze   Schema

1 Verschiedene biologische Zeichnungen

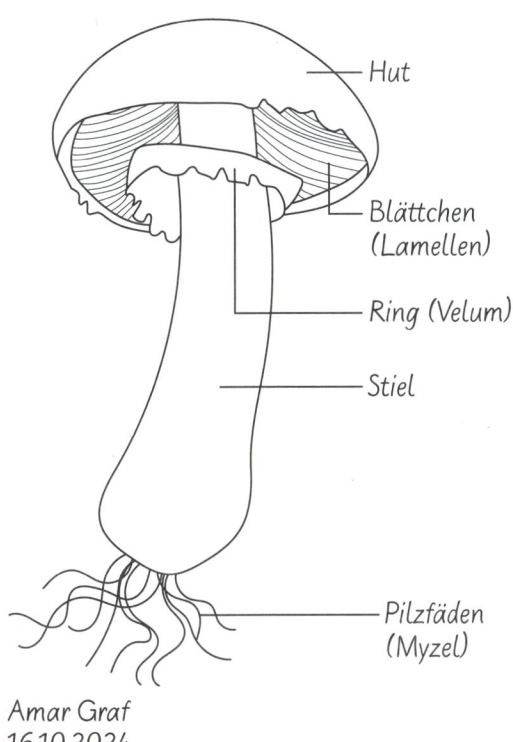

Bau eines Champignons
Fundort: Kuhweide
Größe: etwa 8 cm

— Hut

— Blättchen
(Lamellen)

— Ring (Velum)

— Stiel

— Pilzfäden
(Myzel)

Amar Graf
16.10.2024

3 Eine Skizze eines Champignons

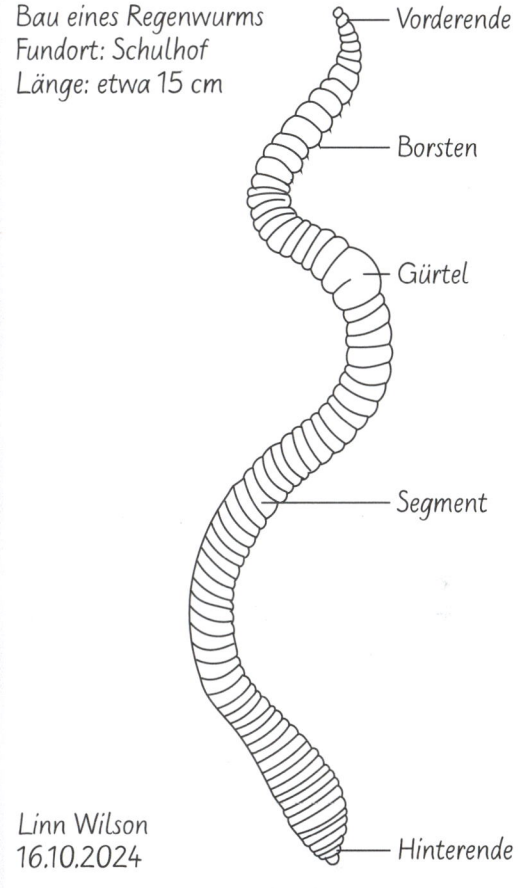

Bau eines Regenwurms
Fundort: Schulhof
Länge: etwa 15 cm

— Vorderende

— Borsten

— Gürtel

— Segment

— Hinterende

Linn Wilson
16.10.2024

4 Eine Skizze eines Regenwurms

5 Die Einzelheiten einzeichnen
Zeichne nun die einzelnen Bestandteile des Objekts in deine Skizze ein. Zeichne nur wenige Einzelheiten ein, die typisch für das Objekt sind. Es ist wichtig, dass du die Anzahl und die Größe der Bestandteile richtig darstellst. Verwende keine farbigen Stifte.

6 Die Zeichnung beschriften
Suche im Schulbuch, in Bestimmungsbüchern oder im Internet nach Schemazeichnungen des Objekts. Vergleiche diese Schemazeichnungen mit deiner Zeichnung. Benenne die Bestandteile deiner Zeichnung mit den Fachwörtern. Ziehe mit Bleistift und Lineal waagerechte Linien. Notiere an den Linien die Fachwörter für die Bestandteile des Objekts. Achte darauf, deine Zeichnung vollständig zu beschriften.

AUFGABE

1 Lebewesen zeichnen
☒ Der folgende Text enthält richtige und falsche Sätze. Schreibe ihn ab. Formuliere dabei die falschen Sätze um, sodass sie richtig sind.
Nutze zum Zeichnen einen angespitzten Bleistift und kariertes Papier.
Beschrifte das Zeichenblatt mit dem Namen des Objekts, der Vergrößerung, deinem Namen und dem Datum.
Zeichne das Objekt in Originalgröße.
Zeichne kurze, gestrichelte oder zittrige Linien.
Zeichne das Objekt genau so, wie du es siehst.
Stelle Formen und Größenverhältnisse richtig dar.
Verwende Buntstifte, um deine Skizze anzumalen.
Ziehe zur Beschriftung senkrechte Linien mit dem Füller.

PRAXIS Bäume bestimmen

Jedes Lebewesen hat Merkmale, an denen man es eindeutig erkennen kann. Biologinnen und Biologen haben diese Merkmale als Abfolge von Fragen und Antworten aufgeschrieben. Das nennt man **Bestimmungsschlüssel**. Wenn du einen Bestimmungsschlüssel nutzt, um den Namen eines Lebewesens herauszufinden, dann bestimmst du es.

Bäume können anhand ihrer Blätter bestimmt werden. Ein Laubblatt kann einfach aufgebaut sein und eine ungeteilte Blattfläche haben. Ein zusammengesetztes Blatt besteht aus mehreren voneinander getrennten Blättchen. Wenn sie entlang des Blattstiels sitzen, dann werden sie gefiedert genannt. Wenn sie um einen Punkt herum angeordnet sind, dann bezeichnet man sie als gefingert. Einige Blätter sind lang gestreckt und werden daher linealisch oder lanzettlich genannt. Andere Blätter sind eher rundlich und können herzförmig, nierenförmig oder eiförmig sein. Der Blattrand kann ganzrandig oder eingekerbt sein. Je nachdem, wie tief der Blattrand eingeschnitten ist, wird er als gelappt, gebuchtet, gezähnt, gekerbt oder gesägt bezeichnet (Bild 1).

Material:
Bestimmungsschlüssel, Notizblock, Stift

Durchführung:
– Suche Laubblätter oder Nadelblätter von fünf verschiedenen Bäumen.
– Fertige beschriftete Zeichnungen davon an.

Auswertung:
– Bestimme mithilfe von Bild 1 und 2, zu welchen Baumarten deine Blätter gehören. Lies dazu die erste Aussage im Bestimmungsschlüssel. Wenn dein Blatt dieses Merkmal hat, dann lautet die Antwort „Ja". Wenn das Blatt dieses Merkmal nicht hat, dann lautet die Antwort „Nein". Entscheide dich für „Ja" oder „Nein" und folge dem Bestimmungsweg weiter zur nächsten Aussage. Wiederhole dieses Vorgehen, bis du an einem Ende des Bestimmungsschlüssels angekommen bist. Dort steht der Name des Baums, zu dem dein Blatt gehört. Notiere die Artnamen auf deinen Zeichnungen.

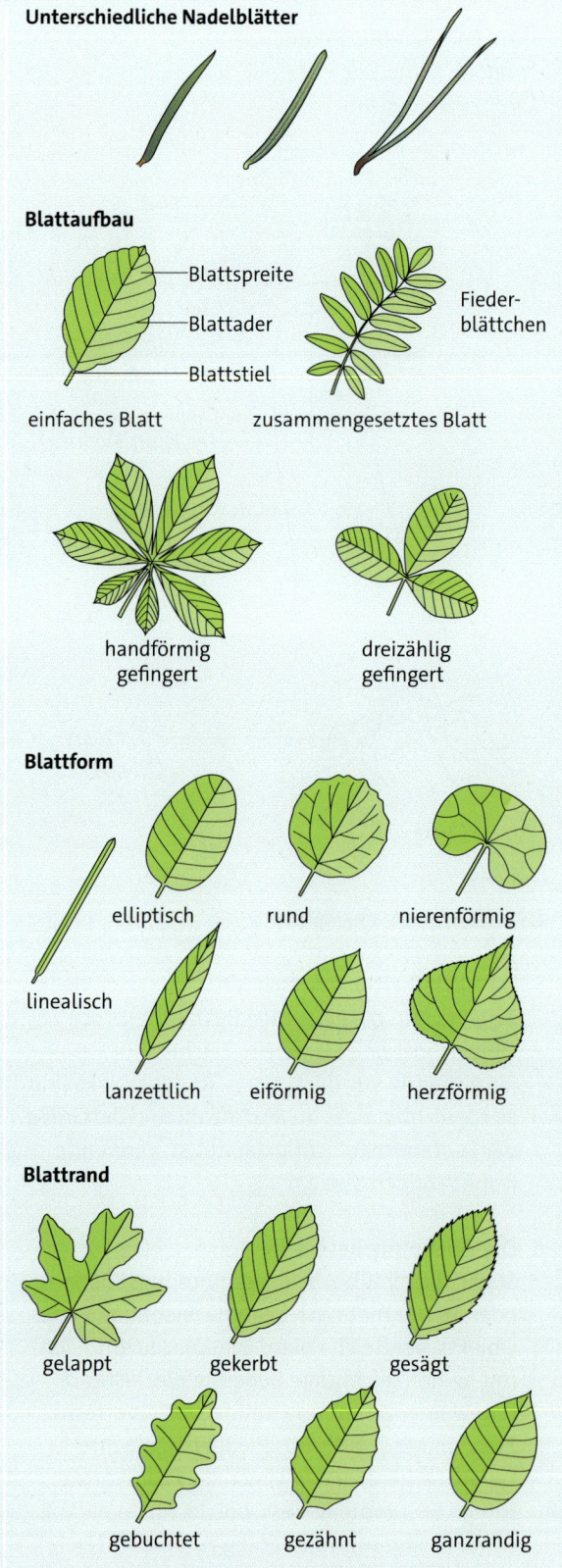

1 Verschiedene Bestimmungsmerkmale von Blättern

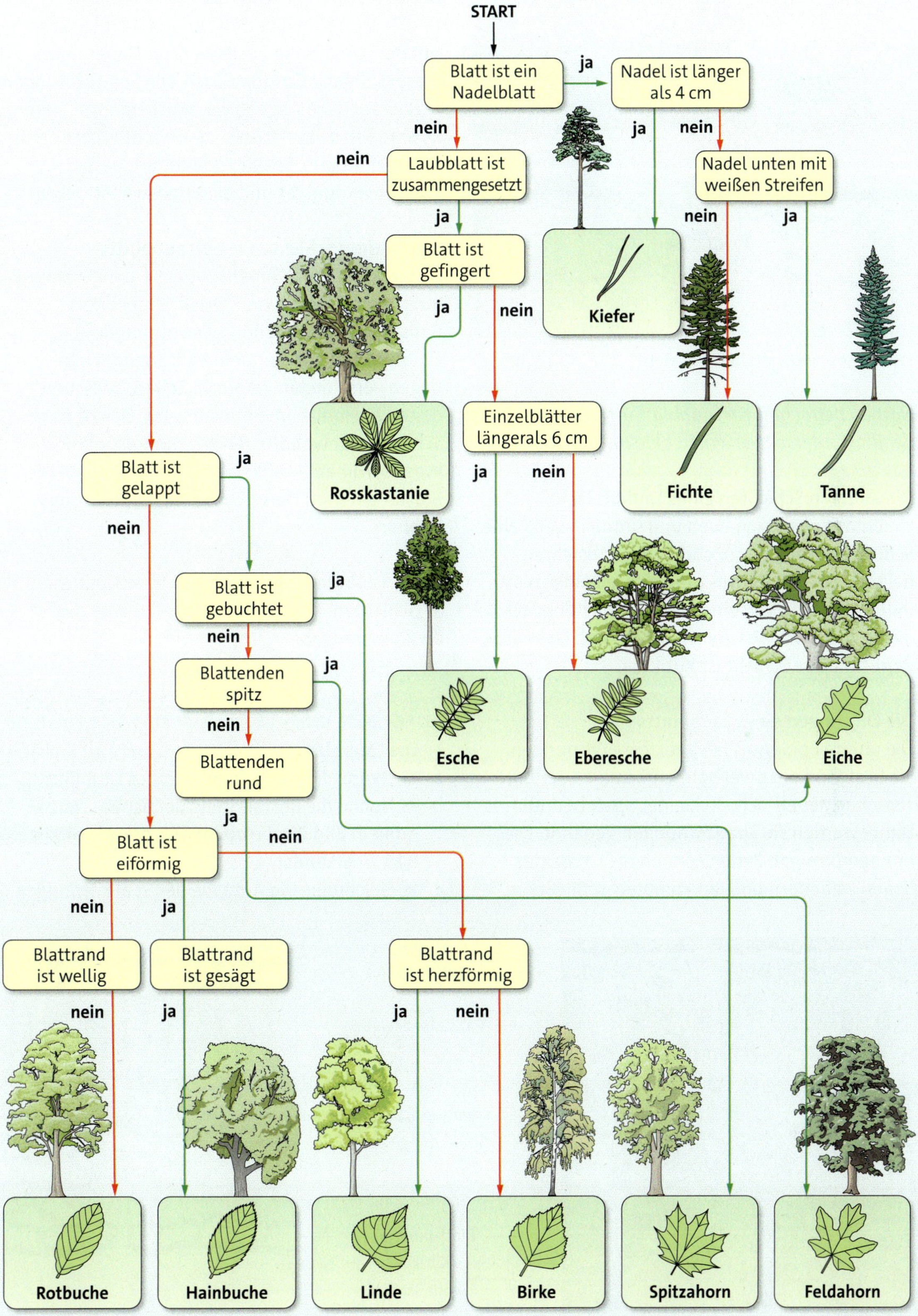

START

Blatt ist ein Nadelblatt → **ja** → Nadel ist länger als 4 cm

Blatt ist ein Nadelblatt → **nein** → Laubblatt ist zusammengesetzt

Nadel ist länger als 4 cm → **ja** → Kiefer

Nadel ist länger als 4 cm → **nein** → Nadel unten mit weißen Streifen

Nadel unten mit weißen Streifen → **nein** → Fichte

Nadel unten mit weißen Streifen → **ja** → Tanne

Laubblatt ist zusammengesetzt → **nein** → Blatt ist gelappt

Laubblatt ist zusammengesetzt → **ja** → Blatt ist gefingert

Blatt ist gefingert → **ja** → Rosskastanie

Blatt ist gefingert → **nein** → Einzelblätter länger als 6 cm

Einzelblätter länger als 6 cm → **ja** → Esche

Einzelblätter länger als 6 cm → **nein** → Eberesche

Blatt ist gelappt → **ja** → Eiche

Blatt ist gelappt → **nein** → Blatt ist gebuchtet

Blatt ist gebuchtet → **ja** → Spitzahorn

Blatt ist gebuchtet → **nein** → Blattenden spitz

Blattenden spitz → **ja** → Feldahorn

Blattenden spitz → **nein** → Blattenden rund

Blattenden rund → **ja** → Blatt ist eiförmig

Blattenden rund → **nein** → Blattrand ist herzförmig

Blatt ist eiförmig → **nein** → Blattrand ist wellig

Blatt ist eiförmig → **ja** → Blattrand ist gesägt

Blattrand ist wellig → **nein** → Rotbuche

Blattrand ist gesägt → **ja** → Hainbuche

Blattrand ist herzförmig → **ja** → Linde

Blattrand ist herzförmig → **nein** → Birke

2 Ein Bestimmungsschlüssel für Bäume

Der Bau von Laubblättern

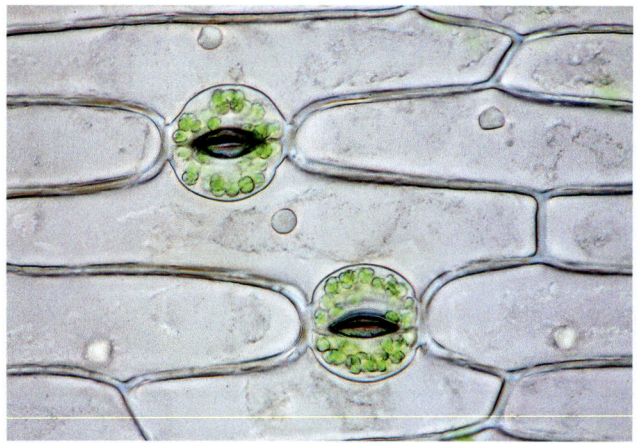

1 Die Unterseite eines Laubblatts im Mikroskop

Nathan betrachtet ein Laubblatt im Mikroskop. Auf der Blattunterseite erkennt er kleine Öffnungen.

Die äußeren Schichten eines Laubblatts

Laubblätter besitzen oben und unten jeweils eine Schicht aus farblosen Zellen. Diese Schichten heißen **obere Epidermis** und **untere Epidermis** (Bild 2). Sie sind von einer Wachsschicht bedeckt, die das Blatt vor Austrocknung schützt. Das Fachwort für diese Schicht ist **Kutikula**.

Die Öffnungen eines Laubblatts

Die untere Epidermis besitzt kleine Öffnungen. Sie bestehen aus zwei bohnenförmigen Zellen, zwischen denen sich ein kleiner Spalt befindet. Daher werden sie **Spaltöffnungen** genannt. Die bohnenförmigen Zellen können die Größe des Spalts verändern und ihn komplett schließen.

Daher werden sie **Schließzellen** genannt (Bild 1 und 2). Durch die Spaltöffnungen werden Gase mit der Umgebung ausgetauscht. Daher heißt dieser Vorgang **Gasaustausch**. Die Spaltöffnungen regeln auch die Abgabe von Wasserdampf. Wenn es draußen sehr warm ist, dann schließen sich die Spaltöffnungen. So wird verhindert, dass zu viel Wasser verdunstet und die Pflanze austrocknet.

Die inneren Schichten eines Laubblatts

Unter der oberen Epidermis liegt eine Schicht aus lang gestreckten Zellen. Diese Schicht heißt **Palisadengewebe** (Bild 2). Es enthält viele Chloroplasten. Unter dem Palisadengewebe liegen verschieden geformte Zellen, zwischen denen es Hohlräume mit Luft gibt. Das ist das **Schwammgewebe**. In dünnen Röhren werden Wasser, Mineralstoffe und Nährstoffe durch die Blätter geleitet. Diese Röhren heißen **Leitungsbahnen**.

> Ein Laubblatt besteht aus unterschiedlichen Schichten. Die Spaltöffnungen regeln die Wasserabgabe.

AUFGABEN

1 Die Laubblätter

a ☑ Nenne die vier Schichten eines Laubblatts.

b ☒ Nenne die Bestandteile der Schemazeichnung in Bild 2B, die du im Mikroskop-Foto in Bild 2A erkennst.

c ☒ Beschreibe die Aufgabe der Spaltöffnungen.

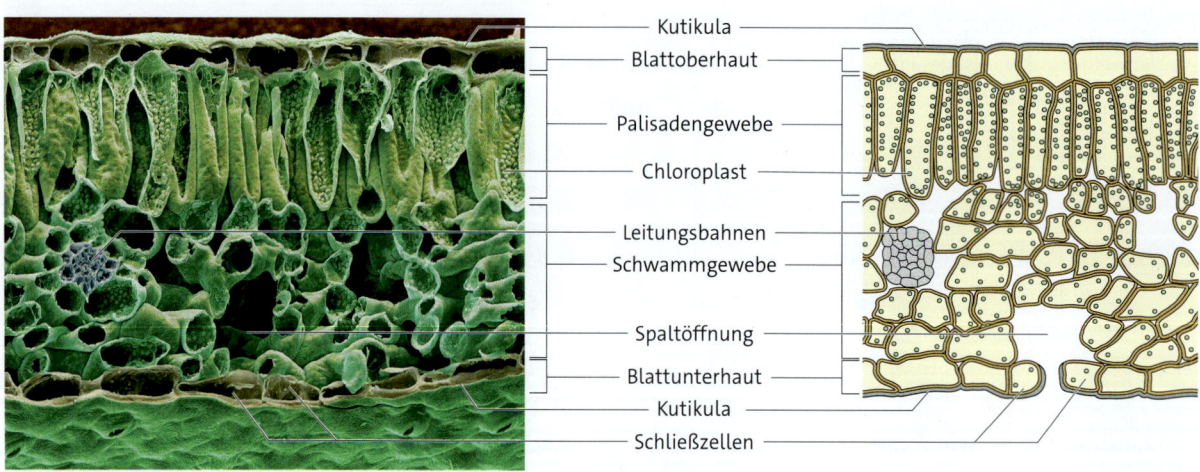

Kutikula
Blattoberhaut
Palisadengewebe
Chloroplast
Leitungsbahnen
Schwammgewebe
Spaltöffnung
Blattunterhaut
Kutikula
Schließzellen

2 Ein Querschnitt durch ein Laubblatt im Mikroskop (A) und als Schemazeichnung (B)

huhivi

Pflanzen verdunsten Wasser

A Die Wasserabgabe

Material:
Wassernachweispapier (z.B. Watesmo), Klebestreifen, eine Topfpflanze mit großen grünen Blättern (z.B. eine Begonie)

Durchführung:
– Schneide zwei 2 cm lange Streifen Wassernachweispapier zu.
– Befestige einen Streifen Wassernachweispapier mit Klebestreifen auf der Oberseite und einen Streifen auf der Unterseite des Laubblatts wie in Bild 1 gezeigt.
– Notiere die Farbe des Nachweispapiers.
– Entferne das Nachweispapier am nächsten Tag oder in der nächsten Biologiestunde.
– Notiere deine Beobachtungen in dein Heft.

Auswertung:
1 ☒ Vergleiche die Farbe des Wassernachweispapiers an der Oberseite und an der Unterseite des Laubblatts. Notiere deine Beobachtungen.
2 ☒ Wenn Wassernachweispapier mit Wasser in Berührung kommt, dann verfärbt es sich. Deshalb eignet es sich für den Nachweis von Wasser. Benenne mithilfe dieser Information die Seite des Laubblatts, an der du Wasser nachweisen konntest.
3 ☒ Begründe das Ergebnis des Experiments. Denke dabei an die Funktion der Laubblätter.

B Die Verdunstung

Material:
3 Messzylinder (100 ml), Wasser, 2 Sprosse vom Fleißigen Lieschen mit etwa gleich vielen Laubblättern, 1 Spross mit nur 1 bis 2 Laubblättern, Skalpell, Folienstift, Speiseöl, Gefrierbeutel (3 l), Gummiband

Durchführung:
– Fülle die 3 Messzylinder jeweils mit gleich viel Wasser.
– Schneide die Sprossachsen frisch an.
– Stelle je einen Spross in jeden Messzylinder.
– Markiere die Wasserstände mit dem Folienstift.
– Gib etwas Speiseöl auf die Wasseroberflächen.
– Stülpe einen Gefrierbeutel über einen Spross mit vielen Laubblättern. Befestige ihn luftdicht mit einem Gummiband am Zylinderrand.
– Notiere deine Beobachtungen frühestens nach einem Tag oder in der nächsten Biologiestunde in deinem Heft.

Auswertung:
1 ☒ Vergleiche die Ergebnisse in den drei Gefäßen.
2 ☒ Erkläre die Ergebnisse. Gehe dabei auf die Bedeutung des Gefrierbeutels ein.

1 Ein Experiment zur Wasserabgabe

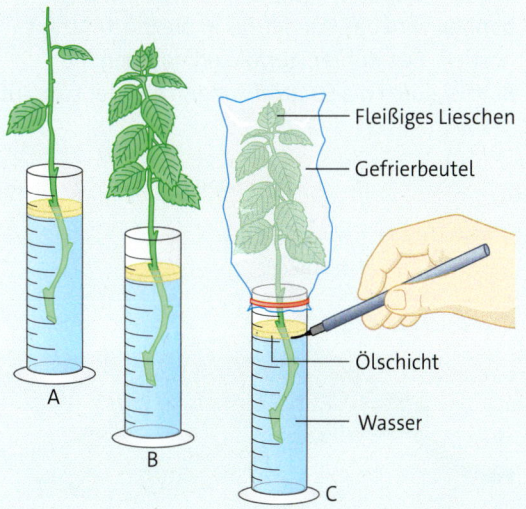

Fleißiges Lieschen

Gefrierbeutel

Ölschicht

Wasser

2 Ein Experiment zur Wasserverdunstung

Die Fotosynthese und die Zellatmung

1 Tief durchatmen im Wald

3 Beeren schmecken süß.

Im Wald ist die Luft meist klar und frisch. Hier kannst du tief durchatmen.

Pflanzen stellen Stoffe her

Alle Pflanzen nehmen Kohlenstoffdioxid aus der Luft auf und geben Sauerstoff ab. Das passiert, wenn Pflanzen die Energie des Sonnenlichts nutzen, um aus Kohlenstoffdioxid und Wasser Traubenzucker herzustellen. Das Fachwort für diesen Vorgang heißt **Fotosynthese**. Bei der Fotosynthese werden die Bestandteile von Kohlenstoffdioxid und Wasser neu zusammengesetzt, sodass zwei neue Stoffe entstehen: Traubenzucker und Sauerstoff. (Bild 2).

Die Stoffe für die Fotosynthese

Für die Fotosynthese brauchen Pflanzen Wasser und Kohlenstoffdioxid. Das Wasser nehmen die Wurzeln aus dem Boden auf. In den Leitungsbahnen wird das Wasser bis in die Blätter transportiert. Das Kohlenstoffdioxid nehmen die Blätter durch die Spaltöffnungen aus der Luft auf.

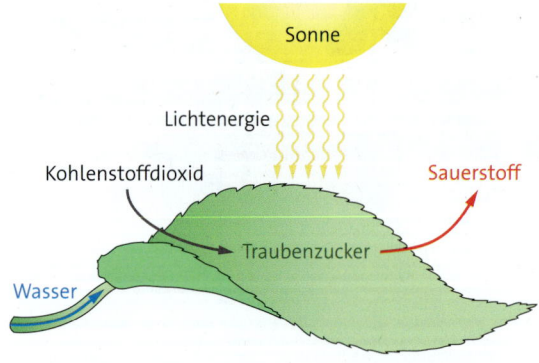

2 Der Ablauf der Fotosynthese

Der Ort der Fotosynthese

Die Fotosynthese kann nur in grünen Blättern stattfinden. Die Zellen dieser Pflanzenteile besitzen Chloroplasten, die den grünen Farbstoff Chlorophyll enthalten. Wenn Licht auf das Chlorophyll fällt, dann wird aus Wasser und Kohlenstoffdioxid Traubenzucker und Sauerstoff hergestellt.

Die Verwendung des Traubenzuckers

Den meisten Traubenzucker nutzen Pflanzen für ihr Wachstum. Ein Teil des Traubenzuckers wird in den Früchten der Pflanzen gespeichert, dadurch schmecken die Früchte süß (Bild 3). Traubenzucker löst sich gut in Wasser. Darin wird er durch die Leitungsbahnen in der ganzen Pflanze verteilt.

Die Bedeutung der Fotosynthese

Pflanzen speichern die Lichtenergie der Sonne als chemische Energie in Traubenzucker. Wenn Tiere und Menschen Pflanzen als Nahrung aufnehmen, dann nehmen sie auch den Traubenzucker auf. Bei der Fotosynthese entsteht Sauerstoff. Er wird durch die Spaltöffnungen der Blätter an die Luft abgegeben. Diesen Sauerstoff nutzen Pflanzen, Tiere und Menschen zur Atmung.

Die Zellatmung

Alle Zellen besitzen Mitochondrien, in denen Energie aus Traubenzucker freigesetzt wird. Dazu werden Traubenzucker und Sauerstoff zu Wasser und Kohlenstoffdioxid umgebaut (Bild 6). Dieser Vorgang heißt **Zellatmung**. Die Zellatmung findet bei Licht und bei Dunkelheit statt. Das frei werdende Kohlenstoffdioxid wird durch die Spaltöffnungen der Blätter an die Luft abgegeben.

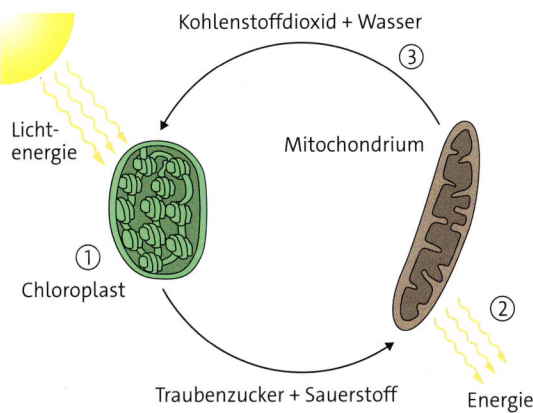

4 Der Zusammenhang von Fotosynthese und Zellatmung

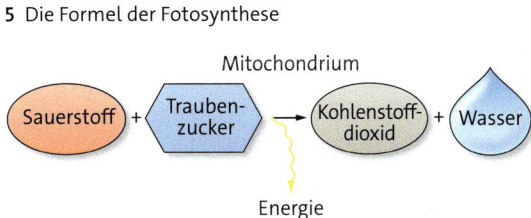

5 Die Formel der Fotosynthese

6 Die Formel der Zellatmung

Fotosynthese und Zellatmung

Die Zellatmung verläuft umgekehrt zur Fotosynthese (Bild 5 und 6). Für die Fotosynthese wird Energie gebraucht, bei der Zellatmung wird Energie frei. Bei Licht stellen Pflanzen mehr Traubenzucker und Sauerstoff her, als sie bei der Zellatmung verbrauchen. Ohne Licht können Pflanzen keine Fotosynthese betreiben. Bei Dunkelheit findet nur die Zellatmung statt. Dazu nehmen die Pflanzen Sauerstoff aus der Luft auf und geben Kohlenstoffdioxid und Wasser ab. Die Energie, die bei der Zellatmung freigesetzt wird, nutzen die Pflanzen zum Beispiel für das Öffnen und Schließen der Spaltöffnungen.

Die Bedeutung der Zellatmung

Auch Tiere und Menschen gewinnen durch Zellatmung Energie für Lebensvorgänge wie Herzschlag, Atmung, Bewegung und Gehirntätigkeit. Ein Eichhörnchen nimmt zum Beispiel Traubenzucker mit der Nahrung auf und atmet Sauerstoff ein (Bild 3). Im Blut gelangen diese Stoffe zu allen Zellen. In den Mitochondrien der Zellen wird mit dem Sauerstoff Energie aus dem Traubenzucker gewonnen. Dabei werden Kohlenstoffdioxid und Wasser frei, die das Eichhörnchen beim Atmen nach außen abgibt. Diese Stoffe nutzen dann wieder die Pflanzen für die Fotosynthese (Bild 7).

> Bei der Fotosynthese werden aus Wasser und Kohlenstoffdioxid mithilfe von Lichtenergie Traubenzucker und Sauerstoff hergestellt. Bei der Zellatmung wird Energie aus Traubenzucker freigesetzt.

AUFGABEN

1 **Fotosynthese und Zellatmung**

a ◰ Die Fotosynthese und die Zellatmung finden in verschiedenen Bestandteilen der Pflanzenzelle statt. Nenne die beiden Bestandteile.

b ◰ Nenne mithilfe von Bild 5 die drei Dinge, die für die Fotosynthese gebraucht werden, und die zwei Stoffe, die dabei entstehen.

c ◲ Beschreibe mithilfe von Bild 5, was bei der Fotosynthese geschieht.

d ◰ Nenne mithilfe von Bild 6 die zwei Stoffe, die für die Zellatmung gebraucht werden, und die drei Dinge, die dabei entstehen.

e ◲ Beschreibe mithilfe von Bild 6, was bei der Zellatmung geschieht.

f ◲ Finde für jede Zahl in Bild 4 einen Satz im Text, der den Vorgang beschreibt.

g ◲ Erläutere, was die Bilder 1 und 3 mit der Fotosynthese zu tun haben.

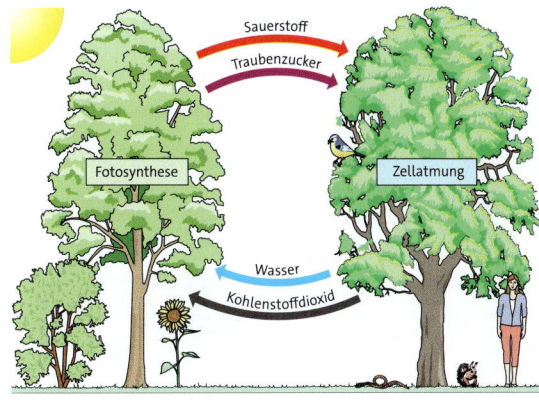

7 Bedeutung von Fotosynthese und Zellatmung

PRAXIS Die Fotosynthese untersuchen

A Die Abhängigkeit vom Kohlenstoffdioxid

Material:
Wasserpest, Wasser bei Zimmertemperatur: abgekochtes Leitungswasser (enthält kein Kohlenstoffdioxid), Mineralwasser (enthält viel Kohlenstoffdioxid), Leitungswasser (enthält kaum Kohlenstoffdioxid), 3 Reagenzgläser, Reagenzglasständer, Uhr

Durchführung:
— Arbeitet in Gruppen.
— Füllt jedes Reagenzglas zu 2/3 mit einer Wassersorte.
— Gebt in jedes Reagenzglas ein 5 bis 10 cm langes Stück der Wasserpest. Die Schnittstelle muss nach oben zeigen, wie in Bild 1.
— Zählt, wie viele Sauerstoffbläschen in der 2., 3. und 4. Minute austreten. Notiert eure Beobachtung in einer Tabelle wie in Bild 2.

Auswertung:
1 ☑ Formuliert eine Vermutung, wie die Kohlenstoffdioxidmenge in der Umgebung die Fotosynthese beeinflusst. Begründet eure Vermutung.
2 ☒ Berechnet die Durchschnittswerte der Sauerstoffbläschen für die drei Wasserarten.
3 ☒ Vergleicht die Durchschnittswerte und formuliert die Ergebnisse in zwei Sätzen nach folgendem Muster: *In Wasser mit ... Kohlenstoffdioxid bildet die Wasserpest ... Sauerstoff.*
4 ☒ Beschreibt mithilfe der Ergebnisse, wie die Kohlenstoffdioxidmenge in der Umgebung die Fotosynthese beeinflusst.

B Die Abhängigkeit von der Temperatur

Material:
Wasserpest, kaltes und zimmerwarmes Leitungswasser, 45 °C warmes Leitungswasser, 3 Reagenzgläser, Reagenzglasständer, Uhr

Durchführung:
— Arbeitet in Gruppen.
— Füllt jedes Reagenzglas zu 2/3 mit einer Wassersorte.
— Gebt in jedes Reagenzglas ein 5 bis 10 cm langes Stück der Wasserpest. Die Schnittstelle muss nach oben zeigen wie in Bild 2.
— Zählt, wie viele Sauerstoffbläschen in der 2., 3. und 4. Minute austreten. Notiert eure Beobachtung in einer Tabelle.

Auswertung:
1 ☑ Formuliert eine Vermutung, wie die Temperatur die Fotosynthese beeinflusst. Begründet eure Vermutung.
2 ☒ Berechnet die Durchschnittswerte der Sauerstoffbläschen für die drei Wasserarten.
3 ☒ Vergleicht die Durchschnittswerte und formuliert die Ergebnisse in zwei Sätzen nach folgendem Muster: *In ... Wasser bildet die Wasserpest ... Sauerstoff.*
4 ☒ Beschreibt mithilfe der Ergebnisse, wie die Temperatur die Fotosynthese beeinflusst.

C Die Abhängigkeit von der Lichtmenge
Plant ein Experiment, um den Zusammenhang von Lichtmenge und Fotosynthese zu untersuchen. Führt das Experiment durch und formuliert eure Ergebnisse.

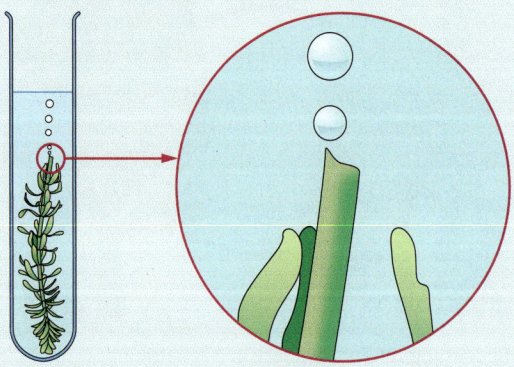

1 So wird die Wasserpest ins Reagenzglas gelegt.

	Anzahl der Sauerstoffbläschen			
	2. Min.	3. Min.	4. Min.	Durchschnitt
Abgekochtes Leitungswasser	...	...	...	...
Leitungswasser	...	...	...	...
Mineralwasser	...	...	...	...

2 Tabelle zu Experiment A

1 Laubblätter sind unterschiedlich

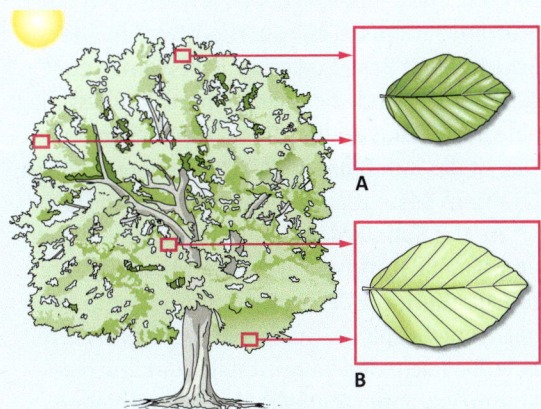

1 Ein Laubbaum mit unterschiedlichen Blättern

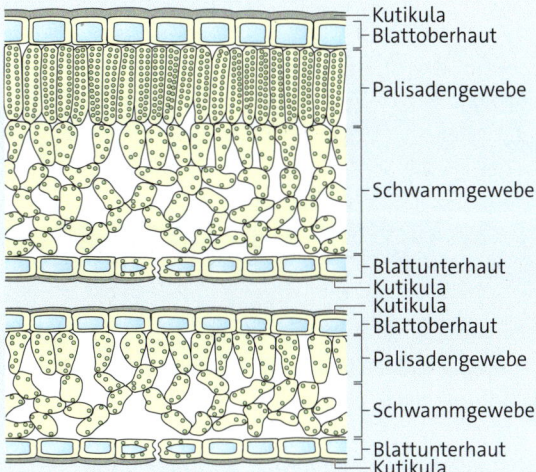

2 Zwei Querschnitte durch zwei verschiedene Laubblätter

Die Beschriftungen am oberen Querschnitt: Kutikula, Blattoberhaut, Palisadengewebe, Schwammgewebe, Blattunterhaut, Kutikula. Am unteren Querschnitt: Kutikula, Blattoberhaut, Palisadengewebe, Schwammgewebe, Blattunterhaut, Kutikula.

Ein Laubbaum hat unterschiedliche Laubblätter.

a ☑ Vergleiche das Aussehen der beiden Laubblätter in Bild 1.

b ☑ Beschreibe mithilfe von Bild 1, wo die beiden Blattarten vorkommen und wie viel Licht auf sie fällt. Verwende dabei die Wörter Baumkrone, unten, oben, innen, außen, viel Licht, wenig Licht.

c ☒ Ordne den beiden Blattarten in Bild 1 die Fachwörter Sonnenblatt und Schattenblatt zu. Begründe deine Zuordnung.

d ☑ Vergleiche den Aufbau der beiden Laubblätter in Bild 2. Beachte dabei auch die Dicke der Blätter und die Menge der Chloroplasten.

e ☒ Ordne den beiden Blattquerschnitten in Bild 2 die Fachwörter Sonnenblatt und Schattenblatt zu. Begründe deine Zuordnung.

f ☑ Nenne mithilfe von Bild 2 die Blattschicht, die die meisten Chloroplasten enthält.

g ☒ Beschreibe, was in den Chloroplasten geschieht, wenn Licht darauf trifft. Verwende auch das Fachwort für diesen Vorgang.

h ☑ Nenne mithilfe von Bild 2 die Blattart, die mehr Fotosynthese betreiben kann. Begründe deine Antwort.

i Auf Schattenblätter fällt weniger Licht als auf Sonnenblätter. Trotzdem können auch Schattenblätter Fotosynthese betreiben.
☒ Erkläre mithilfe von Bild 2, wie der Aufbau des Schattenblatts das ermöglicht.

j ☒ Begründe, warum es sinnvoll ist, dass ein Laubbaum unterschiedliche Blätter hat.

2 Die Bildung energiereicher Stoffe

a ☑ Nenne den energiereichen Stoff, den Pflanzen durch Fotosynthese herstellen.

b Pflanzen wandeln den größten Teil des Traubenzuckers in Stärke um und speichern sie.
☑ Benenne die Speicherorte in Bild 3.

c ☒ Ordne in einer Tabelle die Speicherorte in Bild 3 der Wurzel, der Sprossachse, den Blättern oder den Blüten zu.

d ☑ Nenne die Ursache für den süßen Geschmack von Früchten.

e Früchte enthalten Samen, die von Tieren verbreitet werden.
☒ Stelle begründete Vermutungen an, warum Pflanzen Traubenzucker in Früchten speichern.

3 Verschiedene Speicherorte

Das Wachstum der Bäume

1 Ein junger Fichtenkeimling

Dieser Fichtenkeimling ist 2 Zentimeter groß. Er kann zu einem 40 Meter hohen Baum heranwachsen. Sein Stamm wird dann 2 Meter dick sein.

Der Aufbau von Bäumen

Alle Blütenpflanzen besitzen eine Wurzel, eine Sprossachse und Blätter. Die Sprossachse verbindet die Wurzel mit den Blättern. Bei Bäumen besteht die Sprossachse aus Holz. Sie heißt **Stamm**. Der Stamm verzweigt sich einige Meter über der Erde in dünnere Äste und Zweige aus Holz (Bild 2). Die Äste und Zweige tragen die Blätter der Bäume. Äste, Zweige und Blätter zusammen werden **Baumkrone** genannt (Bild 2).

Der Aufbau des Stammes

Ein Baumstamm besteht aus mehreren Schichten (Bild 2B). Die äußere Schicht schützt den Baum vor Verletzungen, Insekten und Pilzen sowie vor Wasserverlust durch Verdunstung. Diese Schicht heißt **Borke**. Innen an der Borke liegt eine Schicht mit Leitungsbahnen, in denen Nährstoffe von den Blättern zur Wurzel transportiert werden. Diese Schicht heißt **Bast**. Borke und Bast werden zusammen als **Rinde** bezeichnet. Innen am Bast liegt eine Schicht aus Zellen, die sich teilen können. Das ist das **Kambium** (Bild 2C). Der innere Teil des Stammes besteht aus zwei verschiedenen Holzarten. Das **Splintholz** ist junges Holz, das Wasser und Mineralstoffe von der Wurzel zu den Blättern transportiert. Die Zellen des Splintholzes sterben nach einiger Zeit ab. Nun gehören sie zum **Kernholz**. Es macht den Baum stabil. Quer durch den Stamm verlaufen **Markstrahlen**. Sie verbinden Holz und Rinde und transportieren Wasser, Mineralstoffe und Nährstoffe.

Wie Bäume in die Höhe wachsen

An der Spitze des Sprosses befinden sich Zellen, die sich teilen können. So werden neue Zellen gebildet. Daher heißt diese Schicht **Bildungsgewebe**. Die neuen Zellen nehmen Wasser auf, dadurch werden sie größer und strecken sich. Auf diese Weise kann ein Keimling zu einem großen Baum heranwachsen (Bild 1).

Wie Bäume in die Breite wachsen

Das Kambium bildet neues Splintholz nach innen. Im Frühling wird Splintholz mit vielen großen Zellen gebildet. Dieses Holz ist hell und heißt **Frühholz** (Bild 2C). Im Hochsommer wächst der Baum nicht in die Breite.

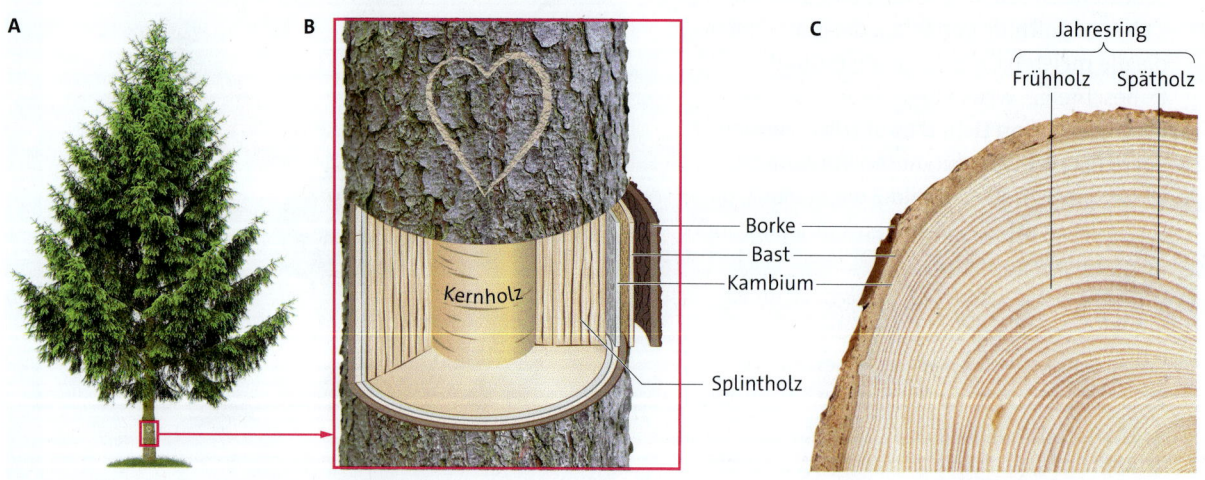

2 Eine Fichte (A) und die Schichten ihres Stammes (B und C)

Ab dem Spätsommer wird Splintholz mit wenigen kleinen Zellen gebildet. Dieses Holz ist dunkel und heißt **Spätholz**. Wenn man einen Baum fällt und den Querschnitt des Stammes betrachtet, dann erkennt man Ringe aus hellem Frühholz und dunklem Spätholz (Bild 2C). Jedes Jahr kommt ein weiterer Ring aus Frühholz und Spätholz dazu. Deshalb heißen diese Ringe **Jahresringe**. Wenn man die Jahresringe zählt, dann kann man das Alter des Baumes erfahren. An den Jahresringen kann man auch sehen, wie die Lebensbedingungen in den verschiedenen Jahren waren. Ein breiter Jahresring entsteht, wenn der Baum genug Licht und Wasser bekommen hat. Ein schmaler Jahresring entsteht, wenn es zu heiß war oder es zu wenig Wasser gab. Wenn Jahresringe ungleichmäßig dick sind, dann stand der Baum wegen Wind oder Lichtmangel schräg. Auch Stürme, Feuer oder Insekten beeinflussen das Wachstum eines Baumes (Bild 3).

Wie die Borke entsteht

Das Kambium bildet neuen Bast nach außen. Die äußeren Bastschichten sterben ab und werden zur Borke des Baumstamms. Das Holz im Stamm wächst schneller in die Breite als die äußere Rinde. Daher reißt die Borke auf und fällt bei einigen Baumarten in Stücken ab.

4 Dieser Mammutbaum ist der höchste Baum der Welt.

Die Grenzen des Wachstums

Der Küstenmammutbaum in Bild 4 ist der höchste Baum der Welt. Er ist 115 Meter hoch. Bäume können nicht höher als 120 Meter werden. Nur bis zu dieser Höhe kann Wasser von der Wurzel bis in die Baumkrone transportiert werden.

> Die Borke schützt den Baum vor äußeren Einflüssen. Im Kambium findet das Dickenwachstum statt. Splintholz und Bast transportieren Stoffe. Das Kernholz gibt dem Baum Stabilität. An ihrer Spitze wachsen Bäume in die Höhe.

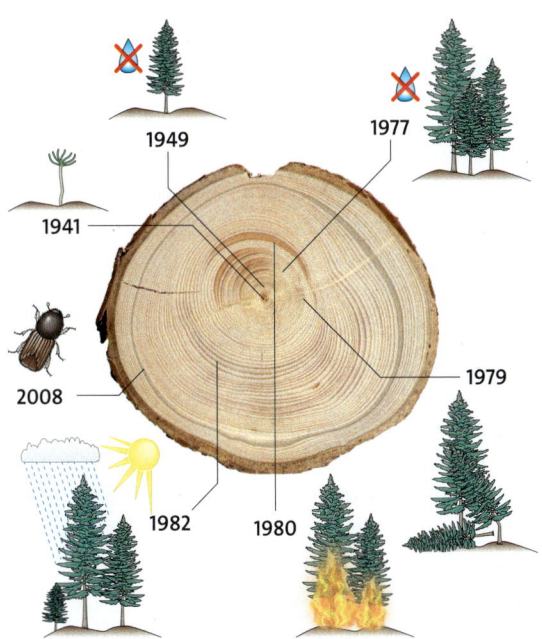

3 Die Jahresringe einer Baumstammscheibe

AUFGABEN

1 Der Aufbau des Baumstamms

a ▣ Notiere in einer Tabelle die 5 Schichten eines Baumstamms und ihre Funktionen.

b ▣ Beschreibe, welche Folgen das Einritzen der Rinde für den Baum hat.

c ▣ Erkläre, warum das eingeritzte Herz in Bild 2 nicht in die Höhe wächst.

d ▣ „Das Herz in Bild 2 wird nicht ewig zu sehen sein." Begründe diese Aussage mit dem Breitenwachstum der Bäume.

2 Die Jahresringe

a ▣ Ordne den Jahreszahlen in Bild 3 die folgenden Wörter zu: Waldbrand, Trockenheit, gute Lebensbedingungen, Insektenbefall, Keimung, schwerer Sturm.

b ▣ Beschreibe, wie Jahresringe entstehen. Verwende die Wörter Frühholz, Spätholz, Frühling, Spätsommer, hell, dunkel.

Ein Laubwald im Wechsel der Jahreszeiten

1 Ein Frühlingswald

3 Ein Sommerwald

Sabina geht jeden Tag mit ihrem Hund im Wald spazieren. Sie bemerkt, dass der Wald im Frühling ganz anders aussieht als im Herbst.

Die Umweltfaktoren verändern sich

Die vier Jahreszeiten Frühling, Sommer, Herbst und Winter unterscheiden sich durch die abiotischen Umweltfaktoren Wasser, Temperatur und Licht. Dadurch sind die Lebensbedingungen im Wald in jeder Jahreszeit unterschiedlich.

Der Wald im Frühling

Im Frühling tragen die Bäume noch keine Laubblätter (Bild 1). Daher gelangt viel Licht auf den Waldboden und erwärmt ihn. Zudem regnet es im Frühling oft. Der helle, feuchte und warme Boden bietet gute Lebensbedingungen für Kräuter wie Bärlauch und Buschwindröschen (Bild 1).

Sie sind die ersten Pflanzen, die im Frühling wachsen und blühen, daher heißen sie **Frühblüher**. Je länger es im Frühling hell und warm ist, desto mehr Pflanzen bilden Blüten und Laubblätter. Die Pflanzen bieten Nahrung für Insekten, die aus der Kältestarre aufwachen. Siebenschläfer, Fledermäuse und Igel wachen aus dem Winterschlaf auf. Eichhörnchen, Dachse und Waschbären beenden ihre Winterruhe. Die Zugvögel kehren aus dem Süden zurück. Die Tiere gehen auf die Suche nach Nahrung und pflanzen sich fort. Erste Jungtiere werden geboren.

Der Wald im Sommer

Bis zum Sommer wachsen die Laubblätter der Laubbäume. Sie lassen nur noch wenig Sonnenlicht zum Waldboden durch (Bild 3). Im schattigen Wald ist es im Sommer kühler als auf einer Wiese. Am Waldboden wachsen jetzt nur noch die Pflanzen, die mit wenig Licht auskommen. Solche **Schattenpflanzen** sind zum Beispiel Sauerklee, Farne und Moose. Ein Teil des Regenwassers verdunstet auf den Laubblättern der Baumkronen, dadurch gelangt weniger Wasser bis zum Waldboden. Deshalb ist der Boden trockener als im Frühling. Im Sommer sind die Tiere im Wald sehr aktiv. Insekten nutzen die Pflanzen im Wald als Nahrung und vermehren sich. Insektenfresser wie Igel, Mäuse und Vögel finden nun viel Nahrung. Einige Insekten bestäuben die Blüten der Pflanzen und ermöglichen so die Bildung von Früchten. Die Früchte werden von Vögeln, Eichhörnchen und Mäusen gefressen. Nachts werden diese Tiere von Füchsen, Mardern und Eulen gejagt.

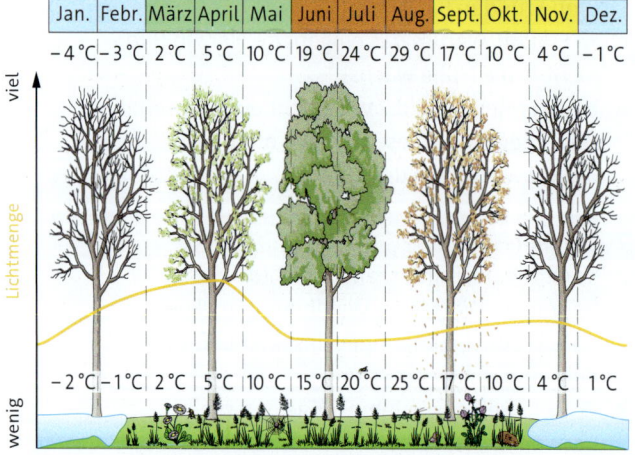

Jan.	Febr.	März	April	Mai	Juni	Juli	Aug.	Sept.	Okt.	Nov.	Dez.
−4 °C	−3 °C	2 °C	5 °C	10 °C	19 °C	24 °C	29 °C	17 °C	10 °C	4 °C	−1 °C
−2 °C	−1 °C	2 °C	5 °C	10 °C	15 °C	20 °C	25 °C	17 °C	10 °C	4 °C	1 °C

viel

Lichtmenge

wenig

2 Licht und Temperatur im Wald im Jahresverlauf

4 Ein Herbstwald

5 Ein Winterwald

Der Wald im Herbst

Im Herbst nutzen die Tiere die Früchte der Pflanzen, um sich eine Fettschicht anzufressen und Vorräte anzulegen. Die Zugvögel fliegen in den Süden, um dort den Winter zu verbringen. Im Herbst ist es kühler und es regnet oft. Wenn die Sonne weniger scheint, dann können die Pflanzen weniger Fotosynthese betreiben. Daher wird das Chlorophyll in den Laubblättern abgebaut. Nun werden die anderen Farbstoffe in den Laubblättern sichtbar: Die Blätter verfärben sich von Grün zu Gelb, Orange und Rot (Bild 4). Schließlich fallen sie ab, dann verdunstet der Baum kein Wasser mehr. Am Boden zersetzen Regenwürmer, Käfer und Pilze die Blätter zu mineralstoffreichem Humus. Er liefert den Pflanzen im nächsten Frühling Mineralstoffe zum Wachsen.

Der Wald im Winter

Im Winter scheint die Sonne nur wenig und es ist kalt. Im Wald gibt es außer den Nadelbäumen kaum grüne Pflanzen (Bild 5). Die Laubbäume haben ihre Blätter im Herbst abgeworfen, dadurch sind sie nun vor Austrocknung geschützt. Denn im Winter ist das Wasser im Boden meist gefroren. Die meisten Tiere finden jetzt nur wenig Nahrung. Aktiv sind nur wenige Tiere wie Rehe, Wildschweine, Füchse und Vögel. Eichhörnchen, Dachse und Waschbären verbringen den Winter in Winterruhe. Sie wachen ab und zu auf und gehen auf Nahrungssuche. Siebenschläfer, Fledermäuse und Igel halten Winterschlaf und fressen nicht. Frösche, Eidechsen und Insekten verbringen den Winter in Kältestarre. Auch sie fressen nicht.

> Die abiotischen Umweltfaktoren verändern sich im Wechsel der Jahreszeiten. So entstehen unterschiedliche Lebensbedingungen für die Lebensgemeinschaft des Waldes.

AUFGABEN

1 Bäume im Jahresverlauf

☒ Beschreibe die Bäume in Bild 2 von links nach rechts im Jahresverlauf. Verwende dabei die Wörter Frühling, Sommer, Herbst, Winter, Frühblüher, grüne Laubblätter, Schattenpflanzen, bunte Laubblätter, kahle Bäume, grüne Pflanzen, Krautschicht.

2 Das Licht, die Temperatur und das Wasser

a ☒ Beschreibe mithilfe von Bild 2, wie sich die Lichtmenge im Wald im Verlauf eines Jahres verändert.

b ☒ Erkläre mithilfe deiner Antworten zu den Aufgaben 1 und 2a, warum sich die Lichtmengen im Wald und außerhalb unterscheiden.

c ☒ Erstelle mithilfe von Bild 2 ein Liniendiagramm (y-Achse: °C, x-Achse: Monate). Zeichne eine Kurve zur Temperatur außerhalb des Waldes und eine zur Temperatur am Boden.

d ☒ Vergleiche die Kurve der Temperatur außerhalb des Waldes mit der Kurve der Temperatur innerhalb des Waldes.

e ☒ Erkläre die Unterschiede mithilfe deiner Antworten zu den Aufgaben 1 und 2d.

f ☒ Recherchiere, warum es für Laubbäume überlebenswichtig ist, dass sie ihre Laubblätter abwerfen. 🔲

PRAXIS   Die Pflanzen im Wald erforschen

A Früchte und Samen bestimmen

Ab August könnt ihr im Wald Früchte und Samen sammeln, fotografieren und bestimmen. Früchte und Samen sind Nahrung für die Tiere im Wald. Sammelt daher nur kleine Mengen.

Material:
Butterbrottüten, Stift, Kamera, Bestimmungsbuch oder Bestimmungs-App 🖼

Durchführung:
– Sucht an und unter Bäumen und Sträuchern nach Früchten und Samen.
– Gebt sie zusammen mit einem Laubblatt der jeweiligen Pflanze in eine Butterbrottüte.
– Notiert das Datum und den Fundort auf der Butterbrottüte.
– Bestimmt die Früchte und Samen mithilfe eines Bestimmungsbuchs oder einer App.
– Notiert den Namen der Pflanzen und der Pflanzenfamilie auf der Butterbrottüte.

> **Achtung!**
> Manche Pflanzen, Früchte und Samen sind giftig. Esst daher keine Pflanzenteile und nehmt sie nicht in den Mund. Wascht euch nach dem Ausflug in den Wald gründlich die Hände.

Auswertung:
1 Recherchiert, welche Tiere sich von den Früchten und Samen ernähren, ob die Pflanzen für Menschen giftig sind oder als Heilpflanzen verwendet werden. 🖼
2 Erstellt mit Fotos der Früchte und Samen sowie den recherchierten Informationen ein digitales Herbar oder fertigt Plakate an.

1 Verschiedene Samen und Früchte

B Borkenbilder anfertigen

Material:
mehrere Blätter Papier, Kreppband, Zeichenkohle oder Wachsmalstifte, Bestimmungsbuch oder Bestimmungs-App 🖼

Durchführung:
– Befestigt ein Blatt Papier mit Kreppband möglichst eng am Stamm eines Baumes.
– Haltet die Zeichenkohle oder den Wachsmalstift flach und reibt damit über das Papier, sodass die Borkenstruktur sichtbar wird.
– Fertigt Borkenbilder von mehreren verschiedenen Bäumen an.

Auswertung:
1 Vergleicht die Borken der unterschiedlichen Baumarten miteinander.
2 Bestimmt mithilfe eines Bestimmungsbuchs oder einer App die Namen der Bäume. Notiert die Namen der Bäume und der Pflanzenfamilien auf den Bildern. 🖼

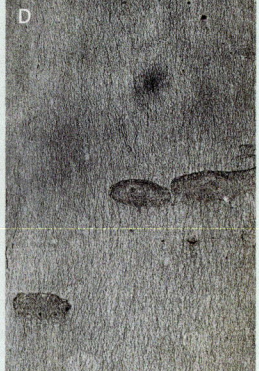
2 Borke von Birke (A), Eiche (B), Kiefer (C) und Buche (D)

C Moose als Wasserspeicher

Moose können viel Wasser speichern. Dadurch werden sie deutlich schwerer.

Material:
Moos, Wasser, Becherglas, Waage

Durchführung:
— Arbeitet in Gruppen.
— Findet heraus, wie viel Wasser Moose speichern können.
— Plant dazu ein Experiment, zum Beispiel mit dem oben genannten Material.
— Führt das Experiment durch.

Auswertung:
1 Erstellt ein Protokoll zu eurem Experiment.
a ☒ Formuliert eine Frage und eine Vermutung.
b ☒ Notiert alle Materialien, die ihr verwendet.
c ☒ Beschreibt die Durchführung des Experiments.
d ☒ Notiert eure Messergebnisse in einer Tabelle.
e ☒ Stellt eure Ergebnisse in einem Diagramm dar.
f ☒ Beantwortet mit euren Ergebnissen die Frage, die ihr gestellt habt.
g ☒ Notiert mögliche Fehler, die beim Experiment zu falschen Ergebnissen führen können.
h ☒ Erläutert, welche Auswirkungen die Wasserspeicher-Fähigkeit der Moose auf den Lebensraum und die Lebensgemeinschaft hat.

3 Moose speichern Wasser.

D Die Lebewesen im Wald im Jahresverlauf

Material:
Schnur, Stöcke, Maßband, Bestimmungsbuch oder Bestimmungs-App 📱, Stift und Papier

Durchführung:
— Arbeitet in Gruppen.
— Sucht eine Stelle im Wald, an der es eine Moosschicht, eine Krautschicht, eine Strauchschicht und eine Baumschicht gibt.
— Messt mit dem Maßband eine Fläche von 4 × 4 m ab und markiert sie mit den Stöcken und der Schnur.
— Bestimmt die Tiere und Pflanzen auf dieser Fläche mit einem Bestimmungsbuch oder einer Bestimmungs-App.
— Erstellt eine Tabelle wie in Bild 4. Notiert darin, wie viele Tierarten und Pflanzenarten ihr in den verschiedenen Schichten gefunden habt. Ihr könnt auch Fotos von den Lebewesen machen.
— Führt die Untersuchung in jeder Jahreszeit einmal durch, immer an der gleichen Stelle.

Auswertung:
1 Erstellt ein Protokoll.
a ☒ Formuliert eine Frage und eine Vermutung.
b ☒ Notiert Material und Durchführung.
c ☒ Fügt eine Skizze des Waldstücks und eure Tabelle ein.
d ☒ Stellt eure Ergebnisse in einem Liniendiagramm dar. Zeichnet zwei Kurven: eine für die Pflanzenarten und eine für die Tierarten.
e ☒ Formuliert für die Auswertung eine Antwort auf die Frage, die ihr gestellt habt.
f ☒ Notiert mögliche Fehler, die bei der Untersuchung zu falschen Ergebnissen führen können.

Waldschicht	Anzahl der Tierarten	Anzahl der Pflanzenarten
Moosschicht	...	...
Krautschicht	...	...
Strauchschicht	...	...
Baumschicht	...	...

4 Eine Tabelle zum Notieren der Artenzahl

Die ökologische Nische

1 Ein Buntspecht (A) und ein Grünspecht (B)

Im Wald kannst du verschiedene Vögel beobachten. Beispiele sind der Buntspecht und der Grünspecht.

Lebewesen sind angepasst

Buntspechte und Grünspechte fressen Insekten. Der Buntspecht sucht in den Baumkronen nach Nahrung. Dazu krallt er sich mit seinen Füßen am Baumstamm fest und stützt sich mit den Schwanzfedern am Baumstamm ab (Bild 2). Mit seinem langen, kräftigen und spitzen Schnabel hackt der Buntspecht Löcher in die Rinde. Dann schleudert er seine Zunge heraus, die an der Spitze kleine Haken hat. Damit kann er Käfer in ihren Gängen aufspießen und herausziehen.

Der Grünspecht sucht meist am Boden nach Nahrung. Mit seiner langen, klebrigen Zunge kann er Ameisen aus den langen Gängen der Ameisenhaufen herausholen (Bild 3). Buntspechte und Grünspechte haben unterschiedliche Zungen. Sie unterscheiden sich also in ihrem Körperbau. Dadurch können sie unterschiedliche Insekten in verschiedenen Schichten des Waldes nutzen. Man sagt: Sie sind an ihre Lebensweise **angepasst**.

Vermeidung von Konkurrenz

Lebewesen mit gleichen Merkmalen, die sich miteinander fortpflanzen können, werden als **Art** bezeichnet. Buntspechte und Grünspechte gehören zu verschiedenen Arten. Viele Tierarten ernähren sich von Insekten. In jedem Wald gibt es jedoch nur eine bestimmte Menge an Insekten. Die Spechte stehen mit den anderen Tieren im Wettbewerb um diese Nahrung. Ein anderes Wort für Wettbewerb ist Konkurrenz. Man sagt: Die Tiere konkurrieren um die Nahrung. Diese **Konkurrenz** kann dazu führen, dass eine Tierart eine andere Tierart aus dem Lebensraum vertreibt oder dass die schwächere Tierart ausstirbt. Um die Konkurrenz zu vermeiden, nutzen verschiedene Tierarten ein Ökosystem unterschiedlich. Ein Beispiel sind Buntspechte und Grünspechte, die Insekten in unterschiedlichen Schichten des Waldes fressen.

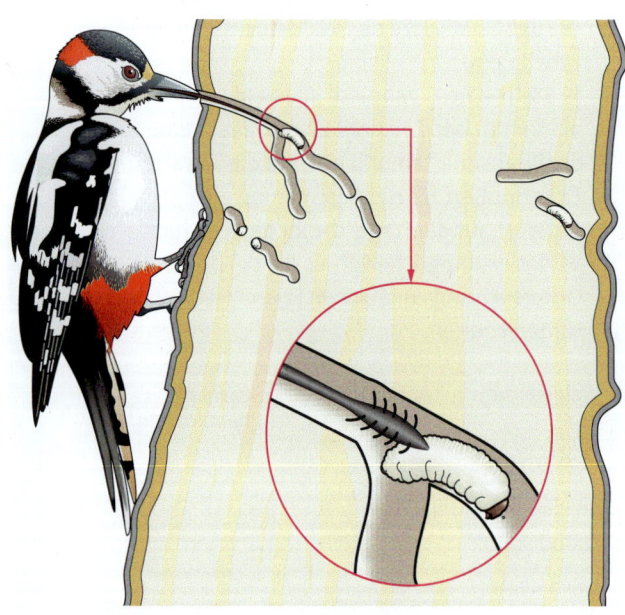

2 Ein Buntspecht an einem Baumstamm

3 Ein Grünspecht an einem Ameisenhügel

Nüsse und Samen

Insekten und Insektenlarven

Vogeleier und Jungvögel

A

Spinnen und Mücken

Beeren

Würmer

Ameisen und Ameisenlarven

B

4 Die Nahrung von Buntspecht (A) und Grünspecht (B)

Nahrung und Brutplätze

Buntspechte fressen Käfer, Vogeleier, Jungvögel, Nüsse und Samen (Bild 4A). Grünspechte fressen Ameisen, Würmer, Spinnen und Beeren (Bild 4B). Buntspechte und Grünspechte bauen ihre Nester in Baumhöhlen, die sie mit dem Schnabel in Stämme und Äste hacken. Weil die Vögel im Nest ihre Eier ausbrüten, spricht man auch von ihrem **Brutplatz**. Buntspechte sind kleiner als Grünspechte, daher bauen sie kleinere Höhlen mit kleineren Einfluglöchern. Deshalb können Buntspechte ihre Höhlen in dünnere Stämme und Äste bauen als Grünspechte. Aus diesem Grund findet man die Brutplätze der Buntspecht oft weiter oben im Baum als die Brutplätze der Grünspechte.

Die ökologische Nische

Buntspechte und Grünspechte unterscheiden sich in ihrem Körperbau, nutzen unterschiedliche Nahrung in verschiedenen Bereichen des Lebensraums und bauen ihre Höhlen an verschiedenen Orten. Dadurch vermeiden sie Konkurrenz zwischen ihren Arten.
Jede Art nutzt die abiotischen und biotischen Umweltfaktoren in ihrem Lebensraum anders, um zu überleben und sich fortzupflanzen. Wie eine Art die Umweltfaktoren in ihrem Lebensraum nutzt, das beschreibt die **ökologische Nische**. Eine ökologische Nische ist also kein Raum, sondern eine Beschreibung der Beziehungen einer Art zu ihrer Umwelt und zu anderen Arten. Man sagt: Jede Art nutzt eine andere ökologische Nische. Dadurch wird Konkurrenz vermieden und es können verschiedene Arten in einem begrenzten Raum zusammenleben.

Die Anzahl unterschiedlicher Arten in einem Lebensraum bezeichnet man als **Artenvielfalt**. Die Artenvielfalt hat sich über Millionen von Jahren entwickelt und ist das Ergebnis der Angepasstheit der Lebewesen an verschiedene Lebensbedingungen.

> Lebewesen sind an die Umweltfaktoren in ihrem Lebensraum angepasst. Die ökologische Nische beschreibt die Beziehungen zwischen einer Art und ihrer Umwelt.

AUFGABEN

1 Lebewesen sind angepasst
a ☑ Notiere in einer Tabelle körperliche Merkmale von Grünspecht und Buntspecht, durch die sie an ihren Lebensraum angepasst sind.
b ☒ Ergänze in deiner Tabelle das Fressverhalten der Spechtarten. Füge jeweils eine Zeile für den Ort, das Vorgehen und die Nahrung ein.

2 Lebewesen konkurrieren
a ☑ Nenne zwei Beispiele, wie Buntspecht und Grünspecht Konkurrenz vermeiden.
b ☒ Entscheide für jedes Beispiel, ob es ein biotischer oder ein abiotischer Umweltfaktor ist.

3 Arten leben in ökologischen Nischen
a ☒ Wähle zwei Sätze aus dem Absatz „Die ökologische Nische", die dir am besten dabei helfen, die ökologische Nische zu verstehen.
b ☒ Begründe deine Wahl.
c ☒ Erkläre, wie Artenvielfalt und ökologische Nischen zusammenhängen.

1   Wälder im Jahresverlauf

Lichtmenge am Boden in Prozent

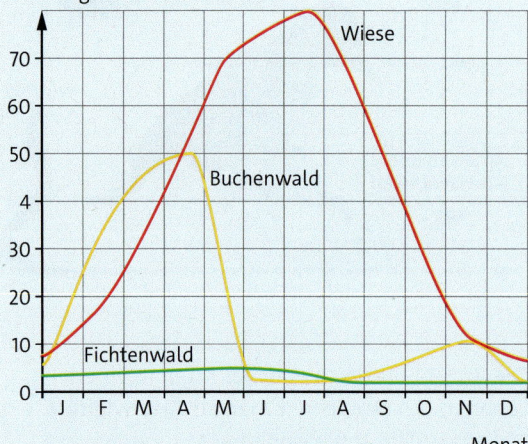

1 Die Lichtmengen am Boden verschiedener Ökosysteme

a ⬛ Beschreibe mithilfe von Bild 1, wie viel Licht im Laufe eines Jahres auf den Boden einer Wiese, eines Buchenwalds und eines Fichtenforsts gelangt.

b ⬛ Begründe, warum viel mehr Licht auf den Boden einer Wiese gelangt als auf den Boden von Wäldern. Denke dabei an die Art und Größe der Pflanzen.

c ⬛ Erläutere, warum im Frühling mehr Licht auf den Boden des Buchenwalds fällt als auf den Boden des Fichtenforsts. Verwende dabei die Fachwörter immergrün und sommergrün.

d ⬛ Stelle mithilfe von Bild 1 begründete Vermutungen an, wie sich die Temperaturen am Boden des Buchenwalds und des Fichtenforsts im Frühling unterscheiden.

e ⬛ Stelle mithilfe deiner Antwort auf Aufgabe d begründete Vermutungen an über die Feuchtigkeit des Bodens im Buchenwald und im Fichtenforst im Frühling.

f ⬛ „In einem Fichtenforst gibt es keine Krautschicht." Begründe diese Aussage. Nutze dazu deine Antworten auf die Aufgaben c, d und e.

g Die Veränderungen der abiotischen Umweltfaktoren im Jahresverlauf haben Auswirkungen auf die Lebensgemeinschaft in der Krautschicht des Buchenwalds.
⬛ Erläutere an zwei Beispielen, wie die Lebewesen in der Krautschicht von den abiotischen Umweltfaktoren beeinflusst werden.

2   Ökologische Nischen im Wald

Sonia hat sich Notizen zur ökologischen Nische gemacht. Zwei Sätze sind aber falsch.
Verschiedene Arten nutzen denselben Lebensraum unterschiedlich und können deshalb zusammen dort leben. Die ökologische Nische ist ein Ort, zum Beispiel ein Baum. An einer Stelle in einem Lebensraum ist nur eine ökologische Nische möglich. Jede Art bildet eine ökologische Nische in einem Lebensraum. In der ökologischen Nische sind die Ansprüche einer Art an ihre Umwelt erfüllt. Lebensweise + Umweltfaktoren = ökologische Nische.

a ⬛ Schreibe die Sätze ab, die eine ökologische Nische richtig beschreiben.

b ⬛ Begründe, warum die anderen beiden Sätze falsch sind.

c Buschwindröschen wachsen in Laubwäldern und Mischwäldern. Sie blühen von März bis Mai. Gänseblümchen wachsen auf Wiesen und blühen von April bis Oktober.
⬛ Erläutere mithilfe von Bild 1, wie sich die ökologischen Nischen von Buschwindröschen und Gänseblümchen unterscheiden.

d ⬛ Erläutere, warum Lebewesen ökologische Nischen bilden. Verwende dabei das Fachwort Konkurrenz.

e ⬛ Nenne drei abiotische Umweltfaktoren, um die Fichten in einer Monokultur konkurrieren.

f ⬛ In einem Fichtenforst werden Buschwindröschen gepflanzt, um die Artenvielfalt zu erhöhen. Nimm Stellung zu diesem Vorgehen.

g ⬛ Beschreibe mithilfe von Bild 2, wie die Pflanzen im Wald die Konkurrenz um den Umweltfaktor Licht vermeiden.

2 Ein Laubwald im Jahresverlauf

WEITERGEDACHT Ökosysteme verändern sich

1 Konkurrenz im Wald

a ☒ Erstelle einen Steckbrief für das Eichhörnchen. Recherchiere dazu im Internet und orientiere dich an den Kategorien in Bild 3. 🖥

b In einem Wald siedeln sich Grauhörnchen an. ☒ Nenne mithilfe von Bild 3 und deinem Steckbrief drei Bereiche, in denen sie mit den Eichhörnchen in Konkurrenz stehen.

c ☒ Stelle begründete Vermutungen an, wie sich das Zusammenleben von Eichhörnchen und Grauhörnchen entwickelt.

Das Grauhörnchen

Aussehen: grau, kräftiger als ein Eichhörnchen
Größe: 30 cm Körperlänge + 20 cm Schwanz
Lebensraum: Wald, Park
Nistplatz: Hohlräume in Buchen oder Eichen oder selbst gebaute Nester aus Ästen und Zweigen
Nahrung: Eicheln, Nüsse, Zapfen, Knospen, Blätter, Kleinvögel, Vogeleier, Pilze
Nachkommen: etwa 12 Jungtiere pro Jahr
Sozialverhalten: andere Hörnchen werden nicht aus dem Lebensraum vertrieben
Fressfeinde: Fuchs, Baummarder
Weitere Informationen: sehr anpassungsfähig, verbreitet ein Eichhörnchen-Pockenvirus, an dem es selbst nicht erkrankt, wurde durch Menschen von Amerika nach Europa gebracht

3 Ein Steckbrief zum Grauhörnchen

2 Entstehung von Wäldern

Ohne Eingriff des Menschen würden sich viele Wiesen im Verlauf mehrerer Hundert Jahre zu Mischwäldern entwickeln.

a ☒ Betrachte die Bilder 4A bis C. Beschreibe jedes Bild genau und fasse deine Beschreibung in einem Satz zusammen.

b ☒ Ordne die Bilder in der Reihenfolge, wie sich aus einer Wiese ein Mischwald entwickelt.

c ☒ Stelle Vermutungen an, wie neue Pflanzenarten und Tierarten ohne den Einfluss des Menschen auf die Wiese gelangen können.

d ☒ Erkläre, wie sich der Lebensraum verändert. Nutze die Fachwörter angepasst, ökologische Nische, Konkurrenz und Artenvielfalt.

4 Von der Wiese zum Mischwald

Die Nahrungsbeziehungen im Wald

1 Ein Fuchs im Sprung

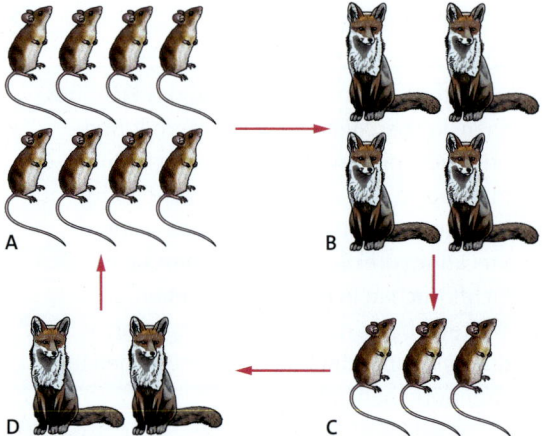

3 Räuber-Beute-Beziehung: Lebewesen beeinflussen sich

Ein Fuchs hat eine Maus entdeckt. Er schleicht sich langsam an sie heran und macht schließlich einen großen Sprung, um sie zu fangen.

Die Nahrungskette

Die Tiere im Wald fressen und werden gefressen. Sie sind über ihre Nahrung verbunden. Ein anderes Wort für Verbindung ist Beziehung. Man sagt: Die Lebewesen stehen miteinander in **Nahrungsbeziehungen**. Ein Beispiel zeigt Bild 2: Die Gelbhalsmaus frisst die Früchte der Eiche, die Eicheln. Der Rotfuchs frisst Gelbhalsmäuse. Nahrungsbeziehungen stellt man dar, indem man die Lebewesen in einer Reihe aufschreibt und mit Pfeilen zeigt, wer von wem gefressen wird: Eichel → Gelbhalsmaus → Rotfuchs. Die Pfeilspitze zeigt immer auf das Lebewesen, das frisst. Das Fachwort für diese Reihe ist **Nahrungskette**.

Das Nahrungsnetz

Lebewesen fressen oft nicht nur eine Nahrung, sondern mehrere verschiedene. Der Rotfuchs frisst auch Buchfinken und Holunderbeeren. Die Gelb-

halsmaus frisst auch Holunderbeeren, Haselnüsse und Bucheckern. Auch Eichhörnchen fressen Haselnüsse und Eicheln. Wenn man alle Nahrungsketten aufschreibt, dann überkreuzen sich die Pfeile und es entsteht ein verzweigtes Netz: ein **Nahrungsnetz** (Bild 4). Nahrungsketten sind also miteinander verbunden. Je mehr Arten in einem Lebensraum leben, desto mehr Nahrungsketten gibt es. Je mehr Nahrungsketten es gibt, desto stärker ist das Nahrungsnetz verzweigt.

Räuber-Beute-Beziehung

Rotfüchse nutzen Gelbhalsmäuse als Nahrung. Lebewesen wie Füchse, die andere Lebewesen als Nahrung nutzen und dabei töten, werden in der Fachsprache **Räuber** genannt. Lebewesen wie Mäuse, die von den Räubern gefressen werden, werden in der Fachsprache Beutetiere oder kurz **Beute** genannt. Räuber und Beute beeinflussen sich gegenseitig: Wenn es viele Mäuse gibt, dann haben die Füchse mehr Nahrung und können sich deshalb gut vermehren (Bild 3A und B). Wenn es mehr Füchse gibt, dann fressen sie mehr Mäuse. Dadurch gibt es nach einiger Zeit weniger Mäuse (Bild 3C). Wenn es weniger Mäuse gibt, dann finden die Füchse weniger Nahrung und können sich deshalb schlechter vermehren. Dadurch gibt es nach einiger Zeit weniger Füchse (Bild 3D). Wenn es weniger Füchse gibt, dann werden weniger Mäuse gefressen, deshalb können sich die Mäuse gut vermehren (Bild 3D und A). Dadurch gibt es nach einiger Zeit mehr Mäuse. Diese Nahrungsbeziehung zwischen Räuber und Beute wird **Räuber-Beute-Beziehung** genannt.

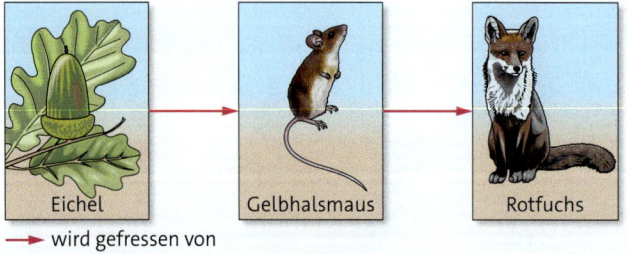

Eichel → Gelbhalsmaus → Rotfuchs

→ wird gefressen von

2 Ein Beispiel für eine Nahrungskette im Wald

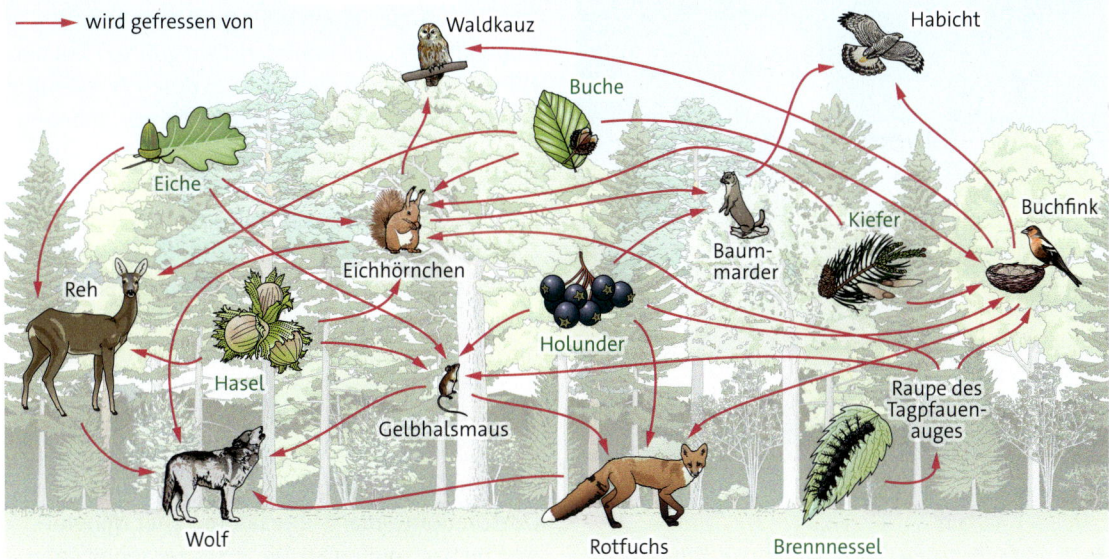

4 Ein Beispiel für ein Nahrungsnetz im Wald

Labels in image: wird gefressen von, Waldkauz, Buche, Habicht, Eiche, Eichhörnchen, Kiefer, Buchfink, Reh, Baum-marder, Hasel, Holunder, Gelbhalsmaus, Raupe des Tagpfauen-auges, Wolf, Rotfuchs, Brennnessel

Das ökologische Gleichgewicht

In einem Lebensraum gibt es verschiedene Lebewesen, die sich durch ihre Nahrungsbeziehungen gegenseitig beeinflussen (Bild 4). Die Anzahl der Lebewesen, die miteinander in Räuber-Beute-Beziehungen stehen, steigt und sinkt immer wieder. Wenn die abiotischen Umweltfaktoren in einem Lebensraum über lange Zeit gleich bleiben, dann verändert sich die Anzahl der Räuber und der Beutetiere im Laufe der Zeit weniger stark. Schließlich verändert sich die Anzahl dieser Tiere kaum noch. Man sagt dann: Das Ökosystem befindet sich in einem **ökologischen Gleichgewicht**.

Wenn der Sommer sehr heiß und trocken ist, dann bilden die Pflanzen weniger und kleinere Früchte. Mäuse, Rehe und Vögel finden dann weniger Eicheln, Bucheckern, Haselnüsse und Beeren. Dadurch können sie weniger Jungtiere groß-ziehen. Weil es dann weniger Beutetiere gibt, finden auch Räuber wie Luchse, Füchse, Marder und Habichte weniger Nahrung und können weniger Jungtiere großziehen. Eine Veränderung der abiotischen Umweltfaktoren Temperatur und Wasser stört also das ökologische Gleichgewicht im Wald.

> Lebewesen stehen miteinander in Nahrungsbeziehungen. Die Nahrungsketten eines Lebensraums sind in Nahrungsnetzen miteinander verbunden.

AUFGABEN

1 Nahrungsketten und Nahrungsnetz

a ▣ Beschreibe, in welche Richtung der Pfeil in einer Nahrungskette zeigt.

b ▣ Erstelle eine Nahrungskette mit diesen Lebewesen: Fuchs, Holunderbeere, Buchfink.

c ▣ Notiere drei Nahrungsketten aus Bild 4.

d ▣ Beschreibe eine der Nahrungsketten aus Aufgabe c mit ganzen Sätzen.

e ▣ Zeichne das Nahrungsnetz, das im Absatz „Das Nahrungsnetz" beschrieben wird.

2 Die Räuber-Beute-Beziehung

a ▣ Beschreibe mit eigenen Worten, was ein Räuber ist und was ein Beutetier ist.

b ▣ Ordne den Pfeilen und den Teilbildern A bis D in Bild 3 jeweils eine der folgenden Beschreibungen zu: viele Mäuse, weniger Mäuse, gut vermehren, gut vermehren, weniger vermehren, fressen mehr, mehr Füchse, weniger Füchse. Vergleiche deine Beschriftung mit dem Absatz Räuber-Beute-Beziehung.

3 Das ökologische Gleichgewicht

a ▣ Nenne die Bedingung dafür, dass ein öko-logisches Gleichgewicht erreicht werden kann.

b ▣ Nenne zwei biotische Umweltfaktoren, die sich im ökologischen Gleichgewicht kaum verändern.

Stoffkreisläufe und Energiefluss im Wald

1 Ein Reh frisst Kräuter.

Rehe sind sehr scheu. Doch manchmal kannst du sie im Wald entdecken und sehen, wie sie an Kräutern und Sträuchern fressen.

Die Produzenten

Pflanzen nehmen Wasser aus dem Boden und Kohlenstoffdioxid aus der Luft auf. Durch Fotosynthese können sie daraus energiereichen Traubenzucker herstellen. Ein anderes Wort für herstellen ist produzieren. Pflanzen werden daher **Produzenten** genannt. Einen Teil des Traubenzuckers wandeln Pflanzen mit Mineralstoffen aus dem Boden in Nährstoffe um. In diesen Nährstoffen ist der Kohlenstoff aus dem Kohlenstoffdioxid gespeichert. Die Pflanzen nutzen einen Teil der Nährstoffe zum Wachsen, also zum Bau von neuen Zellen. Wenn Lebewesen wachsen, dann werden sie größer und schwerer. Man sagt: Ihre Masse wird größer. Die Masse von Lebewesen wird **Biomasse** genannt. Den größten Teil der Nährstoffe nutzen die Pflanzen, um durch Zellatmung Energie für ihre Lebensvorgänge zu gewinnen.

Die Konsumenten

Mäuse, Kaninchen und Rehe fressen Pflanzen. Solche Tiere werden **Pflanzenfresser** genannt. Füchse, Luchse und Habichte fressen Mäuse, Kaninchen und Rehe. Solche Tiere werden **Tierfresser** genannt. Lebewesen, die Pflanzen oder Tiere fressen, heißen **Konsumenten**. Beim Fressen von Pflanzen und Tieren nehmen die Konsumenten das Wasser, die Nährstoffe und die Mineralstoffe auf, die in ihrer Nahrung enthalten sind.

Die Tiere nutzen einen Teil der Nährstoffe und Mineralstoffe zum Wachsen. Den größten Teil der Nährstoffe nutzen die Tiere, um durch Zellatmung Energie für ihre Lebensvorgänge zu gewinnen.

Die Destruenten

Einige Käfer, Würmer und Pilze ernähren sich von toten Pflanzen und Tieren und zersetzen sie dabei. Solche Lebewesen heißen **Destruenten**. Beim Zersetzen nehmen die Destruenten das Wasser, die Nährstoffe und die Mineralstoffe auf, die in den toten Pflanzen und Tieren enthalten sind. Die Destruenten nutzen diese Stoffe zum Wachsen und für ihre Lebensvorgänge. Bei der Zellatmung werden Kohlenstoffdioxid und Wasser frei. Die Destruenten geben sie zusammen mit Mineralstoffen nach außen ab. Diese Stoffe stehen dann wieder den Pflanzen zur Verfügung.

Der Kreislauf der Stoffe

Die Lebewesen im Wald sind durch ihre Nahrungsbeziehungen miteinander verbunden. Wasser, Mineralstoffe und Kohlenstoff werden von den Produzenten an die Konsumenten weitergegeben. Die Destruenten setzen diese Stoffe aus den toten Lebewesen frei, sodass sie von den Produzenten wieder aufgenommen werden können. Wasser, Mineralstoffe und Kohlenstoff bewegen sich also in einem Kreislauf (Bild 2).

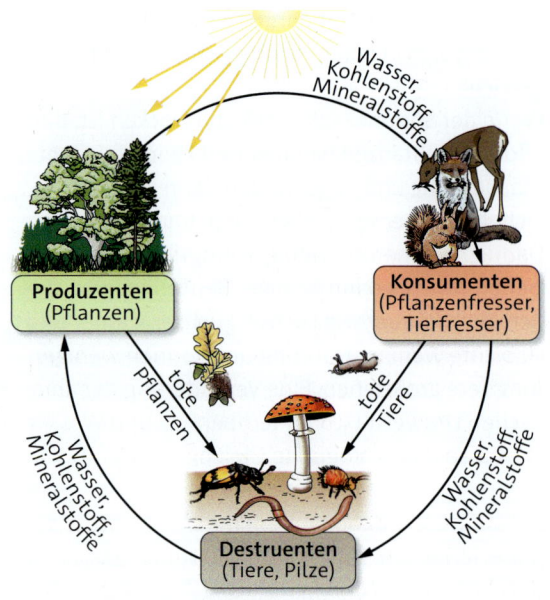

2 Der Kreislauf der Stoffe im Wald

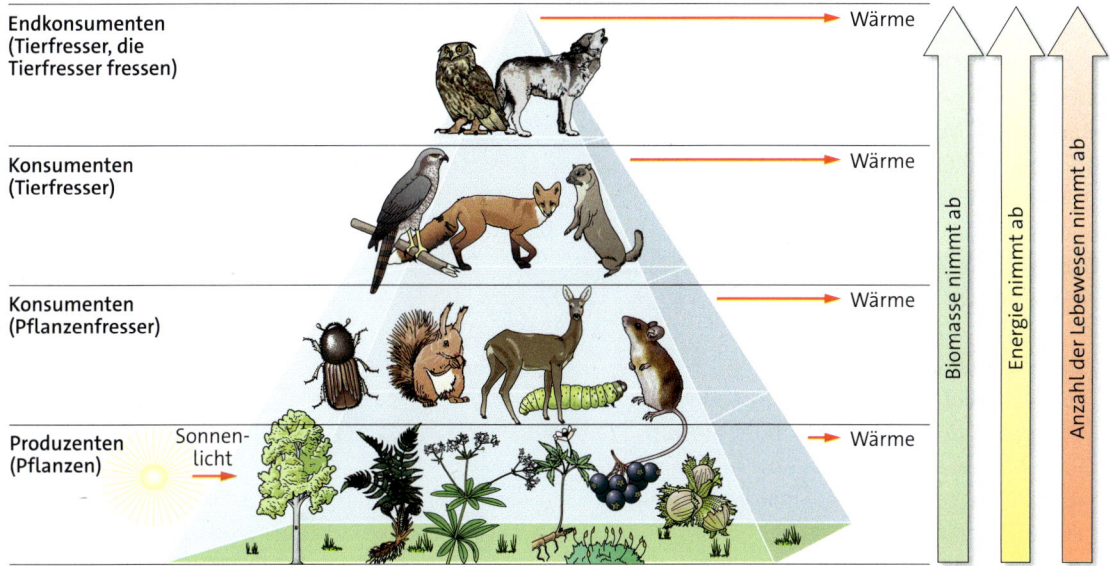

3 Eine Nahrungspyramide mit den Lebewesen im Wald

Die Nahrungspyramide

In Bild 3 sind die Lebewesen nach der Art ihrer Ernährung übereinander angeordnet. Die Breite der Stufen zeigt, wie viel Biomasse die Lebewesen haben. Die Biomasse der Produzenten ist am größten, weil es im Wald viel mehr Pflanzen als Tiere gibt. Auf den nächsten Stufen stehen die Pflanzenfresser und die Tierfresser. An der Spitze stehen Tiere wie Wölfe, die sich von Tierfressern wie Mardern und Füchsen ernähren. Sie werden **Endkonsumenten** genannt. Von ihnen gibt es nur wenige Tiere im Wald, deshalb ist ihre Biomasse am geringsten. Das Ergebnis dieser Anordnung der Lebewesen ist eine Pyramide. Man nennt sie **Nahrungspyramide**.

Die Energie

Energie durchläuft Nahrungsketten nur in eine Richtung: von den Produzenten zu den Konsumenten. Mit dem Sonnenlicht gelangt neue Energie in Ökosysteme. Pflanzen nutzen diese Sonnenenergie, um Stoffe aufzubauen. Alle Lebewesen nutzen nur einen kleinen Teil der Nährstoffe zum Aufbau von Biomasse. Den größten Teil nutzen sie, um durch Zellatmung Energie für ihre Lebensvorgänge zu gewinnen. Diese Energie wird schließlich in Wärme umgewandelt und nach außen abgegeben. In der Nahrungspyramide sind daher von Stufe zu Stufe immer weniger Nährstoffe und damit auch immer weniger Energie

vorhanden. Für die Endkonsumenten stehen also nur wenige Nährstoffe und wenig Energie zur Verfügung. Daher nimmt die Anzahl der Lebewesen und die Biomasse in der Nahrungspyramide von unten nach oben ab (Bild 4).

> Im Wald gibt es Produzenten, Konsumenten und Destruenten. Stoffe bewegen sich im Wald in einem Kreislauf. Energie durchläuft Nahrungsketten nur in eine Richtung.

AUFGABEN

1 Produzenten, Konsumenten, Destruenten

a ☒ Ordne die folgenden Lebewesen in einer Tabelle nach Produzenten, Konsumenten und Destruenten: Fuchs, Käfer, Holunder, Reh, Kaninchen, Eiche, Pilz, Maus, Wurm, Hasel, Eichhörnchen, Marder, Habicht.

b ☒ Markiere in deiner Tabelle die Pflanzenfresser blau und die Tierfresser gelb.

c ☒ Finde im Text jeweils die Erklärung, was Produzenten, Konsumenten und Destruenten sind. Schreibe die Erklärungen ans Ende der entsprechenden Spalten deiner Tabelle.

2 Nahrungspyramide

☒ Begründe mithilfe von Individuenzahl, Biomasse und Energie, warum die Nahrungspyramide diese Form hat.

METHODE Eine Concept Map erstellen

Biologische Zusammenhänge sind oft kompliziert und nur schwer auf einen Blick zu erfassen. Mit einer Concept Map kannst du die wichtigsten Informationen übersichtlich darstellen und zeigen, wie sie zusammenhängen. Das Wort Concept bedeutet Fachwort, das Wort Map bedeutet Landkarte. Eine **Concept Map** ist also eine Fachwörter-Landkarte.

1 Das Material bereitlegen
Lege alles bereit, was du zum Erstellen der Concept Map brauchst. Du kannst sie auf Papier erstellen. Du kannst aber auch eine digitale Concept Map mit einer Webseite oder einem Programm erstellen.

Alva legt mehrere Klebezettel, einen leeren Papierbogen, Stifte in verschiedenen Farben und ein Lineal bereit.

2 Informationen sammeln
Überlege, welche Informationen du bei einem Thema wichtig findest. Lies dazu die Texte im Schulbuch. Notiere die wichtigsten Wörter.

Alva liest im Schulbuch die Grundseiten zu Stoffkreisläufen und Energiefluss im Wald. Während sie liest, notiert sie jedes wichtige Wort auf einem eigenen Klebezettel (Bild 1).

3 Fachwörter anordnen
Überlege, wie die Wörter miteinander in Verbindung stehen. Manche Wörter kannst du unter einem Oberbegriff zusammenfassen. Markiere die Oberbegriffe mit einer eigenen Farbe.

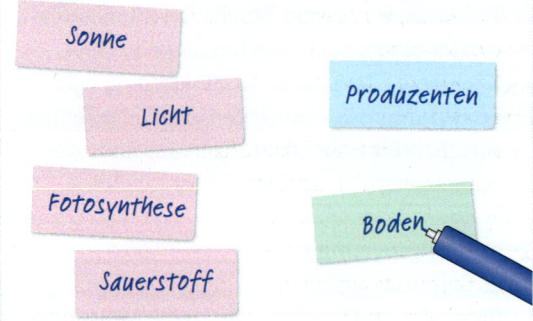

1 Alva notiert Fachwörter auf Klebezetteln.

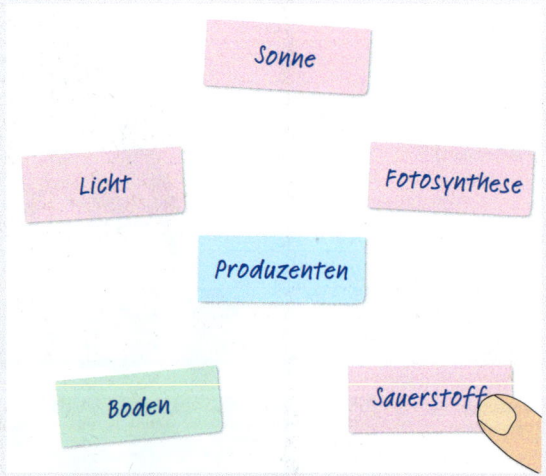

2 Alva beginnt, ihre Klebezettel anzuordnen.

Alva entscheidet, dass die Fachwörter Produzenten, Konsumenten und Destruenten die Oberbegriffe sein sollen. Für diese Fachwörter verwendet sie blaue Klebezettel (Bild 1). Dann ordnet sie die anderen Klebezettel so an, dass zusammengehörende Wörter nah beieinanderstehen (Bild 2).

4 Vollständigkeit überprüfen
Überprüfe, ob du alle wichtigen Wörter notiert hast. Ergänze weitere Wörter, falls nötig. Kontrolliere dann, ob du die Wörter den richtigen Oberbegriffen zugeordnet hast.

Alva stellt fest, dass sie den Umweltfaktor Boden vergessen hat. Deshalb ergänzt sie noch einen grünen Klebezettel mit dem Wort Boden.

5 Die Concept Map erstellen
Schreibe das Thema deiner Concept Map in etwas größerer Schrift oben in die Mitte. Notiere dann, von dieser Überschrift ausgehend, die Wörter so, wie sie du sie mit den Klebezetteln angeordnet hast. Verwende für zusammengehörende Wörter die gleiche Farbe.

Alva legt den leeren Papierbogen quer vor sich auf den Tisch. Als Überschrift notiert sie oben auf dem Papierbogen „Kreislauf der Stoffe im Wald" (Bild 3). Als erstes Wort schreibt sie „Sonne" darunter, denn sie liefert die Energie für den Stoffaufbau durch die Pflanzen.

Kreislauf der Stoffe im Wald

Sonne

Licht   Fotosynthese

Produzenten

Boden   Sauerstoff

3 Alva schreibt die Wörter auf den Papierbogen.

Art der Beziehung	Beispiele für die Beschriftung der Pfeile
Ursache – Wirkung	bewirkt, löst aus, beeinflusst, führt zu, steuert, setzt frei, wird gefressen von
Bedingung	wenn ... dann, setzt voraus, bildet die Grundlage
Mittel	indem, mittels, mithilfe von
Zweck	damit, dass, für, um ... zu
Vergleich	ist größer als, ist genauso groß wie, in ähnlicher Weise
Teil – Ganzes	ist Teil von, besteht aus, unterteilt in, verzweigt sich in, enthält
Eigenschaft	hat, ist gekennzeichnet durch
Folge	nimmt ab/zu, führt zu, sodass, daraus folgt, aus diesem Grund

4 Mögliche Beschriftungen für Beziehungspfeile

6 Beziehungspfeile ergänzen

Füge Pfeile ein, um die Beziehungen der Wörter zueinander zu verdeutlichen. Beschrifte die Pfeile mit kurzen Beschreibungen der Beziehungen (Bild 4). Prüfe, ob sich auch weit auseinanderliegende Wörter aufeinander beziehen. Zeichne auch dafür Pfeile ein und beschrifte sie.

Alva überlegt für jedes Wort, mit welchen anderen Wörtern es in Verbindung steht. Sie beginnt oben bei „Sonne". Mit dem Lineal zieht sie Linien zwischen den Wörtern und zeichnet Pfeilspitzen daran. Neben den Linien notiert sie, welche Beziehung zwischen zwei verbundenen Wörtern besteht (Bild 5).

AUFGABEN

1 Ein Nahrungsnetz als Concept Map

Erstelle eine Concept Map auf Papier oder digital.

a ☒ Notiere mindestens 9 Lebewesen. Achte darauf, dass Produzenten, Konsumenten und Destruenten dabei sind.

b ☒ Ergänze die abiotischen Umweltfaktoren.

c ☒ Ordne die Wörter so an, dass zusammengehörende Wörter nah beieinanderstehen.

d ☒ Notiere Oberbegriffe.

e ☒ Markiere Produzenten, Konsumenten und Destruenten mit unterschiedlichen Farben. Markiere auch Pflanzenfresser und Tierfresser.

f ☒ Ergänze Pfeile zwischen den Wörtern und beschrifte sie. Du wirst vor allem Ursache-Wirkungs-Pfeile und Bedingungspfeile brauchen.

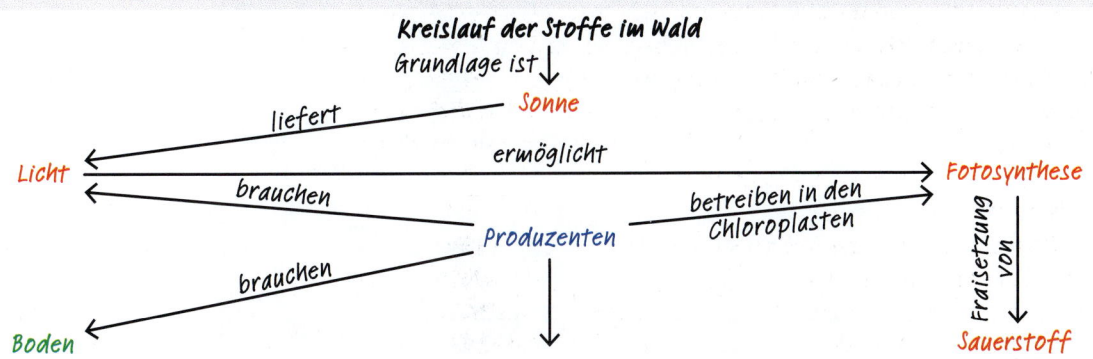

Kreislauf der Stoffe im Wald

Grundlage ist

Sonne — liefert → Licht

ermöglicht → Fotosynthese

brauchen — Produzenten — betreiben in den Chloroplasten

brauchen → Boden

Freisetzung von → Sauerstoff

5 Der obere Teil von Alvas Concept Map

1 Ein Ameisenhügel

Ein Nest im Ameisenhügel
Im Wald gibt es Hügel aus Nadeln, Zweigen und Erde, die von Ameisen gebaut wurden. Diese Ameisenhügel können bis zu zwei Meter hoch sein. Darin befindet sich das Nest der Roten Waldameise. Das Nest reicht bis zu zwei Meter tief in den Boden. Darin können mehrere Millionen Ameisen in einer Gemeinschaft zusammenleben. Sie werden als **Ameisenvolk** bezeichnet.

Das Ameisenvolk
Fast alle Ameisen sind Weibchen. Die Arbeiterinnen können keine Eier legen. Sie bauen Gänge und Kammern, füttern andere Ameisen, entfernen Kot und versorgen die Nachkommen.

Wenn es im Nest zu warm ist, dann öffnen die Arbeiterinnen Lüftungsschächte am Hügel. Wenn es kalt ist oder regnet, dann schließen sie die Öffnungen. In jedem Ameisenvolk gibt es mehrere Königinnen.

Vom Frühling bis in den Herbst legt jede Königin bis zu 300 Eier pro Tag. Aus den Eiern schlüpfen Larven, die schnell wachsen. Ihr Körper besitzt eine Hülle aus festem Chitin, die nicht mitwachsen kann. Deshalb streifen die Larven diese Hülle ab: Sie häuten sich. Nach einigen Häutungen sind die Larven ausgewachsen, dann umgeben sie sich mit einer Hülle. Die Larve mit der Hülle wird **Puppe** genannt. In der Puppenhülle wird der Körper umgebaut. Ab April schlüpfen die jungen Ameisen aus den Puppenhüllen. Im Frühling schlüpfen auch Weibchen und Männchen, die Flügel besitzen und sich fortpflanzen können. An warmen Tagen fliegen sie los und die Männchen befruchten die Weibchen im Flug. Danach werfen die Weibchen ihre Flügel ab und gründen als Königinnen ein neues Ameisenvolk.

Vielfältige Nahrung
Die Arbeiterinnen besorgen die Nahrung für das Ameisenvolk. Ihre häufigsten Beutetiere sind Schmetterlingsraupen (Bild 3). An einem Sommertag tragen die Arbeiterinnen bis zu 100 000 Insekten in das Nest.

2 Das Nest der Roten Waldameise

3 Eine Waldameise mit einer Schmetterlingsraupe

5 Waldameise spritzt Ameisensäure aus dem Hinterleib.

Waldameisen ernähren sich außerdem von den Ausscheidungen von Blattläusen (Bild 4). Dieser Honigtau enthält viel Zucker und Eiweiß. Wenn die Waldameisen die Läuse mit den Fühlern beklopfen, dann scheiden die Läuse den Honigtau aus. Als Gegenleistung beschützen die Waldameisen die Blattläuse vor Fressfeinden. Diese Form des Zusammenlebens heißt **Symbiose**.

Schutz vor Feinden

Waldameisen verteidigen ihr Nest gegen Angreifer. Sie verbeißen sich in den Körper des Angreifers und verspritzen Ameisensäure aus ihrem Hinterleib (Bild 5). Die meisten Insekten und kleinen Säugetiere können so abgewehrt werden. Gegen Vögel ist diese Verteidigung jedoch nicht wirksam. Die Rote Waldameise steht auf der Roten Liste der gefährdeten Arten. Deshalb schützen Förster die Ameisenhügel oft durch Drahtgitter vor Wildschweinen.

4 Eine Waldameise beschützt Blattläuse.

Die ökologische Bedeutung

Ameisen lockern beim Bau des Nestes den Waldboden auf. Zudem sind Waldameisen Schädlingsbekämpfer. Sie fressen die Raupen verschiedener Schmetterlinge. Dadurch bleiben die Laubbäume um die Nester der Waldameisen erhalten, selbst wenn ringsum der ganze Wald von den Raupen kahl gefressen wurde. Ameisen fressen die Samen von etwa 80 verschiedenen Pflanzenarten. Beim Transport zum Nest gehen immer auch einige Samen verloren, die dann keimen. Auf diese Weise helfen Ameisen bei der Verbreitung der Pflanzen.

AUFGABEN

1 **Der Ameisenhügel und das Ameisenvolk**
a ☒ Ordne jedem Entwicklungsstadium der Ameise in Bild 2 (links) einen Satz aus dem Absatz „Das Ameisenvolk" zu.
b ☒ Beschreibe, wie ein Ameisenhügel aufgebaut ist.
c ☒ Ameisen leben in einem großen Volk zusammen und erledigen Aufgaben gemeinsam. Dafür müssen sie sich miteinander verständigen. Recherchiere, wie Ameisen kommunizieren. 🖥

2 **Der Ameisenalltag im Wald**
a ☒ Nenne das Fachwort für das Zusammenleben von Ameise und Blattlaus.
b ☒ Zerlege das Fachwort Ameisensäure in seine Bestandteile. Beschreibe, was die Wortbestandteile bedeuten.
c ☒ „Ameisen sind Nützlinge." Begründe diese Aussage.

Die Bedeutung und Gefährdung der Wälder

1 Abgestorbene Fichten in einem Wald

Esther macht mit ihren Eltern Urlaub. Bei einer Wanderung auf einen Berg sehen sie viele tote Bäume. Esthers Mutter erklärt, dass ein Käfer die Bäume befallen hat.

Wälder als Erholungsorte

Viele Menschen nutzen den Wald, um sich im Alltag oder im Urlaub zu entspannen. Sie genießen die Ruhe und die saubere Luft, während sie joggen, wandern, Rad fahren oder mit dem Hund spazieren gehen. Manche Menschen beobachten im Wald Vögel oder sammeln Pilze und Beeren. Doch Wälder haben auch für andere Bereiche unseres Lebens eine große Bedeutung (Bild 2).

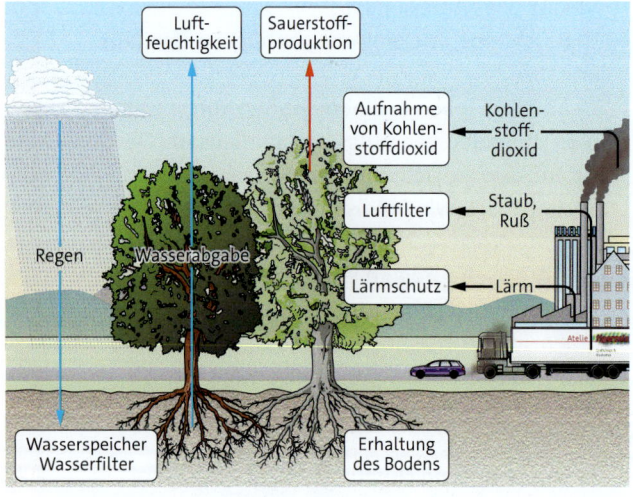

2 Die Funktionen des Waldes

Wälder schützen Mensch und Umwelt

Die Pflanzen halten mit ihren Wurzeln den Boden fest. Dadurch kann der Boden durch Wind und Regen nicht so leicht weggetragen werden. In Gebirgen können Wälder Schneelawinen verhindern oder abbremsen. Wälder verringern auch die Übertragung von Lärm. Ein 100 Meter breiter Waldstreifen schützt genauso gut vor Lärm wie eine Lärmschutzwand an der Autobahn.

Wälder als Luftreiniger

Pflanzen produzieren Sauerstoff. Eine 100 Jahre alte Buche produziert zum Beispiel etwa 4 600 Kilogramm Sauerstoff pro Jahr. Davon können 13 Erwachsene ein Jahr lang atmen. Pflanzen nehmen Kohlenstoffdioxid aus der Luft auf. Dieses Gas entsteht in großen Mengen durch die Verbrennung von Benzin oder Kohle, zum Beispiel in Autos oder Fabriken. Ein Quadratmeter Wald nimmt pro Jahr ein Kilogramm Kohlenstoffdioxid aus der Luft auf. Pflanzen nehmen auch Schadstoffe aus der Luft auf. Die Waldpflanzen auf einer Fläche von einem Quadratmeter filtern jedes Jahr 5 Kilogramm Staub und Ruß aus der Luft.

Wälder als Wasserspeicher

Ein Quadratmeter Waldboden kann bis zu 200 Liter Regenwasser aufnehmen. Dadurch können Wälder vor Überschwemmungen schützen. Wenn das Wasser versickert, dann filtert der Waldboden Schadstoffe aus dem Wasser. Anschließend verdunstet das Wasser langsam und erhöht so die Luftfeuchtigkeit im Wald.

Wälder als Holzlieferanten

Die Stämme und Äste von Bäumen bestehen aus Holz. Holz wird als Baustoff verwendet, zum Beispiel für Möbel und Häuser (Bild 3). Zerkleinertes Holz kann zu Papier weiterverarbeitet werden. Holz wird auch zum Heizen genutzt. In Kaminöfen werden große Holzstücke verbrannt. In Pelletheizungen werden Holzspäne verbrannt, die zu kleinen Stücken zusammengepresst wurden. Wenn neue Bäume gepflanzt werden, dann kann neues Holz erzeugt werden. Deshalb wird Holz als **nachwachsender Rohstoff** bezeichnet. Weltweit werden Wälder geschädigt, weil Bäume gefällt und auf den freien Flächen Nutzpflanzen angebaut werden.

3 Die Verwendung von Holz: beim Hausbau (A), für Möbel (B), für Papier (C), als Holzpellets (D)

5 Ein Borkenkäfer an einer Fichte

Schäden durch Säugetiere

In Deutschland gibt es nur wenige Bären, Luchse und Wölfe in den Wäldern. Deshalb können sich Rehe und Hirsche stark vermehren. Sie fressen die Knospen, die Triebe und die Rinde von jungen Bäumen (Bild 4). Weil die Wildtiere beim Fressen in die Pflanzen beißen, werden diese Schäden **Wildverbiss** genannt. Dadurch wachsen die Bäume langsamer oder sterben ab. Um die Wälder zu erhalten, werden Rehe und Hirsche gejagt.

Schäden durch Insekten

Die Larven der Borkenkäfer fressen unter der Rinde am Stamm von Fichten und Kiefern (Bild 5). Wenn sie die Leitungsbahnen der Bäume so stark schädigen, dass kein Wasser mehr zur Baumkrone fließen kann, dann sterben diese Bäume (Bild 1).

Schäden durch Wetter

Durch extreme Hitze oder Kälte können Bäume ihre Blätter, Blüten und Früchte verlieren. Auch durch zu viel oder zu wenig Regen können Bäume absterben. Bei Hitze und Trockenheit bilden die Bäume weniger Harz und können daher Insekten weniger gut abwehren. Wenn Bäume bereits durch Wildverbiss oder Insekten geschädigt sind, dann brechen ihre Äste und Stämme bei starken Stürmen leichter. Fichten sind mit ihren Wurzeln nur flach im Boden verankert, deshalb werden sie bei Stürmen leichter umgeweht als Laubbäume.

> Wälder bieten Erholung, reinigen die Luft, speichern Wasser und schützen vor Lärm. Der Mensch, verschiedene Tiere und extreme Wetterereignisse gefährden die Wälder.

AUFGABEN

1 Die Bedeutung der Wälder

a ⊠ Nenne mithilfe von Bild 2 die Funktionen des Waldes.

b ⊠ Erläutere, welche Bedeutung der Wald für dich persönlich hat.

2 Die Gefährdung der Wälder

a ⊠ Erläutere, was mit dem Fachwort Wildverbiss gemeint ist.

b ⊠ Beschreibe an drei Beispielen, wie das Wetter den Wald schädigen kann.

c ⊠ Erläutere vier Folgen für die Menschen, wenn Wälder geschädigt werden.

4 Ein Rothirsch frisst die Rinde eines Baumes.

1 Die Nahrungsbeziehungen

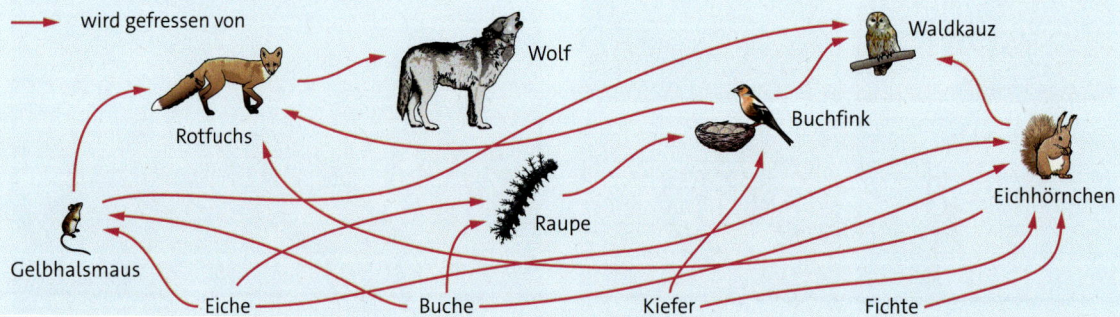

1 Ein Nahrungsnetz in einem Mischwald

a ☑ Ordne die Lebewesen in Bild 1 in Produzenten, Konsumenten und Endkonsumenten.

b ☒ Stelle Vermutungen an, wie sich das Nahrungsnetz in Bild 1 verändern könnte. Lege dazu eine Tabelle an wie in Bild 2. Sammle mindestens drei Ideen, wie sich die Umweltfaktoren verändern, wodurch sie sich verändern und welche Folgen das haben könnte.

Veränderung	Ursache	Folgen
Füchse sind keine Nahrung mehr.	Krankheit führt zum Tod.	…
…	…	…

2 Beispiel für eine Tabelle zu Aufgabe 2b

c ☒ Erstelle ein Nahrungsnetz für einen Nadelwald. Verwende dazu die Lebewesen in Bild 1, die keine Laubbäume sind und die sich auch nicht allein von Laubbäumen ernähren.

d ☒ Vergleiche dein Nahrungsnetz für einen Nadelwald mit Bild 1. Achte dabei auf die Artenvielfalt und die Anzahl der Nahrungsquellen.

e ☒ Schreibe den Lückentext in dein Heft und fülle die Lücken mit diesen Wörtern: Gleichgewicht, Lebewesen, Umweltfaktoren, gestört. *Wenn die abiotischen … in einem Ökosystem gleich bleiben, dann verändert sich die Anzahl der … im Laufe der Zeit immer weniger. Es besteht ein ökologisches … . Wenn sich die abiotischen Umweltfaktoren verändern, dann wird das ökologische Gleichgewicht … .*

f ☒ Das ökologische Gleichgewicht in deinem Nahrungsnetz für einen Nadelwald ist nicht stabil. Erläutere, wie es stabiler sein könnte.

g ☒ „Je mehr Arten es in einem Lebensraum gibt, desto stabiler ist das ökologische Gleichgewicht." Begründe diese Aussage.

h In Bild 1 sind keine Destruenten enthalten. ☒ Begründe, warum sie in einem Nahrungsnetz trotzdem wichtig sind.

2 Die Räuber-Beute-Beziehung

a ☑ Ordne die Fachwörter Räuber und Beute der Gelbhalsmaus und dem Fuchs zu.

b ☑ Betrachte Bild 3. Vervollständige die Überschrift mit zwei dieser Wörter: Räuber, Beute, fressen, beeinflussen, mögen, ignorieren.

c ☒ Begründe, ob Rehe Räuber sind.

d ☒ Ordne den Buchstaben in Bild 3 jeweils eine der folgenden Beschreibungen zu: viele Füchse, viele Mäuse, weniger vermehren, gut vermehren, weniger Füchse, weniger Mäuse, gut vermehren, weniger vermehren.

e ☒ Beschreibe den Verlauf der Kurven in Bild 3. Nenne Gemeinsamkeiten und Unterschiede. Achte auch auf die Zeitpunkte der Richtungsänderung und die Mengenverhältnisse.

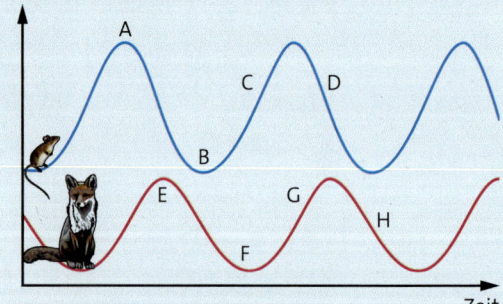

Anzahl der Lebewesen

Zeit

3 Die Räuber-Beute-Beziehung von Maus und Fuchs

3 Modelle haben Grenzen

Bild 3 zeigt ein Modell der Räuber-Beute-Beziehung. Modelle sind vereinfachte Darstellungen der Wirklichkeit. Durch die Vereinfachung kann man komplizierte Zusammenhänge besser verstehen. Weil Dinge weggelassen werden, entspricht das Modell nicht vollständig der Wirklichkeit.

a ⊠ Beschreibe, worin das Modell in Bild 3 nicht der Wirklichkeit entspricht. Beantworte dazu folgende Fragen: Fressen Füchse nur Gelbhalsmäuse? Werden Gelbhalsmäuse nur von Füchsen gefressen? Sind in Bild 3 abiotische Umweltfaktoren berücksichtigt? Sind außer dieser Nahrungsbeziehung noch weitere biotische Umweltfaktoren berücksichtigt?

b ⊠ Wähle aus den folgenden Aussagen den Satz aus, der Bild 3 richtig beschreibt:
Die Anzahl der Räuber und der Beutetiere schwankt gleichmäßig und zeitverzögert.
Die Anzahl der Räuber und der Beutetiere bleibt immer gleich.
Die Anzahl der Räuber und der Beutetiere schwankt zum selben Zeitpunkt.
Die Anzahl der Räuber und der Beutetiere schwankt gleichmäßig und gleichzeitig.

c Ein Waldbrand zerstört einen Wald.
⊠ Stelle begründete Vermutungen an, ob sich danach die Räuber oder die Beutetiere schneller vermehren.

4 Der Energiefluss und die Stoffkreisläufe

a ⊠ Beschreibe, wie Energie in Ökosysteme gelangt und wie sie gespeichert wird.

b ⊠ Nenne mithilfe von Bild 4 den Anteil der Energie, die von den Lebewesen für ihre Lebensvorgänge genutzt wird, und den Anteil der Energie, der auf die nächste Stufe der Nahrungspyramide weitergegeben wird.

c ⊠ Stelle den Energiefluss von Bild 4 in einem Flussdiagramm dar. Beginne mit den Pflanzenfressern und verbinde sie durch einen 10 cm dicken Pfeil mit den nächsten Konsumenten. Die weiteren Pfeile sollen entsprechend der weitergegebenen Energiemenge schmaler werden. Wie dick ist der Pfeil zu den Endkonsumenten? Wie dick wäre der Pfeil von den Produzenten zu den Pflanzenfressern?

d ⊠ Ordne jedem Buchstaben in Bild 5 einen der folgenden Sätze zu.
Beim Fressen von Pflanzen und Tieren werden Wasser, Kohlenstoff und Mineralstoffe aufgenommen, die in der Nahrung enthalten sind.
Wasser und Mineralstoffe werden aus dem Boden aufgenommen, Kohlenstoff aus der Luft.
Wasser, Kohlenstoffdioxid und Mineralstoffe stehen wieder den Pflanzen zur Verfügung.
Nährstoffe werden in Kohlenstoffdioxid und Mineralstoffe zerlegt, sie werden zusammen mit Wasser in den Boden abgegeben.

Endkonsumenten
(Tierfresser)

→ 90 % werden als Energie für Lebensvorgänge genutzt

↑ 10 %

Konsumenten
(Tierfresser)

→ 90 % werden als Energie für Lebensvorgänge genutzt

↑ 10 %

Konsumenten
(Pflanzenfresser)

→ 90 % werden als Energie für Lebensvorgänge genutzt

↑ 10 %

Sonnenlicht

Produzenten
(Pflanzen)

→ 90 % werden als Energie für Lebensvorgänge genutzt

4 Energie verlässt das Ökosystem.

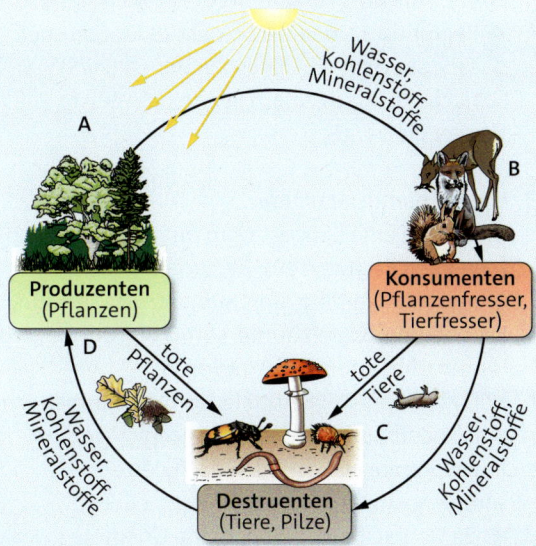

5 Stoffe bleiben im Ökosystem.

TESTE DICH!

1 Das Ökosystem Wald ↗ S. 30/31

a ▣ Nenne die fünf Umweltfaktoren.

b ▣ Ordne die fünf Umweltfaktoren den biotischen und abiotischen Umweltfaktoren zu.

c ▣ Beschreibe den Unterschied zwischen biotischen und abiotischen Umweltfaktoren.

d ▣ Ordne den Buchstaben in Bild 1 die passenden Fachwörter zu: Lebensraum, biotische Umweltfaktoren, Ökosystem, abiotische Umweltfaktoren, Lebensgemeinschaft.

e ▣ Erläutere, wie das Sonnenlicht die Temperatur in einem Ökosystem beeinflusst und wie die Temperatur das Wasser beeinflusst.

1 Ein Wald ist ein Ökosystem

2 Die Schichten des Waldes ↗ S. 32/33

a ▣ Nenne die fünf Schichten des Waldes.

b ▣ Nenne für jede Waldschicht eine Pflanze und ein Tier, die dort vorkommen.

c ▣ Begründe, in welcher Schicht es im Sommer das meiste Licht gibt und in welchen beiden Schichten es nach einem Regen das meiste Wasser gibt.

3 Unterschiedliche Wälder ↗ S. 34/35

a ▣ Erstelle eine Concept Map mit den folgenden Fachwörtern: naturnaher Wald, Monokultur, Mischwald, Laubwald, Nadelwald, Laubbäume, Nadelbäume, sommergrün, immergrün, artenarm, artenreich.

b ▣ Ergänze je zwei Beispiele für Laubbäume und Nadelbäume in deiner Concept Map.

c ▣ Beschreibe, was mit den Fachwörtern sommergrün und immergrün gemeint ist.

d ▣ „In Deutschland gibt es keine Urwälder mehr." Begründe diese Aussage.

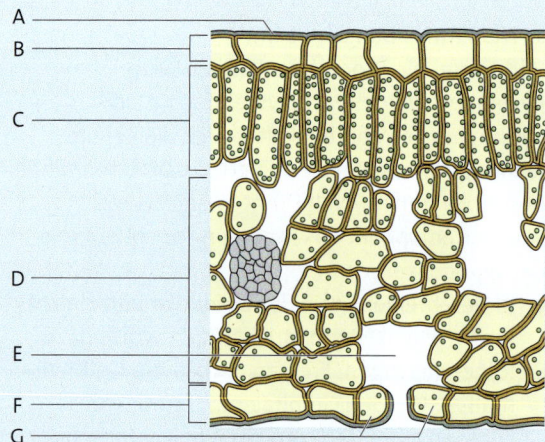

2 Die Schichten eines Laubblatts

4 Der Bau von Laubblättern ↗ S. 44/45

a ▣ Ordne den Buchstaben in Bild 2 die passenden Fachwörter zu: Blattunterhaut, Palisadengewebe, Schließzellen, Kutikula, Blattoberhaut, Schwammgewebe, Spaltöffnung.

b ▣ Beschreibe den Bau und die Aufgaben von Spaltöffnungen. Verwende dabei auch das Fachwort Gasaustausch.

5 Fotosynthese und Zellatmung ↗ S. 46/47

a ▣ Schreibe den folgenden Text in dein Heft und fülle die Lücken:
Pflanzen nutzen die Energie des ..., um aus Kohlenstoffdioxid und Wasser ... herzustellen. Dazu nehmen sie ... aus der Luft auf und geben ... ab. Dieser Vorgang heißt Fotosynthese und findet in den ... der Pflanzenzelle statt.

b ▣ Notiere die Formel der Fotosynthese.

c ▣ Erläutere die Bedeutung der Fotosynthese für Pflanzen, Tiere und Menschen.

d ▣ Schreibe den folgenden Text in dein Heft und fülle die Lücken:
Alle Zellen besitzen ..., in denen Energie aus raubenzucker freigesetzt wird. Dazu werden ... und Sauerstoff zu Wasser und ... abgebaut. Dieser Vorgang heißt Zellatmung.

e ▣ Notiere die Formel für die Zellatmung.

f ▣ Ordne die folgenden Sätze der Fotosynthese oder der Zellatmung zu:
Energie wird gebraucht.
Energie wird frei.
Findet bei Licht und Dunkelheit statt.
Findet nur bei Licht statt.

6 Das Wachstum der Bäume ↗ S. 50/51

a ▣ Ordne die Schichten des Baumes in der Reihenfolge, wie sie von außen nach innen aufeinanderfolgen: Kernholz (D), Bast (I), Borke (R), Splintholz (E), Kambium (N).

b ▣ Die Buchstaben hinter den Fachwörtern ergeben ein Lösungswort. Nenne es.

c ▣ Ordne den Schichten aus Aufgabe a jeweils die passende Beschreibung zu:
A Diese Schicht schützt den Baum vor Verletzungen und Wasserverlust durch Verdunstung.
B Diese Schicht besteht aus Zellen, die sich teilen können.
C Diese Schicht macht den Baum stabil.
D Diese Schicht enthält Leitungsbahnen, in denen Nährstoffe von den Blättern zur Wurzel transportiert werden.
E Diese Schicht besteht aus jungem Holz, das Wasser und Mineralstoffe von der Wurzel zu den Blättern transportiert.

7 Wälder in den Jahreszeiten ↗ S. 52/53

▣ Notiere von den folgenden Sätzen die in dein Heft, die beschreiben, was Bild 3 zeigt:
A Die abiotischen Umweltfaktoren verändern sich im Wechsel der Jahreszeiten.
B Die Laubblätter lassen im Sommer viel Sonnenlicht zum Waldboden durch.
C Die Lebensbedingungen im Ökosystem Wald sind immer gleich.
D Im Jahresverlauf entstehen unterschiedliche Lebensbedingungen für die Lebensgemeinschaft des Waldes.
E Im Herbst ist es kühler und es regnet oft.

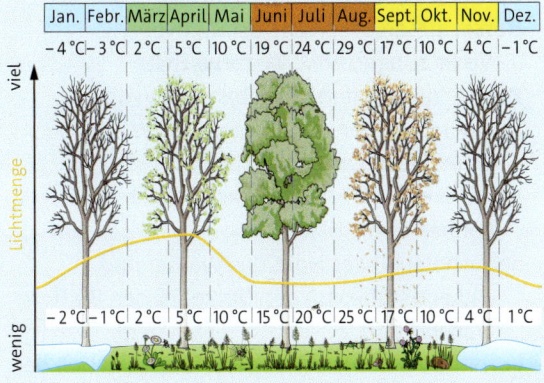

Jan.	Febr.	März	April	Mai	Juni	Juli	Aug.	Sept.	Okt.	Nov.	Dez.
– 4 °C	– 3 °C	2 °C	5 °C	10 °C	19 °C	24 °C	29 °C	17 °C	10 °C	4 °C	–1 °C
– 2 °C	–1 °C	2 °C	5 °C	10 °C	15 °C	20 °C	25 °C	17 °C	10 °C	4 °C	1 °C

3 Ein Laubwald im Wechsel der Jahreszeiten

8 Die ökologische Nische ↗ S. 56/57

a ▣ Beschreibe an einem Beispiel, wie Lebewesen an ihren Lebensraum angepasst sind.

b ▣ Nenne zwei Umweltfaktoren, um die Lebewesen in einem Ökosystem konkurrieren.

c ▣ Erläutere den Zusammenhang zwischen der Angepasstheit von Lebewesen und der Bildung von ökologischen Nischen.

9 Nahrung, Stoffe und Energie ↗ S. 60–63

a ▣ Erstelle eine Nahrungskette mit den folgenden Lebewesen: Hasel, Wolf, Reh.

b ▣ Ordne den Lebewesen von Aufgabe a die Fachwörter Produzent, Konsument, Endkonsument, Räuber und Beute zu.

c ▣ Begründe, warum es in einem Ökosystem nicht nur eine Nahrungskette gibt. Verwende dabei auch das Fachwort für die Gesamtheit aller Nahrungsketten in einem Ökosystem.

d ▣ Nenne das Fachwort für Käfer, Würmer und Pilze, die tote Pflanzen und Tiere zersetzen.

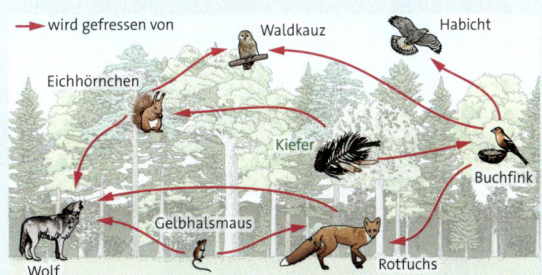

→ wird gefressen von

Eichhörnchen · Waldkauz · Habicht · Kiefer · Buchfink · Gelbhalsmaus · Wolf · Rotfuchs

4 Ein Ausschnitt aus einem Nahrungsnetz

e ▣ Beschreibe mithilfe von Bild 4 die Folgen für das Ökosystem, wenn es plötzlich keine Kiefern mehr geben würde. Verwende auch das Fachwort ökologisches Gleichgewicht.

f ▣ Begründe, warum man von einer Nahrungs**pyramide**, einem Energie**fluss** und einem Stoff**kreislauf** spricht.

g ▣ Beschreibe, wie Energie in Ökosysteme gelangt.

10 Wälder sind wichtig ↗ S. 68/69

a ▣ Nenne fünf Funktionen von Wäldern.

b ▣ Nenne drei Beispiele, wie Wälder geschädigt werden.

c ▣ Erläutere, warum Holz als nachwachsender Rohstoff bezeichnet wird.

ZUSAMMENFASSUNG Wälder sind Ökosysteme

Ein Wald ist ein Ökosystem

abiotische Umweltfaktoren: Wasser, Temperatur, Licht, Boden

biotische Umweltfaktoren: Lebewesen wie Pflanzen und Tiere

Lebensraum: ein Gebiet, in dem bestimmte Pflanzen und Tiere leben

Lebensgemeinschaft: die Lebewesen in einem Lebensraum

Ökosystem: besteht aus Lebensraum und Lebensgemeinschaft

Die Schichten eines Waldes

Baumschicht: bis 40 Meter hoch, besteht aus den Stämmen und Baumkronen der Bäume

Strauchschicht: bis 3 Meter hoch, besteht aus Sträuchern und jungen Bäumen

Krautschicht: bis 50 Zentimeter hoch, besteht aus Kräutern, Gräsern und Farnen

Moosschicht: bis 10 Zentimeter hoch, besteht aus Moosen und Pilzen

Wurzelschicht: bis 5 Meter tief, besteht aus Erde und den Wurzeln der Pflanzen

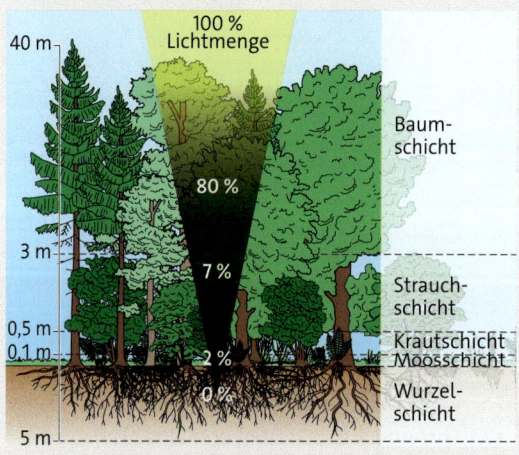

Wälder sind unterschiedlich

Urwald: ein Wald, der nicht von Menschen verändert wurde

Forst: ein Wald, der von Menschen angelegt wurde

Monokultur: ein Forst, in dem nur eine Baumart steht

naturnaher Wald: ein Wald, der so gestaltet wird, wie er natürlicherweise gewachsen wäre

In einem **Nadelwald** wachsen Nadelbäume wie Kiefer, Tanne, Lärche und Fichte. In einem **Laubwald** wachsen Laubbäume wie Eiche, Ahorn, Birke und Buche. In einem **Mischwald** wachsen Laubbäume und Nadelbäume.

Der Bau von Laubblättern

Die Schichten eines Laubblattes:

Kutikula: Wachsschicht

obere Epidermis: farblose Zellschicht

Palisadengewebe: Schicht aus lang gestreckten Zellen mit vielen **Chloroplasten**

Schwammgewebe: Schicht mit Hohlräumen zwischen den Zellen

untere Epidermis: farblose Zellschicht mit Spaltöffnungen

Die Fotosynthese und die Zellatmung

Fotosynthese findet in den Chloroplasten statt:

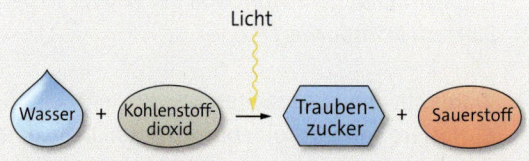

Zellatmung findet in den Mitochondrien statt:

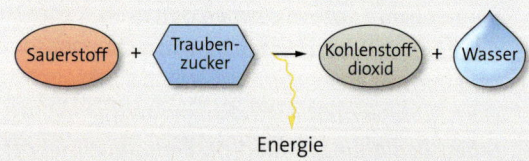

Das Wachstum der Bäume

Die Schichten eines Baumstamms:

Borke: äußerste Schicht, schützt vor Verletzungen und Wasserverlust

Bast: Schicht mit Leitungsbahnen, in denen Nährstoffe von den Blättern zur Wurzel transportiert werden

Kambium: Schicht aus Zellen, die sich teilen können

Splintholz: junges Holz, das Wasser und Mineralstoffe von der Wurzel zu den Blättern transportiert

Kernholz: besteht aus abgestorbenen Zellen des Splintholzes, macht den Baum stabil

Bäume wachsen nur an der Spitze in die Höhe. Dort befindet sich eine Schicht aus Zellen, die sich teilen können: das **Bildungsgewebe**. Bäume wachsen in die Breite, wenn das Kambium neues Splintholz nach innen bildet.

Frühholz: wird im Frühling aus vielen großen Zellen gebildet, ist helles Holz

Spätholz: wird im Spätsommer aus wenigen kleinen Zellen gebildet, ist dunkles Holz

Jahresringe: bestehen aus hellem Frühholz und dunklem Spätholz

Die ökologische Nische

ökologische Nische: beschreibt die Beziehungen zwischen einer Art und ihrer Umwelt

Art: Lebewesen mit gleichen Merkmalen, die sich miteinander fortpflanzen können

Artenvielfalt: die Anzahl unterschiedlicher Arten in einem Lebensraum

Die Nahrungsbeziehungen

Lebewesen stehen miteinander in Nahrungsbeziehungen. Ein Beispiel sind **Räuber-Beute-Beziehungen.** Nahrungsbeziehungen zwischen Lebewesen kann man in **Nahrungsketten** und **Nahrungsnetzen** darstellen.

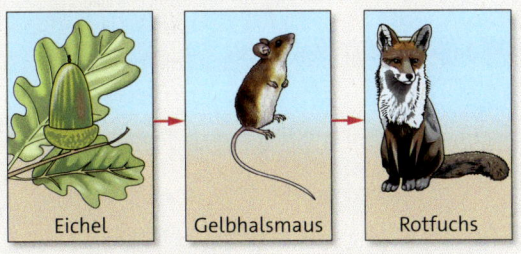

Eichel → Gelbhalsmaus → Rotfuchs

→ wird gefressen von

ökologisches Gleichgewicht: die abiotischen und biotischen Umweltfaktoren bleiben in einem Ökosystem über lange Zeit gleich

Stoffkreisläufe und Energiefluss

Produzenten: Pflanzen, stellen durch Fotosynthese energiereichen Traubenzucker her

Konsumenten: Tiere, ernähren sich von Pflanzen oder Tieren

Destruenten: Käfer, Würmer und Pilze, zersetzen abgestorbene Lebewesen

Wenn man die Lebewesen eines Ökosystems nach der Art ihrer Ernährung anordnet, dann entsteht eine **Nahrungspyramide**. Die Breite der Stufen zeigt, wie viel Biomasse die Lebewesen haben.

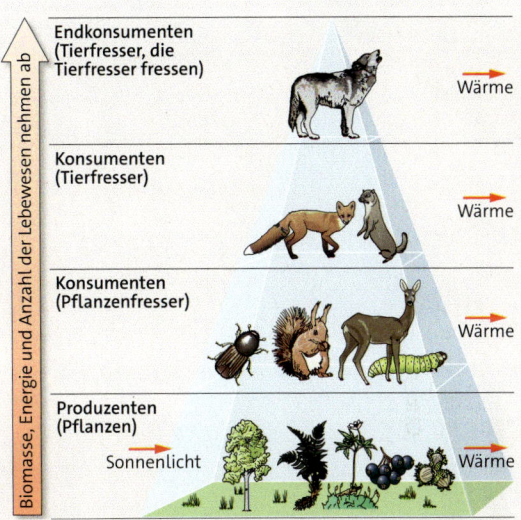

Lebewesen nutzen einen kleinen Teil der Nährstoffe zum Wachsen und den größten Teil für die Energiegewinnung durch **Zellatmung**.

Stoffkreislauf: Wasser, Mineralstoffe und Kohlenstoff bewegen sich durch die Nahrungsbeziehungen der Lebewesen in einem Kreislauf.

Energie: durchläuft Nahrungsketten von den Produzenten zu den Konsumenten, wird schließlich in Wärme umgewandelt und nach außen abgegeben

In der Nahrungspyramide sind von Stufe zu Stufe weniger Nährstoffe und damit ist auch weniger Energie vorhanden. Die Anzahl der Lebewesen und die Biomasse nimmt daher in der Nahrungspyramide von unten nach oben ab.

Die Bedeutung und Gefährdung der Wälder

Wälder sind Erholungsorte, Holzlieferanten, Luftreiniger und Wasserspeicher.

Wälder werden durch Wildverbiss, Insekten und extremes Wetter geschädigt.

nachwachsender Rohstoff: durch das Anpflanzen neuer Bäume kann neues Holz erzeugt werden

Gewässer sind Ökosysteme

In diesem Kapitel erfährst du, ...
... woraus ein Gewässer besteht.
... welche Lebewesen es an und in einem Gewässer gibt.
... wie sich Gewässer in den Jahreszeiten verändern.
... wie die Lebewesen an ihren Lebensraum angepasst sind.
... welche Nahrungsbeziehungen zwischen Lebewesen bestehen.
... wie sich Stoffe und Energie in Ökosystemen bewegen.
... wie Menschen Gewässer nutzen und wodurch sie gefährdet sind.

Gewässer sind unterschiedlich

1 Ein See

3 Eine Pfütze

Manche Seen wirken natürlich und unberührt. Bei anderen kannst du erkennen, dass sie von Menschen geschaffen wurden.

Vielfalt der Gewässer

Fließendes oder stehendes Wasser in der Natur wird **Gewässer** genannt. Bäche und Flüsse sind **Fließgewässer**. Pfützen, Weiher, Tümpel, Teiche und Seen sind **Stehgewässer**. Gewässer können natürlich entstehen oder vom Menschen geschaffen werden. Vom Menschen geschaffene Gewässer werden **künstliche Gewässer** genannt. Die Fließgewässer und Stehgewässer auf den Kontinenten der Erde werden **Binnengewässer** genannt. Sie bestehen aus **Süßwasser**. Süßwasser enthält weniger als 0,1 % Salz.

Meere enthalten **Salzwasser**. Salzwasser enthält etwa 3,5 % Salz. Meere bedecken 70 % der Erdoberfläche. Sie sind ebenfalls Stehgewässer. Ein Beispiel für ein Meer ist die Nordsee (Bild 2).

Stehende Binnengewässer

Eine **Pfütze** ist ein kleines, flaches Gewässer, das durch Regen entsteht und bald wieder austrocknet (Bild 3).

Ein **Tümpel** ist ebenfalls klein und flach, aber größer als eine Pfütze. Tümpel sind weniger als 50 Zentimeter tief und können im Sommer austrocknen.

Ein **Weiher** ist ein großes, flaches Gewässer, das im Sommer nicht austrocknet. Weiher sind weniger als fünf Meter tief.

Ein **See** ist ein großes Gewässer, das über fünf Meter tief ist. In Deutschland gibt es mehr als 12 000 natürliche Seen (Bild 1).

Ein **Teich** ist ein kleines, flaches Gewässer, das von Menschen erschaffen wurde. Ein **Stausee** entsteht, wenn eine Staumauer so in einen Fluss gebaut wird, dass sie ihn am Weiterfließen hindert (Bild 4).

Ein **Baggersee** entsteht, wenn sich eine ausgebaggerte Kiesgrube mit Grundwasser füllt.

2 Ein Meer

4 Ein Stausee

5 Ein Bach

7 Ein Kanal

Fließende Binnengewässer

Fließgewässer beginnen dort, wo Grundwasser an die Erdoberfläche kommt. Diese **Quellen** sind der Beginn von sehr kleinen Gewässern. Man nennt sie **Rinnsale**. Wenn mehrere Rinnsale zusammenfließen, dann entsteht ein **Bach** (Bild 5). Bäche sind bis zu zwei Meter breit und besitzen oft eine starke Strömung. Mehrere Bäche können zu einem **Fluss** zusammenfließen. Flüsse sind breiter als Bäche und über 50 Zentimeter tief. Sie können über hundert Meter breit sein und besitzen meist eine schwache Strömung. Flüsse fließen ins Meer, man sagt: Sie münden im Meer. Die Stelle, an der ein Fluss ins Meer fließt, heißt **Mündung**.
In Deutschland gibt es über 900 Flüsse. Ein Beispiel ist der Rhein (Bild 6).
Die Quellen von Fließgewässern liegen höher als die Mündungen. Man sagt: Fließgewässer haben ein Gefälle. Das Wasser fließt also abwärts. Diese Bewegung des Wassers heißt **Strömung**.

6 Ein Fluss

Kanäle werden von Menschen angelegt, um Fließgewässer miteinander zu verbinden. Kanäle werden für den Schiffsverkehr, zur Entwässerung oder für die Energieversorgung genutzt (Bild 7).

> Pfützen, Tümpel, Weiher, Seen und Meere sind Stehgewässer. Bäche und Flüsse sind Fließgewässer. Teiche, Stauseen, Baggerseen und Kanäle sind künstliche Gewässer.

AUFGABEN

1 Die Vielfalt der Gewässer

a ☑ Beschreibe, wie sich Salzwasser und Süßwasser unterscheiden.

b ☑ Nenne jeweils drei Beispiele für natürliche Gewässer und für künstliche Gewässer.

c ☒ Erläutere an einem Beispiel, warum Menschen künstliche Gewässer anlegen.

d ☒ Notiere in einer Tabelle die Namen der natürlichen stehenden Gewässer und beschreibe ihre Merkmale. Beginne mit dem kleinsten Gewässer.

Gewässername	Merkmale
...	...
...	...

e ☒ Stelle in einem Flussdiagramm die Abschnitte eines Fließgewässers dar.

f ☒ Informiert euch über die Gewässer in eurer Nähe. Erstellt zu jedem Gewässer ein Plakat oder eine Präsentation.

Ein See ist ein Ökosystem

1 An und in einem See gibt es verschiedene Lebewesen.

Malika geht an einem See spazieren. Sie beobachtet eine Ente, die dann untertaucht. Von einem Seerosenblatt springt ein Frosch ins Wasser.

Leben im See

Enten fressen Wasserpflanzen, Muscheln und Schnecken. Das Vorhandensein oder Fehlen von Nahrung beeinflusst das Leben der Tiere. Solche Voraussetzungen, die das Leben beeinflussen, heißen **Umweltfaktoren**. Wenn Enten an Pflanzen fressen, dann beeinflussen sie das Leben dieser Pflanzen. Lebewesen beeinflussen sich also gegenseitig. Lebewesen sind lebendig. Sie werden **biotische Umweltfaktoren** genannt (Bild 2). Die Vorsilbe *bio* im Wort biotisch heißt: Leben. Das Leben der Lebewesen wird auch durch das Wasser, die Temperatur, das Sonnenlicht und den Boden beeinflusst. Diese Umweltfaktoren sind nicht lebendig. Sie heißen **abiotische Umweltfaktoren** (Bild 2). Die Vorsilbe *a* im Wort abiotisch bedeutet: nicht.

Der Umweltfaktor Licht

Pflanzen nutzen das Sonnenlicht, um durch Fotosynthese energiereichen Traubenzucker und Sauerstoff herzustellen (↗ S. 46/47). Wenn es im Sommer warm und hell ist, dann wachsen viele Pflanzen im Wasser. Auch kleine Tiere vermehren sich stark. Die Pflanzen und die Tiere trüben das Wasser. Je mehr Lebewesen es im Wasser gibt, desto weniger tief kann man in ein Gewässer schauen. Man sagt: Die **Sichttiefe** nimmt ab. Die Jahreszeit und das Sonnenlicht bestimmen, ab welcher Tiefe es im Gewässer dunkel ist. Dort wachsen keine Pflanzen, weil sie ohne Licht keine Fotosynthese betreiben können.

Der Umweltfaktor Temperatur

In flachen Weihern ist die Temperatur überall gleich. In tiefen Seen entstehen im Sommer und im Winter unterschiedlich warme Wasserschichten (Bild 2A und 2C). Wasser mit einer Temperatur von 4 °C sinkt im See nach unten. Wärmeres und kälteres Wasser steigt nach oben. Eis schwimmt an der Wasseroberfläche. In tiefen Seen gefriert das Wasser im Winter nicht bis zum Boden, deshalb können hier Tiere überwintern. Fast alle Wasserlebewesen wie Fische oder Insekten sind **wechselwarm**: Ihre Körpertemperatur ändert sich mit der Temperatur der Umgebung. Pflanzen können bei höheren Temperaturen mehr Fotosynthese betreiben.

Der Umweltfaktor Wasser

In den oberen Wasserschichten ist es hell (Bild 3). Hier produzieren die Wasserpflanzen viel Sauerstoff: Das Wasser ist **sauerstoffreich**.

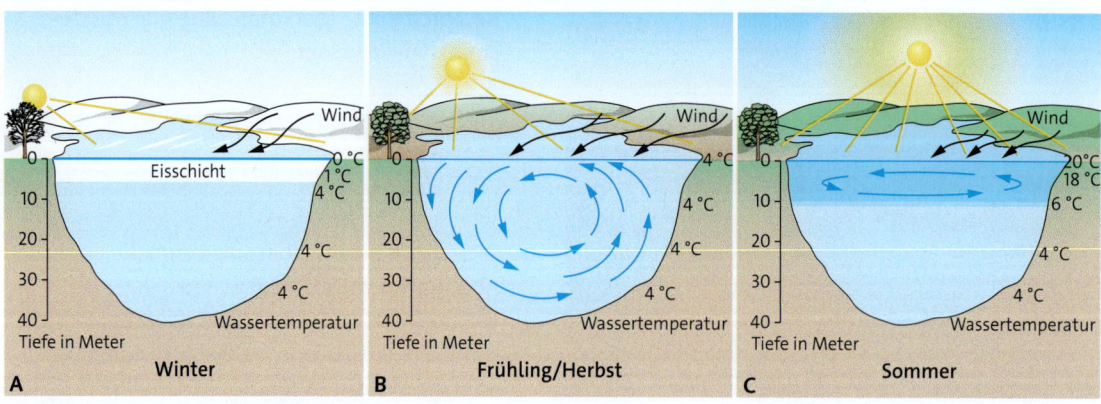

2 Die Temperaturen in einem See im Jahresverlauf

3 Je tiefer im See, desto weniger Licht.

4 Ein Graureiher frisst einen Frosch.

Am Seeboden ist es dunkel (Bild 3). Hier wachsen keine Pflanzen, deshalb ist das Wasser **sauerstoffarm**. Im Frühling und Herbst durchmischt der Wind die Wasserschichten (Bild 2B). Dadurch gelangt sauerstoffreiches Wasser in die Tiefe. Die Lebewesen nehmen beim Atmen Sauerstoff aus dem Wasser auf und geben Kohlenstoffdioxid ab. Wenn tote Lebewesen zersetzt werden, dann werden Mineralstoffe frei. Sie gelangen in das Wasser und den Boden. Weitere Mineralstoffe werden mit dem Regen und durch Bäche und Flüsse in den See geschwemmt. Die Mineralstoffe wirken auf die Pflanzen wie Dünger: Sie wachsen stark.

Der Umweltfaktor Boden
Die Art des Bodens am Ufer und am Seegrund bestimmt, welche Lebewesen dort vorkommen. Am Seeufer ist der Boden sehr feucht, hier wachsen Wasserschwertlilien (Bild 4). Im Wasser wachsen Teichrosen und Seerosen. Im Seeboden leben Muscheln und Würmer.

Lebewesen als Umweltfaktoren
Graureiher fressen Frösche (Bild 4). Wenn es viele Graureiher gibt, dann werden viele Frösche gefressen. Dann gibt es weniger Frösche. Wenn es weniger Frösche gibt, dann finden die Graureiher weniger Nahrung. Die Lebewesen beeinflussen sich also gegenseitig.
In einem Lebensraum gibt es zudem nur eine bestimmte Menge Licht, Wasser und Bodenfläche. Pflanzen brauchen genug Licht und Wasser zum Wachsen. Tiere brauchen genug Nahrung und Verstecke, um überleben zu können. Die Lebewesen kämpfen um diese Umweltfaktoren.

Leben in Ökosystemen
Das Gebiet, in dem bestimmte Pflanzen und Tiere leben, nennt man **Lebensraum**. Die abiotischen Umweltfaktoren bestimmen die Voraussetzungen für das Leben im Lebensraum. Die Lebewesen im Lebensraum sind eine **Lebensgemeinschaft**. In einem Lebensraum leben nur die Tiere und Pflanzen, die mit den Umweltfaktoren zurechtkommen. Man sagt: Sie sind daran **angepasst**. Der Lebensraum und die Lebensgemeinschaft werden zusammen als **Ökosystem** bezeichnet. Ein See ist ein Beispiel für ein Ökosystem.

> Ein Ökosystem besteht aus Lebensraum und Lebensgemeinschaft. Wasser, Temperatur, Sonnenlicht und Boden sind abiotische Umweltfaktoren. Die Tiere und Pflanzen in einem Lebensraum sind biotische Umweltfaktoren.

AUFGABEN
1 Die Lebensbedingungen im See

a ☒ Beschreibe, was mit den folgenden Fachwörtern gemeint ist: abiotische Umweltfaktoren, biotische Umweltfaktoren, Ökosystem.

b ☒ Beschreibe, wie sich die Temperatur und die Sauerstoffmenge im See im Jahresverlauf verändern.

c ☒ Erläutere, warum Tiere im Winter im See überleben können.

d ☒ Kaltes Wasser enthält mehr Sauerstoff als warmes Wasser. Bachneunaugen sind Fische, die kaltes, sauerstoffreiches Wasser brauchen. Erkläre die Folgen für Bachneunaugen, wenn die Wassertemperatur steigt.

Die Zonen eines Sees

1 Verschiedene Pflanzen am Ufer eines Sees

An einem See gibt es verschiedene Bereiche. Dort kannst du unterschiedliche Lebewesen entdecken.

Lebensräume am und im See

Jeder See hat ein Ufer, einen Seeboden und einen Bereich mit Freiwasser. Das **Freiwasser** ist der uferferne Bereich oberhalb des Seebodens. Die abiotischen Umweltfaktoren Licht, Temperatur, Wasser und Boden sind je nach Wassertiefe und Seebereich unterschiedlich.

Die Zonen am und im See

Das Sonnenlicht erwärmt die oberen Wasserschichten im See. Je tiefer man taucht, desto dunkler und kälter wird es. Auch die Sauerstoffmenge nimmt mit der Wassertiefe ab. Diese Unterschiede in den abiotischen Umweltfaktoren führen zu unterschiedlichen Lebensbedingungen für Pflanzen und Tiere. So entstehen in einem See verschiedene Bereiche, in denen jeweils die Pflanzen und Tiere vorkommen, die an die Umweltfaktoren dort angepasst sind. Ein anderes Wort für Bereich ist Zone. Ein See kann in fünf verschiedene **Zonen** eingeteilt werden (Bild 2).

Die Bruchwaldzone

In der ersten Zone ist der Boden feucht. Hier wachsen vor allem Bäume wie Weiden und Erlen (Bild 2). Nach diesen Waldpflanzen ist diese **Bruchwaldzone** benannt. Bruch ist ein anderes Wort für Feuchtgebiet. Die Bruchwaldzone wird bei Hochwasser vollständig überflutet.

Die Röhrichtzone

Auch in der nächsten Zone ist der Boden feucht. Hier wachsen Rohrkolben und Schilfrohr. Sie gehören zu den Röhrichtgewächsen. Nach ihnen ist diese **Röhrichtzone** benannt (Bild 2). Auch Sumpfdotterblumen und Wasserschwertlilien wachsen hier. Pflanzen, die auf feuchtem Boden wachsen, heißen **Feuchtpflanzen**.

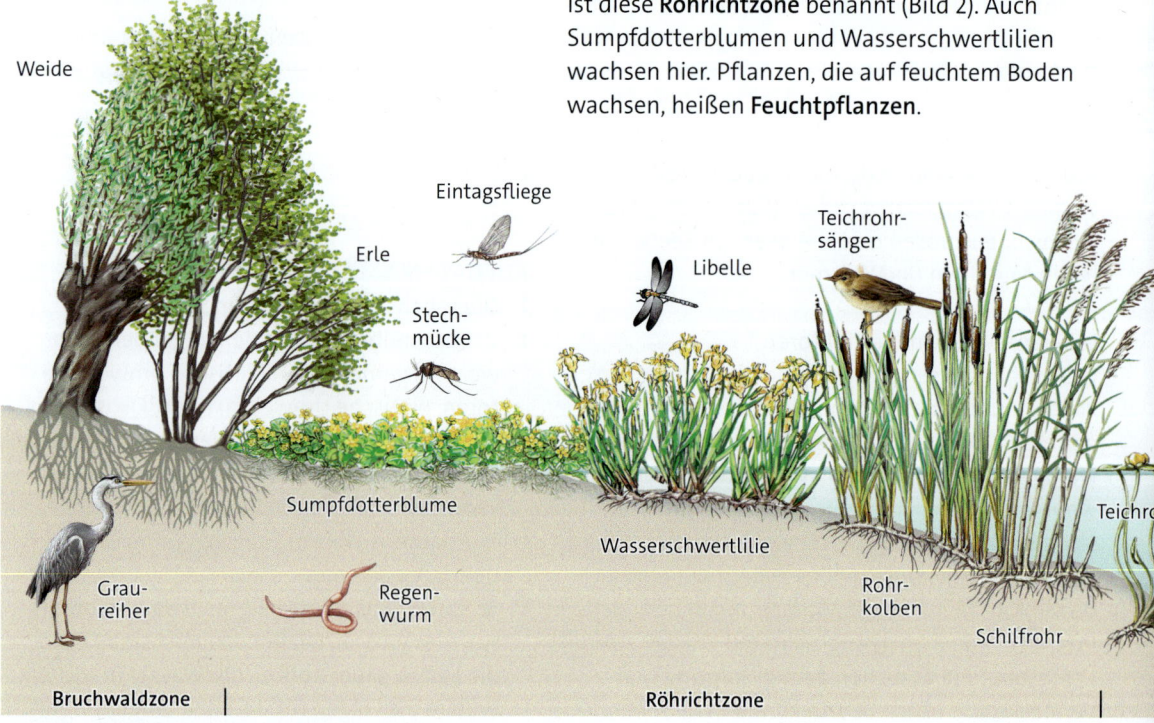

2 Die Tiere und Pflanzen in den Zonen im See

3 Ein Eisvogel hat einen Fisch erbeutet.

Die Schwimmblattzone

Pflanzen, die im Wasser wachsen, heißen **Wasser-pflanzen**. Beispiele sind Teichrosen und Seerosen. Ihre Wurzeln sind im Seeboden verankert. Die Blätter besitzen lange, biegsame Stiele und schwimmen an der Wasseroberfläche (Bild 2). Daher spricht man von der **Schwimmblattzone**.

Die Tauchblattzone

Auch die Wasserpest und das Hornblatt sind Wasserpflanzen. Sie leben komplett unter-getaucht in der **Tauchblattzone** (Bild 2).

Die Schwimmpflanzenzone

Im Freiwasser wachsen Wasserlinse und Frosch-biss. Weil das Licht hier nicht bis zum Seeboden gelangt, schwimmen sie an der Wasseroberfläche. Daher heißt diese Zone **Schwimmpflanzenzone**.

Die Tiere am und im See

In den Bäumen und im Röhricht bauen Teichrohr-sänger und Bachstelzen ihre Nester. Diese Vögel ernähren sich von Insekten und Schnecken. Eisvögel dagegen fangen Fische (Bild 3). In Ufer-nähe waten Graureiher durch das Wasser und jagen Frösche. Im Röhricht paaren sich Libellen und legen ihre Eier ins Wasser ab. Auf dem Wasser schwimmen Schwäne und fressen an Wasser-pflanzen. Enten tauchen nach Muscheln und Schnecken am Seeboden. Dort leben auch Krebse und Würmer. In der Freiwasserzone machen Barsche, Hechte und Karpfen Jagd auf Insekten, Schnecken, Würmer und kleinere Fische.

> Ein See besteht aus verschiedenen Zonen. Die Umweltfaktoren in den Zonen bestimmen, welche Tiere und Pflanzen dort leben.

AUFGABEN

1 Die Lebewesen

a ☑ Notiere in einer Tabelle die fünf Zonen eines Sees. Notiere für jede Zone zwei Pflanzen und zwei Tiere, die dort leben.

Name der Zone	Pflanzen	Tiere
...	...	...

b ☑ Nenne drei Vögel, drei Insekten und drei Fische, die am und im See leben.
c ☒ Beschreibe, wie sich Feuchtpflanzen und Wasserpflanzen unterscheiden.

2 Die Umweltfaktoren
☒ Erläutere, wie sich Temperatur, Licht und Sauerstoffmenge in den verschiedenen Zonen unterscheiden.

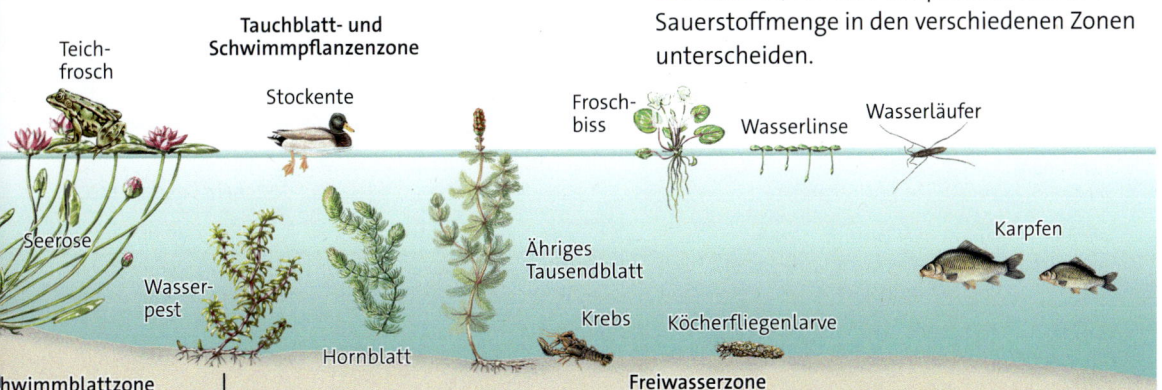

Teich-frosch

Tauchblatt- und Schwimmpflanzenzone

Stockente

Frosch-biss

Wasserlinse

Wasserläufer

Seerose

Wasser-pest

Ähriges Tausendblatt

Karpfen

Hornblatt

Krebs

Köcherfliegenlarve

Schwimmblattzone

Freiwasserzone

A Die Reinheit eines Gewässers bestimmen

1 Verschiedene Wasserproben

Material:
5 Marmeladengläser mit Schraubdeckeln,
weißes Papier, Leitungswasser, wasserfester Stift

Durchführung:
– Entnehmt Wasserproben an verschiedenen
  Stellen des Gewässers und aus verschiedenen
  Tiefen. Füllt jede Probe in ein eigenes Marme-
  ladenglas und beschriftet es. Füllt das fünfte
  Marmeladenglas mit Leitungswasser.
– Haltet das weiße Papier hinter jedes Glas und
  beurteilt dann die Farbe des Wassers. Ver-
  gleicht die Farben der Wasserproben mit der
  Farbe des Leitungswassers.
– Schüttelt die geschlossenen Gläser, öffnet sie
  dann und riecht am Wasser.
– Notiert eure Beobachtungen in einer Tabelle.

Auswertung:
1 ☒ Vergleicht eure Ergebnisse mit der folgenden Tabelle und lest die Wasserqualität ab.

Geruch	Farbe	Qualität
geruchlos	farblos bis schwach bräunlich, aber durchsichtig	nicht belastet
leichter Geruch, nicht unangenehm	leicht trüb, gelblich	gering belastet
leichter Geruch nach Abwasser	stärker getrübt, milchig, bräunlich oder grün	stark belastet
starker Abwassergeruch oder wie faule Eier	sehr stark getrübt, grauschwarz	sehr stark belastet

B Die Fließgeschwindigkeit messen

2 Material zum Experiment

Material:
2 Pfosten, Maßband, Stoppuhr, Korken

Durchführung:
– Messt an einem Fließgewässer mit dem
  Maßband eine Strecke von zehn Metern ab.
  Steckt am Startpunkt und am Endpunkt
  jeweils einen Pfosten in den Boden.
– Werft nun den Korken am Startpunkt ins
  Wasser. Messt die Zeit, die er braucht, um bis
  zum Endpunkt zu schwimmen. Notiert sie.
– Wiederholt das Experiment mehrmals.

Auswertung:
1 ☒ Zeichnet eine Skizze der Messstrecke.
2 ☒ Berechnet den Mittelwert eurer Messwerte.
3 ☒ Berechnet die Fließgeschwindigkeit:

$$\text{Fließgeschwindigkeit} = \frac{\text{Strecke in cm}}{\text{gemessene Zeit in s}}$$

4 ☒ Je nach Fließgeschwindigkeit werden verschiedene Teilchen transportiert. Vergleicht
eure berechneten Werte mit den Angaben in
der Tabelle.

Bodengrund	Korngröße in mm	Fließgeschwindig-keit in cm/s
Schlamm	<0,2	sehr langsam (<10)
Schlamm, Sand	0,2–2	langsam (10–25)
Sand, feiner Kies	2–20	mittel (25–50)
Kiesel	20–100	schnell (50–100)
Geröll, Felsbrocken	>100	sehr schnell (>100)

AUFGABEN   Gewässer sind Ökosysteme

1 Leben im Gewässer

1 Am See

a ☑ Ordne den Bildern A bis D die passenden Fachwörter zu: Ökosystem, Lebensraum, Lebewesen, Lebensgemeinschaft.

b ☒ Bringe die folgenden Fachwörter in eine sinnvolle Reihenfolge: Lebensgemeinschaft, Lebensraum, Ökosystem, Lebewesen, abiotische Umweltfaktoren.

c ☒ Finde eine weitere Möglichkeit, die Fachwörter aus Aufgabe 1b sinnvoll zu ordnen.

2 Ein Mini-Ökosystem

Bild 2 zeigt ein kleines, funktionierendes Ökosystem. Es braucht nur Licht, aber sonst keine weitere Pflege von außen.

a ☒ Begründe, warum die Bezeichnung Mini-Ökosystem richtig ist.

b ☒ Erkläre, was passiert, wenn das Mini-Ökosystem kein Licht bekommt.

2 Ein Mini-Ökosystem

3 Ein See im Sommer

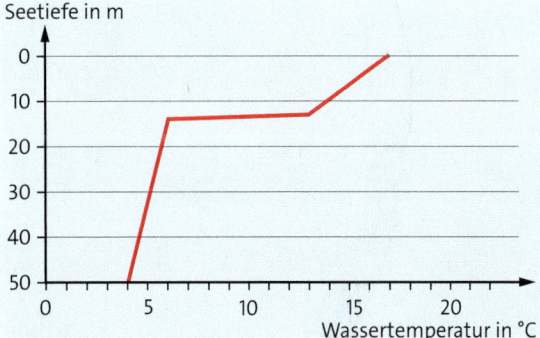

3 Die Wassertemperaturen in verschiedenen Seetiefen

a ☑ Bild 3 zeigt die Temperaturen in einem See im Sommer. Beschreibe die Temperaturen in verschiedenen Seetiefen.

b ☒ Begründe mithilfe deiner Antwort aus Aufgabe a, warum man von einer Temperaturschichtung im See spricht.

c ☒ „Die oberen Wasserschichten im See enthalten mehr Sauerstoff als die tieferen Schichten." Begründe diese Aussage. Verwende dabei die Wörter Licht, Dunkelheit, Pflanzen, Fotosynthese.

d ☒ Bild 4 zeigt den Zusammenhang zwischen der Wassertemperatur und der Sauerstoffmenge im Wasser. Formuliere diesen Zusammenhang in einem Je-desto-Satz.

e ☒ Begründe, warum die Sauerstoffmenge für die Lebewesen im Wasser wichtig ist.

f ☒ „In sehr heißen Sommern können die Fische im See sterben, weil sie ersticken." Begründe diese Aussage mithilfe deiner Antworten aus den Aufgaben c, d und e.

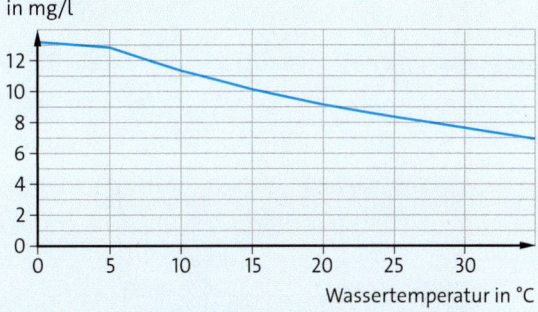

4 Die Sauerstoffmenge in einem See bei verschiedenen Wassertemperaturen

Die ökologische Nische

1 Singschwäne und Stockenten auf einem See

3 Zwei Stockenten tauchen nach Nahrung.

An einem See kannst du verschiedene Vögel beobachten. Auf dem Wasser schwimmen zum Beispiel Enten und Schwäne.

Lebewesen sind angepasst

Stockenten und Singschwäne fressen Wasserpflanzen. Dazu tauchen sie mit dem Kopf ab und kippen den Körper nach vorn (Bild 3). Das nennt man gründeln. Auf diese Weise können Stockenten Nahrung in bis zu 50 cm Tiefe erreichen (Bild 2). Der Hals von Singschwänen ist länger als der Hals von Stockenten. Deshalb können Singschwäne beim Gründeln Wasserpflanzen in bis zu 100 cm Tiefe fressen (Bild 2). Stockenten und Singschwäne unterscheiden sich in ihrem Körperbau. Dadurch können sie die Wasserpflanzen in verschiedenen Tiefen nutzen. Man sagt: Sie sind daran **angepasst**.

Vermeidung von Konkurrenz

Lebewesen mit gleichen Merkmalen, die sich miteinander fortpflanzen können, werden als **Art** bezeichnet. Stockenten und Singschwäne gehören zu verschiedenen Arten. Viele Tierarten ernähren sich von Wasserpflanzen. In jedem See gibt es jedoch nur eine bestimmte Menge an Wasserpflanzen. Die Tiere stehen im Wettbewerb um diese Nahrung. Ein anderes Wort für Wettbewerb ist **Konkurrenz**. Man sagt: Die Tiere konkurrieren um die Nahrung. Diese Konkurrenz kann dazu führen, dass eine Tierart eine andere aus dem Lebensraum vertreibt oder dass die schwächere Tierart ausstirbt. Um Konkurrenz zu vermeiden, nutzen verschiedene Tierarten ein Ökosystem unterschiedlich. Ein Beispiel sind die verschiedenen Wassertiefen, in denen Stockenten und Singschwäne Nahrung fressen.

2 Verschiedene Wasservögel können unterschiedlich tief tauchen.

4 Ein Gänsesäger frisst einen Fisch.

Nahrung und Brutplätze

Reiherenten und Gänsesäger können mit dem ganzen Körper untertauchen. Reiherenten fressen vor allem Muscheln und Schnecken in bis zu 6 m Tiefe (Bild 2). Gänsesäger fressen kleine Fische, nach denen sie bis zu 10 m tief tauchen (Bild 2, 4). Stockenten bauen ihre Nester am trockenen Ufer, Singschwäne in der feuchten Röhrichtzone (Bild 5). Reiherenten bauen ihre Nester auf kleinen Inseln im See. Gänsesäger fliegen im Frühling in den Norden und bauen dort ihre Nester in Baumhöhlen. Weil die Vögel im Nest ihre Eier ausbrüten, spricht man auch von ihrem **Brutplatz**.

Die ökologische Nische

Stockenten, Singschwäne, Reiherenten und Gänsesäger unterscheiden sich in ihrem Körperbau, sie nutzen unterschiedliche Nahrung in verschiedenen Bereichen des Lebensraums und sie bauen ihre Nester an verschiedenen Orten. Dadurch vermeiden sie Konkurrenz zwischen ihren Arten. Jede Art nutzt die abiotischen und biotischen Umweltfaktoren in ihrem Lebensraum anders, um zu überleben und sich fortzupflanzen. Wie eine Art die Umweltfaktoren in ihrem Lebensraum nutzt, das beschreibt die **ökologische Nische**. Eine ökologische Nische ist also kein Raum, sondern eine Beschreibung der Beziehungen einer Art zu ihrer Umwelt und zu anderen Arten. Man sagt: Jede Art nutzt eine andere ökologische Nische. Dadurch wird Konkurrenz vermieden und es können verschiedene Arten in einem begrenzten Raum zusammenleben. Die Anzahl unterschiedlicher Arten in einem Lebensraum bezeichnet man als **Artenvielfalt**. Die Artenvielfalt hat sich über Millionen von Jahren entwickelt und ist das Ergebnis der Angepasstheit der Lebewesen an verschiedene Lebensbedingungen.

> **Lebewesen sind an die Umweltfaktoren in ihrem Lebensraum angepasst. Die ökologische Nische beschreibt die Beziehungen zwischen einer Art und ihrer Umwelt.**

AUFGABEN

1 Die Vielfalt der Vögel am See

a ▣ Stelle in einer Tabelle die Lebensweise von Stockenten, Singschwänen, Reiherenten und Gänsesägern dar.

Vogelart	Nahrung	Tauchtiefe	Brutplatz
...	...	...	...

b ▣ Erkläre, wie die verschiedenen Vogelarten miteinander am gleichen See leben können.

c ▣ Beschreibe, was mit dem Fachwort ökologische Nische gemeint ist.

2 Zwei Arten mit der gleichen Nische
Die Weißkopfruderente ist in Europa heimisch, die Schwarzkopfruderente ist in Amerika heimisch. Die amerikanische Schwarzkopfruderente nutzt die gleiche ökologische Nische wie die europäische Weißkopfruderente.
▣ Begründe, warum es bei uns in Deutschland verboten ist, Schwarzkopfruderenten freizulassen.

5 Ein Singschwan mit Jungtieren im Nest

PRAXIS   Wasserpflanzen untersuchen

A Die Luft im Seerosenblatt untersuchen

1 Ein Experiment mit einem Seerosenblatt

> **Achtung!**
> Seerosen sind geschützte Pflanzen! Verwende nur
> einzelne Blätter aus einer Gärtnerei, aus privaten Gar-
> tenteichen oder dem Schulteich. Alle Teile der Seerose
> sind giftig! Nimm sie nicht in den Mund.

Material:
große Petrischale oder Schüssel, Wasser, frisches
Seerosenblatt, mehrere Steine, Schlauch, Klebeband, Luftpumpe, Frischhaltefolie

Durchführung:
– Fülle die Schale mit Wasser. Lege das Seerosenblatt mit der Oberseite nach unten
  hinein.
– Lege die Steine so auf das Seerosenblatt, dass
  es unter Wasser gehalten wird.
– Verbinde das Stielende des Seerosenblatts
  mit dem Schlauch und dem Klebeband
  luftdicht mit der Luftpumpe. Leite dann Luft
  durch das Blatt.
– Wenn du keine Luftpumpe hast, dann um-
  wickle das Stielende des Seerosenblatts mit
  Frischhaltefolie. Puste dann vorsichtig in den
  Blattstiel. Die Folie verhindert, dass du den
  Stiel mit dem Mund berührst (Bild 1).
– Notiere deine Beobachtungen.

Auswertung:
1 ☑ Erstelle eine Skizze des Seerosenblatts und
   zeichne darin den Weg der Luft ein.
2 ☒ Begründe mithilfe deiner Beobachtung,
   wie Seerosenblätter an das Leben im Wasser
   angepasst sind.

B Laubblätter und Schwimmblätter

2 Abdrücke von Laubblättern herstellen

Material:
Seerosenblatt, Laubblatt einer Zimmerpflanze,
zum Beispiel Tradescantia (Bild 3), durchsichtiger
Nagellack oder Flüssigklebstoff, Pinzette,
Objektträger, Deckgläschen, Mikroskop

Durchführung:
– Trage jeweils dünne Schichten Flüssig-
  klebstoff oder Nagellack auf der Blatt-
  oberseite und der Blattunterseite der
  Laubblätter auf (Bild 1).
– Lass den Flüssigklebstoff oder Nagellack
  trocknen und nimm ihn dann mithilfe der
  Pinzette ab.
– Lege jeden Abdruck auf einen eigenen
  Objektträger und lege ein Deckgläschen auf.
– Beschrifte die Objektträger.
– Mikroskopiere die Abdrücke.

Auswertung:
1 ☑ Vergleiche die Anzahl der Spaltöffnungen
   auf der Blattoberseite und der Blattunterseite
   von Zimmerpflanze und Seerose.
2 ☒ Begründe deine Beobachtungen.

3 Die Tradescantia ist eine Zimmerpflanze.

C Die Wasseraufnahme der Seerose

Material:
mehrere Wasserbecken oder kleine Glasaquarien, kleine Plastiktüte, Gummibänder, drei Seerosenblätter

Durchführung:
- Schneide die 3 Seerosenblätter frisch ab.
- Lege das erste Blatt so auf die Wasseroberfläche, dass der Blattstiel im Wasser ist (Bild 4A).
- Befestige das zweite Blatt so, dass der Blattstiel im Wasser ist, die Blattfläche aber nicht (Bild 4B).
- Verschließe beim dritten Blatt den Blattstiel mithilfe der Plastiktüte und den Gummibändern, sodass kein Wasser an den Blattstiel gelangen kann (Bild 4C). Lege dann das Blatt ins Wasser.
- Vergleiche die Seerosenblätter nach zwei Stunden miteinander.

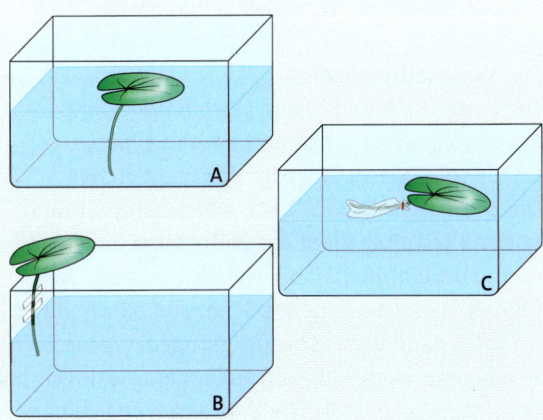

4 Ein Experiment zur Wasseraufnahme

Auswertung:
1 Erstelle ein Protokoll zu diesem Experiment.
a ☒ Formuliere eine Frage und eine Vermutung.
b ☑ Notiere Material und Durchführung.
c ☑ Beschreibe, welche Unterschiede du beim Vergleich der 3 Seerosenblätter nach 2 Stunden erkennen kannst.
d ☒ Erläutere die Wasseraufnahme bei Seerosen mithilfe deiner Beobachtungen.
e ☒ Notiere mögliche Fehler, die beim Experiment zu falschen Ergebnissen führen können.

D Nachweis der Sauerstoffproduktion

Material:
Becherglas, Wasser, Wasserpest, Trichter, Reagenzglas, Stativ, Holzspan, Feuerzeug

> **Achtung!** Setzt die Schutzbrillen auf.

Durchführung:
Gebt mehrere Stängel der Wasserpest in ein Becherglas mit Wasser und stellt es ins Licht. Stülpt den Glastrichter umgekehrt über die Wasserpest, sodass der Trichter ganz untertaucht. Füllt ein Reagenzglas mit Wasser. Stülpt es unter der Wasseroberfläche über den Trichter, sodass das Wasser im Reagenzglas bleibt. Befestigt es am Stativ. Wartet mehrere Tage, bis sich das Reagenzglas mit Gas gefüllt hat. Haltet es unter Wasser mit dem Daumen zu und nehmt es vom Trichter.
Führt eine Glimmspanprobe durch. Entzündet dazu einen Holzspan und pustet ihn aus. Haltet die noch glühende Spitze des Holzspans in das Gas im Reagenzglas. Beschreibt eure Beobachtungen.

Auswertung:
1 ☒ Erstellt ein Protokoll zu diesem Experiment.
2 ☒ Mit der Glimmspanprobe kannst du das Gas bestimmen, das von der Wasserpest freigesetzt wird. Nenne das Gas.

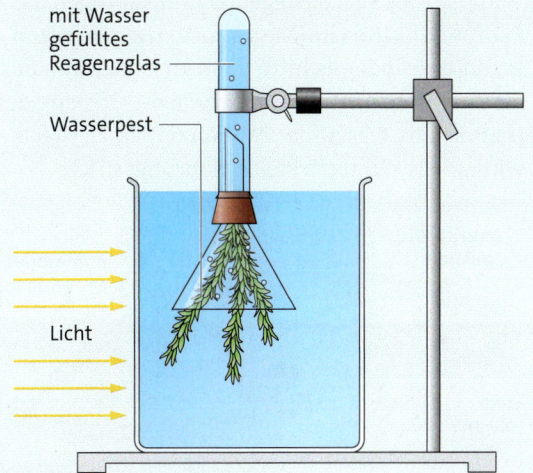

mit Wasser gefülltes Reagenzglas

Wasserpest

Licht

5 Der Aufbau des Experiments

Winzige Lebewesen im Wasser

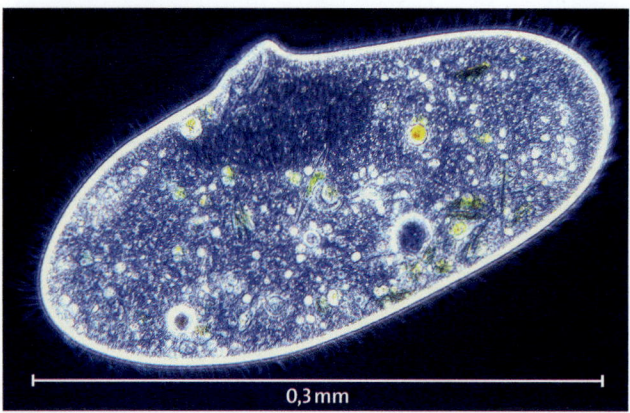

1 Ein Pantoffeltierchen im Mikroskop

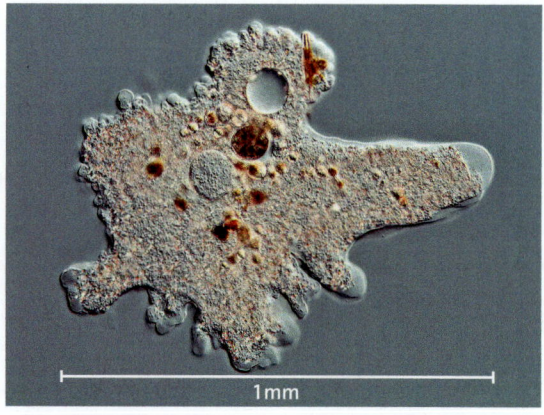

3 Ein Wechseltierchen

Nadia betrachtet Wasser aus einem Teich im Mikroskop. Sie sieht darin etwas, das aussieht wie ein winziger Hausschuh. Ist das ein Lebewesen?

Lebewesen bestehen aus Zellen

Lebewesen bestehen aus kleinsten Bausteinen, den Zellen. Größere Lebewesen bestehen aus mehreren Zellen. Sie heißen **mehrzellige Lebewesen**. Im Wasser gibt es winzige Lebewesen, die nur aus einer Zelle bestehen. Sie heißen **Einzeller**. Sie besitzen alle Merkmale von Lebewesen: Bewegung, Stoffwechsel, Reizbarkeit, Wachstum, Fortpflanzung und Entwicklung.

Das Pantoffeltierchen

Der Einzeller in Bild 1 ist geformt wie ein Hausschuh. Ein anderes Wort für Hausschuh ist Pantoffel. Daher heißt dieser Einzeller **Pantoffeltierchen**. Auf der Zellmembran befinden sich Wimpern, die sich bewegen. Damit kann sich das Pantoffeltierchen im Wasser fortbewegen. Wenn es auf ein Hindernis trifft, dann weicht es ihm aus. Ein Bereich der Zelle sieht aus wie die Öffnung des Hausschuhs. Das ist der **Zellmund** (Bild 2). Hier wirbeln die Wimpern kleine Nahrungsstücke

hinein. Im Innern der Zelle wird die Nahrung in kleine Bläschen eingeschlossen und verdaut. Diese Bläschen heißen **Nahrungsvakuolen** (Bild 2). Andere Bläschen ziehen sich immer wieder zusammen und pumpen dabei Wasser aus der Zelle. Diese Bläschen heißen **kontraktile Vakuolen** (Bild 2). Das Pantoffeltierchen vermehrt sich, indem es sich teilt: Aus einer großen Zelle entstehen zwei kleine Zellen. Nach der Teilung wachsen die kleinen Zellen zu großen Zellen heran.

Das Wechseltierchen

Der Einzeller in Bild 3 kann seine Form verändern. Ein anderes Wort für verändern ist wechseln. Daher heißt dieser Einzeller **Wechseltierchen**. Die Zellmembran wölbt sich an manchen Stellen nach außen, dort fließt das Zellplasma hinein. Mit diesen **Scheinfüßchen** bewegt sich die Zelle fort (Bild 4). Wenn ein Scheinfüßchen auf ein Hindernis trifft, dann wird es zurückgezogen. Wechseltierchen nehmen Nahrung auf, indem sie um sie herumfließen (Bild 4). Die Nahrung wird in einer Nahrungsvakuole verdaut. Kontraktile Vakuolen pumpen Wasser aus der Zelle (Bild 4). Das Wechseltierchen vermehrt sich, indem es sich teilt.

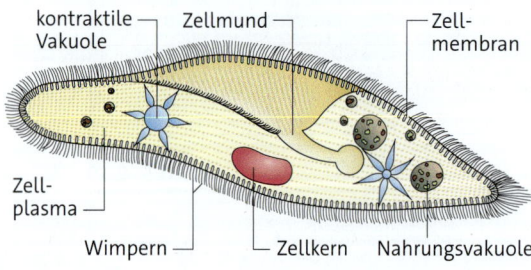

2 Eine Schemazeichnung eines Pantoffeltierchens

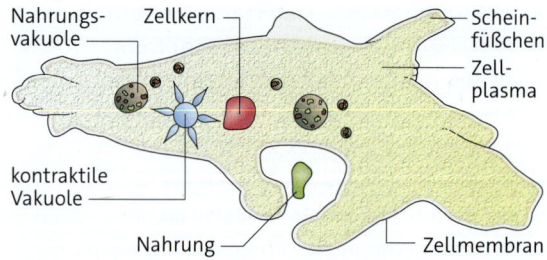

4 Eine Schemazeichnung eines Wechseltierchens

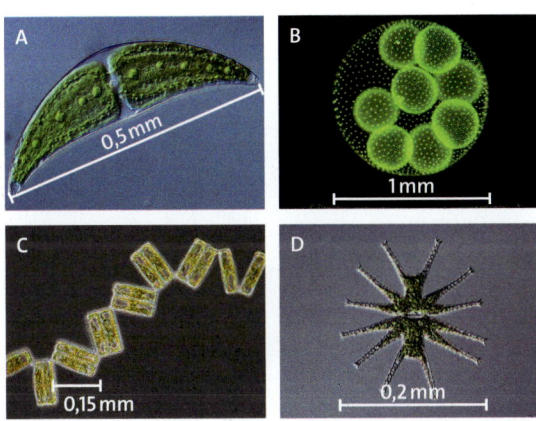

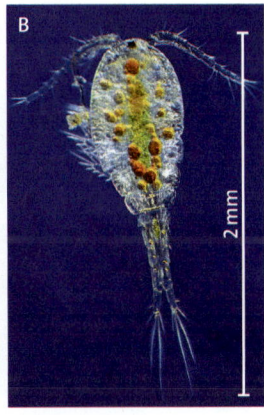

5 Mondalge (A), Kugelalge (B), Zickzackalge (C), Sternalge (D)

7 Ein Wasserfloh (A) und ein Ruderfußkrebs (B)

Die Algen

In Bild 5 siehst du grüne Einzeller. Sie heißen **Algen**. Sie besitzen wie alle Pflanzen eine feste Zellwand und Chloroplasten (Bild 6). Algen können durch Fotosynthese Traubenzucker herstellen. Algen sind oft nach ihrer Form benannt. Beispiele sind die Mondalge (Bild 5A), die Kugelalge (Bild 5B), die Zickzackalge (Bild 5C) und die Sternalge (Bild 5D). Algen vermehren sich, indem sie sich teilen. Bei manchen Algen trennen sich die Zellen nach der Teilung nicht, sondern bleiben in Gruppen zusammen (Bild 5B, 5C). Eine solche Gruppe aus Lebewesen heißt **Kolonie**.

Der Wasserfloh und der Ruderfußkrebs

Das Tier in Bild 7A schwimmt mit seinen großen Fühlern. Wenn sie nach unten bewegt werden, dann wird der Körper ein Stück nach vorn und oben bewegt. Danach sinkt das Tier langsam im Wasser ab. Weil sich diese Bewegungen wiederholen, hüpft das Tier im Wasser wie ein Floh. Deshalb heißt es **Wasserfloh**. Wasserflöhe sind durchsichtig, daher sind die inneren Organe erkennbar. Die grüne Röhre ist der Darm, der Punkt am Kopf ist ein Auge.

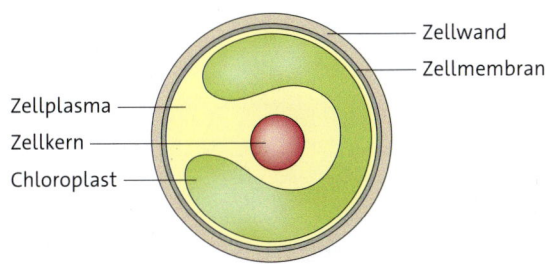

6 Eine Schemazeichnung einer kugelförmigen Alge

Das Tier in Bild 7B nutzt seine Beine wie Ruder, um im Wasser zu schwimmen. Weil das Tier zu den Krebstieren gehört, wird es **Ruderfußkrebs** genannt. Ruderfußkrebse sind durchsichtig, daher sind die inneren Organe erkennbar. Wasserflöhe sind mehrzellige Lebewesen. Wasserflöhe und Ruderfußkrebse sind mehrzellige Lebewesen. Sie legen Eier, aus denen Nachkommen schlüpfen.

> Einzeller bestehen aus einer Zelle. Mehrzellige Lebewesen bestehen aus mehreren Zellen. Einzeller vermehren sich, indem sie sich teilen. Algen können Kolonien bilden.

AUFGABEN

1 Leben im Wasser

a ☒ Beschreibe den Unterschied zwischen mehrzelligen Lebewesen und Einzellern.

b ☒ Nenne zwei Einzeller, die zu den Tieren und gehören, und zwei Einzeller, die zu den Pflanzen gehören

c ☒ Beschreibe, woran man tierische und pflanzliche Einzeller unterscheiden kann.

d ☒ Pantoffeltierchen und Wechseltierchen sind Lebewesen. Notiere in einer Tabelle die Merkmale der Lebewesen, die man bei Pantoffeltierchen und Wechseltierchen erkennen kann.

Merkmale	Pantoffeltierchen	Wechseltierchen
Bewegung	...	...
...	...	...

e ☒ „Kugelalgen sind keine mehrzelligen Lebewesen." Bewerte diese Aussage.

PRAXIS   Lebewesen im Heuaufguss untersuchen

A Leben im Heuaufguss

Material:
großes Becherglas, getrocknetes Heu, Teichwasser, Glasplatte, Pipette, Objektträger,
Deckgläschen, Mikroskop, Stift, DIN-A4-Blätter

> **Achtung!** Verwendet kein verschimmeltes Heu.
> Bewahrt den Heuaufguss bei Zimmertemperatur auf.

Durchführung:
- Gebt eine Handvoll Heu in das Becherglas
  und füllt es dann mit Wasser.
- Deckt das Becherglas mit der Glasplatte ab,
  damit das Wasser nicht verdunstet.
- Stellt den Heuaufguss für ein paar Tage an
  einen hellen Ort ohne direktes Sonnenlicht,
  bis sich auf dem Wasser eine Haut gebildet
  hat.
- Nehmt mit der Pipette etwas Wasser aus dem
  Heuaufguss.
- Gebt einen Wassertropfen auf einen Objekt-
  träger und legt ein Deckgläschen auf.
- Mikroskopiert die Wasserprobe.

Auswertung:
1 ⊠ Vergleicht die Lebewesen mit den Bildern 1
  bis 3.
2 ⊠ Listet die Namen der Lebewesen in einer
  Tabelle auf und notiert, ob ihr sie selten, oft
  oder sehr häufig im Wassertropfen gesehen
  habt.
3 ⊠ Zeichnet zwei verschiedene Lebewesen
  und beschriftet sie. Dazu könnt ihr das Schulbuch, ein Fachbuch oder das Internet nutzen.

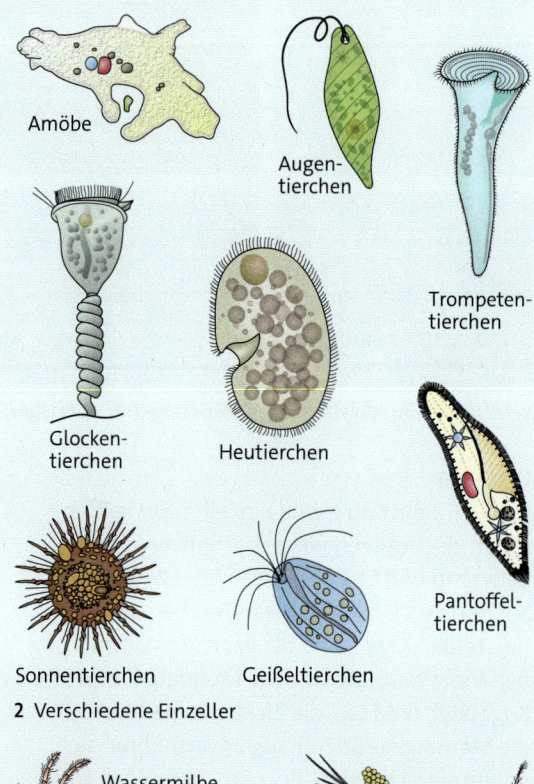

Amöbe

Augen-
tierchen

Trompeten-
tierchen

Glocken-
tierchen

Heutierchen

Pantoffel-
tierchen

Sonnentierchen

Geißeltierchen

2 Verschiedene Einzeller

Wassermilbe

Ruderfußkrebs

Rädertierchen

Wasserfloh

3 Verschiedene mehrzellige Lebewesen

Gürtelalge

Mondalge

Schwebesternchen

Zickzackalge

Zackenrädchen

Volvox

Chlorella

Ringelalge

Schraubenalge

Schmuckalge

Geißelalge

1 Verschiedene Algen

B Kontraktile Vakuolen

Material:
Pantoffeltierchen (aus dem Heuaufguss oder aus einer Reinkultur), Pipette, Objektträger, Deckgläschen, Watte, Papiertaschentuch, Mikroskop, Uhr

Durchführung:
– Gib mit der Pipette einen Wassertropfen auf den Objektträger, füge wenige Wattefasern hinzu und lege das Deckgläschen auf.
– Sauge mit dem Papiertaschentuch vorsichtig überflüssiges Wasser ab. Dadurch schränkst du die Beweglichkeit der Pantoffeltierchen ein und kannst sie so besser beobachten.
– Mikroskopiere die Pantoffeltierchen bei mittlerer oder stärkster Vergrößerung.

Auswertung:
1 ☒ Wähle ein Pantoffeltierchen aus und beobachte es genau. Du kannst erkennen, dass sich ein Bläschen immer wieder zusammenzieht und dann wieder öffnet. Das ist die kontraktile Vakuole bei der Wasserausscheidung.
2 ☒ Zähle, wie oft sich die kontraktile Vakuole pro Minute zusammenzieht.
3 ☒ Zähle, wie viele kontraktile Vakuolen du in einer Zelle erkennen kannst.

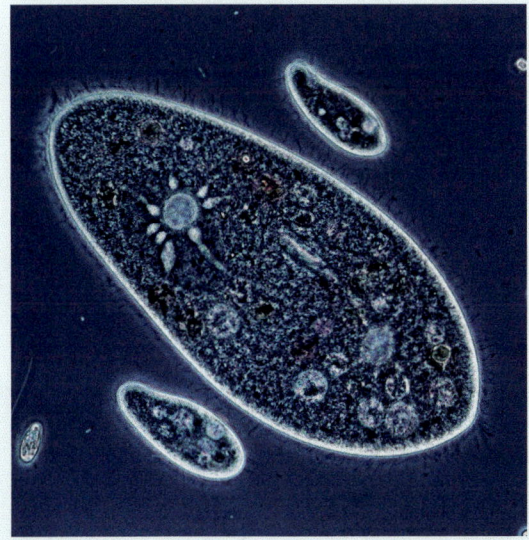

4 Ein großes und zwei kleine Pantoffeltierchen

C Pantoffeltierchen füttern

Material:
Pantoffeltierchen (aus dem Heuaufguss oder aus einer Reinkultur), Objektträger, Deckgläschen, Mikroskop, Stift, DIN-A4-Blätter
Für die Hungerlösung: abgekochtes Wasser (kalt), Petrischale, Papierstückchen, Pipette, Pappe
Für die Futterlösung: 100 ml destilliertes Wasser, 0,1 g Neutralrot, Erlenmeyerkolben (250 ml), Kochplatte, Trockenhefe, Präpariernadel

Durchführung:
– Wenn Pantoffeltierchen 2 Tage in Wasser ohne Nahrung leben, dann nehmen sie danach schneller Nahrung auf. Fülle dazu abgekochtes Wasser in eine Petrischale und gib einige Papierstückchen dazu. Setze die Pantoffeltierchen mithilfe einer Pipette aus dem Heuaufguss in die Petrischale um. Decke die Petrischale lose mit etwas Pappe zu und lass sie 2 Tage stehen.
– Stelle eine gefärbte Futterlösung her, indem du das destillierte Wasser und das Neutralrot in den Erlenmeyerkolben gibst. Füge eine Messerspitze Trockenhefe dazu und koche die Lösung etwa 15 Minuten lang bei geringer Hitze auf der Kochplatte.
– Entnimm die Pantoffeltierchen mit der Pipette aus der Nähe der Papierstückchen und gib sie auf einen Objektträger. Füge etwas Futterlösung dazu. Tauche dazu die Präpariernadel in die Futterlösung und lass sie abtropfen. Übertrage den Rest der Futterlösung mit der Präpariernadel auf den Objektträger und vermische sie mit dem Wassertropfen.
– Lege ein Deckgläschen auf und mikroskopiere die Pantoffeltierchen. Wenn sich die Pantoffeltierchen zu schnell bewegen, nutze Watte wie bei Experiment B.

Auswertung:
1 ☒ Beobachte, wie die Hefezellen innerhalb eines Pantoffeltierchens bewegt werden.
2 ☒ Zeige mit mehreren beschriftete Skizzen die Bewegung der Hefezellen.

1 Ein Fluss

Gewässer sind unterschiedlich: Es gibt blaue Bergseen, klare Bäche, stinkende Tümpel und braune Flüsse. Die Gewässerqualität kann man an verschiedenen Merkmalen erkennen.

Die Wasserqualität

Die Umweltfaktoren in einem Lebensraum beeinflussen die Lebewesen. Jedes Lebewesen hat bestimmte Ansprüche an die Umweltfaktoren, um leben zu können. Bachforellen brauchen zum Beispiel sauerstoffreiche Fließgewässer. Wenn die Menge des Sauerstoffs im Wasser abnimmt, dann gibt es auch weniger Bachforellen. Das Vorkommen oder Fehlen von Bachforellen zeigt also an, ob das Wasser in einem Flussbereich sauerstoffreich oder sauerstoffarm ist. Deshalb wird die Bachforelle als **Zeigerart** bezeichnet. Am Vorkommen oder Fehlen verschiedener Tierarten und Pflanzenarten kann man die Qualität des Wassers erkennen.

Unbelastete Gewässer

Klares, mineralstoffarmes und sauerstoffreiches Wasser ist nicht mit Schadstoffen belastet. Eine typische Zeigerart für unbelastete Gewässer ist der Wasserschlauch (Bild 2). Typische Tiere sind Lachse und Forellen. Auch die Flussperlmuschel sowie Steinfliegenlarven und Köcherfliegenlarven kommen hier vor.

Mäßig belastete Gewässer

Es gibt klares Wasser, das nur ab und zu durch Algen trüb wird und unterschiedliche Mengen an Sauerstoff enthält. Zeigerarten dafür sind die Feine Armleuchteralge und das Schwimmende Laichkraut (Bild 3). Hier gibt es außerdem Bachflohkrebse, Flussnapfschnecken, Bachtaumelkäfer und viele verschiedene Fischarten.

Stark belastete Gewässer

Das Abwasser von Industrie, Landwirtschaft und Haushalten enthält Mineralstoffe und Schadstoffe wie Metalle, Unkrautvernichtungsmittel, Insektenvernichtungsmittel, Säuren oder Öl. Wenn dieses Abwasser in Gewässer geleitet wird, dann wird das Wasser sauerstoffarm und sehr trüb. In diesem Wasser leben nur wenige Fische wie Karpfen oder Aale, und es kommt häufig zu Fischsterben. Die Pflanzen und Tiere, die in stark belasteten Gewässern leben, kommen mit den schwankenden Bedingungen gut zurecht. Zeigerarten sind das Ährige Tausendblatt und das Glänzende Laichkraut (Bild 5). Auch Wasserasseln, Rollegel und Stechmückenlarven kommen hier vor.

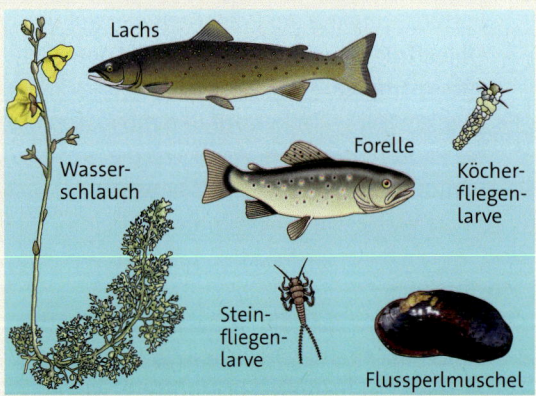

Lachs
Wasser-schlauch
Forelle
Köcher-fliegen-larve
Stein-fliegen-larve
Flussperlmuschel

2 Zeigerarten unbelasteter Gewässer

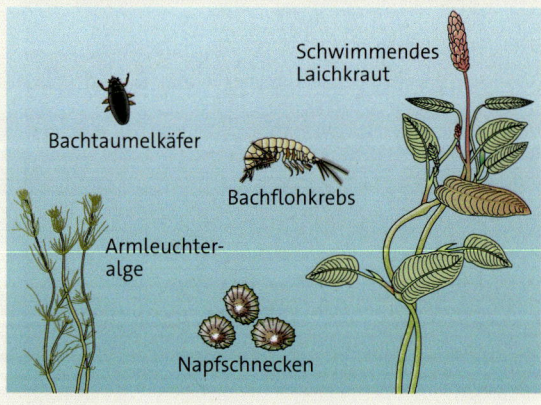

Schwimmendes Laichkraut
Bachtaumelkäfer
Bachflohkrebs
Armleuchter-alge
Napfschnecken

3 Zeigerarten mäßig belasteter Gewässer

4 Verschiedene Fließgewässer

Übermäßig belastete Gewässer

Wenn der Gewässerboden komplett mit schwarzem, stinkendem Schlamm bedeckt ist, dann ist das Wasser sauerstoffarm. Hier leben nur wenige Pflanzen und Tiere wie der Gemeine Tannenwedel, die Wasserpest und der Flutende Hahnenfuß (Bild 6). Zeigerarten für übermäßig belastete Gewässer sind auch Rote Zuckmückenlarven, Rattenschwanzlarven und Schlammröhrenwürmer.

Die Gewässerstruktur

Neben der Wasserqualität werden auch das Ufer, der Boden, die Strömung und der Verlauf von Gewässern bewertet. Diese Merkmale ergeben die Gewässerstruktur. Natürlich verlaufende Gewässer mit bewachsenem Ufer erhalten den besten Wert (Bild 4A, 4C). Begradigte Gewässer mit bebautem Ufer erhalten den schlechtesten Wert (Bild 4B). Die Gewässerstruktur ist ein Maß für die Qualität des Lebensraums Gewässer.

AUFGABEN

1 Zeigerarten und Schadstoffe

a ◩ Zerlege die Fachwörter Zeigerart, Schadstoffe und Gewässerstruktur in ihre jeweiligen Bestandteile.

b ◩ Beschreibe für jedes Fachwort, was die Wortbestandteile bedeuten.

c ◩ Formuliere zu jedem Fachwort einen Merksatz.

d ◩ Nenne mindestens drei Beispiele für Schadstoffe, die Gewässer belasten können.

2 Kennzeichen der Wasserqualität

a ◩ Erstelle eine Tabelle. Notiere darin für jede Wasserqualität je eine pflanzliche und zwei tierische Zeigerarten.

b ◩ Nenne weitere Merkmale, die zur Bewertung der Wasserqualität betrachtet werden.

c ◩ Begründe, weshalb man heute besonders auf die Gewässerstruktur achtet.

5 Zeigerarten stark belasteter Gewässer

(Beschriftungen: Karpfen, Stechmückenlarve, Aal, Rollegel, Wasserassel, Ähriges Tausendblatt, Glänzendes Laichkraut)

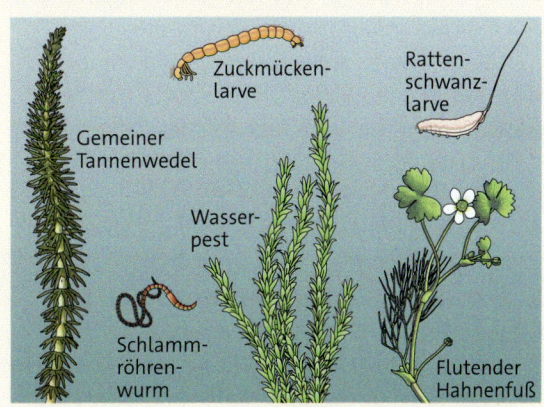

6 Zeigerarten übermäßig belasteter Gewässer

(Beschriftungen: Zuckmückenlarve, Rattenschwanzlarve, Gemeiner Tannenwedel, Wasserpest, Schlammröhrenwurm, Flutender Hahnenfuß)

1 Ökologische Nische

Bild 1 zeigt die Entwicklung der Teichfrösche: Aus den Eiern schlüpfen Kaulquappen, die sich zu erwachsenen Fröschen entwickeln.

a ☒ Beschreibe mithilfe von Bild 1, welchen Lebensraum und welche Nahrung die Tiere während ihrer Entwicklung nutzen.

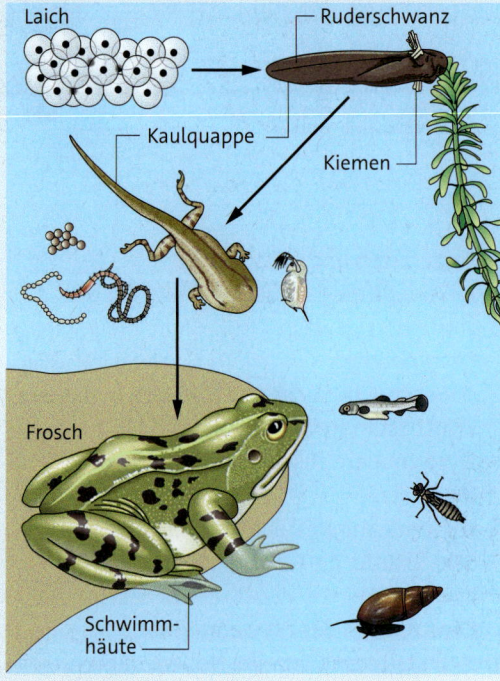

1 Das Leben eines Teichfroschs

b ☒ Erwachsene Teichfrösche atmen mit Lungen und durch die Haut. Beschreibe mithilfe von Bild 1, wie Kaulquappen in ihrem Lebensraum atmen und sich fortbewegen.

c ☒ Vervollständige den Satz: „Kaulquappen und erwachsene Teichfrösche kommen in ihren Lebensräumen gut zurecht, sie sind daran ... ."

d ☒ Beschreibe, was eine ökologische Nische ist.

e ☒ „Jede Art hat eine ökologische Nische." Bewerte diese Aussage. Denke dabei an den Teichfrosch.

f ☒ Formuliere den Satz aus Aufgabe 1e um, sodass er richtig ist.

g ☒ An einem See wird eine fremde Froschart ausgesetzt, die die gleiche ökologische Nische nutzt wie der Teichfrosch. Beschreibe, welche Folgen das für die Teichfrösche an diesem See haben kann.

2 Grüne Zellen

Im Frühsommer sieht das Wasser eines Teichs ganz grün aus. Die Ursache dafür sind viele kleine grüne Einzeller.

2 Ein Teich mit grünem Wasser

Im Biologieunterricht haben die Schülerinnen und Schüler zwei Vermutungen dazu formuliert:

> *Der grüne Farbstoff befindet sich verteilt im Zellplasma.*

> *Der grüne Farbstoff befindet sich in den Vakuolen.*

a ☒ Formuliere eine weitere Vermutung.

b ☒ Formuliere zu jeder Vermutung eine passende Frage.

c ☒ Beschreibe, wie du vorgehen würdest, um die Vermutungen zu bestätigen.

d ☒ Erstelle ein Flussdiagramm, das den vollständigen Ablauf der Untersuchung zeigt. Beginne so:

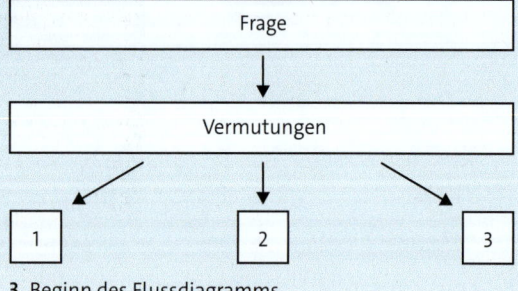

3 Beginn des Flussdiagramms

3 Einzeller im Wasser

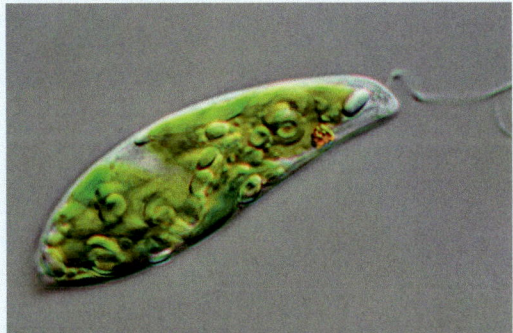

4 Ein Augentierchen im Mikroskop

a ☑ Der Einzeller in Bild 4 heißt Augentierchen. Ordne es den Tieren oder den Pflanzen zu und begründe deine Entscheidung.

b ☒ Bild 5 zeigt eine Schemazeichnung des Augentierchens. Ordne den Buchstaben die folgenden Fachwörter zu: Zellmembran, Zellkern, Chloroplast, Zellplasma, kontraktile Vakuole.

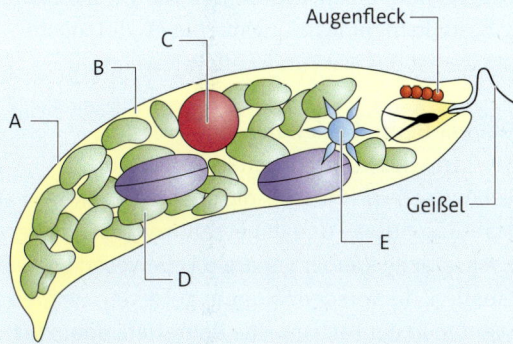

5 Eine Schemazeichnung eines Augentierchens

c ☒ Augentierchen haben keine Zellwand, aber Chloroplasten. Begründe mithilfe dieser Information, ob das Augentierchen den Tieren oder den Pflanzen zugeordnet werden kann.

Die Klasse untersucht eine Wasserprobe aus dem Schulteich. Sven meint: „Ich sehe viele Einzeller im Mikroskop. Das bedeutet, dass die Wasserqualität gut ist." Anita sagt: „Nicht für mich, ich würde das Wasser nicht trinken."

d ☒ Begründe, wer recht hat.

e ☒ Formuliere je einen Satz zur Qualität des Wassers im Schulteich für den Menschen und für die Einzeller.

4 Einzeller im Heuaufguss

Aus Teichwasser und Heu wird ein Heuaufguss hergestellt. In regelmäßigen Abständen wird Wasser entnommen, mikroskopiert und die Einzeller darin gezählt. Zwei Schülergruppen haben die Ergebnisse unterschiedlich dargestellt:

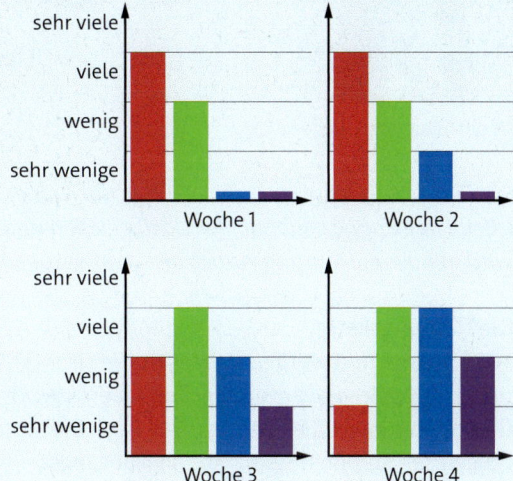

■ Pantoffeltierchen ■ Amöben
■ Grünalgen ■ Rädertierchen

6 Darstellung der Gruppe 1

Anzahl der Lebewesen pro 100 ml

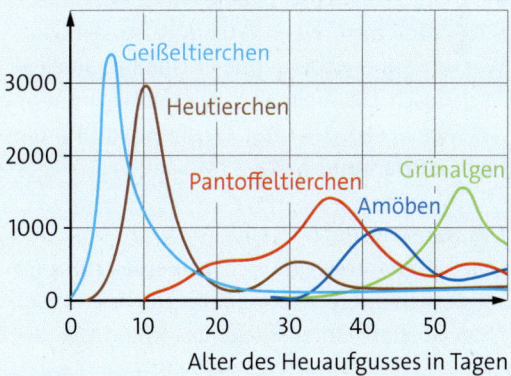

7 Darstellung der Gruppe 2

a ☒ Nenne die Fachwörter für die Diagramme in Bild 6 und 7.

b ☒ Werte die beiden Diagramme aus.

c Die Gruppen haben unterschiedliche Diagrammtypen gewählt.
☒ Beschreibe für jedes Diagramm, was es gut zeigt und was es nicht so gut zeigt.

Die Nahrungsbeziehungen im See

1 Ein Teichfrosch fängt eine Libelle.

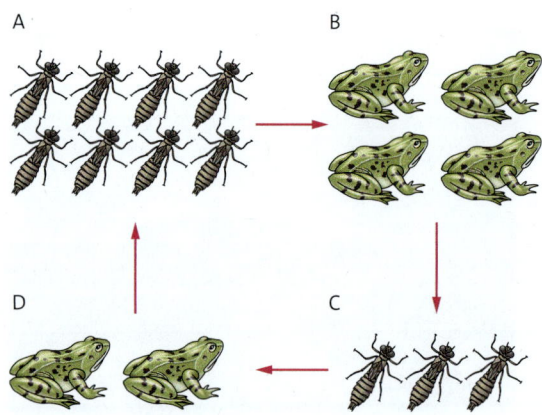

3 Räuber-Beute-Beziehung: Lebewesen beeinflussen sich

Ein Teichfrosch schleudert seine Zunge nach einer Libelle. Die Zunge bleibt an der Libelle kleben und wird mit dieser Nahrung zurück ins Maul gezogen.

Die Nahrungskette

Tiere fressen und werden gefressen. Sie sind über ihre Nahrung verbunden. Ein anderes Wort für Verbindung ist Beziehung. Man sagt: Die Lebewesen stehen miteinander in **Nahrungs-beziehungen**. Ein Beispiel zeigt Bild 2: Die Kaulquappe frisst die Blätter der Wasserpest. Die Libellenlarve frisst Kaulquappen. Der Teichfrosch frisst Libellen und ihre Larven. Diese Nahrungs-beziehungen kann man darstellen, indem man die Lebewesen in einer Reihe aufschreibt und mit Pfeilen zeigt, wer von wem gefressen wird: Wasserpest → Kaulquappe → Libellenlarve → Teichfrosch. Die Pfeilspitze zeigt dabei immer auf das Lebewesen, das frisst. Das Fachwort für diese Reihe ist **Nahrungskette**.

Das Nahrungsnetz

Lebewesen fressen oft nicht nur eine Nahrung, sondern mehrere verschiedene. Der Teichfrosch frisst Libellen, Eintagsfliegenlarven und Moos-

blasenschnecken. Die Libellenlarve frisst Kaulquappen, Eintagsfliegenlarven und junge Fische. Auch Teichfrösche fressen junge Fische. Wenn man alle Nahrungsketten aufschreibt, dann überkreuzen sich die Pfeile und es entsteht ein verzweigtes Netz (Bild 4). Dieses Netz nennt man **Nahrungsnetz**. Die Nahrungsketten sind also miteinander verbunden. Je mehr Arten in einem Lebensraum leben, desto mehr Nahrungsketten gibt es. Je mehr Nahrungsketten es gibt, desto stärker ist das Nahrungsnetz verzweigt.

Räuber-Beute-Beziehung

Teichfrösche nutzen Libellen als Nahrung. Lebewesen wie Frösche, die andere Lebewesen als Nahrung nutzen und dabei töten, werden in der Fachsprache **Räuber** genannt. Lebewesen wie Libellen, die von den Räubern gefressen werden, werden in der Fachsprache Beutetiere oder kurz **Beute** genannt. Räuber und Beute beeinflussen sich gegenseitig: Wenn es viele Libellen gibt, dann haben die Frösche mehr Nahrung und können sich deshalb gut vermehren (Bild 3A, 3B). Wenn es mehr Frösche gibt, dann fressen sie mehr Libellen. Dadurch gibt es nach einiger Zeit weniger Libellen (Bild 3C). Wenn es weniger Libellen gibt, dann finden die Frösche weniger Nahrung und können sich deshalb schlechter vermehren. Dadurch gibt es nach einiger Zeit weniger Frösche (Bild 3D). Wenn es weniger Frösche gibt, dann werden weniger Libellen gefressen, deshalb können sich die Libellen gut vermehren (Bild 3D und A). Dadurch gibt es nach einiger Zeit mehr Libellen. Diese Nahrungsbeziehung zwischen Räuber und Beute heißt **Räuber-Beute-Beziehung**.

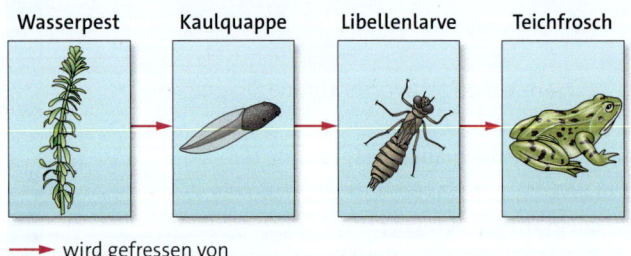

Wasserpest   Kaulquappe   Libellenlarve   Teichfrosch

→ wird gefressen von

2 Ein Beispiel für eine Nahrungskette im See

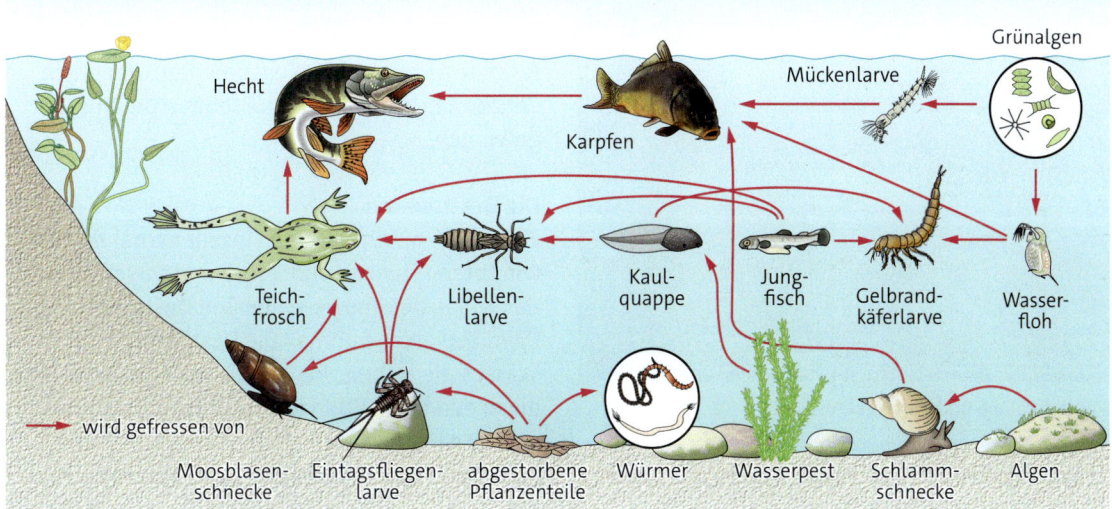

4 Ein Beispiel für ein Nahrungsnetz im See

Bildbeschriftungen:
Grünalgen
Hecht
Mückenlarve
Karpfen
Teichfrosch
Libellenlarve
Kaulquappe
Jungfisch
Gelbrandkäferlarve
Wasserfloh
→ wird gefressen von
Moosblasenschnecke
Eintagsfliegenlarve
abgestorbene Pflanzenteile
Würmer
Wasserpest
Schlammschnecke
Algen

Das ökologische Gleichgewicht

In einem Lebensraum gibt es verschiedene Lebewesen, die sich durch ihre Nahrungsbeziehungen gegenseitig beeinflussen (Bild 4). Dadurch steigt und sinkt die Anzahl der Lebewesen, die miteinander in Räuber-Beute-Beziehungen stehen. Wenn die Umweltfaktoren in einem Lebensraum über lange Zeit gleich bleiben, dann verändert sich die Anzahl der Räuber und der Beutetiere im Laufe der Zeit weniger stark. Schließlich verändert sich die Anzahl dieser Tiere kaum noch. Man sagt dann: Das Ökosystem befindet sich in einem **ökologischen Gleichgewicht**. Je mehr Arten es in einem Lebensraum gibt, desto stabiler ist das ökologische Gleichgewicht.

Wenn der Sommer sehr heiß ist, dann vermehren sich die Algen im See stark. Dadurch finden Wasserflöhe und Mückenlarven viel Nahrung und vermehren sich ebenfalls stark. Dann gibt es mehr Beutetiere für Räuber wie Karpfen und Teichfrösche. Die Algen im See sterben in regelmäßigen Abständen ab und werden zersetzt. Dabei wird viel Sauerstoff verbraucht. Wenn die Sauerstoffmenge im Wasser sinkt, dann können die Fische im See sterben. Dadurch gibt es weniger Nahrung für Teichfrösche, Libellenlarven und Kaulquappen, sie können sich dann weniger gut vermehren. Eine Veränderung der abiotischen Umweltfaktoren Temperatur und Sauerstoff stört also das ökologische Gleichgewicht im See.

> Lebewesen stehen miteinander in Nahrungsbeziehungen. Ein Beispiel sind Räuber-Beute-Beziehungen. Die Nahrungsketten eines Lebensraums sind in Nahrungsnetzen miteinander verbunden.

AUFGABEN

1 Nahrungsbeziehungen im See

a ▣ Beschreibe, was mit den Fachwörtern Nahrungsbeziehung, Nahrungskette und Nahrungsnetz gemeint ist.

b ▣ Notiere mithilfe von Bild 4 drei verschiedene Nahrungsketten im See. Verwende dabei die Pfeil-Schreibweise.

c ▣ Beschreibe, was mit den Fachwörtern Räuber und Beute gemeint ist.

d ▣ Begründe, ob die Libellenlarve in Bild 2 Räuber oder Beute ist.

e ▣ Erläutere mithilfe von Bild 3, wie sich Räuber und Beute gegenseitig beeinflussen.

2 Das ökologische Gleichgewicht

a ▣ Beschreibe, wann sich ein Ökosystem in einem ökologischen Gleichgewicht befindet.

b ▣ Nenne zwei Faktoren, die das ökologische Gleichgewicht eines Sees stören können.

c ▣ In einen See sind Giftstoffe gelangt. Die Pflanzen sterben ab. Beschreibe mögliche Folgen für das Ökosystem See.

Stoffkreisläufe und Energiefluss im See

1 Eine Stockente frisst ein Blatt einer Seerose.

Stockenten tauchen meist nach Wasserpflanzen. Doch manchmal kannst du sehen, wie sie eine Pflanze an der Wasseroberfläche fressen.

Die Produzenten
Die Wasserpflanzen am und im See nehmen Wasser und Kohlenstoffdioxid auf. Durch Fotosynthese stellen sie daraus energiereichen Traubenzucker her. Ein anderes Wort für herstellen ist produzieren. Pflanzen werden daher **Produzenten** genannt.

Einen Teil des Traubenzuckers wandeln Pflanzen mit Mineralstoffen in Stärke, Fette und Eiweiße um. In diesen Nährstoffen ist der Kohlenstoff aus dem Kohlenstoffdioxid gespeichert. Die Pflanzen nutzen einen Teil der Nährstoffe zum Wachsen, also zum Bau von neuen Zellen. Wenn Lebewesen wachsen, dann werden sie größer und schwerer. Man sagt: Ihre Masse wird größer. Die Masse von Lebewesen wird **Biomasse** genannt. Den größten Teil der Nährstoffe nutzen Pflanzen für die Zellatmung (↗ S. 46/47). So gewinnen sie Energie für ihre Lebensvorgänge.

Die Konsumenten
Stockenten, Kaulquappen und Libellenlarven fressen Wasserpflanzen. Solche Tiere werden **Pflanzenfresser** genannt. Teichfrösche und Gelbrandkäfer fressen Kaulquappen und Libellenlarven. Solche Tiere werden **Tierfresser** genannt. Lebewesen, die Pflanzen oder Tiere fressen, heißen **Konsumenten**. Beim Fressen von Pflanzen und Tieren nehmen die Konsumenten das Wasser, die Nährstoffe und die Mineralstoffe auf, die in ihrer Nahrung enthalten sind. Die Konsumenten nutzen einen Teil der Nährstoffe und Mineralstoffe zum Wachsen. Den größten Teil der Nährstoffe nutzen die Konsumenten, um durch Zellatmung Energie für ihre Lebensvorgänge zu gewinnen.

Die Destruenten
Einige Käfer, Würmer und Einzeller ernähren sich von toten Pflanzen und Tieren und zersetzen sie dabei. Solche Lebewesen heißen **Destruenten**. Beim Zersetzen nehmen die Destruenten das Wasser, die Nährstoffe und die Mineralstoffe auf, die in den toten Pflanzen und Tieren enthalten sind. Die Destruenten nutzen diese Stoffe zum Wachsen und für ihre Lebensvorgänge. Bei der Zellatmung werden Kohlenstoffdioxid und Wasser frei. Die Destruenten geben sie zusammen mit Mineralstoffen nach außen ab. Diese Stoffe stehen dann wieder den Wasserpflanzen zur Verfügung.

Der Kreislauf der Stoffe
Die Lebewesen im See sind durch ihre Nahrungsbeziehungen miteinander verbunden. Mineralstoffe und Kohlenstoff werden von den Produzenten an die Konsumenten weitergegeben. Die Destruenten setzen diese Stoffe aus toten Lebewesen frei, sodass sie von den Produzenten wieder aufgenommen werden können. Mineralstoffe und Kohlenstoff bewegen sich also in einem Kreislauf (Bild 2).

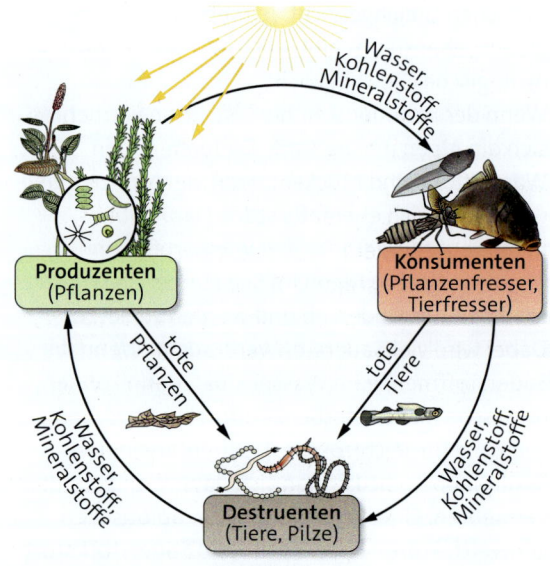

2 Der Kreislauf der Stoffe im See

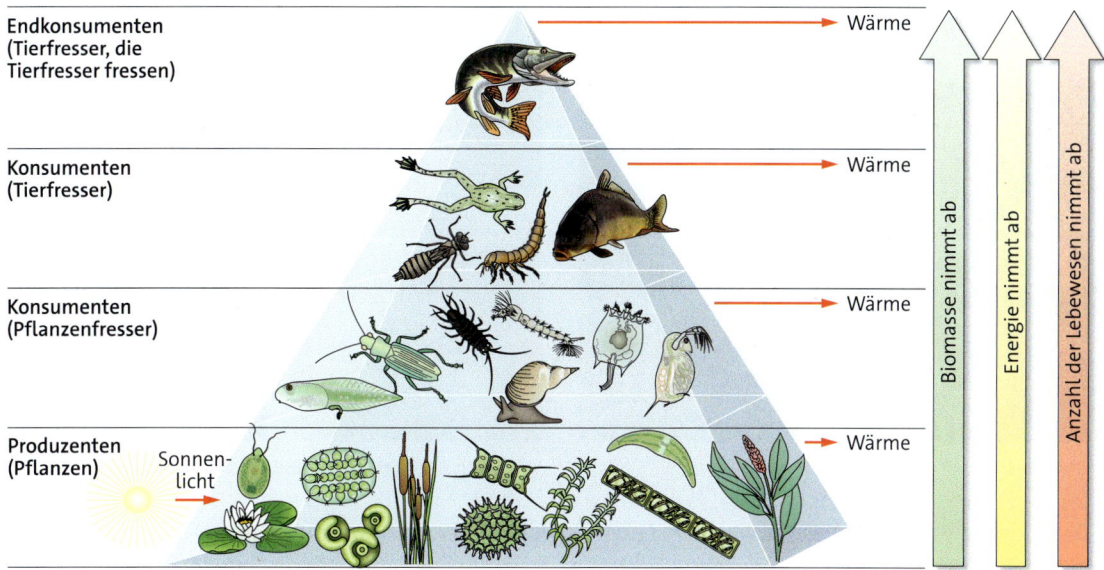

Endkonsumenten
(Tierfresser, die Tierfresser fressen)

Konsumenten
(Tierfresser)

Konsumenten
(Pflanzenfresser)

Produzenten
(Pflanzen)

Sonnen-licht

Wärme

Wärme

Wärme

Wärme

Biomasse nimmt ab

Energie nimmt ab

Anzahl der Lebewesen nimmt ab

3 Eine Nahrungspyramide mit den Lebewesen im See

Die Nahrungspyramide

In Bild 3 sind die Lebewesen nach der Art ihrer Ernährung übereinander angeordnet. Die Breite der Stufen zeigt, wie viel Biomasse die Lebewesen haben. Die Biomasse der Produzenten ist am größten, weil es am und im See viel mehr Pflanzen als Tiere gibt. Auf den nächsten Stufen stehen die Pflanzenfresser und die Tierfresser. An der Spitze stehen Tiere wie Hechte und Graureiher, die sich von Tierfressern wie Karpfen und Teichfröschen ernähren. Sie heißen **Endkonsumenten**. Von ihnen gibt es nur wenige Tiere, daher ist ihre Biomasse am geringsten. Das Ergebnis dieser Anordnung der Lebewesen ist eine Pyramide. Man nennt sie **Nahrungspyramide**.

Die Energie

Energie durchläuft Nahrungsketten nur in eine Richtung: von den Produzenten zu den Konsumenten. Mit dem Sonnenlicht gelangt neue Energie in Ökosysteme. Pflanzen nutzen die Energie des Sonnenlichts, um Stoffe aufzubauen. Alle Lebewesen nutzen nur einen kleinen Teil der Nährstoffe zum Aufbau von Biomasse. Den größten Teil nutzen sie, um durch Zellatmung Energie für ihre Lebensvorgänge zu gewinnen. Diese Energie wird schließlich in Wärme umgewandelt und nach außen abgegeben. In der Nahrungspyramide sind deshalb von Stufe zu Stufe immer weniger Nährstoffe und damit

auch immer weniger Energie vorhanden. Für die Endkonsumenten stehen also nur wenige Nährstoffe und wenig Energie zur Verfügung. Daher nimmt die Anzahl der Lebewesen und die Biomasse in der Nahrungspyramide von unten nach oben ab (Bild 4).

> Im See gibt es Produzenten, Konsumenten und Destruenten. Die Stoffe bewegen sich im See in einem Kreislauf. Energie durchläuft Nahrungsketten nur in eine Richtung.

AUFGABEN

1 Der Kreislauf der Stoffe

a ☒ Beschreibe, was mit den Fachwörtern Produzent, Konsument und Destruent gemeint ist.

b ☒ Stelle den Zusammenhang zwischen Fotosynthese und Zellatmung grafisch dar.

c ☒ Erläutere mithilfe von Bild 2 den Stoffkreislauf im See.

2 Der Weg der Energie

a ☒ Erkläre, warum die Darstellung in Bild 3 als Nahrungspyramide bezeichnet wird. Verwende dabei die Fachwörter Biomasse, Energie und Anzahl der Lebewesen.

b ☒ „Die Energie der Sonne hält die Lebensvorgänge in einem Ökosystem in Gang." Begründe diese Aussage.

Die Bedeutung und Gefährdung der Gewässer

1 Tote Fische in einem Fluss

3 Ein Fluss: natürlich gewunden (A), begradigt (B)

Adreon wandert mit seinen Eltern an einem Fluss entlang. An einer Stelle sehen sie viele tote Fische im Wasser.

Wasser ist lebensnotwendig

Alle Lebewesen brauchen Wasser, denn sie bestehen zu einem großen Teil daraus. Pflanzen nehmen Wasser mit den Wurzeln aus dem Boden auf, Tiere nehmen Wasser mit der Nahrung auf oder trinken es aus Gewässern. Auch Menschen brauchen Trinkwasser.

Gewässer als Erholungsorte

Viele Menschen nutzen Gewässer, um sich zu entspannen. Sie gehen an Flüssen, Seen oder Meeren spazieren oder schwimmen darin. Manche Menschen nutzen Gewässer für verschiedene Wassersportarten (Bild 2). Dabei können Sonnenschutzmittel oder Motoröl ins Wasser gelangen und die Wasserlebewesen schädigen.

2 Jetskifahren ist eine beliebte Wassersportart.

Gewässer als Transportwege

Natürliche Fließgewässer verlaufen meist in vielen Windungen (Bild 3A). Damit große Schiffe schnell viele Waren auf einem Fließgewässer transportieren können, werden die Gewässer tiefer und gerade gemacht (Bild 3B). Doch diese **Begradigung** beeinflusst das Ökosystem. Wenn ein Fluss begradigt wird, dann fließt das Wasser darin schneller. Dadurch gräbt sich der Fluss immer tiefer in den Boden ein. Die Landschaft um den Fluss herum bekommt dann weniger Wasser und trocknet aus. Dadurch verschwinden die natürlichen Lebensräume von Pflanzen und Tieren und die Anzahl der Lebewesen und Arten sinkt.

Gewinnung von Nahrung

Menschen nutzen Gewässer, um Fische, Krebse und Muscheln zu fangen. In den Meeren wurden durch diese **Fischerei** so viele Tiere gefangen, dass inzwischen 90 Prozent der großen Raubfische wie Haie, Thunfische oder Kabeljau verschwunden sind. Das Fehlen dieser Räuber stört das ökologische Gleichgewicht.

In Meeren, Seen und Flüssen werden Fische, Muscheln und Krebse in großen Netzkäfigen gezüchtet (Bild 4). In diesen **Aquakulturen** leben sehr viele Tiere eng zusammen. Weil sich dadurch Krankheiten ausbreiten können, bekommen die Tiere Medikamente. Diese gelangen zusammen mit Futterresten und den Kot der Tiere in die Gewässer. Zudem wird etwa ein Viertel aller im Meer gefangenen Wildfische zu Fischmehl verarbeitet. Damit werden fleischfressende Fische wie Lachse oder Forellen in Aquakulturen gefüttert.

4 Eine Lachszuchtanlage im Meer vor Norwegen

5 Eine Schildkröte hält eine Plastiktüte für eine Qualle.

Abwasser, Dünger und Energie

Im Haushalt und in der Industrie entsteht verschmutztes Wasser, das Chemikalien, Reinigungsmittel sowie Urin und Kot enthält. Dieses **Abwasser** wird gereinigt, trotzdem können Schadstoffe im Abwasser bleiben und damit in die Gewässer gelangen.

In der Landwirtschaft wird Dünger verwendet, der mit dem Regen in Gewässer gelangen kann. Dadurch wachsen die Wasserpflanzen stark. In der Folge vermehren sich die Konsumenten und die Destruenten. Wenn mehr tote Lebewesen von den Destruenten zersetzt werden, dann sinkt die Sauerstoffmenge im Wasser. Dann können viele Wasserlebewesen sterben.

Bei der Energiegewinnung wird Wasser aus Flüssen genutzt, um die Anlagen zu kühlen. Dieses **Kühlwasser** ist nach der Nutzung warm. Warmes Wasser enthält weniger Sauerstoff als kaltes. Wenn das warme Wasser zurück in die Flüsse geleitet wird, dann sinkt die Sauerstoffmenge im Flusswasser. Durch Abfälle, Kühlwasser und Chemikalien werden die abiotischen Umweltbedingungen und damit das ökologische Gleichgewicht in den Gewässern verändert.

Plastikmüll im Wasser

Über 8 Millionen Tonnen Plastikmüll gelangen pro Jahr in Flüsse und Meere. Fische, Vögel und Schildkröten können sich im Plastikmüll verfangen oder sie verwechseln den Müll mit Nahrung und fressen ihn (Bild 5). Dadurch können die Tiere verletzt werden oder sterben. Plastik ist sehr stabil. In Gewässern zerfällt Plastik in kleinste Teilchen.

Diese Teilchen heißen **Mikroplastik**. Auch Kleidung, Putzmittel und Pflegeprodukte wie Peelings und Duschgel können Mikroplastik enthalten. Mit dem Abwasser gelangt es in die Gewässer. Fische und Muscheln nehmen das Mikroplastik auf, während sie nach Nahrung suchen. Wenn wir Fische oder Muscheln essen, dann nehmen auch wir Menschen Mikroplastik auf.

> Gewässer bieten Erholung und Nahrung. Der Mensch nutzt Wasser auf verschiedene Arten. Dabei kann das Wasser verschmutzt und das ökologische Gleichgewicht von Ökosystemen gestört werden.

AUFGABEN

1 Die Folgen der Wassernutzung

a ☒ Nenne drei Beispiele, wie Menschen Wasser nutzen.

b ☒ Erstelle ein Flussdiagramm zur Nutzung der Gewässer durch den Menschen und die damit verbundenen Folgen für die Umwelt.

2 Der Schutz von Gewässern

a ☒ Erstelle eine Liste mit Maßnahmen, wie die negativen Folgen der menschlichen Nutzung von Gewässern verringert werden können.

b ☒ Markiere in deiner Liste farblich, was du persönlich zum Schutz der Gewässer beitragen kannst.

c ☒ Schreibe einen Brief an die zuständigen Politiker, in dem du darstellst, was sie für den Gewässerschutz tun könnten.

1 Nahrungsbeziehungen

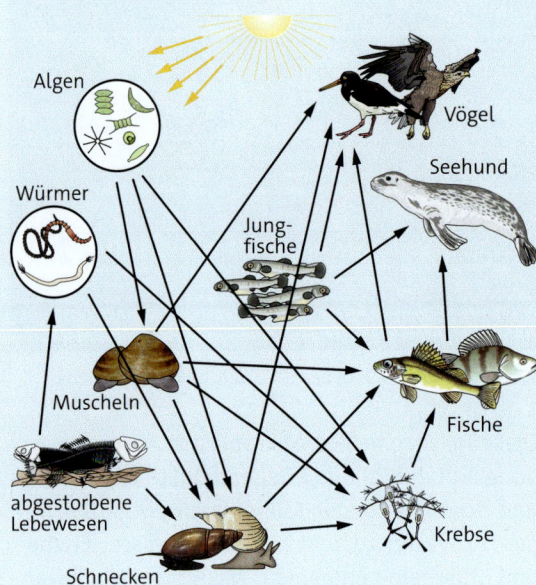

1 Ein Nahrungsnetz im Ökosystem Meer

a ☑ Notiere drei verschiedene Nahrungsketten, die du im Nahrungsnetz in Bild 1 findest.

b ☒ Markiere in deinen Nahrungsketten die Produzenten grün und die Konsumenten rot.

c ☒ „Seevögel und Muscheln stehen miteinander in einer Räuber-Beute-Beziehung." Erläutere diese Aussage.

d ☒ Beschreibe mithilfe von Bild 2, wie sich die Anzahl der Räuber und die Anzahl der Beutetiere gegenseitig beeinflussen. Formuliere dazu vier Je-desto-Sätze.

e ☒ Für die Darstellung in Bild 2 wurde vorausgesetzt, dass ein Räuber nur eine Beute frisst und dass eine Beute nur von einem Räuber gefressen wird. Erläutere am Beispiel von Muscheln und Seevögeln, warum die Wirklichkeit nicht mit dem Modell in Bild 2 übereinstimmt.

2 Stoffkreisläufe und Energiefluss

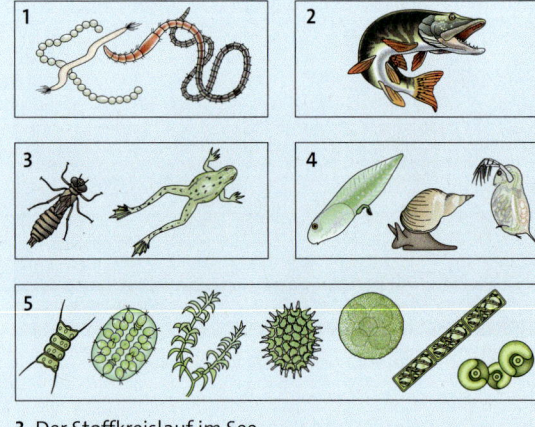

3 Der Stoffkreislauf im See

a ☑ Ordne den Zahlen in Bild 3 die passenden Fachwörter zu: Destruenten, Pflanzenfresser, Endkonsument, Produzenten, Tierfresser.

b ☒ Beschreibe, wie Pflanzen Biomasse aufbauen. Verwende dabei die Fachwörter Sonnenenergie, Fotosynthese und Traubenzucker.

c ☒ Erläutere, warum Biomasse und Energie immer zusammen weitergegeben werden.

d ☒ Stelle in einem Flussdiagramm dar, wie Energie in Ökosystemen fließt.

e ☒ Stelle den Kreislauf der Stoffe im See dar.

f ☒ „Pflanzen sind die Grundlage für das Leben auf der Erde." Begründe diese Aussage.

g ☒ Bild 4 zeigt eine Nahrungspyramide. Erläutere, wofür die Breite der Stufen steht.

h ☒ Zeichne Bild 4 in dein Heft. Notiere neben den Pfeilen, wie sich die Anzahl der Lebewesen, die Menge der Biomasse und die Energie von unten nach oben verändern.

i ☒ Begründe, warum Energie in Ökosystemen nicht in einem Kreislauf fließt.

Anzahl der Lebewesen

Beute

Räuber

Zeit

2 Ein Modell einer Räuber-Beute-Beziehung

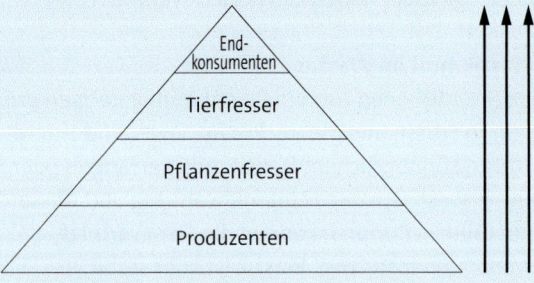

Endkonsumenten

Tierfresser

Pflanzenfresser

Produzenten

4 Eine Nahrungspyramide

3 Mikroplastik in Lebewesen

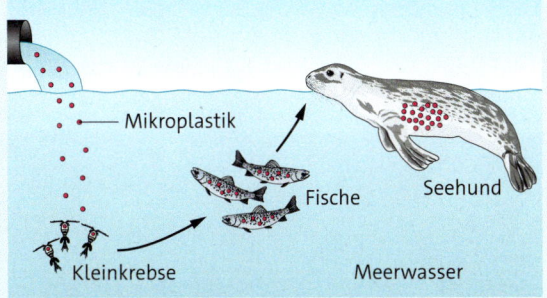

5 Schadstoffe im Wasser

Die Lebewesen im Wasser nehmen Mikroplastik auf, können sie aber nicht abbauen und oft auch nicht ausscheiden.

a ⊠ Erläutere mithilfe von Bild 5, warum Lebewesen mehr Mikroplastik enthalten, je weiter oben sie in der Nahrungspyramide stehen.

Mit Nahrung und Wasser nehmen auch wir Mikroplastik auf. Bisher ist noch nicht bekannt, ob und wie uns Mikroplastik schadet.

b ⊠ Notiert Ideen, wie ihr Kunststoffe und Mikroplastik im Alltag vermeiden könnt.

c ⊠ Gestaltet in der Klasse ein Plakat mit euren Ideen und hängt es in der Schule auf.

4 Abwasser in Flüssen

Früher wurde viel Abwasser in Flüsse geleitet.

a ⊠ Beschreibe mithilfe von Bild 6, wie sich dadurch die Sauerstoffmenge im Wasser und die Anzahl der Insektenarten verändert hat.

b ⊠ Erläutere die Auswirkungen auf das ökologische Gleichgewicht, wenn sich die Sauerstoffmenge und die Anzahl der Insektenarten ändert. Denke an Räuber-Beute-Beziehungen.

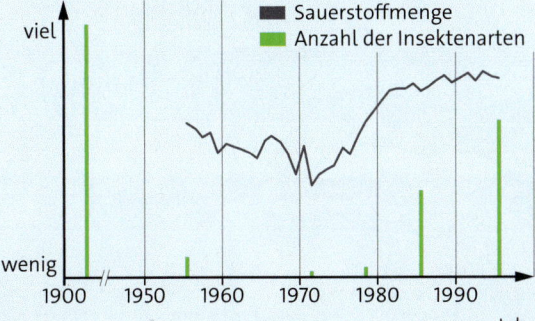

6 Entwicklung der Lebensgemeinschaft in einem Fluss

5 Das Algenwachstum im See

Von Januar bis Mai gelangt Dünger in einen See. Der darauffolgende Sommer ist sehr heiß.

a ⊠ Beschreibe, wie der Dünger und die hohen Temperaturen auf die Algen im See wirken.

Das Seewasser wurde ein Jahr lang untersucht. Bild 7 zeigt die Ergebnisse der Messungen.

b ⊠ Beschreibe, wie sich die Düngermenge, die Wassertemperatur, die Biomasse der Algen und die Biomasse der Tiere im Laufe des Jahres verändert haben.

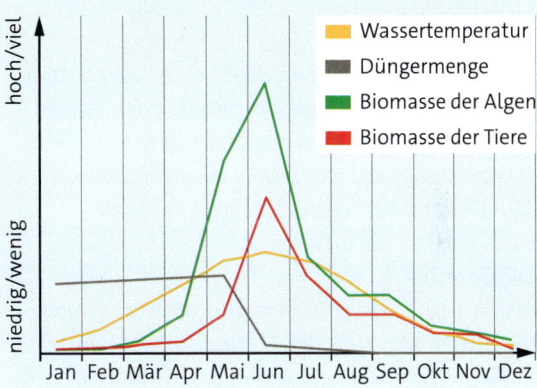

7 Die Messwerte des Oberflächenwassers

c ⊠ Von April bis Juni gab es viele Algen und viele Tiere im See. Erläutere den Zusammenhang mit der Düngermenge im See.

d ⊠ Begründe mithilfe von Bild 8, warum ab Juli fast alle Lebewesen im See gestorben sind.

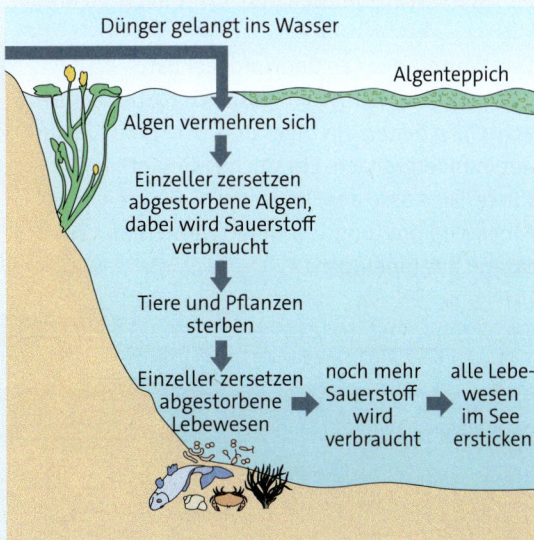

8 Die Auswirkungen von Dünger im See

Das Wattenmeer ist ein Ökosystem

1 Die Nordsee bei Flut und bei Ebbe

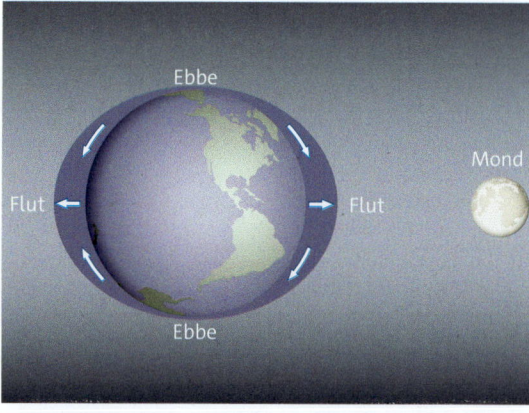

3 Ebbe und Flut

Sam ist mit den Eltern an der Nordsee. Am Mittag beobachten sie am Strand die Wellen des Meeres. Am Abend gehen sie an den gleichen Strand. Jetzt ist das Wasser viel weiter weg als vor ein paar Stunden und der Meeresboden ist zu sehen.

Die Gezeiten

Das Wasser in den Meeren wird vor allem durch die Anziehungskraft des Mondes bewegt. Auf der Seite der Erde, die dem Mond zugewandt ist, und auf der gegenüberliegenden Seite entsteht je ein Wasserberg (Bild 3). Dazwischen befinden sich zwei Wassertäler. Die Wasserberge werden auch Hochwasser genannt, die Wassertäler werden Niedrigwasser genannt. Das Ansteigen des Wassers von Niedrigwasser zu Hochwasser heißt **Flut**, das Absinken des Wassers heißt **Ebbe**. Ebbe und Flut werden zusammen als **Gezeiten** bezeichnet.

Das Wattenmeer an der Nordseeküste

Ebbe und Flut kann man gut in Gebieten beobachten, in denen ein Meer und eine Landfläche aneinandergrenzen. Ein solches Gebiet heißt **Küste**. Die Küste der Nordsee ist sehr breit: Das Meer wird nur langsam tiefer, wenn man vom Strand aus hineingeht.

Ein solches flaches Meeresgebiet, in dem die Lebensbedingungen durch Ebbe und Flut bestimmt werden, heißt **Wattenmeer**. Das Wattenmeer der Nordseeküste ist das größte von Gezeiten beeinflusste Ökosystem der Erde. Es reicht von den Niederlanden bis nach Dänemark (Bild 2).

Das Watt

Die Flächen, die bei Ebbe nicht von Meerwasser bedeckt sind, heißen **Watt**. Es gibt drei verschiedene Watt-Arten. Das **Schlickwatt** hat eine glatte Oberfläche, in die man leicht einsinkt (Bild 4A).

2 Ein Ausschnitt aus einer Karte des Wattenmeers

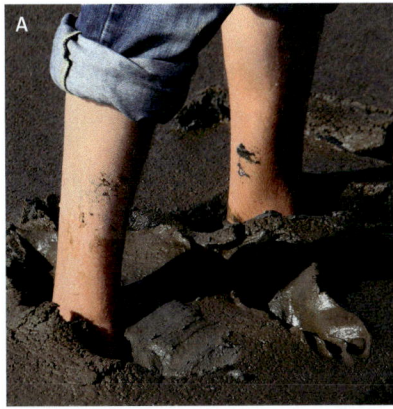

4 Unterschiedliche Watt-Arten: Schlickwatt (A), Sandwatt (B) und Mischwatt (C)

Im Schlickwatt bewegt sich das Wasser nur wenig und wühlt daher den Boden nicht stark auf. Deshalb enthält er wenig Sauerstoff und hat daher eine dunkelgraue Farbe. Die Oberfläche des **Sandwatts** ist fest und gut begehbar und durch Wind und Wasser gewellt (Bild 4B). Hier gibt es starke Wasserbewegungen, dadurch wird der Boden stark aufgewühlt und enthält daher viel Sauerstoff. In diesem sauerstoffreichen Boden gibt es mehr Lebewesen als im sauerstoffarmen Boden des Schlickwatts. Das **Mischwatt** enthält weniger Sauerstoff als das Sandwatt, aber mehr als das Schlickwatt (Bild 4C). Im Watt gibt es schmale Rinnen, die auch bei Ebbe noch Wasser enthalten. Eine solche Rinne heißt **Priel**.

Verschiedene Lebensräume im Wattenmeer
Im Ökosystem Wattenmeer gibt es neben den Wattflächen noch weitere Lebensräume. Ein Beispiel sind die verschiedenen Inseln. Sie gehören je nach ihrer Lage zur nordfriesischen, ost-friesischen oder westfriesischen Inselgruppe (Bild 2). Im Meer gibt es auch kleine Hügel aus Sand. Ein solcher Sandhügel heißt **Sandbank**. Ein Sandhügel an Land wird **Düne** genannt. An Land gibt es außerdem Wiesen, die immer wieder von salzigem Meerwasser überspült werden. Diese Wiesen nennt man **Salzwiesen** (Bild 5).

Die Lebensbedingungen im Wattenmeer
Im Wattenmeer gibt es zweimal täglich Hoch-wasser und Niedrigwasser. Dabei fließen jeweils große Wassermengen in das Wattenmeer hinein und heraus. Ebbe und Flut wechseln sich etwa alle sechs Stunden ab.

Dadurch ist der Boden entweder mit Salzwasser bedeckt oder liegt frei. In der Folge ändern sich Temperatur und Salzgehalt regelmäßig. Wasser und Wind bewegen den Boden in verschiedenen Bereichen unterschiedlich stark. Die Tiere und Pflanzen im Wattenmeer sind an diese abiotischen Umweltfaktoren angepasst.

> Das Ökosystem Wattenmeer wird durch Ebbe und Flut beeinflusst. Die Lebewesen sind an die abiotischen Umweltfaktoren angepasst.

AUFGABEN
1 Das Wattenmeer
a ☑ Beschreibe, was mit dem Fachwort Gezeiten gemeint ist.
b ☒ Erkläre, was Ebbe und Flut sind und wie sie entstehen.
c ☒ Erläutere, was ein Wattenmeer ist.
d ☑ Nenne drei Bereiche eines Wattenmeers.
e ☑ Nenne drei abiotische Umweltfaktoren im Wattenmeer.

5 Eine Salzwiese an der Nordsee

Artenvielfalt im Wattenmeer

1 Seehunde und Kegelrobben auf einer Sandbank

3 Ein Schweinswal in der Nordsee

Kim macht mit den Eltern einen Ausflug zu einer Sandbank in der Nordsee. Vom Schiff aus können sie Seehunde und Kegelrobben beobachten.

Säugetiere im Wattenmeer

Im Wattenmeer leben Seehunde und Kegelrobben. Sie gehören zur Gruppe der Robben. Der Kopf von Kegelrobben ist lang gezogen, der Kopf von Seehunden ist rundlich (Bild 1). Seehunde sind kleiner als Kegelrobben. Kegelrobben können bis zu 300 kg wiegen, damit sind sie die größten Raubtiere Deutschlands. Beide Tierarten kann man im Sommer in großen Kolonien auf Sandbänken beobachten, dort ziehen sie ihre Jungtiere auf. Die erwachsenen Tiere ernähren sich von Fischen (Bild 4B), die Jungtiere fressen Garnelen, Muscheln und Krebse.

Auch Schweinswale leben im Wattenmeer (Bild 3). Sie sind mit einer Körperlänge von etwa 1,5 Metern und einem Körpergewicht von etwa 60 kg eine der kleinsten Walarten. Schweinswale fressen Fische, Tintenfische, Krebse, Schnecken und Würmer.

Vögel im Wattenmeer

Etwa 10 Millionen Zugvögel ziehen jedes Jahr über das Wattenmeer. Auf ihrem Weg in den Süden machen sie hier Rast und nehmen Nahrung auf. Zudem gibt es hier etwa eine Million Brutvögel. Die Vögel nutzen unterschiedliche ökologische Nischen. Säbelschnäbler haben einen Schnabel, der nach oben gebogen ist (Bild 2A). Damit suchen sie im Schlickwatt nach Krebsen, Muscheln und Insekten. Eiderenten tauchen nach Fischen, Muscheln und Krebsen (Bild 2B). Die Muscheln schlucken sie hinunter und zerreiben die Schalen in ihrem Kaumagen. Silbermöwen lassen gefundene Muscheln auf harte Flächen fallen, um sie zu öffnen. Zudem erbeuten sie Fische im Sturzflug (Bild 2C). Austernfischer öffnen die harte Schale von Muscheln und Schnecken mit Schlägen ihres roten Schnabels (Bild 2D).

Fische im Wattenmeer

Etwa 140 Fischarten kommen im Wattenmeer vor. Nur etwa 20 Arten leben das ganze Jahr hier, sie werden **Standfische** genannt.

2 Säbelschnäbler (A), Eiderente (B), Silbermöwe (C), Austernfischer (D)

4 Eine Aalmutter (A), ein Hornhecht wird von einer Kegelrobbe gefressen (B), eine Flunder am Meeresboden (C)

Aalmuttern sind Standfische (Bild 4A). Die Weibchen brüten ihre Eier im Körper aus. Hornhechte sind lang, dünn und haben ein schnabelartig verlängertes Maul (Bild 4B). Sie leben weit draußen in der Nordsee und kommen ins Wattenmeer, um ihren Laich an Seegras anzuheften. Plattfische wie Flundern leben tief im Meer am Boden und legen dort ihre Eier ab. Die Jungfische schwimmen ins Wattenmeer. Dort bewegen sich die Augen auf eine Seite des Kopfes, während der Fisch sich auf die andere Seite legt (Bild 4C).

Wirbellose im Wattenmeer

Im Ökosystem Wattenmeer leben über 2000 wirbellose Tierarten. Dazu gehören Muscheln und Schnecken, die man am Bau ihrer Kalkschale unterscheiden kann: Die Schale von Schnecken ist spiralig gedreht, Muscheln besitzen zwei Schalenhälften. Herzmuscheln sitzen etwa einen Zentimeter tief im Boden und filtern Nahrung aus dem Wasser (Bild 5A). Wellhornschnecken sind die größte Schneckenart in der Nordsee (Bild 5B). Sie fressen Würmer, Krebse und Muscheln. Strandkrabben haben einen festen Panzer, der nicht mitwächst (Bild 5C). Daher werfen sie ihn regelmäßig

ab. Diesen Vorgang nennt man **Häutung**. Nordseegarnelen gehören zu den Krebstieren (Bild 5D). Sie ernähren sich von Algen, kleinen Krebsen und Würmern. Wattwürmer leben in Röhren, die sie in den nassen Wattboden graben (Bild 5E). Sie atmen mit Kiemen. Ihre Anwesenheit erkennt man an den Kothaufen im Watt.

> Das Wattenmeer ist sehr artenreich, hier leben viele verschiedene Vögel, Fische und wirbellose Tiere.

AUFGABEN

1 Im Wattenmeer leben verschiedene Tiere

a ☑ Nenne je drei Säugetiere, drei Vögel, drei Fische und drei wirbellose Tiere, die im Wattenmeer vorkommen.

b ☒ Beschreibe an einem Beispiel, wie Vögel an die Nahrungssuche im Wattenmeer angepasst sind.

c ☒ Erläutere, warum Aalmuttern als Standfische bezeichnet werden.

d ☒ Begründe, warum Wattwürmer mit Kiemen atmen.

5 Herzmuschel (A), Wellhornschnecke (B), Strandkrabbe (C), Nordseegarnele (D), Wattwurm (E)

PRAXIS Muscheln, Salzwasser und Süßwasser

A Muscheln und Salzwasser

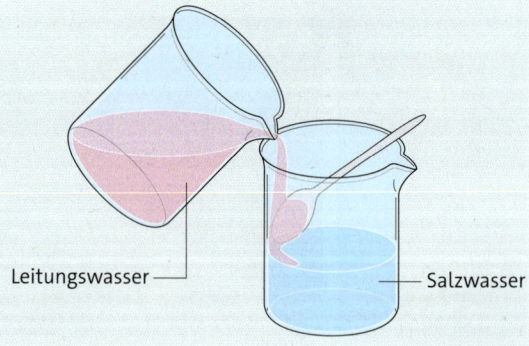

Muschelschalen in
verdünnter Salzsäure

1 Aufbau des Experiments

Material:
Muschelschalen, Mörser mit Pistill, Spatel,
Reagenzglas, Pipette, verdünnte Salzsäure ⚠,
Luftballon, Teelicht, Glasschale, Feuerzeug

> **Achtung!**
> Salzsäure ist ätzend. Setze die Schutzbrille auf und
> ziehe Schutzhandschuhe an.

Durchführung:
– Zerreibe einige Muschelschalen im Mörser.
– Fülle die zerriebenen Muschelschalen mit
  dem Spatel in das Reagenzglas.
– Gib mit der Pipette 10 ml Salzsäure in das
  Reagenzglas und verschließe es dann schnell
  mit dem Luftballon wie in Bild 1 gezeigt.
– Beobachte, was im Reagenzglas und mit dem
  Luftballon passiert.
– Stelle das Teelicht in die Glasschale und
  zünde es an.
– Entferne den Luftballon vorsichtig vom
  Reagenzglas und lass das Gas aus dem Ballon
  neben die Flamme des Teelichts strömen.
– Notiere deine Beobachtungen.

Auswertung:
1 ⊠ Begründe mit deinen Beobachtungen,
   welches Gas sich im Ballon gesammelt hat.
2 ⊠ Muschelschalen bestehen aus Kalk.
   Beschreibe, wie Säuren auf Kalk wirken.
3 ⊠ Stelle Vermutungen an, welche Auswirkungen es auf die Muscheln hat, wenn das
   Wasser der Nordsee zu viel Salz enthält.

B Salzwasser und Süßwasser

Material:
zwei große Bechergläser, Leitungswasser,
Lebensmittelfarbe, Salz, Löffel, Tomate

Durchführung:
– Fülle beide Bechergläser halb voll mit
  Leitungswasser.
– Gib Lebensmittelfarbe in das erste Becher-
  glas.
– Gib einen Löffel Salz in das zweite Becherglas
  und rühre so lange mit dem Löffel um, bis
  sich kein Salz mehr im Wasser löst.
– Lege die Tomate mit dem Löffel zuerst in das
  gefärbte Leitungswasser, dann in das Salz-
  wasser.
– Notiere deine Beobachtungen.
– Nimm die Tomate mit dem Löffel aus dem
  Salzwasser heraus.
– Gieße nun sehr vorsichtig das gefärbte
  Leitungswasser auf das Salzwasser. Lass es
  dazu langsam über den Löffel laufen (Bild 2).
– Achte darauf, das klare Salzwasser und das
  gefärbte Leitungswasser nicht durch Ver-
  wirbelungen zu vermischen.
– Lege dann die Tomate vorsichtig in die
  Wassermischung, sodass sie kurz vor der
  Mittelschicht vom Löffel rollt.

Auswertung:
1 ⊠ Beschreibe, wie sich die Tomate in den drei
   Flüssigkeiten verhält.
2 ⊠ Stelle begründete Vermutungen an, wie
   sich Flusswasser mit Meerwasser im Bereich
   der Flussmündung mischt.

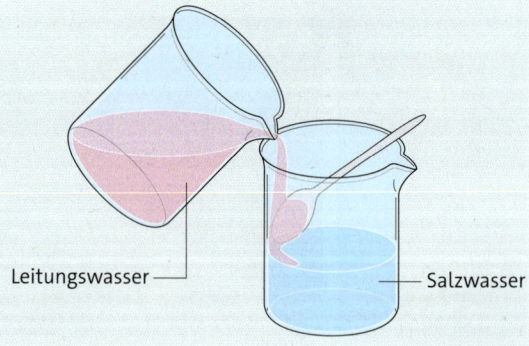

Leitungswasser

Salzwasser

2 Leitungswasser und Salzwasser

AUFGABEN Leben im Wattenmeer

1 Die Gezeiten

1 Ebbe und Flut

a ☑ Beschreibe, was mit den Fachwörtern Hochwasser und Niedrigwasser gemeint ist.

b ☒ Erläutere, wie sich Niedrigwasser und Hochwasser von Ebbe und Flut unterscheiden.

c ☒ Erläutere mithilfe von Bild 1, wie Ebbe und Flut entstehen.

d ☑ Nenne das Fachwort, mit dem Ebbe und Flut zusammengefasst werden.

2 Das Wattenmeer

a ☑ Beschreibe, was mit dem Fachwort Wattenmeer gemeint ist.

b ☒ Erläutere, wie die Lebensbedingungen im Wattenmeer durch die Gezeiten stark beeinflusst werden.

c ☑ Nenne fünf verschiedene Lebensräume im Ökosystem Wattenmeer.

d ☒ Beschreibe, wie sich Sandbank und Düne unterscheiden.

e ☒ Erläutere, durch welche beiden abiotischen Umweltfaktoren sich die Salzwiesen an der Küste von Wiesen im Landesinneren unterscheiden.

2 Lebensräume im Wattenmeer

3 Lebewesen im Wattenmeer

a ☑ Nenne drei verschiedene Säugetiere, die im Wattenmeer leben.

b ☒ Nenne zwei Tiere, die im Wattboden leben.

3 Verschiedene Lebewesen im Wattenmeer

c In Bild 3 sind verschiedene Lebewesen im Wattenmeer zu sehen.
☒ Benenne mindestens zwei Tiere.

d Die Lebewesen im Wattenmeer stehen miteinander in Nahrungsbeziehungen.
☑ Benenne die drei Tiere in Bild 4.

e ☒ Ordne die Tiere in Bild 4 in einer Nahrungskette an. Zeige dabei mit Pfeilen, wer von wem gefressen wird.

4 Diese drei Tiere stehen in einer Nahrungsbeziehung.

f Muscheln und Krabben sind durch harte Schalen oder Panzer geschützt.
☒ Beschreibe drei verschiedene Strategien von Vögeln, diese Schalen zu knacken.

g ☒ Erläutere die Bedeutung des Wattenmeers für Zugvögel.

EXTRA Die Renaturierung von Fließgewässern

1 Eine Straße wurde von Hochwasser überschwemmt.

Hochwasser bedroht vor allem Menschen, die in der Nähe eines Fließgewässers wohnen. Die Hochwassergefahr wird durch Eingriffe des Menschen in die Natur verstärkt. Etwa die Hälfte aller Flüsse und Bäche in Deutschland wurden von Menschen stark verändert oder künstlich angelegt.

Veränderung von Flussläufen

Früher wurden viele Flüsse begradigt. Dadurch brauchen sie weniger Platz als kurvige Flüsse. Auf den gewonnenen Flächen wurden Häuser gebaut und Felder angelegt. Bei der Begradigung wurden die Flüsse auch breiter und tiefer gemacht. Dadurch sind sie leichter mit Schiffen befahrbar. Die Wälder an den Ufern wurden entfernt und die sumpfigen Seitenarme trockneten aus. Dadurch veränderten sich die Lebensbedingungen in den Ökosystemen und viele Arten starben aus. In geraden Flüssen fließt das Wasser schneller. Regenwasser kann so schneller abfließen. Es sammelt sich in den Unterläufen der Flüsse, sodass dort die Ufer überschwemmt werden.

Veränderungen rückgängig machen

Heute sollen Fließgewässer **renaturiert**, also in einen naturnahen Zustand gebracht werden. Dazu müssen sich schnell und langsam fließende sowie tiefe und flache Gewässerbereiche abwechseln. So entstehen unterschiedliche Lebensräume für verschiedene Tiere und Pflanzen. Natürliche Überschwemmungsgebiete dienen als Hochwasserschutz. Aufgrund des abwechslungsreichen Flusslaufs mit Strudeln und Verwirbelungen löst sich viel Sauerstoff im Wasser. Die Wasserqualität steigt.

Vorbereitung der Renaturierung

Mithilfe von Computersimulationen wird der neue Flussverlauf geplant. Dann werden befestigte Ufer entfernt und neue Gräben gezogen. Das Flussbett wird aufgefüllt und verbreitert. Der Fluss gräbt sich dann sein eigenes Bett und gestaltet die Ufer. Renaturierte Flächen werden nicht bepflanzt. Mit der Zeit breiten sich Pflanzen und Tiere in den Lebensräumen aus.

AUFGABEN

1 Renaturierung begradigter Flüsse

a ☑ Nenne drei Folgen der Flussbegradigung.

b ☒ „Begradigte Flüsse sind kürzer als natürliche Flüsse." Erläutere diese Aussage mithilfe von Bild 2.

c ☑ Die Vorsilbe *Re-* bedeutet: zurück. Formuliere mit dieser Information einen Merksatz zum Fachwort Renaturierung.

d ☑ Nenne drei Ziele von Renaturierung.

e ☒ Begründe, warum die biologische Vielfalt geringer wird, wenn Flüsse begradigt werden.

2 Ein Abschnitt des Rheins: früher (hellblau) und heute (dunkelblau)

1 Heimische und fremde Arten

Name: Drüsiges Springkraut
Heimat: Indien
Reise: 1839 als Zier-pflanze für Gärten nach Europa gebracht
Vorkommen: am Ufer von Fließgewässern

Fortpflanzung:
bildet viele Samen, die bis zu 7 Meter weit geschleudert werden
Probleme: Die Pflanze wächst in kurzer Zeit zwei bis drei Meter hoch. Wo sie wächst, können keine anderen Pflanzen wachsen, weil die Pflanze ihnen Licht, Wasser und Mineralstoffe wegnimmt. Die Blüten produzieren viel Nektar, sodass Bienen bevorzugt diese Blüten anfliegen. Heimische Pflanzen werden seltener bestäubt und pflanzen sich weniger fort.

1 Ein Steckbrief zum Drüsigen Springkraut

Name: Amerikanischer Ochsenfrosch
Heimat: Nordamerika
Reise: 1932 als Zuchttier nach Europa gebracht, um die Froschschenkel zu essen
Vorkommen: Flussufer, Seen, Weiher und Teiche
Fortpflanzung: legt bis zu 20 000 Eier pro Jahr
Probleme: Die Tiere werden bis zu 20 Zenti-meter groß. Sie fressen wie heimische Amphibien Insekten, Regenwürmer, Schnecken und kleine Fische. Sie fressen aber auch heimische Amphibien, vor allem Frösche, Molche, Schlangen, Schildkröten und Eidechsen. Aufgrund ihrer Größe haben Ochsenfrösche bei uns keine natür-lichen Feinde.

2 Ein Steckbrief zum Amerikanischen Ochsenfrosch

In Deutschland gibt es Lebewesen, die bei uns nicht heimisch sind. Eine Art, die sich in einem Lebensraum ausbreitet, in dem sie vorher nicht heimisch war, wird als **Neobiont** bezeichnet.

a ☑ Recherchiere im Internet, was die Wort-bestandteile *Neo* und *bio* bedeuten. 🔲

b ☒ Formuliere einen Lexikoneintrag zum Fachwort Neobiont. Nutze dazu deine Recherche-Ergebnisse und die Informationen aus dem Text über Aufgabe a.

Das Drüsige Springkraut in Bild 1 und der Amerika-nische Ochsenfrosch in Bild 2 sind Neobionten.

c ☑ Nenne die vier Umweltfaktoren, um die das Indische Springkraut mit heimischen Pflanzen in Konkurrenz steht.

d ☒ Beschreibe die ökologische Nische des Amerikanischen Ochsenfroschs.

Ein Neobiont, der heimische Lebewesen verdrängt oder gefährdet, wird **invasive Art** genannt.

e ☑ Begründe für das Drüsige Springkraut und den Amerikanischen Ochsenfrosch, ob es sich um invasive Arten handelt.

f ☒ Erläutere die Folgen für das Ökosystem, wenn eine invasive Art eine heimische Art verdrängt. Denke an Nahrungsbeziehungen, ökologisches Gleichgewicht und Artenvielfalt.

Bild 3 zeigt, wie viele und welche Neobionten es in Deutschland gibt.

g ☒ Werte das Diagramm in Bild 3 aus.

h ☒ „Alle Neobionten müssen vernichtet werden." Nimm Stellung zu dieser Aussage.

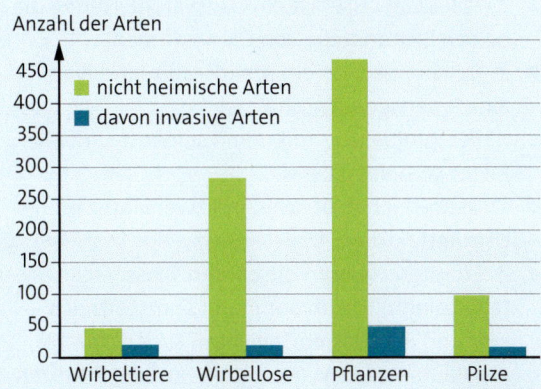

Anzahl der Arten

■ nicht heimische Arten
■ davon invasive Arten

3 Fremde Arten in Deutschland

TESTE DICH!

1 Unterschiedliche Gewässer ↗ S. 78/79

1 Zwei unterschiedliche Gewässer

a ☑ Ordne den beiden Gewässern in Bild 1 jeweils den Gewässertyp zu.

b ☑ Nenne je ein weiteres Beispiel für die beiden Gewässertypen.

c ☒ Nenne die Abschnitte eines Fließgewässers von der Quelle bis zur Mündung.

d ☑ Beschreibe, was künstliche Gewässer sind, und nenne zwei Beispiele.

e ☒ Erläutere, wodurch sich Süßwasser und Salzwasser unterscheiden.

2 Das Ökosystem See ↗ S. 80/81

a ☑ Jedes Gewässer ist ein Ökosystem. Nenne die beiden Bestandteile von Ökosystemen.

b ☒ Beschreibe, was ein Lebensraum und was eine Lebensgemeinschaft ist.

c ☑ Beschreibe, was mit dem Fachwort Umweltfaktor gemeint ist.

d ☑ Nenne vier abiotische und zwei biotische Umweltfaktoren.

e ☒ Erläutere, warum die oberen Wasserschichten in einem See im Sommer sauerstoffreich sind und die tieferen Schichten sauerstoffarm.

f ☒ Erläutere, wie Mineralstoffe auf die Pflanzen im See wirken.

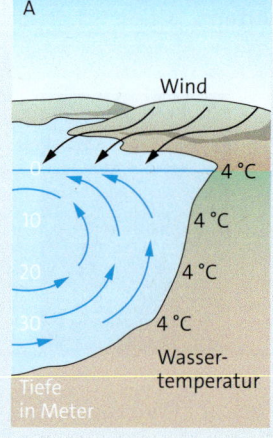

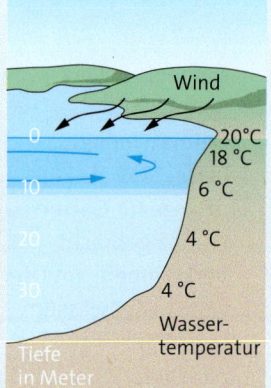

2 Die Temperaturen in einem See

g ☒ Beschreibe die Temperaturverteilung in den Bildern 2A und 2B.

h ☒ Ordne die Bilder 2A und 2B einer Jahreszeit zu. Begründe deine Zuordnung.

i ☒ Beschreibe, welche Wirkung hohe Wassertemperaturen auf die Pflanzen im See haben.

j ☒ Begründe, warum das Wasser am Boden eines tiefen Sees immer 4 °C kalt ist.

k ☒ Erläutere, warum Tiere den Winter am Boden eines tiefen Sees verbringen können.

3 Die Zonen eines Sees ↗ S. 82/83

a ☑ Nenne die fünf Zonen eines Sees.

b ☑ Ordne die Pflanzen in Bild 3 jeweils einer der fünf Zonen zu.

c ☑ Benenne die Tiere in Bild 3.

d ☒ Beschreibe, wie sich Feuchtpflanzen und Wasserpflanzen unterscheiden.

3 Tiere und Pflanzen am und im See

4 Die ökologische Nische ⬈ S. 86/87

a „Lebewesen sind an die Lebensbedingungen im Ökosystem angepasst."
 ▣ Erläutere an einem Beispiel, was mit dieser Aussage gemeint ist.

b ▣ Beschreibe, was eine ökologische Nische ist.

c ▣ Erläutere die Bedeutung von ökologischen Nischen für das Zusammenleben von Lebewesen in einem Lebensraum. Verwende dabei auch das Wort Konkurrenz.

d ▣ Beschreibe, was mit dem Fachwort Artenvielfalt gemeint ist.

e ▣ Erläutere den Zusammenhang von Angepasstheit, ökologischen Nischen und Artenvielfalt.

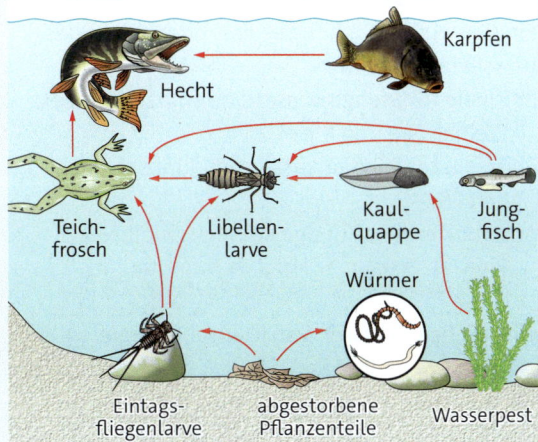

5 Ein Ausschnitt aus einem Nahrungsnetz

5 Winzige Lebewesen im Wasser ⬈ S. 90/91

a ▣ Ordne die Lebewesen in Bild 4 den Einzellern oder Mehrzellern zu.

b ▣ Nenne einen Einzeller, der zu den Pflanzen gehört.

c ▣ Begründe, warum Einzeller Lebewesen sind.

 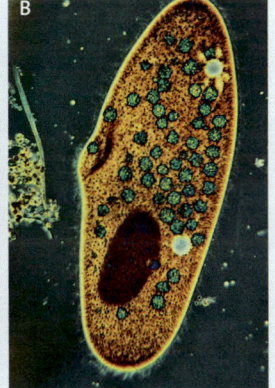

4 Zwei Lebewesen im Wasser

6 Nahrungsbeziehungen im See ⬈ S. 98/99

a ▣ Erstelle eine Nahrungskette mit den folgenden Lebewesen: Frosch, Schnecke, Reiher.

b ▣ Beschreibe, was die Pfeile zwischen den Lebewesen in einer Nahrungskette zeigen.

c ▣ Nenne das Fachwort für die Nahrungsbeziehung zwischen Frosch und Reiher.

d ▣ Begründe, warum es in einem Ökosystem nicht nur eine Nahrungskette gibt. Verwende dabei auch das Fachwort für die Gesamtheit aller Nahrungsketten in einem Ökosystem.

e ▣ Beschreibe mithilfe von Bild 5 die Folgen für das Ökosystem, wenn es plötzlich keine Libellenlarven mehr geben würde. Verwende auch das Fachwort ökologisches Gleichgewicht.

7 Stoffe und Energie ⬈ S. 100/101

a ▣ In Ökosystemen gibt es Lebewesen, die Stoffe herstellen, andere nehmen Lebewesen auf und wieder andere zersetzen Lebewesen. Nenne die Fachwörter für die drei Lebewesen.

b ▣ Nenne mithilfe von Bild 5 das Fachwort für den Hecht am Ende der Nahrungsketten.

c ▣ Erläutere, welche Stufe der Nahrungspyramide die meiste Biomasse enthält.

d ▣ Begründe, warum man von einer Nahrungs**pyramide**, einem Energie**fluss** und einem Stoff**kreislauf** spricht.

e ▣ Erläutere, woher die Energie stammt, die in der Nahrungspyramide von Stufe zu Stufe weitergegeben wird.

8 Gewässer sind wichtig ⬈ S. 102/103

a ▣ Nenne drei verschiedene Möglichkeiten, wie Menschen Gewässer nutzen können.

b ▣ Nenne drei Beispiele, wie Menschen Gewässer verschmutzen.

c Du beobachtest, wie eine Person eine Plastikverpackung auf einer Wiese neben einem Bach wegwirft.
 ▣ Erläutere dieser Person, welche Auswirkungen Plastikmüll in der Natur und im Wasser haben kann.

Gewässer sind Ökosysteme

Gewässer sind unterschiedlich

Ein **Gewässer** ist ein fließendes oder stehendes Wasser in der Natur.

Beispiele für **Stehgewässer** sind Pfütze, Tümpel, Weiher, See und Meer.

Beispiele für **Fließgewässer** sind Rinnsal, Bach und Fluss.

Abschnitte eines Fließgewässers: Quelle → Rinnsal → Bach → Fluss → Mündung

künstliche Gewässer: von Menschen angelegte Teiche, Seen und Kanäle

Binnengewässer: Gewässer auf Kontinenten, enthält Süßwasser (weniger als 0,1 % Salz)

Meer: enthält Salzwasser mit 3,5 % Salz

Ein See ist ein Ökosystem

Die Umweltfaktoren beeinflussen das Leben von Lebewesen. Die Lebewesen sind an die Umweltfaktoren im Lebensraum angepasst.

abiotische Umweltfaktoren: Wasser, Temperatur, Licht, Boden

biotische Umweltfaktoren: Lebewesen wie Pflanzen und Tiere

Lebensraum: ein Gebiet, in dem bestimmte Pflanzen und Tiere leben

Lebensgemeinschaft: die Lebewesen in einem Lebensraum

Ökosystem: besteht aus Lebensraum und Lebensgemeinschaft

Jeder See hat ein Ufer, einen Seeboden und einen Bereich mit Freiwasser. Die abiotischen Umweltfaktoren unterscheiden sich je nach Wassertiefe und Seebereich. Dadurch entstehen in einem See fünf **Zonen**:
– Bruchwaldzone
– Röhrichtzone
– Schwimmblattzone
– Tauchblattzone
– Schwimmpflanzenzone

In jeder Zone kommen nur die Tiere und Pflanzen vor, die an die Lebensbedingungen angepasst sind.

Feuchtpflanzen: wachsen auf feuchtem Boden

Wasserpflanzen: wachsen im Wasser

Die ökologische Nische

Die **ökologische Nische** beschreibt die Beziehungen zwischen einer Art und ihrer Umwelt. In einem Ökosystem gibt es keine zwei Arten, die die gleiche ökologische Nische besetzen. Dadurch wird Konkurrenz zwischen den Arten vermieden.

Lebewesen mit gleichen Merkmalen, die sich miteinander fortpflanzen können, werden als **Art** bezeichnet.

Artenvielfalt: die Anzahl unterschiedlicher Arten in einem Lebensraum

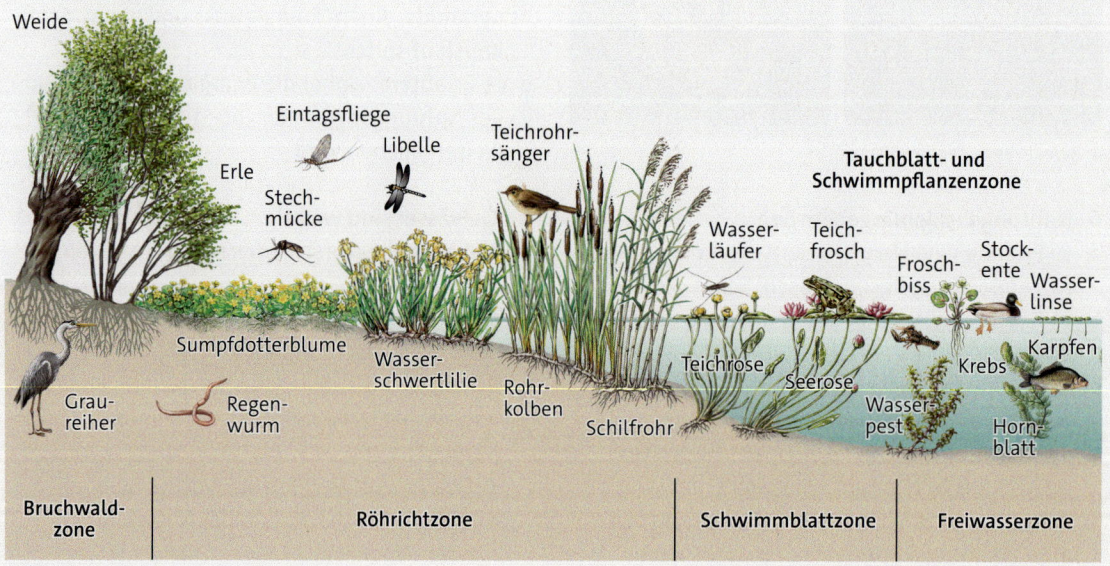

Weide – Eintagsfliege – Libelle – Teichrohrsänger – Erle – Stechmücke – Tauchblatt- und Schwimmpflanzenzone – Wasserläufer – Teichfrosch – Froschbiss – Stockente – Wasserlinse – Graureiher – Regenwurm – Sumpfdotterblume – Wasserschwertlilie – Rohrkolben – Schilfrohr – Teichrose – Seerose – Wasserpest – Krebs – Karpfen – Hornblatt

| Bruchwaldzone | Röhrichtzone | Schwimmblattzone | Freiwasserzone |

Winzige Lebewesen im Wasser

Zellen sind die kleinsten Bausteine von Lebewesen.

Einzeller: bestehen aus einer Zelle und vermehren sich durch Teilung, Beispiele sind Pantoffeltierchen, Wechseltierchen und Algen

mehrzellige Lebewesen: bestehen aus mehreren Zellen, Beispiele sind Wasserflöhe und Ruderfußkrebse

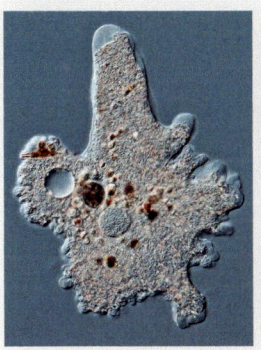 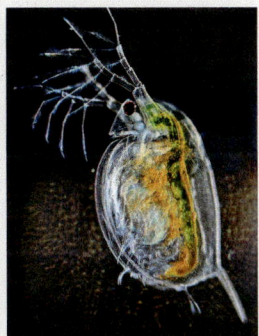

Die Nahrungsbeziehungen

Lebewesen stehen miteinander in Nahrungsbeziehungen. Ein Beispiel sind **Räuber-Beute-Beziehungen.**

Nahrungsbeziehungen zwischen Lebewesen kann man in **Nahrungsketten** und **Nahrungsnetzen** darstellen.

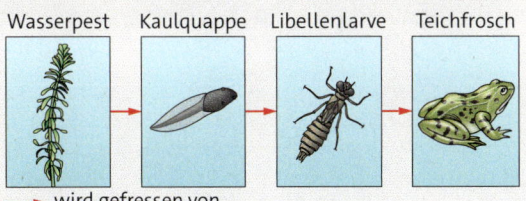

| Wasserpest | Kaulquappe | Libellenlarve | Teichfrosch |

→ wird gefressen von

ökologisches Gleichgewicht: die abiotischen und biotischen Umweltfaktoren bleiben in einem Ökosystem über lange Zeit gleich

Stoffkreisläufe und Energiefluss

Produzenten: Pflanzen, stellen durch Fotosynthese energiereichen Traubenzucker her

Konsumenten: Tiere, ernähren sich von Pflanzen oder Tieren

Destruenten: Käfer, Würmer und Pilze, zersetzen abgestorbene Lebewesen

---

Wenn man die Lebewesen eines Ökosystems nach der Art ihrer Ernährung anordnet, dann entsteht eine **Nahrungspyramide**. Die Breite der Stufen zeigt, wie viel Biomasse die Lebewesen haben.

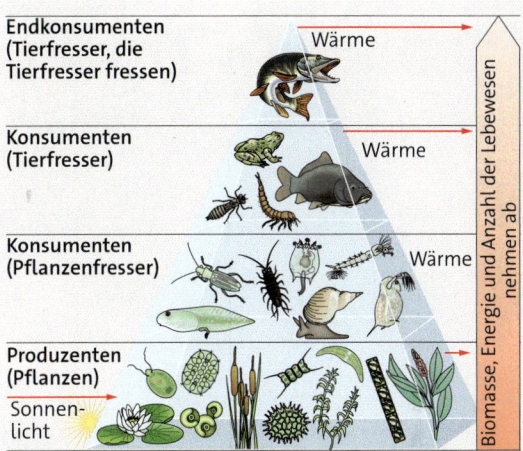

Lebewesen nutzen einen kleinen Teil der Nährstoffe zum Wachsen und den größten Teil für die Energiegewinnung durch **Zellatmung**.

Stoffkreislauf: Wasser, Mineralstoffe und Kohlenstoff bewegen sich durch die Nahrungsbeziehungen der Lebewesen in einem Kreislauf.

Energie: durchläuft Nahrungsketten von den Produzenten zu den Konsumenten, wird schließlich in Wärme umgewandelt und nach außen abgegeben

In der Nahrungspyramide sind von Stufe zu Stufe weniger Nährstoffe und damit ist auch weniger Energie vorhanden. Die Anzahl der Lebewesen und die Biomasse nehmen daher in der Nahrungspyramide von unten nach oben ab.

Die Bedeutung und Gefährdung der Gewässer

Gewässer werden zur Erholung, als Transportweg, zur Gewinnung von Nahrung und als Kühlwasserquelle für Fabriken genutzt. Verschmutzt werden Gewässer durch Sonnencreme, Motoröl, Abwasser, Dünger und Plastikmüll.

Mikroplastik: kleinste Plastikteilchen, entsteht, wenn Plastik zerfällt, auch in Kleidung, Putzmittel und Pflegeprodukten wie Peelings und Duschgel enthalten

Städte sind Ökosysteme

In diesem Kapitel erfährst du, ...
... aus welchen Bereichen eine Stadt besteht.
... welche Lebewesen es in einer Stadt gibt.
... wie die Lebewesen an ihren Lebensraum angepasst sind.
... welche Nahrungsbeziehungen zwischen Lebewesen bestehen.
... wie sich Stoffe und Energie in Ökosystemen bewegen.

Eine Stadt ist ein Ökosystem

1 Ein Spatz pickt Krümel auf.

3 Eine Schnecke frisst an einer Pflanze.

Noor verbringt den Tag mit ihrer Freundin in der Stadt. In einer Eisdiele essen sie Eis und Kuchen. Ein Spatz pickt die Krümel von ihrem Tisch auf.

Leben in der Stadt
Spatzen fressen vor allem Körner und Samen. In der Stadt fressen sie auch Essensreste. Das Leben der Tiere wird vom Vorhandensein oder Fehlen von Nahrung beeinflusst. Solche Voraussetzungen, die das Leben von Lebewesen beeinflussen, heißen **Umweltfaktoren**. Wenn Schnecken an Pflanzen fressen, dann beeinflussen sie das Leben dieser Pflanzen (Bild 3). Lebewesen beeinflussen sich also gegenseitig. Lebewesen sind lebendig. Sie werden **biotische Umweltfaktoren** genannt (Bild 2). Die Vorsilbe *bio* im Wort biotisch heißt: Leben. Das Leben der Lebewesen wird auch durch das Wasser, das Sonnenlicht, die Temperatur und den Boden beeinflusst.

Diese Umweltfaktoren sind nicht lebendig. Sie heißen **abiotische Umweltfaktoren** (Bild 2). Die Vorsilbe *a* im Wort abiotisch bedeutet: nicht.

Der Umweltfaktor Wasser
Alle Lebewesen brauchen Wasser, denn sie bestehen zu einem großen Teil daraus. Tiere nehmen Wasser mit der Nahrung auf oder trinken es. Pflanzen nehmen Wasser mit ihren Wurzeln aus dem Boden auf. In einer Stadt gibt es sehr trockene und sehr feuchte Lebensräume. Dort leben unterschiedliche Lebewesen.

Der Umweltfaktor Licht
Pflanzen können die Energie des Sonnenlichts nutzen, um Stoffe für ihr Wachstum herzustellen (↗ S. 46/47). Das Licht beeinflusst auch die Tiere in der Stadt. Die meisten Tiere sind aktiv, wenn es hell ist. Igel dagegen schlafen, wenn es hell ist, und wachen auf, wenn es dunkel wird (Bild 4).

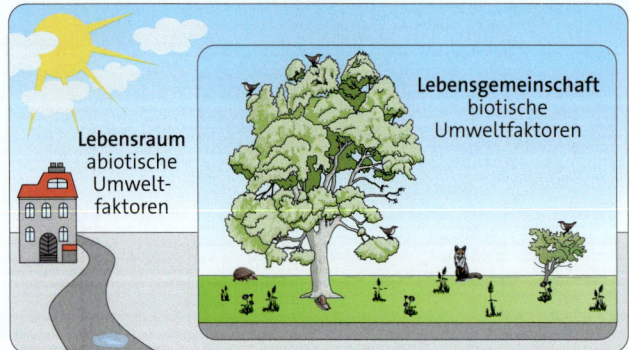

2 Umweltfaktoren in Ökosystemen

4 Igel suchen im Dunkeln nach Nahrung.

5 Eine Kellerassel zwischen Steinen

Der Umweltfaktor Temperatur

Die Temperatur beeinflusst alle Lebewesen. Einige Tiere wie Fledermäuse schlafen im Winter. Wenn die Temperaturen im Frühling steigen, dann werden die Tiere wieder aktiv. Die Temperatur beeinflusst auch das Wasser: Je wärmer es ist, desto mehr Wasser können die Pflanzen aus dem Boden aufnehmen und über die Blätter verdunsten.

Der Umweltfaktor Boden

Der Boden eines Lebensraums bestimmt, welche Lebewesen dort vorkommen. Auf sandigen Böden wachsen kaum Pflanzen, weil ihre Wurzeln nur wenig Halt und Wasser finden. Steinige Böden bieten Verstecke für kleine Tiere wie Kellerasseln (Bild 5). In der Stadt sind viele Böden mit Steinen oder Asphalt bedeckt (Bild 6). Asphalt besteht aus winzigen Steinen, die miteinander verklebt sind. Pflanzen können auf Asphalt nicht wachsen, weil ihre Wurzeln nicht hineinwachsen können.

6 Ein Fuchs hat eine Maus gefangen.

Lebewesen als Umweltfaktoren

Füchse fressen Mäuse (Bild 6). Wenn es viele Füchse gibt, dann werden viele Mäuse gefressen. Dadurch gibt es weniger Mäuse und die Füchse finden weniger Nahrung. Die Lebewesen beeinflussen sich also gegenseitig.
Pflanzen brauchen genug Licht und Wasser zum Wachsen. Tiere brauchen genug Nahrung und Verstecke, um überleben zu können. Die Lebewesen kämpfen um diese Umweltfaktoren.

Leben in Ökosystemen

Das Gebiet, in dem bestimmte Pflanzen und Tiere leben, nennt man **Lebensraum**. Die abiotischen Umweltfaktoren bestimmen die Lebensbedingungen im Lebensraum (Bild 2). Die Lebewesen im Lebensraum sind eine **Lebensgemeinschaft**. In einem Lebensraum leben nur die Tiere und Pflanzen, die mit den Umweltfaktoren zurechtkommen. Man sagt: Sie sind daran **angepasst**. Der Lebensraum und die Lebensgemeinschaft werden zusammen als **Ökosystem** bezeichnet. Eine Stadt ist ein Beispiel für ein Ökosystem.

> Ein Ökosystem besteht aus Lebensraum und Lebensgemeinschaft. Wasser, Licht, Temperatur und Boden sind abiotische Umweltfaktoren. Die Tiere und Pflanzen in einem Lebensraum sind biotische Umweltfaktoren.

AUFGABEN

1 Die Umweltfaktoren im Ökosystem Stadt

a ▣ Beschreibe, was mit dem Fachwort Umweltfaktor gemeint ist.

b ▣ Nenne zwei biotische Umweltfaktoren.

c ▣ Nenne vier abiotische Umweltfaktoren.

d ▣ In der Nacht sammeln sich an Straßenlaternen viele Insekten. Nenne den abiotischen Umweltfaktor, der diese Insekten beeinflusst.

e ▣ Beschreibe, wie die Sonne die Temperatur und das Wasser beeinflusst.

f ▣ Beschreibe, wie Pflanzen und Tiere Wasser aufnehmen.

g ▣ Begründe, warum Pflanzen nicht auf Asphalt wachsen können.

h ▣ Beschreibe mithilfe von Bild 2, aus welchen Bestandteilen ein Ökosystem besteht.

Die Bereiche einer Stadt

1 Eine Luftaufnahme einer Stadt

3 Einfamilienhäuser am Stadtrand

Auf diesem Luftbild kannst du erkennen, dass Städte unterschiedliche Bereiche haben.

Verschiedene Bereiche in der Stadt

Mitten in der Stadt leben und arbeiten viele Menschen auf engem Raum. Die Häuser haben meist mehrere Stockwerke und stehen eng zusammen. Das nennt man eine **geschlossene Bebauung**. Die meisten Plätze und Straßen sind mit Beton, Asphalt oder Steinen bedeckt. Man sagt: Sie sind **versiegelt**. Zwischen den Häusern gibt es nur kleine Flächen, auf denen Pflanzen wachsen. Weil die Flächen durch die Pflanzen grün aussehen, heißen sie **Grünflächen**. Durch viele Städte fließt ein Fluss. Weiter entfernt von der Stadtmitte stehen die Häuser etwas weiter auseinander. Dazwischen gibt es mehr und größere Grünflächen. Das nennt man **aufgelockerte Bebauung**.

Am Stadtrand stehen oft kleine Mehrfamilienhäuser oder Einfamilienhäuser (Bild 3). Diese Häuser stehen weiter auseinander und hier gibt es viele große Grünflächen wie Gärten oder Parks. Das nennt man **offene Bebauung**.

Die Lebensbedingungen in der Stadt

Eine Stadt ist eine von Menschen gestaltete Landschaft. Eine solche Landschaft nennt man **Kulturlandschaft**. Im Sommer ist es in der Stadt wärmer und trockener als außerhalb, weil die Sonne Häuser und versiegelte Flächen stärker erwärmt als Grünflächen. Städte speichern die Wärme und geben sie nachts wieder ab. In der Stadtmitte gibt es mehr Häuser und versiegelte Flächen als am Stadtrand, daher ist es in der Stadtmitte wärmer. Auf Grünflächen und an Gewässern ist es kühler und feuchter. In Städten weht zudem weniger Wind, daher sammeln sich Staub und Abgase in der Luft. Weil die Luft dann trüb aussieht, spricht man von einer **Dunstglocke** (Bild 2). Sie verhindert, dass Wärme nach oben entweicht. Im Winter ist es durch die vielen beheizten Häuser in der Stadt wärmer als außerhalb. Wenn Regen auf versiegelte Flächen fällt, dann kann das Wasser nicht im Boden versickern. Deshalb wird Regenwasser in Abwasserkanäle geleitet. Dadurch haben viele Pflanzen in der Stadt zu wenig Wasser.

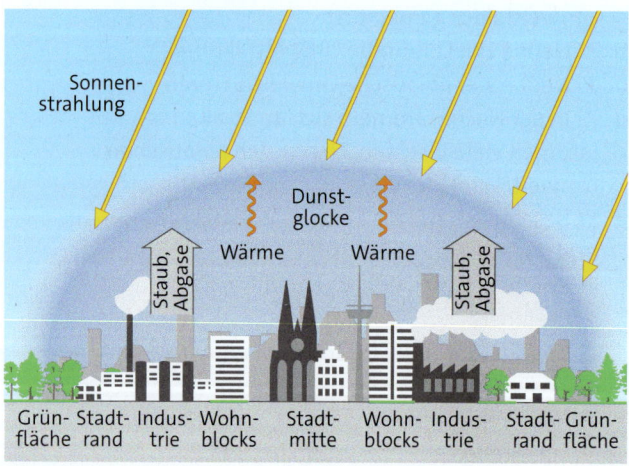

2 Die Lebensbedingungen in einer Stadt

Die Pflanzen in der Stadt

In Städten gibt es Wiesen, Blumenbeete, Gärten und Parks mit Gräsern, Kräutern, Sträuchern und Bäumen. Auf diesen Grünflächen kann das Regenwasser im Boden versickern.

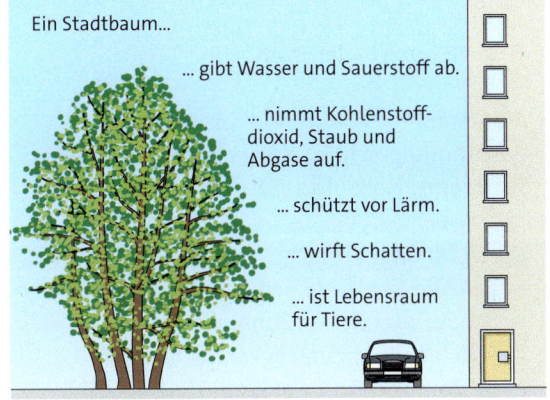

4 Stadtbäume haben viele Funktionen.

Ein Stadtbaum...

... gibt Wasser und Sauerstoff ab.

... nimmt Kohlenstoffdioxid, Staub und Abgase auf.

... schützt vor Lärm.

... wirft Schatten.

... ist Lebensraum für Tiere.

In vielen Städten stehen Bäume an den Straßen. Beispiele für solche **Straßenbäume** sind Ahorn, Kastanie, Linde und Buche. Ihre Blätter nehmen das Sonnenlicht auf und verdunsten Wasser. Deshalb ist es unter Straßenbäumen schattig und kühl (Bild 4). Die Blätter geben auch Sauerstoff ab und nehmen Kohlenstoffdioxid, Staub und Abgase aus der Luft auf. Bäume verringern zudem die Übertragung von Lärm. Stadtbäume sind auch Lebensraum für viele verschiedene Tiere (Bild 5).

Die Tiere in der Stadt

In Städten leben Wildtiere, die den Menschen aus dem Freiland in die Kulturlandschaft der Stadt gefolgt sind. Solche Tiere heißen **Kulturfolger**. Beispiele sind Mäuse, Ratten, Füchse, Marder, Waschbären und Wildschweine. Sie sind an die Lebensbedingungen in der Stadt angepasst.

In Stadtbäumen leben zum Beispiel Tauben, Krähen und Eichhörnchen (Bild 5A). Sie ernähren sich von den Früchten der Bäume, bauen hier ihre Nester und ziehen ihre Jungtiere groß. Auf den Dachböden mancher Häuser und in Kirchtürmen leben Waschbären und Fledermäuse (Bild 5B). Sie gehen nachts auf die Suche nach Nahrung und schlafen tagsüber. Ratten leben in Abwasserkanälen (Bild 5C). Sie fressen Abfälle. In Parks und Gärten leben Füchse, Steinmarder und Wildschweine (Bild 5D). Sie fressen Pflanzen und Tiere, aber auch Essensreste aus Mülltonnen. Deshalb werden sie **Allesfresser** genannt.

> Die Lebensbedingungen sind in verschiedenen Bereichen der Stadt unterschiedlich. Pflanzen und Tiere sind daran angepasst.

AUFGABEN

1 Die Lebensbedingungen in der Stadt

a ☑ Beschreibe die drei Bebauungsformen in einer Stadt mit jeweils einem Satz.

b ☑ Nenne zwei Gründe, weshalb es in Städten wärmer ist als in einem Wald.

2 Pflanzen und Tiere in der Stadt

a ☑ Beschreibe vier Funktionen von Straßenbäumen in der Stadt. Nutze dazu Bild 4.

b ☒ Begründe, warum es in den meisten Städten viele Ratten gibt.

c ☒ Erläutere, warum sich Wildtiere als Kulturfolger in der Stadt ausgebreitet haben.

5 Verschiedene Lebewesen in der Stadt: Eichhörnchen (A), Fledermaus (B), Ratte (C), Wildschwein (D)

A Die abiotischen Umweltfaktoren messen

Die abiotischen Umweltfaktoren sind an verschiedenen Stellen in der Stadt unterschiedlich.

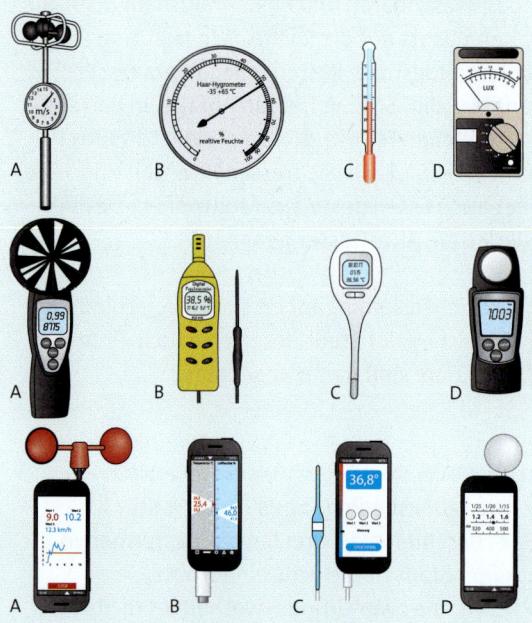

1 Messgeräte für Windgeschwindigkeit (A), Luftfeuchtigkeit (B), Temperatur (C) und Lichtstärke (D)

Material:
Messgeräte für Temperatur, Windgeschwindigkeit, Lichtstärke und Luftfeuchtigkeit, Block, Stift

Durchführung:
– Sucht drei verschiedene Standorte für eure Messungen: in der Innenstadt (zum Beispiel in der Fußgängerzone), auf dem Schulhof, in einem Park oder einem Garten.
– Messt an jedem Standort die Temperatur und die Windgeschwindigkeit etwa 150 cm über dem Boden. Messt die Lichtstärke und die Luftfeuchtigkeit etwa 50 cm über dem Boden.
– Notiert die Messwerte in einer Tabelle.

Auswertung:
1 ☑ Erstellt aus den Messwerten in der Tabelle ein Säulendiagramm.
2 ☒ Vergleicht mithilfe des Diagramms die Lebensbedingungen an den drei Standorten.
3 ☒ Begründet, warum die Messwerte an den drei Standorten unterschiedlich sind.

B Die Bäume in der Stadt

Material:
Bestimmungsschlüssel oder Bestimmungs-App für Bäume, Notizblock, Stift

Durchführung:
– Zeichne eine Karte von der Umgebung deiner Schule oder deines Zuhauses. Trage auch die Straßennamen und bekannte Orte ein.
– Bestimme mithilfe eines Bestimmungsschlüssels oder einer Bestimmungs-App alle Bäume in diesem Gebiet. 🔑
– Trage die Standorte der Bäume in deine Karte ein. Verwende unterschiedliche Symbole für die verschiedenen Baumarten.
– Erstelle eine Legende zur Bedeutung der Symbole.

Auswertung:
1 ☑ Zähle, wie viele Bäume du von jeder Baumart in deiner Karte eingetragen hast. Notiere die Werte in einer Tabelle.
2 ☒ Erstelle aus den Werten in deiner Tabelle ein geeignetes Diagramm, das die Anzahl der verschiedenen Baumarten übersichtlich zeigt.
3 ☒ Beschreibe, welche Wirkungen die Straßenbäume haben.
4 ☒ Stelle Vermutungen an, wie sich die abiotischen Umweltfaktoren in Straßen mit vielen Bäumen und in Straßen ohne Bäume unterscheiden.

2 Ein Beispiel für eine Karte

Städte können grüner werden

1 Ein von Pflanzen bewachsenes Haus

2 Ein Schottergarten

Grün ist besser als Grau

Die Sommer in Deutschland werden immer wärmer. Dadurch wird es auch in den Städten immer heißer. Je mehr Pflanzen es in Städten gibt, desto kühler ist es dort. Zudem fühlen sich Menschen in einer grünen Umgebung wohler.

Häuser, Innenhöfe und Dachgärten

Viele Innenhöfe und auch die Außenseiten von Häusern können bepflanzt werden. Kletterpflanzen wie Wilder Wein wachsen schnell an Häusern hoch (Bild 1). Die Räume in solchen Häusern werden im Sommer nicht so schnell warm und kühlen im Winter nicht so schnell aus. Auch auf Dächern können Grünflächen angelegt werden. In manchen Städten sind die Dächer von Parkhäusern oder anderen großen Gebäuden bepflanzt. Bepflanzte Dächer werden von der Sonne nicht so stark erwärmt wie Dächer ohne Pflanzen. Die Pflanzen auf den Dächern nehmen das Regenwasser auf und verdunsten es. Dadurch kühlen sie die Dachflächen.

Bäume, Wiesen und grüne Gärten

Schottergärten sind mit Steinen bedeckt (Bild 2). Hier wachsen kaum Pflanzen, daher gibt es keine Nahrung für Insekten. Insekten sind jedoch Nahrung für viele andere Tierarten. Deshalb sollten alle noch vorhandenen Schottergärten durch grüne Gärten ersetzt werden. Städte können auch insektenfreundlicher werden, indem man neue Bäume pflanzt und auf Grünstreifen artenreiche Wiesen anlegt.

Urban Gardening

Viele Menschen pflanzen in der Stadt Blumen, Gemüse und Obst an (Bild 3). Diese Nutzung von Stadtflächen als Gärten wird **Urban Gardening** genannt. Dafür ist nicht viel Platz nötig. Die Gartenarbeit macht den Menschen Spaß, sie treffen sich, arbeiten zusammen und können etwas ernten.

AUFGABEN

1 Grünere Städte

a ☒ Nenne drei Möglichkeiten, wie in Städten mehr Pflanzen wachsen können.

b ☒ Überlegt euch in der Klasse, wie eure Schule insektenfreundlicher werden kann. Plant gemeinsam ein Projekt und führt es durch.

c ☒ Erstellt zu eurem Projekt Plakate oder schreibt darüber einen Artikel für die Schülerzeitung oder die Internetseite eurer Schule.

3 Urban Gardening in einem Innenhof

METHODE   Konflikte bewerten

In einer Stadt wird eine alte Fabrik abgerissen. Die Fläche könnte genutzt werden, um einen Park anzulegen oder um neue Häuser zu bauen. Überlege, wie du dazu stehst. Um eine Entscheidung treffen zu können, musst du die Situation zunächst bewerten. Dabei kannst du so vorgehen:

1 Die Konfliktfrage formulieren

Informiere dich zuerst über die Situation und darüber, worum es in dem Konflikt geht. Formuliere dann die Konfliktfrage, über die entschieden werden soll.

Teresa liest den Zeitungsbericht in Bild 1. Sie formuliert als Konfliktfrage: „Sind Wohnungen wichtiger als Grünflächen?"

2 Fakten und Meinungen sammeln

Nutze Bücher, Zeitungen oder das Internet, um dir möglichst viele Informationen zum Thema zu beschaffen. Auch Gespräche mit deinen Eltern, deinen Freunden oder Expertinnen und Experten können helfen. Wen betrifft die Entscheidung? Welche Folgen hat sie?

Teresa fragt ihre Eltern nach deren Meinung. Außerdem recherchiert sie, warum die Mietpreise für Wohnungen steigen.

3 Die Argumente ordnen

Ordne die Informationen, die du gefunden hast. Informationen, die als Gründe für ein „Ja" zur Konfliktfrage genutzt werden können, sind **Pro-Argumente**. Gründe, die für ein „Nein" genutzt werden können, sind **Kontra-Argumente**. Notiere auch die Argumente, die nicht deiner eigenen Meinung entsprechen.

Teresa ordnet die Argumente in einer Tabelle. Du siehst sie in Bild 2.

4 Die Argumente unterscheiden

Alle Aussagen sind erst einmal gleich viel wert. Du musst dir jedoch klarmachen, ob du von einer Tatsache oder einem Gefühl sprichst. Wenn Aussagen Fakten wiedergeben, dann sind sie **beschreibend**. Wenn Aussagen ein Gefühl ausdrücken, dann sind sie **bewertend**.

Teresa markiert in ihrer Tabelle die beschreibenden Argumente blau und die bewertenden Argumente gelb (Bild 2).

5 Die Argumente gewichten

Lege fest, wie wichtig du die einzelnen Argumente findest. Gib dazu jedem Argument 3, 2, 1 oder 0 Punkte.

Park oder Wohnraum?

Ahornhafen – Im kommenden Jahr wird die alte Fabrik in der Erlenstraße abgerissen. Nun will der Stadtrat entscheiden, was mit der frei werdenden Fläche geschehen soll. Die kleine Stadt wächst und braucht dringend mehr Wohnraum. Vor allem junge Familien benötigen bezahlbare Wohnungen. Auch Einfamilienhäuser, Doppelhaushälften, eine Kindertagesstätte und ein neuer Supermarkt könnten auf dem ehemaligen Fabrikgelände entstehen. Doch eine Bürgerinitiative fordert, dass auf der Fläche ein großer Park angelegt wird. Die Beteiligten geben zu bedenken, dass die Sommer immer heißer werden und die Luftqualität in der Stadt immer schlechter. Weitere Gebäude und Straßen würden die Situation nicht verbessern, sondern verschlechtern. Die Bürgerinitiative plant Veranstaltungen, um die Menschen über die positiven Effekte von Grünflächen in Städten zu informieren. Außerdem soll es eine Unterschriftenaktion geben, um den Bau des Neubaugebiets zu verhindern. Ein weiteres Argument für ihre Forderung sind die zahlreichen Insekten, die an einem durch Regenwasser entstandenen See auf dem von Pflanzen zugewachsenen Gelände einen Lebensraum gefunden haben. Wenn auf dem Fabrikgelände Wohnhäuser gebaut werden, dann wird dieser

Lebensraum zerstört und die Insekten sterben. In Deutschland gibt es heute 80 % weniger Insekten als vor 40 Jahren. Ursache für dieses Insektensterben ist vor allem der Verlust von Lebensräumen. Ein Park mit einem See würde Insekten einen Lebensraum bieten. Der Bürgermeister der Stadt warnt davor, dass die Mietpreise stark steigen werden, wenn es weiterhin zu wenig Wohnungen gibt. Er sagt: „Viele junge Familien werden wegziehen, wenn sie keine passenden Wohnungen finden." Die Stadt sei gleichzeitig mit einem großen Automobilhersteller in Verhandlungen, der einen Standort zur Produktion seiner neuen E-Autos sucht. Er argumentiert: „Wenn wir keinen Wohnraum für die Angestellten schaffen, sind wir weniger interessant für den Autohersteller. Die neuen Arbeitsplätze werden dann in anderen Regionen entstehen."

1 Ein Zeitungsartikel

Pro-Argumente: Wohnungen sind wichtiger als Grünflächen		Kontra-Argumente: Wohnungen sind nicht wichtiger als Grünflächen	
Viele Menschen suchen eine Wohnung, doch in unserer Stadt gibt es nur wenige freie Wohnungen. Daher sind manche Menschen bereit, höhere Mietpreise zu zahlen. Dadurch werden die Wohnungen hier immer teurer.	1	Die Pflanzen in einem Park produzieren Sauerstoff und nehmen Kohlenstoffdioxid, Staub und Abgase auf. Dadurch wird die Luft in der Stadt besser.	3
Wenn meine Eltern hier keine Wohnung finden, dann wollen sie wegziehen. Ich will aber hier bei meinen Freunden bleiben.	3	Wenn die Luft sauberer ist, dann fühle ich mich in der Stadt wohler.	2
Wenn mehr Wohnungen gebaut werden, dann kommt vielleicht ein großer E-Autohersteller in unsere Region. Dann entstehen hier sehr viele neue Arbeitsplätze.	1	Es gibt immer weniger Insekten, daher müssen sie geschützt werden. Ein Park mit einem See bietet Insekten einen Lebensraum.	2
		Versiegelte Flächen erwärmen sich stärker als Grünflächen. Mit mehr Grünflächen wird es im Sommer nicht so heiß in der Stadt.	3
		Ein Park macht mich glücklich, weil ich dort mit meinem Hund spazieren gehen kann.	2

2 Die gesammelten Argumente von Teresa

Beziehe dabei deine Werte mit ein. **Werte** sind Ansichten, die dir wichtig sind. Beispiele sind Verantwortungsbewusstsein, Respekt, Gerechtigkeit, Toleranz, Mitgefühl, Freiheit, Spaß und Sicherheit.

Teresa möchte nicht von ihren Freunden wegziehen, deshalb bewertet sie dieses Argument mit 3 Punkten.

6 Das Ergebnis berechnen
Berechne die Punkte für Pro und Kontra. Zähle auch die Punkte für beschreibende und bewertende Aussagen zusammen.

Teresa hat 5 Punkte für den Bau von Wohnungen gegeben und 12 Punkte dagegen. Beschreibende Argumente hat sie mit 10 Punkten bewertet, bewertende Argumente mit 7 Punkten. Sie hat für ihre Entscheidung also Fakten stärker bewertet als Gefühle.

7 Die eigene Meinung formulieren
Das Punkte-Ergebnis zeigt dir deine Meinung zur Frage.

Teresas Meinung ist, dass Wohnungen nicht wichtiger sind als Grünflächen.

8 Deine Meinung begründen
Manche Menschen haben eine andere Meinung als du. Dann begründe deine Meinung mit einem Argument und einem Beispiel.

Teresa begründet ihre Entscheidung: „Ich finde Grünflächen wichtiger als Wohnungen, weil durch Grünflächen das Leben in der Stadt für alle Menschen besser wird, durch neue Wohnungen aber nur für einen Teil."

9 Verschiedene Handlungsoptionen nennen
Finde Alternativen oder Kompromisse, um die Meinungen und Argumente aller Betroffenen zu berücksichtigen.

Teresa schlägt vor, dass nur die Hälfte der Fläche mit Häusern bebaut wird. Die andere Hälfte könnte als Park gestaltet werden.

AUFGABE
1 Was ist deine Meinung?
⊠ Bewerte selbst die Konfliktfrage: „Sind Wohnungen wichtiger als Grünflächen?" Recherchiere und notiere deine eigenen Argumente, ordne und gewichte sie. Formuliere eine begründete eigene Meinung.

AUFGABEN   Städte sind Ökosysteme

1   Die Umweltfaktoren in der Stadt

1 In Städten gibt es verschiedene Bereiche.

a 🗆 Nenne drei verschiedene Bereiche in Städten, die sich durch ihre Lebensbedingungen stark voneinander unterscheiden.

b 🗆 Ordne die Bereiche nach den Anteilen der Grünflächen, die es dort gibt. Beginne mit dem Bereich mit den wenigsten Grünflächen.

c 🗆 Beschreibe, wie sich Boden, Temperatur und Wasser auf versiegelten Flächen und auf Grünflächen unterscheiden.

d 🗆 Schwalben bauen ihre Nester aus nassem Lehm. Begründe, warum es in Innenstädten keine Schwalbennester gibt.

e 🗆 Begründe mithilfe der Umweltfaktoren, warum auf Marktplätzen keine Feuchtlufttiere wie Schnecken leben können.

f 🗆 Beschreibe Bild 2 ausführlich.

g 🗆 „Städte sind Wärme-Inseln." Erläutere diese Aussage mithilfe von Bild 2.

h 🗆 Begründe mithilfe von Bild 2, warum es in der Stadt wärmer ist als außerhalb der Stadt.

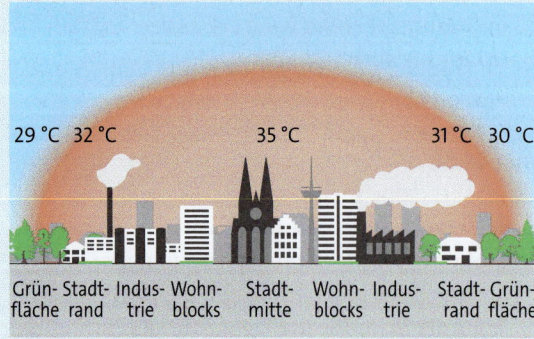

29 °C 32 °C   35 °C   31 °C 30 °C

Grün- Stadt- Indus- Wohn-   Stadt-   Wohn- Indus- Stadt- Grün-
fläche rand   trie   blocks   mitte   blocks trie   rand   fläche

2 Die Temperaturen in einer Stadt und ihrer Umgebung

2   Die Luft in Städten

3 Die Luft über einer Großstadt im Sommer

a 🗆 Beschreibe, was Bild 3 zeigt. Verwende dabei das passende Fachwort.

b 🗆 Beschreibe, woraus die Dunstglocke über einer Stadt besteht.

c 🗆 Nenne die Verursacher der Dunstglocke in Bild 3.

d 🗆 Erläutere, warum eine Dunstglocke oft viele Tage lang über einer Stadt hängt.

e 🗆 Beschreibe die Auswirkungen einer Dunstglocke auf die abiotischen Umweltfaktoren in der Stadt.

f 🗆 Begründe, warum manche Menschen in Großstädten Atemschutzmasken tragen.

3   Tiere und Pflanzen in Städten

a 🗆 Nenne jeweils drei Pflanzen und drei Tiere, die in Städten leben.

b 🗆 Beschreibe, wie Straßenbäume die Luft und die Temperatur in Städten verändern.

c 🗆 Begründe, warum in Innenstädten vor allem Baumarten gepflanzt werden, die wenig Wasser brauchen.

d 🗆 Erläutere am Beispiel von Füchsen, was Kulturfolger sind.

e Sittiche sind kleine Papageien, die aus warmen südlichen Ländern stammen. Sie werden bei uns oft als Haustiere gehalten.
🗆 Begründe, warum entflogene Sittiche in Innenstädten überleben können.

f 🗆 Stelle Vermutungen auf, wodurch das Überleben von Kulturfolgern wie dem Marder in Städten gefährdet ist.

4 Mehr Pflanzen in den Städten

A

5 Ein Park in der Stadt

B

4 Die Innenhöfe von Wohnanlagen können unterschiedlich gestaltet sein.

a ☒ Beschreibe die Unterschiede der beiden Innenhöfe in Bild 4.

b ☒ Begründe, in welchem Innenhof du dich lieber aufhalten würdest.

c ☒ Beschreibe die Wirkungen, die grüne Innenhöfe auf die abiotischen Umweltfaktoren Temperatur und Wasser in der Stadt haben.

d ☒ Begründe mit deinen Antworten aus den Aufgaben b und c, warum in Städten viele Innenhöfe bepflanzt werden.

e In vielen Städten werden immer mehr freie Flächen, Hausdächer und Innenhöfe zu Mini-Gärten umgestaltet. Häufig werden Hochbeete gebaut, in denen die Anwohner Gemüse, Obst und Blumen anpflanzen und ernten.
☒ Beschreibe den Nutzen dieses Urban Gardening für die Menschen in der Stadt.

f ☒ Erläutere, wie Urban Gardening einen Beitrag zum Schutz von Insekten leisten kann.

a ☒ Ein Stadtpark ist ein Naherholungsgebiet. Zerlege dieses Fachwort in seine Bestandteile.

b ☒ Beschreibe für jeden Wortbestandteil, was er bedeutet.

c ☒ Formuliere einen Lexikoneintrag für das Fachwort Naherholungsgebiet.

d ☒ Beschreibe vier Möglichkeiten, wie sich Menschen im Stadtpark erholen können.

e ☒ „Der Stadtpark ist die grüne Lunge unserer Stadt." Erläutere, was mit dieser Aussage gemeint ist.

f ☒ Begründe, warum es in einem Stadtpark kühler ist als in einer Fußgängerzone. Verwende dabei die Wörter Grünflächen, versiegelte Flächen, Gewässer, warm, kühl, trocken, feucht.

g ☒ Begründe, warum es sinnvoller ist, einen Stadtpark in der Stadtmitte anzulegen als am Stadtrand.

5 Urban Gardening auf einem Hausdach

6 Ein Park in einer Stadt

Die ökologische Nische

1 Ein Hausrotschwanz

3 Ein Grünfink

Ein Hausrotschwanz landet auf einem Zaun. Er hat eine Raupe im Schnabel.

Lebewesen sind angepasst

In einer Stadt leben verschiedene Vögel. Der Hausrotschwanz und der Grünfink können singen. Sie sind **Singvögel**.

Hausrotschwänze fressen Insekten und Spinnen (Bild 1). Der Schnabel von Hausrotschwänzen ist lang und spitz. Damit können sie kleine Tiere wie mit einer Pinzette greifen (Bild 2A). Grünfinken fressen Samen und Körner. Der Schnabel von Grünfinken ist kurz und kräftig (Bild 2B). Damit können sie die Samen aufbeißen.

Die Schnäbel von Hausrotschwänzen und Grünfinken haben unterschiedliche Formen (Bild 2). Die beiden Vögel unterscheiden sich also in ihrem Körperbau. Dadurch können sie unterschiedliche Nahrung nutzen. Man sagt: Sie sind an ihre Ernährung **angepasst**.

Vermeidung von Konkurrenz

Lebewesen mit gleichen Merkmalen, die sich miteinander fortpflanzen können, werden als **Art** bezeichnet. Hausrotschwänze und Grünfinken gehören zu verschiedenen Arten.

In einer Stadt gibt es nur eine bestimmte Menge an Nahrung. Die Vögel stehen im Wettbewerb um diese Nahrung. Ein anderes Wort für Wettbewerb ist **Konkurrenz**. Man sagt: Die Tiere konkurrieren um die Nahrung. Diese Konkurrenz kann dazu führen, dass eine Tierart eine andere aus dem Lebensraum vertreibt oder dass die schwächere Tierart ausstirbt. Um die Konkurrenz zu vermeiden, nutzen verschiedene Tierarten ein Ökosystem unterschiedlich.

Ein Beispiel sind Hausrotschwänze und Mehlschwalben. Beide Vögel fressen Insekten. Die Mehlschwalbe fängt sie im Flug (Bild 4). Der Hausrotschwanz dagegen frisst Insekten, die auf dem Boden und an Wänden sitzen.

2 Die Schnäbel von Hausrotschwanz (A) und Grünfink (B)

4 Eine Mehlschwalbe

5 Eine Schleiereule (A) und ein Turmfalke (B)

In der Stadt leben auch Schleiereulen und Turm-
falken (Bild 5). Beide ernähren sich von Mäusen.
Schleiereulen gehen nachts auf Nahrungssuche.
Turmfalken jagen am Tag. Dadurch vermeiden sie
Konkurrenz zwischen ihren Arten.

Nestbau

Viele Vögel nutzen Gebäude wie alte Kirchen als
Lebensräume (Bild 6). Hausrotschwänze bauen
ihre Nester in kleine Nischen. Grünfinken nutzen
die Hecken und Sträucher rund um die Kirche.
Mehlschwalben bauen ihre Nester außen an die
Wände des Gebäudes. Turmfalken nutzen Kirch-
türme und Schornsteine für den Bau ihrer Nester.
Schleiereulen bauen ihre Nester in große, dunkle
Nischen auf Dachböden.

6 Verschiedene Vogelarten nutzen diese Kirche.

Die ökologische Nische

Die Vogelarten in der Stadt unterscheiden sich in
ihrem Körperbau, ihrer Nahrung, dem Verhalten
und dem Ort für den Nestbau. Dadurch vermeiden
sie Konkurrenz zwischen ihren Arten.
Jede Art nutzt die abiotischen und biotischen
Umweltfaktoren in ihrem Lebensraum anders, um
zu überleben und sich fortzupflanzen. Wie eine
Art die Umweltfaktoren in ihrem Lebensraum
nutzt, das beschreibt die **ökologische Nische**. Eine
ökologische Nische ist also kein Raum, sondern
eine Beschreibung der Beziehungen einer Art zu
ihrer Umwelt und zu anderen Arten. Man sagt:
Jede Art nutzt eine andere ökologische Nische.
Dadurch wird Konkurrenz vermieden und es
können verschiedene Arten in einem begrenzten
Raum zusammenleben. Die Anzahl unterschiedlicher Arten in einem Lebensraum bezeichnet man
als **Artenvielfalt**. Die Artenvielfalt hat sich über
Millionen von Jahren entwickelt und ist das
Ergebnis der Angepasstheit der Lebewesen an
verschiedene Lebensbedingungen.

> Lebewesen sind an die Umweltfaktoren in
> ihrem Lebensraum angepasst. Die ökologische
> Nische beschreibt die Beziehungen zwischen
> einer Art und ihrer Umwelt.

AUFGABEN

1 **Angepasstheiten von Lebewesen**
a ▣ Beschreibe mithilfe von Bild 2, wie Hausrotschwänze und Grünfinken an ihre Nahrung
angepasst sind.
b ▣ Nenne den abiotischen Umweltfaktor, an
den nachtaktive Tiere angepasst sind.

2 **Konkurrenz zwischen Arten**
a ▣ Nenne drei Beispiele, wie Arten Konkurrenz
vermeiden.
b ▣ Beschreibe mithilfe von Bild 6, wie die Vogelarten Konkurrenz um Nistplätze vermeiden.

3 **Ökologische Nischen**
a ▣ Schreibe einen Lexikoneintrag für das
Fachwort ökologische Nische.
b ▣ Beschreibe mit den Informationen auf dieser
Doppelseite die ökologische Nische eines
Hausrotschwanzes.

Die Nahrungsbeziehungen in der Stadt

1 Eine Waldmaus frisst eine Brombeere.

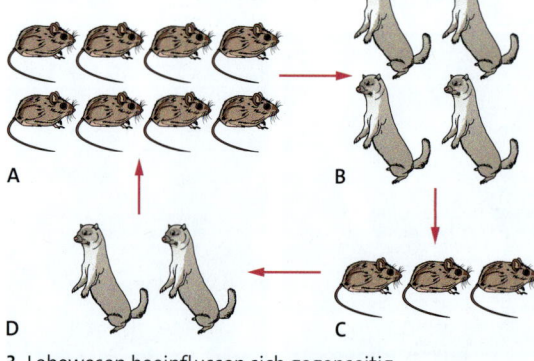

3 Lebewesen beeinflussen sich gegenseitig.

Waldmäuse kommen auch in Städten häufig vor. Diese Waldmaus hat eine Brombeere entdeckt. Sie hält sie beim Fressen mit ihren Vorderpfoten fest.

Die Nahrungskette

Tiere fressen und werden gefressen. Sie sind über ihre Nahrung verbunden. Ein anderes Wort für Verbindung ist Beziehung. Man sagt: Die Lebewesen stehen miteinander in **Nahrungsbeziehungen**. Ein Beispiel zeigt Bild 2: Die Waldmaus frisst Brombeeren. Der Steinmarder frisst Waldmäuse. Diese Nahrungsbeziehungen kann man darstellen, indem man die Lebewesen in einer Reihe aufschreibt und mit Pfeilen zeigt, wer von wem gefressen wird: Brombeere → Waldmaus → Steinmarder. Die Pfeilspitze zeigt dabei immer auf das Lebewesen, das frisst. Das Fachwort für diese Reihe ist **Nahrungskette**.

Das Nahrungsnetz

Lebewesen ernähren sich nicht nur von einer Nahrungsquelle, sondern von vielen. Die Waldmaus frisst auch Gräser und Kräuter.

➡ wird gefressen von

2 Ein Beispiel für eine Nahrungskette in der Stadt

Der Steinmarder frisst Kaninchen, Vögel, Beeren und Früchte. Wenn man alle Nahrungsketten aufschreibt, dann überkreuzen sich die Pfeile und es entsteht ein verzweigtes Netz (Bild 4). Dieses Netz nennt man **Nahrungsnetz**. Die Nahrungsketten sind also miteinander verbunden. Je mehr Arten in einem Lebensraum leben, desto mehr Nahrungsketten gibt es. Je mehr Nahrungsketten es gibt, desto stärker ist das Nahrungsnetz verzweigt.

Räuber-Beute-Beziehung

Steinmarder nutzen Waldmäuse als Nahrung. Lebewesen wie Steinmarder, die andere Lebewesen als Nahrung nutzen und dabei töten, werden in der Fachsprache **Räuber** genannt. Lebewesen wie Waldmäuse, die von den Räubern gefressen werden, werden in der Fachsprache Beutetiere oder kurz **Beute** genannt. Räuber und Beute beeinflussen sich gegenseitig: Wenn es viele Waldmäuse gibt, dann haben die Steinmarder mehr Nahrung und können sich deshalb gut vermehren (Bild 3A und B). Wenn es mehr Steinmarder gibt, dann fressen sie mehr Waldmäuse. Dadurch gibt es nach einiger Zeit weniger Waldmäuse (Bild 3C). Wenn es weniger Waldmäuse gibt, dann finden die Steinmarder weniger Nahrung und können sich deshalb schlechter vermehren. Dadurch gibt es nach einiger Zeit weniger Steinmarder (Bild 3D). Wenn es weniger Steinmarder gibt, dann werden weniger Waldmäuse gefressen, deshalb können sich die Waldmäuse gut vermehren (Bild 3D und A). Dadurch gibt es nach einiger Zeit mehr Waldmäuse. Diese Nahrungsbeziehung zwischen Räuber und Beute wird **Räuber-Beute-Beziehung** genannt.

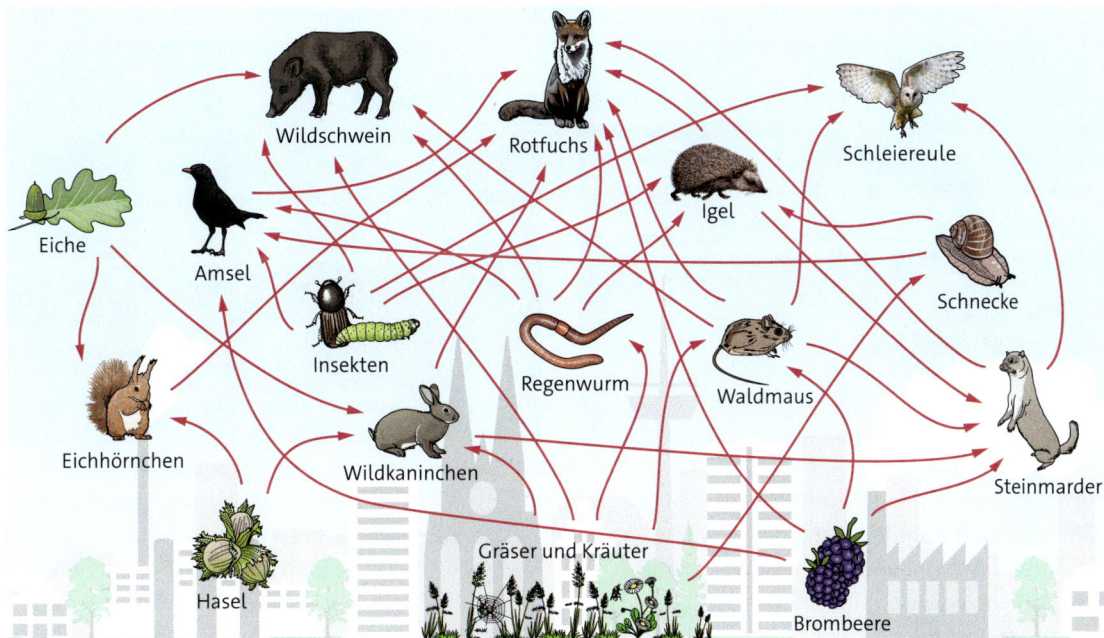

4 Ein Beispiel für ein Nahrungsnetz in der Stadt

Im Bild dargestellt: Eiche, Wildschwein, Rotfuchs, Schleiereule, Amsel, Igel, Schnecke, Insekten, Regenwurm, Waldmaus, Eichhörnchen, Wildkaninchen, Steinmarder, Hasel, Gräser und Kräuter, Brombeere

Das biologische Gleichgewicht

Die Lebewesen in einem Lebensraum beeinflussen sich durch ihre Nahrungsbeziehungen gegenseitig. (Bild 4). Die Anzahl der Lebewesen, die miteinander in Räuber-Beute-Beziehungen stehen, steigt und sinkt immer wieder. Wenn die Umweltfaktoren in einem Lebensraum lange Zeit gleich bleiben, dann verändert sich die Anzahl der Räuber und der Beutetiere im Laufe der Zeit weniger stark. Schließlich verändert sich die Anzahl dieser Tiere kaum noch. Man sagt dann: Das Ökosystem befindet sich in einem **ökologischen Gleichgewicht**. Je mehr Arten es in einem Lebensraum gibt, desto stabiler ist das ökologische Gleichgewicht. In der Stadt beeinflussen die Menschen das ökologische Gleichgewicht. Sie werfen Essensreste auf den Boden und in Mülleimer. Tiere wie Rotfüchse, Steinmarder, Tauben und Ratten fressen diese Nahrung. Weil sie immer genug Nahrung finden, können sich diese Tiere stark vermehren. Dadurch verändern sich die Räuber-Beute-Beziehungen.

> Lebewesen stehen miteinander in Nahrungsbeziehungen. Ein Beispiel sind Räuber-Beute-Beziehungen. Die Nahrungsketten eines Lebensraums sind in Nahrungsnetzen miteinander verbunden.

AUFGABEN

1 Nahrungsketten und Nahrungsnetz

a ▣ Beschreibe, was mit den Fachwörtern Nahrungsbeziehung, Nahrungskette und Nahrungsnetz gemeint ist.

b ▣ Beschreibe, in welche Richtung der Pfeil in einer Nahrungskette zeigt.

c ▣ Notiere mithilfe von Bild 4 drei verschiedene Nahrungsketten in der Stadt. Verwende dabei die Pfeil-Schreibweise.

2 Die Räuber-Beute-Beziehung

a ▣ Beschreibe, was mit den Fachwörtern Räuber und Beute gemeint ist.

b ▣ Erläutere mithilfe von Bild 3, wie sich Räuber und Beute gegenseitig beeinflussen.

c ▣ Erläutere an einem Beispiel, warum ein Räuber auch gleichzeitig Beute sein kann.

3 Das ökologische Gleichgewicht

a ▣ Beschreibe, wann sich ein Ökosystem in einem ökologischen Gleichgewicht befindet.

b ▣ Die Mülleimer in der Stadt werden so verschlossen, dass Wildschweine und Füchse nicht mehr an die Essensreste gelangen können. Beschreibe die Folgen für die Lebewesen. Verwende dabei die Wörter Räuber, Anzahl und Nahrungsbeziehung.

1 Ein Waschbär in der Stadt

2 Herkulesstauden darf man nicht anfassen!

Heimische und fremde Arten

In Deutschland gibt es einige Lebewesen, die bei uns nicht heimisch sind. Menschen haben sie absichtlich oder zufällig aus anderen Ländern in ihre Heimat mitgebracht. Eine Art, die sich in einem Lebensraum ausbreitet, in dem sie vorher nicht heimisch war, heißt **Neobiont**. In Deutschland gibt es etwa 1200 Neobionten.

Der Waschbär

Waschbären stammen aus Nordamerika und Mittelamerika (Bild 1). Vor etwa 100 Jahren wurden sie für die Pelzzucht nach Europa gebracht. Einige Waschbären konnten aus den Pelzfarmen entkommen. Sie haben sich in der Natur stark vermehrt, weil es bei uns keine Tiere gibt, die Waschbären fressen. Waschbären ernähren sich von Früchten, Nüssen, Insekten und Amphibien. In Städten finden Waschbären Nahrung in Obstgärten und Mülltonnen. Sie klettern auch auf Bäume und erbeuten Eier und Jungvögel aus Nestern.

Gefahren durch Waschbären

Waschbären heben einzelne Ziegel an oder verbiegen Dachbleche, um auf Dachböden zu gelangen. Dort hinterlassen sie Kot und Urin. Durch das undichte Dach kann Regenwasser gelangen. Weil sich die Waschbären bei uns so stark vermehren, werden sie auch zu einer Gefahr für unsere heimischen Arten. Waschbären fressen alles, auch vom Aussterben bedrohte Tiere wie Sumpfschildkröten und Uhu-Küken. Wenn ein Neobiont heimische Tierarten oder Pflanzenarten gefährdet, dann wird er als **invasive Art** bezeichnet.

Die Herkulesstaude

Die Herkulesstaude wird auch Riesen-Bärenklau genannt (Bild 2). Die Pflanze stammt aus dem Kaukasus-Gebirge. Vor etwa 150 Jahren wurde sie als Gartenzierpflanze nach Europa gebracht. Sie wächst in kurzer Zeit bis zu 3 Meter hoch und hat auffällig große Blätter und Blütendolden. Die Samen werden vom Wind über 100 Meter weit getragen. Zudem schwimmen sie auf Wasser und bleiben auch im Fell von Tieren hängen. Dadurch verbreitet sich die Pflanze sehr schnell.

Gefahren durch Herkulesstauden

Weil sich die Herkulesstaude schnell ausbreitet und sehr hoch wird, kann sie andere Pflanzenarten verdrängen.
Der Pflanzensaft der Herkulesstaude ist gefährlich für Menschen: Wenn der Saft auf die Haut gelangt und die Haut danach in die Sonne gelangt, dann wird sie rot, entzündet sich und bildet Blasen, die zu offenen Wunden werden können.

AUFGABEN

1 **Weitere Neobionten in Deutschland** 🖼
a ☑ Recherchiere auf der Internetseite des Naturschutzbundes (NABU) weitere Neobionten.
b ☒ Entscheide dich für eine Art und erstelle dazu eine Präsentation. Beschreibe, wie diese Art nach Deutschland gekommen ist. Nenne auch die Vorteile und die Nachteile, die dieser Neobiont für uns und für die Natur hat.
c ☒ Halte mithilfe deiner Präsentation einen Vortrag vor der Klasse.

PRAXIS Lebewesen in der Stadt

A Eine Blumenwiese anlegen

Material:
Spaten, Harke, vier Holzpflöcke oder dicke Stöcke, Schnur, Samen von Wildblumen (z. B. Glockenblume, Kamille, Kornblume, Ringelblume), Bestimmungsschlüssel oder Bestimmungs-App

Durchführung:
– Sucht euch eine sonnige Stelle auf dem Schulgelände. Sie sollte etwa 1,5 × 1,5 m groß sein.
– Entfernt Mitte April bis Ende Mai alle Pflanzen, die dort wachsen.
– Grabt die Erde mit dem Spaten um.
– Harkt danach den Boden.
– Bringt die vier Holzpflöcke in den Ecken der Fläche an. Verbindet die Holzpflöcke so mit der Schnur, dass ein Viereck entsteht.
– Sät die Samen so aus, wie es in der Anleitung auf der Verpackung beschrieben ist.
– Wenn es mehrere Tage hintereinander nicht regnet, dann gießt eure Wiese.

Auswertung:
1 ☑ Geht einmal pro Woche zu eurer Blumenwiese. Beschreibt, wie sie sich entwickelt. Ihr könnt auch Fotos machen, um die Entwicklung zu dokumentieren.
2 ☒ Beobachtet, welche Tiere die Wiese aufsuchen. Zeichnet sie oder fotografiert sie.
3 ☒ Bestimmt fünf bis zehn Pflanzen auf eurer Blumenwiese mit einem Bestimmungsschlüssel oder einer Bestimmungs-App. 🔲

1 Eine blühende Blumenwiese

B Unterschiedliche Marienkäfer

Der Asiatische Marienkäfer wurde von Menschen nach Europa gebracht. Er steht in Konkurrenz mit dem Siebenpunktmarienkäfer, der bei uns heimisch ist. Asiatische Marienkäfer haben unterschiedlich viele Punkte und Farben und ein „W" auf dem Kopfschild (Bild 1A). Siebenpunktmarienkäfer haben sieben schwarze Punkte, ihre Flügeldecken sind rot (Bild 1B). Du kannst die beiden Käferarten im Sommer oder frühen Herbst finden.

2 Asiatischer Marienkäfer (A), Siebenpunktmarienkäfer (B)

Material:
Block, Stift

Durchführung:
– Arbeitet in Gruppen.
– Jede Gruppe sucht in einem anderen Bereich auf dem Schulgelände oder im Umfeld der Schule nach Marienkäfern.
– Notiert, wie viele Asiatische Marienkäfer und wie viele Siebenpunktmarienkäfer ihr findet.
– Fotografiert die gefundenen Marienkäfer.

Auswertung:
1 ☑ Addiert die Zahlen der gefundenen Asiatischen Marienkäfer und der gefundenen Siebenpunktmarienkäfer von allen Gruppen.
2 ☒ Erstellt aus den Zahlen ein Kreisdiagramm.
3 ☒ Wertet das Diagramm aus.
4 ☒ Recherchiert, warum Asiatische Marienkäfer nach Europa gebracht wurden. 🔲
5 ☒ Findet auch heraus, wie Asiatische Marienkäfer unsere heimischen Marienkäferarten gefährden.

Stoffkreisläufe und Energiefluss in der Stadt

1 Ein Wildkaninchen frisst Gras.

Manchmal kannst du in der Stadt ein Wild-
kaninchen beim Fressen beobachten.

Die Produzenten

Pflanzen nehmen Wasser aus dem Boden und
Kohlenstoffdioxid aus der Luft auf. Durch Fotosynthese stellen sie daraus energiereichen Traubenzucker her. Ein anderes Wort für herstellen ist
produzieren. Pflanzen werden daher **Produzenten**
genannt. Einen Teil des Traubenzuckers wandeln
Pflanzen mit Mineralstoffen aus dem Boden
in Nährstoffe um. In diesen Nährstoffen ist
der Kohlenstoff aus dem Kohlenstoffdioxid
gespeichert. Die Pflanzen nutzen einen Teil der
Nährstoffe zum Wachsen, also zum Bau von
neuen Zellen. Wenn Lebewesen wachsen, dann
werden sie größer und schwerer. Man sagt: Ihre
Masse wird größer. Die Masse von Lebewesen wird
Biomasse genannt. Den größten Teil der Nährstoffe nutzen die Pflanzen für die Zellatmung
(↗ S. 46/47). So gewinnen sie Energie für ihre
Lebensvorgänge.

Die Konsumenten

Waldmäuse und Wildkaninchen fressen Pflanzen.
Solche Tiere werden **Pflanzenfresser** genannt.
Steinmarder und Füchse fressen Mäuse und
Kaninchen. Solche Tiere werden **Tierfresser**
genannt. Lebewesen, die Pflanzen oder Tiere
fressen, heißen **Konsumenten**. Beim Fressen
nehmen die Konsumenten das Wasser, die
Nährstoffe und die Mineralstoffe auf, die in ihrer
Nahrung enthalten sind. Die Tiere nutzen einen
Teil der Stoffe zum Wachsen. Den größten Teil der
Stoffe nutzen die Tiere, um durch Zellatmung
Energie für ihre Lebensvorgänge zu gewinnen.

Die Destruenten

Einige Käfer, Würmer und Pilze ernähren sich von
toten Pflanzen und Tieren und zersetzen sie dabei.
Solche Lebewesen heißen **Destruenten**. Beim
Zersetzen nehmen die Destruenten das Wasser,
die Nährstoffe und die Mineralstoffe auf, die in
den toten Pflanzen und Tieren enthalten sind.
Die Destruenten nutzen diese Stoffe zum
Wachsen und für ihre Lebensvorgänge. Bei der
Zellatmung werden Kohlenstoffdioxid und Wasser
frei. Die Destruenten geben sie zusammen mit
Mineralstoffen nach außen ab. Diese Stoffe
stehen dann wieder den Pflanzen zur Verfügung.

Der Kreislauf der Stoffe

Lebewesen sind durch ihre Nahrungsbeziehungen
miteinander verbunden. Wasser, Mineralstoffe
und Kohlenstoff werden von den Produzenten
an die Konsumenten weitergegeben. Die
Destruenten setzen diese Stoffe aus den toten
Lebewesen frei, sodass sie von den Produzenten
wieder aufgenommen werden können. In einem
natürlichen Ökosystem wie einem Wald oder
einem Gewässer bewegen sich Wasser, Mineralstoffe und Kohlenstoff in einem Kreislauf (Bild 2).

Die Nahrungspyramiden

In Bild 3 sind die Lebewesen im Wald nach der Art
ihrer Ernährung übereinander angeordnet. Die
Breite der Stufen zeigt, wie viel Biomasse die
Lebewesen haben. Im Wald ist die Biomasse der
Produzenten am größten.

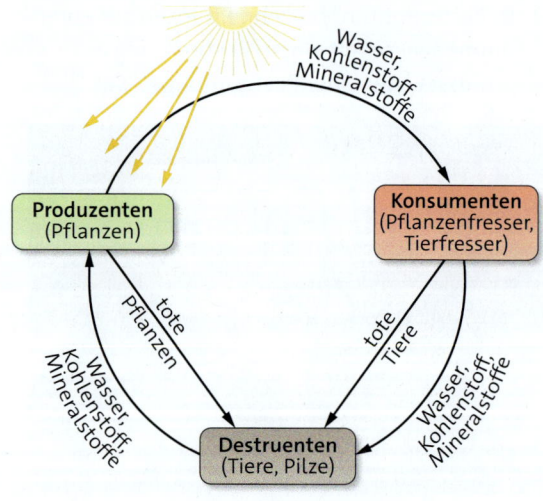

2 Der Stoffkreislauf in natürlichen Ökosystemen

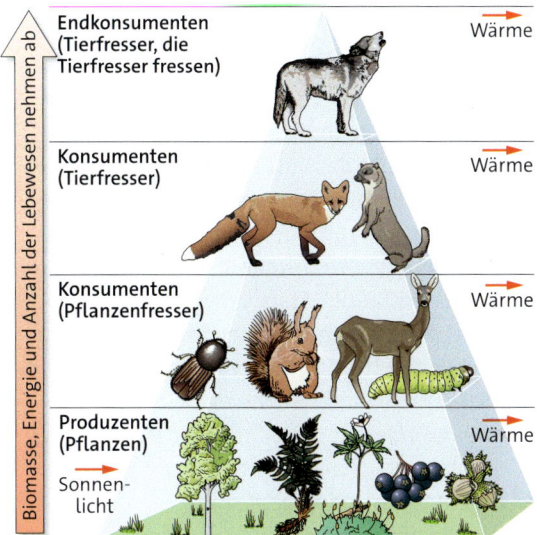

3 Eine Nahrungspyramide mit den Lebewesen im Wald

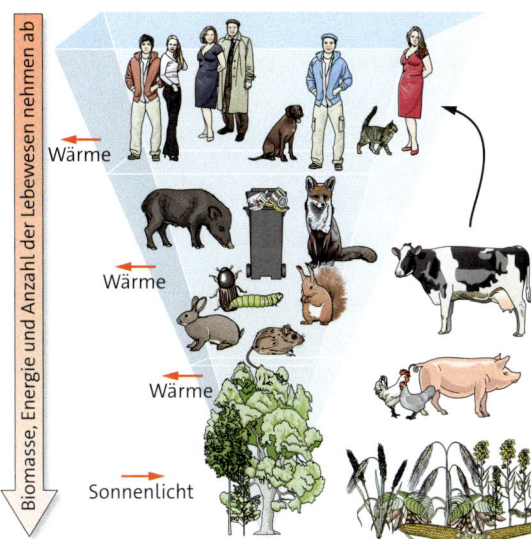

4 Eine Nahrungspyramide mit den Lebewesen in der Stadt

Darüber stehen die Pflanzenfresser und die Tierfresser (Bild 3). An der Spitze stehen Tiere wie der Wolf, die sich von Tierfressern wie Rotfüchsen ernähren. Sie heißen **Endkonsumenten**. Davon gibt es im Wald nur wenige, ihre Biomasse ist am geringsten. Das Ergebnis dieser Anordnung ist eine Pyramide, eine **Nahrungspyramide**.

In einem künstlichen Ökosystem wie der Stadt sieht die Nahrungspyramide anders aus: Hier ist sie oben breiter als unten (Bild 4). In Städten gibt es nur wenige Produzenten, aber viele Konsumenten. Die Zahl der Endkonsumenten ist in Städten am größten, denn auch Menschen sind Endkonsumenten. Unsere Nahrung produzieren wir jedoch zum größten Teil außerhalb der Städte und transportieren sie hinein. In Städten entsteht viel Abfall, der von einigen Konsumenten als Nahrung genutzt wird. Menschen beeinflussen also die Nahrungsbeziehungen und die Stoffkreisläufe in der Stadt.

Die Energie

Energie durchläuft Nahrungsketten nur in einer Richtung: von den Produzenten zu den Konsumenten. Mit dem Sonnenlicht gelangt neue Energie in Ökosysteme. Pflanzen nutzen die Energie des Sonnenlichts, um energiereiche Nährstoffe aufzubauen. Lebewesen nutzen nur einen kleinen Teil der Nährstoffe zum Aufbau von Biomasse. Den größten Teil nutzen sie, um durch Zellatmung Energie für ihre Lebensvorgänge zu gewinnen.

Diese Energie wird schließlich in Wärme umgewandelt und nach außen abgegeben. In der Nahrungspyramide für den Wald sind daher von Stufe zu Stufe immer weniger Nährstoffe und damit auch immer weniger Energie vorhanden (Bild 3). Weil Menschen Nahrung von außerhalb in die Städte bringen, steht den Konsumenten mehr Biomasse und mehr Energie zur Verfügung als die Produzenten in den Städten liefern (Bild 4).

> In Städten gibt es Produzenten, Konsumenten und Destruenten. Die Nahrungspyramide ist oben breiter als unten. Energie durchläuft Nahrungsketten nur in eine Richtung.

AUFGABEN

1 Stoffe und Energie

a ☑ Formuliere je einen Lexikoneintrag für die Fachwörter Produzent, Konsument und Destruent.

b ☒ Produzenten speichern die Sonnenenergie in energiereichen Nährstoffen. Beschreibe, wie Tierfresser diese Energie nutzen können.

2 Die Nahrungspyramide der Stadt

a ☑ Begründe, warum die Nahrungspyramide für eine Stadt oben breiter ist als unten.

b ☒ Erkläre, wodurch es möglich ist, dass im Ökosystem Stadt mehr Endkonsumenten als Produzenten leben.

AUFGABEN   Lebewesen in der Stadt

1   Nischen und Nahrungsbeziehungen
In Städten leben viele verschiedene Vögel.
Zwei Beispiele sind Halsbandsittiche und
Stadttauben.

a ☑ Vergleiche den Halsbandsittich und die
Stadttaube mithilfe der Steckbriefe in Bild 1
und 2.

b ☒ Erläutere, wie die beiden Vogelarten
gemeinsam den Lebensraum Stadt nutzen und
dabei Konkurrenz vermeiden. Verwende dabei
auch das Fachwort ökologische Nische.

c „Felsentauben brüten in Höhlen von Felsen.“
☒ Begründe mit dieser Aussage und zwei
Informationen aus Bild 2, wo Stadttauben ihre
Nester bauen.

d ☒ Erstelle mithilfe von Bild 1 und 2 je eine
Nahrungskette mit dem Halsbandsittich und
eine Nahrungskette mit der Stadttaube.

e ☑ Ordne den Lebewesen in deinen Nahrungsketten aus Aufgabe d die Fachwörter Räuber
und Beute zu.

f ☒ „Wenn es mehr Nahrung gibt, dann können
sich Tiere stärker vermehren.“ Begründe mit
dieser Aussage und einer Information aus
Bild 2, warum das Füttern von Tauben in vielen
Städten verboten ist.

g ☒ Beschreibe mithilfe deiner Nahrungskette
aus Aufgabe d eine weitere mögliche Folge,
wenn sich Tauben stark vermehren. Verwende
dabei das Fachwort Räuber-Beute-Beziehung.

h Vogelkot enthält Säuren, die Stein, Beton und
Metall beschädigen können.
☒ Begründe mit dieser Information, warum in
Städten oft spitze Metallstäbe auf Gebäuden
und Mauern angebracht sind.

i In vielen Städten werden Häuschen mit Wasser,
Nahrung und Nistplätzen für Tauben aufge-
stellt. Sie werden regelmäßig gesäubert, die
Vogeleier werden durch Eier aus Gips ersetzt.
☒ Erläutere, welche drei Probleme mit Stadttauben dadurch verringert werden. Nutze dazu
auch die letzte Information aus Bild 2.

Der Halsbandsittich

Körperlänge und Gewicht: 40 cm, 90–130 g
Nahrung: vor allem Früchte (z. B. Äpfel),
Knospen, Blüten, manchmal auch Rinde
und Samen
Nistplatz: Höhlen alter Bäume
Fortpflanzung: 2 bis 5 Eier pro Jahr
Sozialverhalten: lebt in Gruppen, gehen
zusammen auf Nahrungssuche
Fressfeinde: Wanderfalke, Habicht, Sperber
Weitere Informationen: eine Papageienart,
stammt ursprünglich aus Afrika und Asien,
wird schon seit über 2000 Jahren und auch
heute noch als Haustier gehalten

1 Ein Steckbrief zum Halsbandsittich

Die Stadttaube

Körperlänge und Gewicht: 30 cm, 240–380 g
Nahrung: Samen (z. B. Sonnenblumenkerne)
Nistplatz: Gebäude, Mauern, Brücken
Fortpflanzung: je nach Nahrungsangebot
2- bis 6-mal pro Jahr je 1 bis 3 Eier
Sozialverhalten: lebt in Gruppen, gehen
zusammen auf Nahrungssuche
Fressfeinde: Wanderfalke, Uhu, Marder,
Katze
Weitere Informationen: stammt von der
Felsentaube aus Afrika und Asien ab; mit
dem Taubenkot können Krankheiten auf
Menschen übertragen werden

2 Ein Steckbrief zur Stadttaube

2 Stoffkreisläufe und Energiefluss in der Stadt

3 Ein Nahrungsnetz in der Stadt

a ☑ Notiere drei verschiedene Nahrungsketten aus Bild 3 in deinem Heft.

b ☑ Ordne den Lebewesen in deinen Nahrungsketten die Fachwörter Produzent, Konsument und Endkonsument zu.

c ☒ Nenne die Bestandteile des Nahrungsnetzes in Bild 3, die in einem natürlichen Ökosystem wie einem Wald nicht vorkommen.

d ☒ Beschreibe, wie Menschen das ökologische Gleichgewicht in der Stadt beeinflussen. Nutze dazu auch deine Antwort auf Aufgabe c.

e ☒ Begründe, warum Städte künstliche Ökosysteme sind.

f ☑ Nenne den Endkonsumenten, der in Städten am häufigsten vorkommt.

g ☒ Erläutere, warum dieser Endkonsument mit Nahrung von außerhalb der Stadt versorgt werden muss.

h ☒ Notiere in einer Tabelle die Stoffe und Energieformen, die in die Stadt hineingebracht und von der Stadt an die Umwelt abgegeben werden. Nutze dazu Bild 4.

i Durch die Endkonsumenten entsteht in Städten viel Abfall und Abwasser.
☒ Beschreibe mithilfe von Bild 4, in welchen Einrichtungen Abwasser gereinigt, Abfall getrennt, wieder aufbereitet oder vernichtet wird.

j ☒ Begründe mithilfe von Bild 4, warum Wasser von außen in Städte hineintransportiert und auch wieder hinaustransportiert werden muss.

k ☒ „Städte sind offene Ökosysteme." Bewerte diese Aussage. Nutze dazu deine Antworten auf die Aufgaben g bis j.

l ☒ Stelle begründete Vermutungen an, ob die Artenvielfalt in Städten groß oder gering ist.

m ☒ Recherchiere, wie die Artenvielfalt in Städten erhöht werden kann. 🖐

n ☒ Erstelle ein Plakat oder eine Präsentation zu deinen Recherche-Ergebnissen. 🖐

o ☒ Überlegt in der Klasse, welche Maßnahmen zum Schutz und zur Erhöhung der Artenvielfalt ihr auf dem Schulgelände umsetzen könnt.

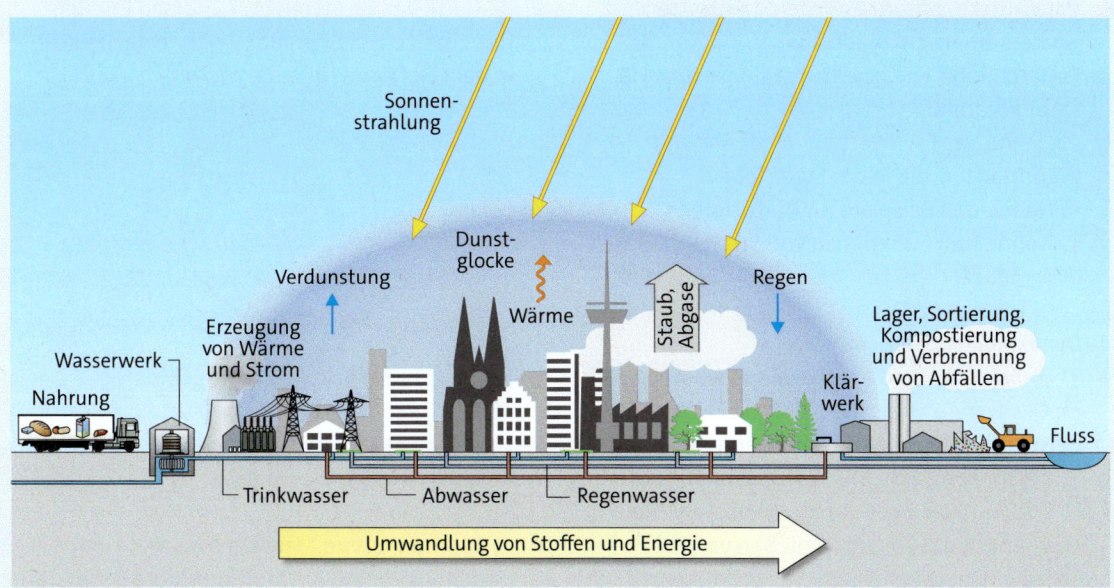

4 Stoffe und Energie in der Stadt

TESTE DICH!

1 Eine Stadt ist ein Ökosystem ↗ S. 120/121

a ☑ Ordne den Buchstaben in Bild 1 die passenden Fachwörter zu: Lebensraum, biotische Umweltfaktoren, Ökosystem, abiotische Umweltfaktoren, Lebensgemeinschaft.

b ☒ Nenne zwei biotische und vier abiotische Umweltfaktoren.

c ☒ Beschreibe an zwei Beispielen, wie Licht die Aktivität von Tieren beeinflusst.

A

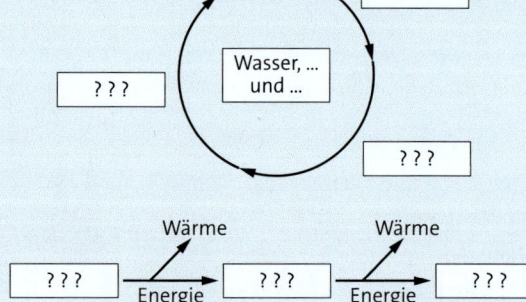

1 Das Ökosystem Stadt

2 Die Bereiche einer Stadt ↗ S. 122/123

a ☑ Nenne drei Bereiche einer Stadt, die sich durch ihre Lebensbedingungen unterscheiden.

b ☒ Erkläre, warum es im Sommer in der Stadt wärmer ist als außerhalb.

c ☒ Erläutere, warum es in der Stadtmitte wärmer ist als am Stadtrand.

d ☒ Beschreibe, wie eine Dunstglocke über der Stadt entsteht.

e ☑ Nenne das Fachwort für Wildtiere und Wildpflanzen, die in der Stadt leben.

f ☑ Nenne drei Beispiele für Kulturfolger.

g ☑ Nenne fünf Funktionen von Straßenbäumen in der Stadt.

3 Die ökologische Nische ↗ S. 130/131

a ☑ „Lebewesen sind an die Lebensbedingungen im Ökosystem angepasst." Erläutere an einem Beispiel, was mit der Aussage gemeint ist.

b ☒ Beschreibe, was eine ökologische Nische ist.

c ☒ Erläutere die Bedeutung von ökologischen Nischen für das Zusammenleben von Lebewesen in einem Lebensraum. Verwende dabei auch das Wort Konkurrenz.

d ☒ Beschreibe, was mit dem Fachwort Artenvielfalt gemeint ist.

e ☒ Erläutere den Zusammenhang von Angepasstheit, ökologischen Nischen und Artenvielfalt.

4 Die Nahrungsbeziehungen ↗ S. 132/133

a ☑ Erstelle eine Nahrungskette mit diesen Lebewesen: Käfer, Löwenzahn, Igel.

b ☑ Beschreibe, was die Pfeile zwischen den Lebewesen in einer Nahrungskette zeigen.

c ☑ Nenne das Fachwort für die Nahrungsbeziehung zwischen Käfer und Igel.

d ☒ Begründe, warum es in einem Ökosystem nicht nur eine Nahrungskette gibt. Nenne dabei auch das Fachwort für die Gesamtheit aller Nahrungsketten in einem Ökosystem.

5 Stoffe und Energie ↗ S. 136/137

a ☑ In Ökosystemen gibt es Lebewesen, die Stoffe herstellen, andere nehmen Lebewesen als Nahrung auf und wieder andere zersetzen Lebewesen. Nenne die Fachwörter und je ein Beispiel für die drei Lebewesen.

b ☒ Beschreibe, wie Energie in Ökosysteme gelangt.

c ☒ Begründe, warum in einer Nahrungspyramide von Stufe zu Stufe immer weniger Energie und Nährstoffe vorhanden sind.

d ☒ Stelle den Stoffkreislauf und den Energiefluss in Ökosystemen dar. Zeichne dazu Bild 2 in dein Heft und fülle die Lücken.

???

Wasser, … und …

???

???

Wärme

???

Energie

???

Wärme

Energie

???

2 Stoffe und Energie in Ökosystemen

e ☒ Beschreibe, wie Menschen die Nahrungsbeziehungen und die Stoffkreisläufe in der Stadt beeinflussen.

Eine Stadt ist ein Ökosystem

Die Umweltfaktoren beeinflussen das Leben von Lebewesen. Die Lebewesen sind an die Umweltfaktoren im Lebensraum angepasst.

abiotische Umweltfaktoren: Wasser, Temperatur, Licht, Boden

biotische Umweltfaktoren: Lebewesen wie Pflanzen und Tiere

Lebensraum: ein Gebiet, in dem bestimmte Pflanzen und Tiere leben

Lebensgemeinschaft: die Lebewesen in einem Lebensraum

Ökosystem: besteht aus Lebensraum und Lebensgemeinschaft

Die Bereiche einer Stadt

In Städten gibt es drei verschiedene Bereiche:

geschlossene Bebauung: in der Stadtmitte, viele Gebäude, wenig Grünflächen

offene Bebauung: am Stadtrand, wenig Gebäude, viele Grünflächen

aufgelockerte Bebauung: in den Gebieten zwischen Stadtmitte und Stadtrand

Die abiotischen Umweltfaktoren unterscheiden sich in den verschiedenen Stadtbereichen.

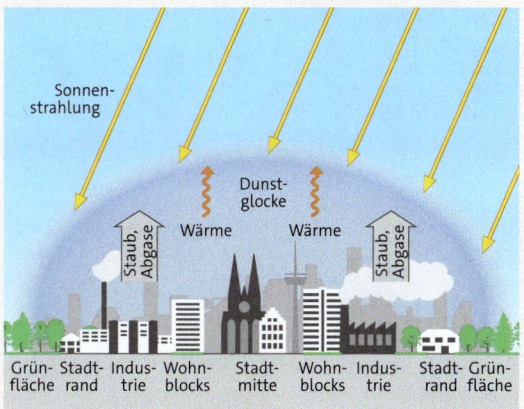

Die Lebewesen in der Stadt

Kulturlandschaft: eine von Menschen gestaltete Landschaft, zum Beispiel eine Stadt

Kulturfolger: Wildtiere, die den Menschen aus dem Freiland in die Kulturlandschaft gefolgt sind

In jedem Bereich einer Stadt kommen nur die Tiere und Pflanzen vor, die an die Lebensbedingungen angepasst sind.

Die ökologische Nische

Die **ökologische Nische** beschreibt die Beziehungen zwischen einer Art und ihrer Umwelt. In einem Ökosystem gibt es keine zwei Arten mit der gleichen ökologischen Nische. So wird Konkurrenz zwischen Arten vermieden.

Art: Lebewesen mit gleichen Merkmalen, die sich miteinander fortpflanzen können

Artenvielfalt: die Anzahl unterschiedlicher Arten in einem Lebensraum

Die Nahrungsbeziehungen

Lebewesen stehen miteinander in Nahrungsbeziehungen. Ein Beispiel ist sind **Räuber-Beute-Beziehungen**. Nahrungsbeziehungen zwischen Lebewesen kann man in **Nahrungsketten** und **Nahrungsnetzen** darstellen.

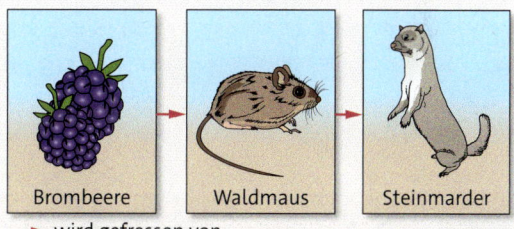

Brombeere — Waldmaus — Steinmarder

→ wird gefressen von

ökologisches Gleichgewicht: die abiotischen und biotischen Umweltfaktoren bleiben in einem Ökosystem über lange Zeit gleich

Stoffkreisläufe und Energiefluss

Produzenten: Pflanzen, stellen durch Fotosynthese energiereichen Traubenzucker her

Konsumenten: Tiere, ernähren sich von Pflanzen oder Tieren

Destruenten: Käfer, Würmer und Pilze, zersetzen abgestorbene Lebewesen

Lebewesen nutzen einen kleinen Teil der Nährstoffe zum Wachsen und den größten Teil für die Energiegewinnung durch **Zellatmung**.

Stoffkreislauf: Wasser, Mineralstoffe und Kohlenstoff bewegen sich durch die Nahrungsbeziehungen der Lebewesen in einem Kreislauf.

Energie: durchläuft Nahrungsketten von den Produzenten zu den Konsumenten, wird schließlich in Wärme umgewandelt und nach außen abgegeben

Ökosysteme im Klimawandel

In diesem Kapitel erfährst du, ...

... was der Treibhauseffekt ist.

... was die Ursachen für den aktuellen Klimawandel sind.

... welche Folgen der Klimawandel für die Erde und die Menschen hat.

... was wir tun können, um den Klimawandel zu verlangsamen.

... wie Menschen die Vielfalt der Lebewesen auf der Erde beeinflussen.

... was Nachhaltigkeit ist.

Ökosysteme und Umweltfaktoren

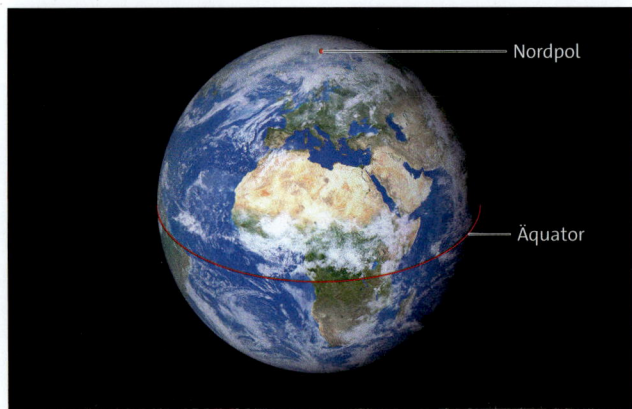

1 Unsere Erde

Nordpol

Äquator

3 Die Atmosphäre ist eine dünne Lufthülle (hier hellblau).

Atmosphäre

Wenn man die Erde aus dem Weltall betrachtet, dann erkennt man blaue Wasserflächen, grüne und braune Landflächen und weiße Eisflächen.

Ökosysteme und Wetter

Auf der Erde gibt es viele verschiedene Ökosysteme. Beispiele sind Wälder, Gewässer und Städte (Bild 2).
Die Lebensbedingungen in den Ökosystemen werden durch das Sonnenlicht, die Temperatur, das Wasser, den Wind und den Boden bestimmt. Diese abiotischen Umweltfaktoren werden durch das Wetter beeinflusst. Wir beschreiben das Wetter meist mit der Temperatur, dem Regen und dem Wind. Das Wetter entsteht in einer Hülle aus Luft, die die Erde umgibt. Diese Lufthülle heißt **Atmosphäre**. Sie ist etwa 80 km hoch, darüber beginnt das Weltall. Im Vergleich zum Durchmesser der Erde ist die Atmosphäre sehr dünn (Bild 3). Sie enthält verschiedene Gase wie Stickstoff, Sauerstoff und Kohlenstoffdioxid.

Das Sonnenlicht und die Temperatur

Das Licht der Sonne beleuchtet die Erde und erwärmt die Erdoberfläche. Pflanzen nutzen die Energie des Sonnenlichts für die Fotosynthese. Im Laufe eines Tages, eines Jahres und an verschiedenen Orten der Erde ist es unterschiedlich warm.

Das Wasser

Alle Lebewesen brauchen Wasser. Pflanzen, Tiere und Menschen nehmen Wasser auf und geben es wieder ab. Aus Flüssen, Seen und Meeren und vom Erdboden verdunstet ständig Wasser (Bild 4). Wenn viel Wasserdampf in der Luft ist, dann sagt man: Die **Luftfeuchtigkeit** ist hoch.
Die Sonne erwärmt die Erdoberfläche und auch die Luft darüber. Warme Luft steigt nach oben. Der Wasserdampf steigt mit der warmen Luft in die Höhe. Dort kühlt die Luft ab. Der Wasserdampf kondensiert zu winzigen Wassertröpfchen. In noch größerer Höhe werden sie zu kleinen Eiskristallen. Wir sehen sie als **Wolken**.

2 Beispiele für Ökosysteme: ein Wald (A), ein Gewässer (B) und eine Stadt (C)

4 Der Wasserkreislauf auf der Erde

Ein Regentropfen entsteht, wenn sich in einer Wolke viele Tröpfchen vereinigen. Schneeflocken entstehen, wenn sich Eiskristalle vereinigen. Regentropfen und Schneeflocken sind so schwer, dass sie zur Erde fallen. Regen, Schnee und Hagel werden als **Niederschlag** bezeichnet.

Das Wasser auf der Erde befindet sich in einem Kreislauf aus Verdunstung und Niederschlag. Das ist der **Wasserkreislauf** (Bild 4).

Der Wind

Die Luft an der Erdoberfläche wird von der Luft darüber zusammengedrückt. Diesen Druck spüren wir als **Luftdruck**. Über dem Meer ist die Luftschicht höher als über einem Berggipfel. Daher ist der Luftdruck auf Meereshöhe höher als auf einem Berggipfel. Wenn der Luftdruck an zwei Orten unterschiedlich ist, dann bewegt sich die Luft, um den Druck auszugleichen. So entsteht **Wind**. Die Lebewesen sind an die Windverhältnisse in ihrem Lebensraum angepasst (Bild 5).

Unterschiedliche Lebensbedingungen

Das Wetter ist in verschiedenen Regionen der Erde unterschiedlich.

Die Regionen um den Äquator heißen **Tropen**. Dort ist es in den meisten Gebieten immer warm und es regnet viel. Die Wälder in diesen Gebieten heißen **tropische Regenwälder**.

Die Regionen um den Nordpol und den Südpol heißen **Polargebiete**. Hier gibt es sehr lange, kalte Winter mit viel Schnee. In den Polargebieten wachsen keine Bäume. Ein solches kaltes Gebiet ohne Bäume heißt **Tundra**.

Zwischen den Polargebieten und den Tropen liegen Regionen mit weniger extremen Lebensbedingungen. Sie heißen **gemäßigte Zonen**. Hier gibt es vier verschiedene Jahreszeiten.

Die Ökosysteme der Erde unterscheiden sich durch die abiotischen Umweltfaktoren. Sie werden vom Wetter beeinflusst.

5 Wind ist ein abiotischer Umweltfaktor.

AUFGABEN

1 **Lebensbedingungen in Ökosystemen**
a ☑ Nenne die abiotischen Umweltfaktoren, die vom Wetter beeinflusst werden.
b ☒ Beschreibe die abiotischen Umweltfaktoren in den Tropen, der Tundra und in den gemäßigten Zonen.

2 **Der Wasserkreislauf**
a ☑ Nenne zwei Möglichkeiten, wie Wasser auf der Erde verdunstet.
b ☑ Beschreibe den Wasserkreislauf mithilfe von Bild 4.

Das Klima

1 Sommer und Winter sind sehr unterschiedliche Jahreszeiten.

2 Ein Gewächshaus aus Glas

Im Sommer ist es bei uns meist warm und sonnig. Im Winter ist es oft kalt, manchmal schneit es.

Wetter und Klima

Die Sonne erwärmt die Erde. Die Temperatur auf der Erde beeinflusst die Menge und die Art des Niederschlags. Das Wetter an einem bestimmten Tag kann man mit der Temperatur und dem Niederschlag beschreiben. Wenn man das Wetter an einem Ort jahrelang beobachtet, dann erkennt man den typischen Wetterablauf innerhalb eines Jahres. Dieser jährliche Ablauf des Wetters an einem Ort heißt **Klima**. Das Klima ist an verschiedenen Orten der Erde unterschiedlich.

Der natürliche Treibhauseffekt

Die Wirkung der Sonne nutzt man in Gewächshäusern (Bild 2). Hier kann man Pflanzen aufziehen, die im Freien nicht gut wachsen.

Durch das Glasdach gelangt Sonnenstrahlung auf den Boden und erwärmt ihn. Der Boden gibt Wärmestrahlung ab. Diese kann durch das Glasdach nicht hinaus, deshalb steigt die Temperatur im Gewächshaus.

Die Sonnenstrahlung erwärmt auch die Oberfläche der Erde. Die Erdoberfläche gibt Wärmestrahlung ab. Die Gase in der Atmosphäre nehmen die Wärmestrahlung auf und geben sie wieder ab. Ein Teil der abgegebenen Wärmestrahlung trifft auf die Erdoberfläche und erwärmt sie weiter (Bild 3). Die Sonne hat also auf die Erde die gleiche Wirkung wie auf ein Gewächshaus. Ein anderes Wort für Gewächshaus ist Treibhaus. Ein anderes Wort für Wirkung ist Effekt. Deshalb spricht man vom **Treibhauseffekt**. Weil der Treibhauseffekt durch natürliche Vorgänge entsteht, bezeichnet man ihn als **natürlichen Treibhauseffekt**.

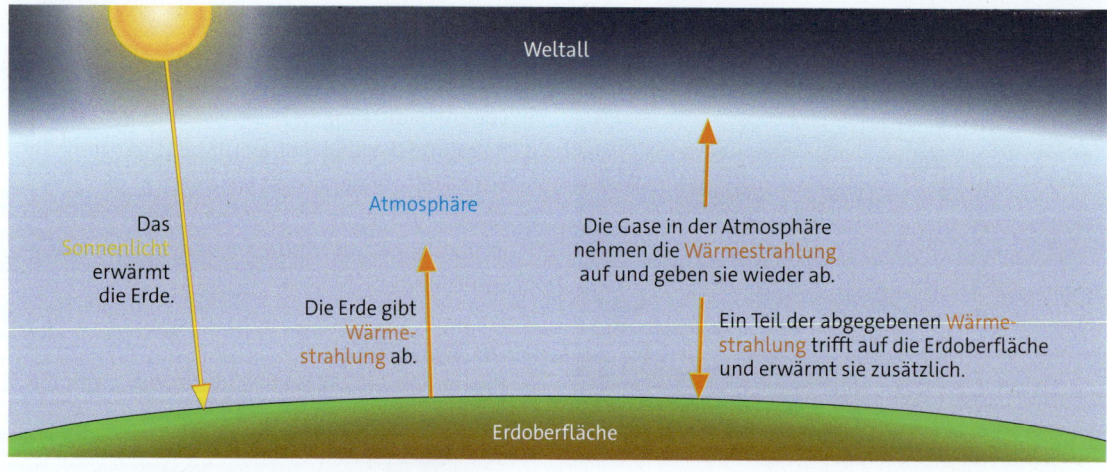

Weltall

Atmosphäre

Das Sonnenlicht erwärmt die Erde.

Die Erde gibt Wärmestrahlung ab.

Die Gase in der Atmosphäre nehmen die Wärmestrahlung auf und geben sie wieder ab.

Ein Teil der abgegebenen Wärmestrahlung trifft auf die Erdoberfläche und erwärmt sie zusätzlich.

Erdoberfläche

3 Durch den Treibhauseffekt ist es warm auf der Erde.

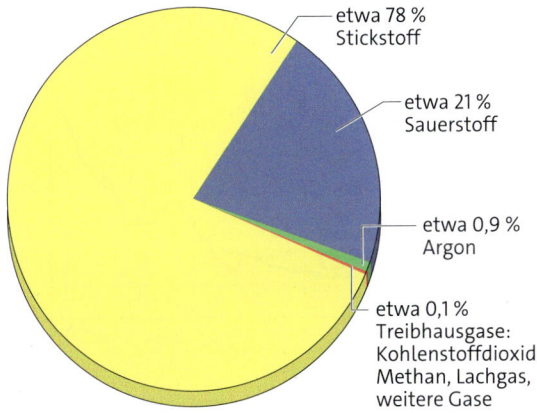

etwa 78 %
Stickstoff

etwa 21 %
Sauerstoff

etwa 0,9 %
Argon

etwa 0,1 %
Treibhausgase:
Kohlenstoffdioxid,
Methan, Lachgas,
weitere Gase

4 Die Zusammensetzung der Luft

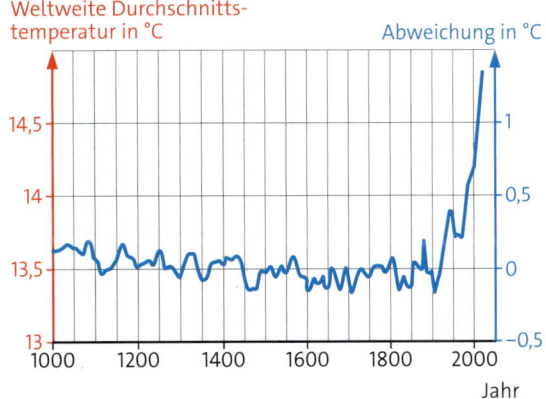

Weltweite Durchschnitts-
temperatur in °C

Abweichung in °C

Jahr

6 Die Durchschnittstemperatur in den letzten 1000 Jahren

Durch den natürlichen Treibhauseffekt liegt die Durchschnittstemperatur auf der Erde bei etwa +15 °C. Ohne die Atmosphäre würde die Wärmestrahlung von der Erde komplett ins Weltall abgegeben. Dann läge die Durchschnittstemperatur auf der Erde bei etwa −18 °C.

Die Treibhausgase

Die Atmosphäre enthält verschiedene Gase. Am Treibhauseffekt sind jedoch nur bestimmte Gase beteiligt. Beispiele sind Kohlenstoffdioxid, Methan und Lachgas. Diese Gase heißen **Treibhausgase**. Nur 0,1 % der Gase in der Atmosphäre sind Treibhausgase (Bild 4). Trotzdem beeinflussen sie das Klima auf der Erde sehr stark.

Die Veränderung des Klimas

Wenn sich das Klima dauerhaft verändert, dann spricht man von einem **Klimawandel**. Ursachen dafür können natürliche Vorgänge sein. Dann ist es ein **natürlicher Klimawandel**. Ein Beispiel sind sehr große Vulkanausbrüche (Bild 5). Wenn bei ei-

nem Vulkanausbruch viel Schwefeldioxid in die Atmosphäre gelangt, dann entstehen dort Wolken aus Schwefelsäuretröpfchen. Sie reflektieren die Sonnenstrahlung zurück ins Weltall. Dadurch wird die Erdoberfläche nicht so stark erwärmt. Im Mittelalter gab es mehrere sehr große Vulkanausbrüche. Dadurch sank die Temperatur auf der Erde in den Jahren von 1400 bis 1900 deutlich (Bild 6).

> Das Klima ist der jährliche Ablauf des Wetters an einem Ort. Der natürliche Treibhauseffekt entsteht durch Treibhausgase in der Atmosphäre. Eine dauerhafte Veränderung des Klimas nennt man Klimawandel.

AUFGABEN

1 Der natürliche Treibhauseffekt

a ☒ Zeichne ein Gewächshaus und darüber die Sonne. Stelle mit Pfeilen den Treibhauseffekt dar, durch den es im Gewächshaus wärmer ist als draußen.

b ☒ Beschreibe, was Treibhausgase sind.

2 Wetter und Klima

☑ Schreibe je einen Lexikoneintrag für die Fachwörter Wetter und Klima. Verdeutliche dabei den Unterschied zwischen Wetter und Klima.

3 Ein natürlicher Klimawandel

☒ Nach mehreren großen Vulkanausbrüchen sank die Temperatur zwischen 1400 und 1900 stark. In den Alpen entstanden in dieser Zeit riesige Gletscher aus Eis. Erkläre, wie es zu dieser sogenannten Eiszeit kam.

5 Bei einem Vulkanausbruch werden Gase frei.

Der Klimawandel

1 Der Juli 2023 war der heißeste Monat seit 120 000 Jahren.

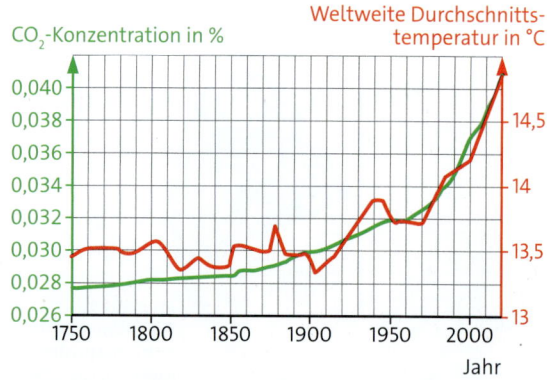

CO₂-Konzentration in %

Weltweite Durchschnittstemperatur in °C

3 Die Entwicklung von Temperatur und CO_2-Konzentration

Die heißesten Sommer gab es in Deutschland alle nach dem Jahr 2000.

Wie alles begann

Seit 1781 werden in Europa Informationen über das Wetter gesammelt. Vor 100 Jahren erkannten Wetterexperten, dass die Temperaturen auf der Erde steigen. Heute weiß man, dass der Treibhauseffekt stärker wird, weil es in der Atmosphäre mehr Treibhausgase gibt als früher. Ursache dafür ist eine Veränderung der Art und Weise, wie Dinge hergestellt werden. Früher wurde alles mit der Hand hergestellt. Doch vor etwa 250 Jahren begannen die Menschen, Fabriken zu bauen. In Fabriken werden Produkte von Maschinen hergestellt. Diese Art der Produktion nennt man Industrie. Die Entwicklung einer Industrie heißt **Industrialisierung**. Die Maschinen in den Fabriken brauchen viel Energie. Diese Energie wurde früher vor allem durch die Verbrennung von Kohle gewonnen. Wenn Kohle verbrennt, dann wird das Gas Kohlenstoffdioxid frei. Es gelangt durch die Schornsteine in die Atmosphäre (Bild 2).

2 Das Gas Kohlenstoffdioxid kann man nicht sehen.

Menschen tragen zur Erderwärmung bei

Die chemische Formel für Kohlenstoffdioxid ist CO_2. Der Anteil eines Stoffes in einem Gemisch wird **Konzentration** genannt. Durch den Einfluss der Menschen ist die CO_2-Konzentration in der Atmosphäre seit der Industrialisierung um über 50 % gestiegen (Bild 3). Dadurch wird der natürliche Treibhauseffekt verstärkt. Diese Verstärkung wird **anthropogener Treibhauseffekt** genannt. Das Wort anthropogen bedeutet: durch Menschen verursacht.

Menschen stören das natürliche Gleichgewicht

Alle Lebewesen nehmen Kohlenstoff auf und speichern ihn. Wenn Lebewesen zersetzt werden, dann wird der Kohlenstoff wieder frei. Der Kohlenstoff auf der Erde bewegt sich also in einem Kreislauf. Das ist der **globale Kohlenstoffkreislauf** (Bild 4). Aufnahme und Abgabe befinden sich in einem natürlichen Gleichgewicht. Wenn tote Lebewesen ohne Sauerstoff zersetzt werden, dann werden sie über Millionen von Jahren zu Kohle, Erdöl und Erdgas. Darin ist Kohlenstoff aus vielen vergangenen Jahrhunderten gespeichert. Wenn diese Stoffe verbrennen, dann gelangt der Kohlenstoff als CO_2 in die Atmosphäre. Dabei wird auch Energie frei, daher sind Kohle, Erdöl und Erdgas **fossile Energieträger**. Fossilien sind Reste vergangenen Lebens. Seit der Industrialisierung gelangt durch die Verbrennung fossiler Energieträger mehr CO_2 in die Atmosphäre, als die Pflanzen aufnehmen können. Zudem werden immer mehr Wälder abgeholzt, dadurch gibt es weniger Pflanzen, die CO_2 aufnehmen können. Auf diese Weise stören Menschen das natürliche Gleichgewicht des globalen Kohlenstoffkreislaufs.

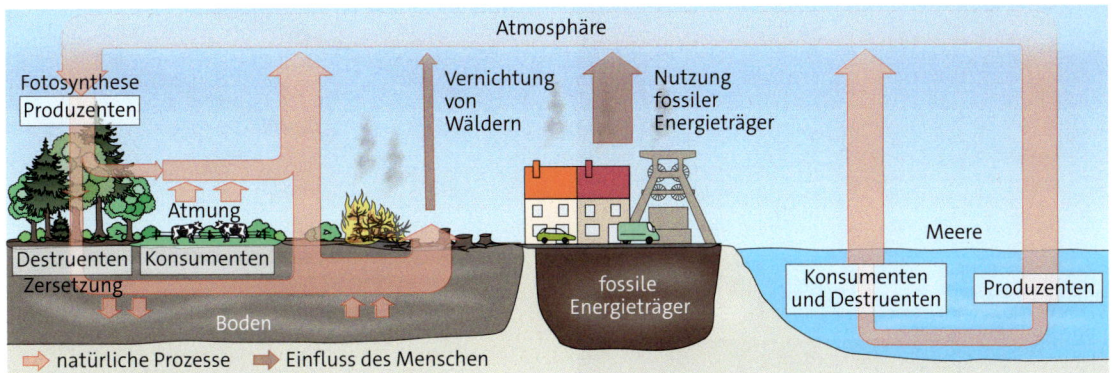

4 Der Kreislauf des Kohlenstoffs auf der Erde

Weitere Treibhausgase

Durch den Einfluss des Menschen werden auch die Treibhausgase Methan und Lachgas in die Atmosphäre ausgestoßen. Das Fachwort für den Ausstoß von Gasen ist **Emission**. Treibhausgas-Emissionen entstehen zum Beispiel bei der Energiegewinnung, durch den Verkehr und durch die Landwirtschaft (Bild 5).

Methan entsteht, wenn Pflanzen von Wiederkäuern wie Rindern, Schafen und Ziegen verdaut werden. In Deutschland ist die Landwirtschaft die größte Emissionsquelle für Methan. Auch bei der Verbrennung von Kohle, Erdöl, Erdgas und Holz wird Methan frei. Aus Mülldeponien, aus Kläranlagen und beim Anbau von Reis gelangt ebenfalls Methan in die Atmosphäre.

Lachgas entsteht, wenn Kunstdünger und Gülle im Boden abgebaut werden. Gülle ist ein natürlicher Dünger, der aus Urin und Kot von Nutztieren besteht. In Deutschland ist die Landwirtschaft die größte Emissionsquelle für Lachgas. Auch bei der Verbrennung von Kohle, Erdöl, Erdgas und Holz wird Lachgas frei.

Das Treibhauspotenzial

Methan nimmt mehr Wärmestrahlung auf und gibt mehr Wärmestrahlung ab als CO_2. Lachgas bleibt länger in der Atmosphäre als CO_2. Dadurch tragen Methan und Lachgas stärker zur Klimaerwärmung bei als CO_2. Man sagt: Sie haben ein größeres **Treibhauspotenzial**. Das Wort Potenzial bedeutet Fähigkeit. Das Treibhauspotenzial anderer Treibhausgase wird mit dem Treibhauspotenzial von CO_2 verglichen. Das nennt man **CO_2-Äquivalent**. Das Wort Äquivalent bedeutet: gleichwertiger Ersatz. Das CO_2-Äquivalent von Methan ist 28. Das bedeutet: 1 kg Methan verstärkt den Treibhauseffekt genauso stark wie 28 kg CO_2. Das CO_2-Äquivalent von Lachgas ist 298.

> Die Menschen sind für den aktuellen Klimawandel auf der Erde verantwortlich. Je mehr Treibhausgase in die Atmosphäre gelangen, desto wärmer wird es auf der Erde.

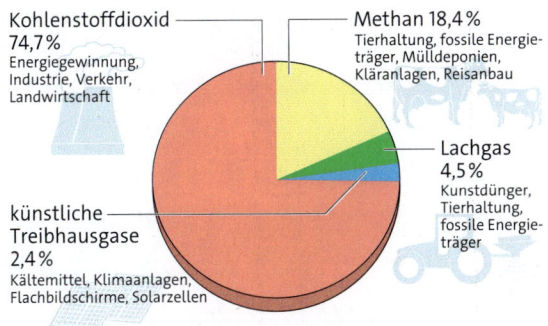

Kohlenstoffdioxid
74,7 %
Energiegewinnung, Industrie, Verkehr, Landwirtschaft

Methan 18,4 %
Tierhaltung, fossile Energieträger, Mülldeponien, Kläranlagen, Reisanbau

Lachgas
4,5 %
Kunstdünger, Tierhaltung, fossile Energieträger

künstliche Treibhausgase
2,4 %
Kältemittel, Klimaanlagen, Flachbildschirme, Solarzellen

59,7 Milliarden Tonnen CO_2-Äquivalente im Jahr 2019

5 Emissionsquellen verschiedener Treibhausgase

AUFGABEN

1 Die Treibhausgase

a ☑ Nenne drei verschiedene Treibhausgase.

b ☑ Schreibe für die drei Treibhausgase jeweils einen Lexikoneintrag.

c ☒ Beschreibe, warum die CO_2-Konzentration in der Atmosphäre steigt, wenn fossile Energieträger verbrannt werden.

2 Der anthropogene Treibhauseffekt

a ☑ Nenne je zwei Vorgänge, bei denen Methan und Lachgas freigesetzt werden.

b ☒ Beschreibe, wie Treibhausgas-Emissionen reduziert werden können.

Die Klimaforschung

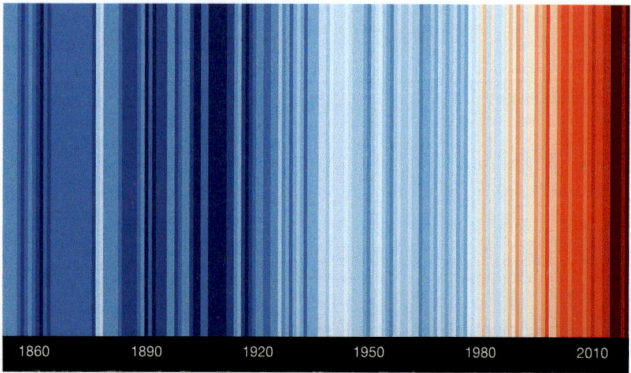

1 Diese Streifen zeigen die Erwärmung der Erde.

3 Ein Eisbohrkern aus einem Gletscher

Die Erwärmungsstreifen sind eine leicht verständliche Art, die Klimaerwärmung seit 1850 darzustellen. Jeder Streifen steht für ein Jahr. Blaue Farben stehen für niedrige Temperaturen und rote Farben für hohe Temperaturen.

Das Klima von heute

Überall auf der Erde sammeln Forscherinnen und Forscher jeden Tag Informationen über das Klima. Sie beobachten das Wetter und messen die Temperatur, die Windstärke und die Menge des Niederschlags. Auch die Anteile der verschiedenen Gase in der Atmosphäre, die Höhe der Meeresspiegel und der Salzgehalt der Meere werden gemessen. Mithilfe von Satelliten kann die Stärke der Bewölkung sowie die Größe und Dicke von Eisflächen gemessen werden (Bild 2). Alles verändert sich ständig und beeinflusst sich gegenseitig: Wenn zum Beispiel die Temperatur steigt, dann schmilzt mehr Eis. Wenn Eis an Land schmilzt und das Schmelzwasser ins Meer fließt, dann steigt der Meeresspiegel.

Das Klima der Vergangenheit

Archive enthalten Informationen über die Vergangenheit. Informationen über das Klima der Vergangenheit sind in **Klimaarchiven** gespeichert. Ein Beispiel ist das Eis von Gletschern. Es ist oft viele Kilometer dick, die tiefsten Eisschichten können über 800 000 Jahre alt sein. Forscherinnen und Forscher gewinnen Eisproben mit einem Bohrer. Solche Eisproben heißen **Eisbohrkerne**. Sie enthalten die verschiedenen Schichten des Eises (Bild 3). Die Schichten werden von oben abgezählt, um Informationen zu bestimmten Jahren zu gewinnen. Je tiefer eine Schicht liegt, desto älter ist sie. Aus der Dicke der Eisschicht kann man die Niederschlagsmenge in diesem Jahr berechnen. Das Eis enthält kleine Luftbläschen, die in dem Jahr eingeschlossen wurden, als das Eis entstand. Forscherinnen und Forscher können den Anteil der Treibhausgase in dieser Luft messen.
Weitere Beispiele für Klimaarchive sind die Schichten von Erdbohrkernen und Tropfsteinen sowie die Jahresringe von Bäumen (Bild 4).

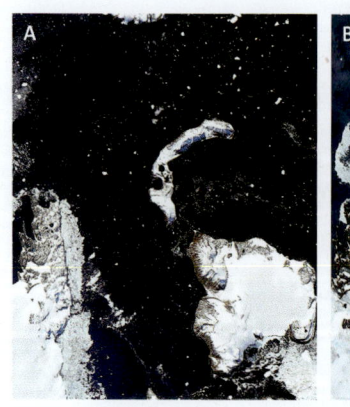

2 Eine Eisfläche in der Antarktis am 4.2.2020 (A) und am 13.2.2020 (B)

4 Je breiter die Jahresringe, desto wärmer war der Sommer.

Das Klima der Zukunft

Überall auf der Erde wird die Lufttemperatur zwei Meter über dem Boden gemessen. Daraus wird die Durchschnittstemperatur für die gesamte Erde berechnet. Das ist die **globale Mitteltemperatur**. Sie wird immer mit der Temperatur vor der Industrialisierung verglichen: Von 1850 bis 2022 ist die globale Mitteltemperatur um 1,4 °C gestiegen. Forscherinnen und Forscher versuchen abzuschätzen, wie sich das Klima auf der Erde weiterentwickeln wird. Dazu nutzen sie Computermodelle, die das Klima auf der Erde simulieren. In diese **Klimamodelle** werden alle gesammelten Klimadaten eingegeben. Außerdem gibt man Annahmen über die Treibhausgas-Emissionen in den nächsten Jahren ein. Aus diesen Werten berechnen die Computer, wie sich das Klima auf der Erde entwickeln kann.

Mögliche Versionen der Zukunft

Die Ergebnisse der Klimamodelle sind keine Vorhersagen, sondern Wenn-dann-Aussagen: Wenn weiterhin so viele Treibhausgase ausgestoßen werden wie heute, dann wird die globale Mitteltemperatur bis zum Jahr 2100 um 2,7 °C steigen (Bild 5). Bis 2050 wird die Temperatur auf jeden Fall weiter ansteigen, denn schon jetzt sind die Treibhausgase in der Atmosphäre, die das Klima bis dahin beeinflussen.

Die Grenzen von Klimamodellen

Das Klimasystem der Erde ist kompliziert und manche Einflüsse sind noch nicht verstanden. Außerdem gibt es so viele Klimadaten, dass die Rechenleistung der besten Supercomputer der Welt noch nicht ausreicht, um alles miteinzuberechnen. Deshalb sind Klimamodelle vereinfachte Darstellungen der Wirklichkeit. Sie können zudem nur mit den Daten arbeiten, die eingegeben werden. Doch das Verhalten der Menschen und die damit verbundene Entwicklung des Klimas sind schwer vorherzusehen.

> Klimaarchive enthalten Informationen über das Klima der Vergangenheit. Mit Klimamodellen kann man abschätzen, wie sich das Klima der Zukunft entwickeln könnte.

AUFGABEN

1 Die Klimaarchive

a ◪ Beschreibe, was ein Klimaarchiv ist.

b ◪ Nenne drei Beispiele für Klimaarchive.

c ◪ Beschreibe, wie mithilfe von Eisbohrkernen Informationen über das Klima der Vergangenheit gesammelt werden.

2 Die Klimamodelle

a ◪ Formuliere mithilfe von Bild 5 jeweils einen Wenn-dann-Satz zu den folgenden Fragen: Wie entwickelt sich die globale Mitteltemperatur, wenn mehr Treibhausgase ausgestoßen werden als heute? Wie entwickelt sich die globale Mitteltemperatur, wenn keine Treibhausgase mehr ausgestoßen werden?

b ◨ „In der Nordsee sind 2022 zwei Methanleitungen explodiert. Dadurch gelangten über 200 Millionen kg Methan in die Atmosphäre." Begründe mit dieser Aussage, warum Klimamodelle umstritten sein können.

Globale Mitteltemperatur in °C

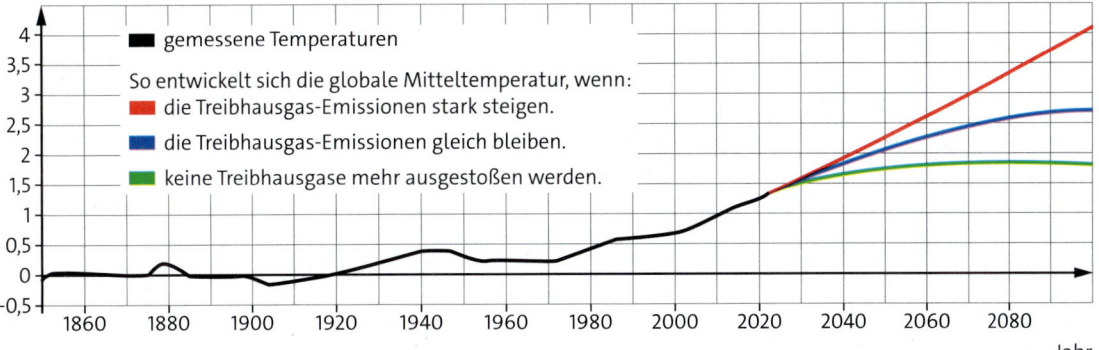

5 Drei mögliche Entwicklungen der globalen Mitteltemperatur

AUFGABEN Das Klima verändert sich

1 Ökosysteme sind unterschiedlich

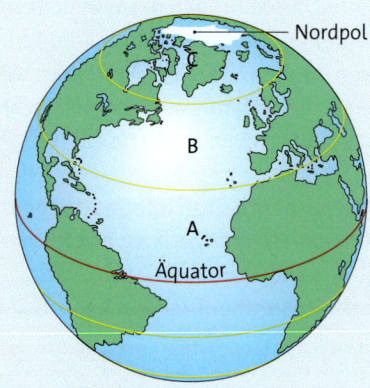

1 Verschiedene Regionen auf der Erde

a ☑ Nenne die Fachwörter für die drei Regionen der Erde, die in Bild 1 mit A bis C beschriftet sind.

b ☑ Nenne ein Ökosystem, das es in den Tropen und auch bei uns gibt.

c ☒ Beschreibe, wie sich die abiotischen Umweltfaktoren im Ökosystem aus Aufgabe b in den beiden Regionen unterscheiden.

d ☒ Erläutere, warum sich die Lebensgemeinschaften im Ökosystem aus Aufgabe b in den beiden Regionen unterscheiden.

e ☒ Begründe, warum Laubbäume im tropischen Regenwald ihre Blätter nicht abwerfen.

2 Der natürliche Treibhauseffekt

a ☑ Beschreibe, was mit dem Fachwort Klima gemeint ist.

b ☒ Erkläre, warum es in einem Gewächshaus aus Glas wärmer ist als draußen.

c An einem Gewächshaus kann man den Treibhauseffekt nachvollziehen.
☒ Nenne den Bestandteil, der für den Treibhauseffekt auf der Erde die gleiche Funktion hat wie das Glasdach für das Gewächshaus.

d ☒ Beschreibe, was geschieht, wenn Wärmestrahlung von der Erde auf die Atmosphäre trifft.

e Alle Lebewesen bestehen zu einem großen Teil aus Wasser. Wasser gefriert bei Temperaturen unter null Grad zu Eis.
☒ Begründe mithilfe dieser Informationen, warum es ohne den natürlichen Treibhauseffekt kein Leben auf der Erde gäbe.

3 Kohlenstoff ist überall

Alle Lebewesen auf der Erde nehmen Kohlenstoff auf und speichern ihn als Biomasse. Wenn Lebewesen sterben und zersetzt werden, dann wird der Kohlenstoff wieder frei.

a ☑ Nenne das Fachwort für die Bewegung des Kohlenstoffs auf der Erde.

b ☒ Kohle, Erdöl und Erdgas sind keine Lebewesen. Erläutere mithilfe ihrer Entstehung, wieso sie trotzdem viel Kohlenstoff enthalten.

c ☒ Erläutere, warum Wälder als Kohlenstoffspeicher bezeichnet werden.

d ☒ Stelle den Kreislauf des Kohlenstoffs auf der Erde in einer Schemazeichnung dar.

4 Der Klimawandel

a ☑ Zerlege das Fachwort Klimawandel in seine Bestandteile.

b ☒ Beschreibe, was die Wortbestandteile bedeuten.

c ☒ Formuliere einen Merksatz zum Fachwort Klimawandel.

d ☑ Beschreibe mithilfe von Bild 2, wie sich die CO_2-Konzentration und die globale Mitteltemperatur seit 1850 entwickelt haben.

e ☒ „Der Mensch hat den aktuellen Klimawandel durch die Industrialisierung verursacht." Begründe diese Aussage mithilfe von Bild 2.

f ☑ Nenne zwei weitere Treibhausgase und je zwei Vorgänge, bei denen sie frei werden.

g ☒ „Das CO_2-Äquivalent von Lachgas ist 298." Erläutere diese Aussage. Verwende dabei das Fachwort Treibhauspotenzial.

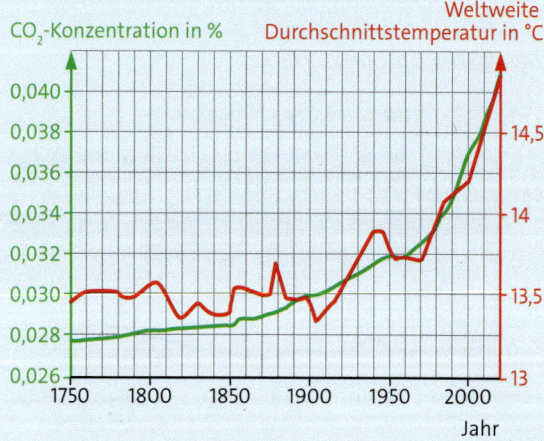

2 Die Entwicklung von Temperatur und CO_2-Konzentration

5 Rindfleisch und Soja statt Regenwald

3 Riesige Rinderherden in Brasilien

In Brasilien wird Regenwald absichtlich verbrannt. Auf den frei werdenden Flächen werden viele Rinder gehalten oder Soja angebaut. Mit Flugzeugen und Schiffen wird Soja aus Brasilien in die ganze Welt transportiert.

a ☑ Nenne drei Treibhausgase, die bei der Verbrennung von Holz frei werden.

b ☒ Begründe, warum das Verbrennen großer Wälder den Klimawandel verstärkt.

c ☒ Erkläre, wie durch die Haltung von Rindern und den Transport von Rindfleisch und Soja der Treibhauseffekt verstärkt wird.

d ☒ Beschreibe mithilfe von Bild 4, wofür Soja verwendet wird.

e ☒ „Für das deutsche Schnitzel brennt der Regenwald." Erläutere mithilfe von Bild 4, was mit dieser Aussage gemeint ist.

f ☒ „Wer Sojamilch trinkt und Soja-Tofu isst, trägt am stärksten zur Vernichtung des Regenwaldes in Brasilien bei." Bewerte diese Aussage. Nutze dazu auch Bild 4.

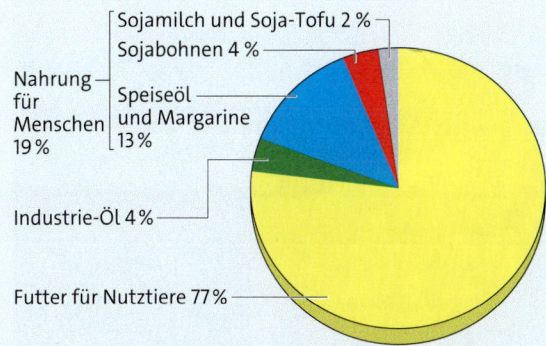

Sojamilch und Soja-Tofu 2 %
Sojabohnen 4 %
Nahrung für Menschen 19 %
Speiseöl und Margarine 13 %
Industrie-Öl 4 %
Futter für Nutztiere 77 %

4 Dafür wird das weltweit produzierte Soja verwendet.

6 Klimamodelle als Orientierung

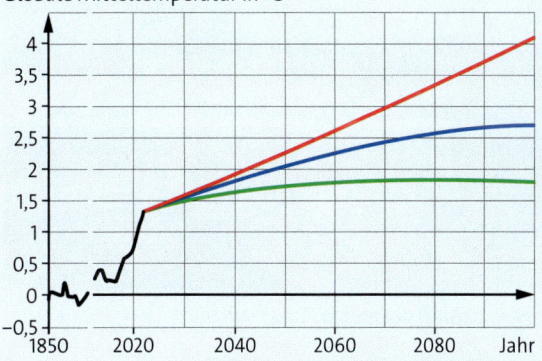

Globale Mitteltemperatur in °C

5 Drei mögliche Entwicklungen der globalen Temperatur

a ☑ Ordne der grünen, der blauen und der roten Kurve jeweils die passende Aussage zu:
(1) *So entwickelt sich die globale Mitteltemperatur, wenn weiterhin so viel Treibhausgase ausgestoßen werden wie heute.*
(2) *So entwickelt sich die globale Mitteltemperatur, wenn in Zukunft noch mehr Treibhausgase ausgestoßen werden als heute.*
(3) *So entwickelt sich die globale Mitteltemperatur, wenn in Zukunft deutlich weniger Treibhausgase ausgestoßen werden als heute.*

b ☒ Begründe, warum es in Bild 5 von 1950 bis 2022 nur eine schwarz Linie gibt, die dann in Grün, Blau und Rot auseinanderläuft.

c ☑ Nenne drei Beispiele für Umweltfaktoren, die gemessen werden, um Daten für die Erstellung von Klimamodellen zu sammeln.

d ☑ Beschreibe, was mit dem Fachwort Klimaarchiv gemeint ist.

e ☑ Nenne drei Beispiele für Klimaarchive.

f ☒ Begründe, warum die Zuverlässigkeit von Klimamodellen mit Messdaten aus der Vergangenheit getestet wird.

g ☒ Erläutere, warum Klimamodelle das Klima der Zukunft nicht ganz genau voraussagen können.

h ☒ Eine Person behauptet: „Klimamodelle bringen gar nichts. Man kann sich auf die Vorhersagen nicht verlassen."
☒ Formuliere Argumente, um die Person zu überzeugen, dass Klimamodelle eine wichtige Grundlage für gesellschaftliche und politische Entscheidungen sind.

Die Folgen des Klimawandels für die Natur

1 Die Loire ist eigentlich der größte Fluss Frankreichs.

2 Ein Waldbrand

Im Sommer 2022 war es in Europa sehr heiß und es hat sehr wenig geregnet. Dadurch sind viele große Flüsse ausgetrocknet.

Höhere Temperaturen

Die globale Mitteltemperatur ist seit 1850 um 1,4 °C gestiegen. Das ist ein Durchschnittswert, er bedeutet, dass es auch höhere und tiefere Werte gibt. Die Temperatur steigt also in verschiedenen Gebieten der Erde unterschiedlich stark an. Landflächen erwärmen sich stärker als Meere. Auch die verschiedenen Landflächen erwärmen sich unterschiedlich stark. In der Arktis stieg die Temperatur von 1971 bis 2019 um 3,1 °C.

Extremes Wetter

Durch den Klimawandel verändern sich die Luftströme auf der Erde. Sie beeinflussen das Wetter. Dadurch gibt es mehr extreme Wetterereignisse. An manchen Orten gibt es mehr Stürme, an anderen öfter Starkregen. An einigen Orten gibt es mehr Hitzewellen. Wenn es lange Zeit wenig oder gar nicht regnet, dann ist es sehr trocken. Man spricht von einer **Dürre**. Im Sommer 2022 gab es in Europa die schlimmste Dürre seit 500 Jahren. Durch Hitze und Dürre gibt es mehr Waldbrände (Bild 2).

Trockenere Böden

Wenn es wärmer ist, dann verdunstet mehr Wasser aus dem Boden. Wenn es gleichzeitig weniger regnet, dann werden die Böden trockener. Zudem gibt es mehr Tage mit höheren Temperaturen, daher haben Pflanzen mehr Zeit zum Wachsen. Sie werden größer und bilden mehr Blätter.

Darüber verdunstet mehr Wasser, das die Pflanzen aus dem Boden aufnehmen. Dadurch trocknen die Böden noch stärker aus.

Wärmeres Wasser

Das Wasser der Gewässer wird von der Sonne erwärmt und verdunstet. Wärmere Luft nimmt mehr Wasserdampf auf als kältere. Daher regnet es weniger und die Gewässer werden kleiner oder trocknen aus (Bild 1). Je wärmer Wasser ist, desto weniger Sauerstoff enthält es. Dann können die Lebewesen in den Gewässern sterben.

Auftauender Boden

In einigen Gebieten der Erde ist der Boden seit vielen Tausend Jahren dauerhaft gefroren. Ein anderes Wort für dauerhaft ist permanent. Daher heißt dieser Boden **Permafrostboden** oder kurz **Permafrost**. Er kann mehrere Hundert Meter dick sein. Der Permafrost enthält CO_2 und Methan. Durch den Klimawandel taut der Permafrost auf (Bild 3). Dann gelangen CO_2 und Methan in die Atmosphäre und verstärken den Treibhauseffekt.

3 Ein Permafrostboden in der Mongolei taut auf.

4 Korallenriffe bestehen aus Kalk.

6 An dieser Nordseeküste in England geht Land verloren.

Saures Wasser

Kohlenstoffdioxid löst sich in Wasser. Wenn die CO_2-Konzentration in der Atmosphäre steigt, dann löst sich mehr CO_2 in den Meeren. Das Wasser reagiert mit dem CO_2 zu Kohlensäure. Dadurch wird das Wasser saurer. Die Kohlensäure löst den Kalk auf, der sich in den Muschelschalen und den Korallen befindet. In saurem Wasser kann außerdem weniger Kalk gebildet werden. Dadurch sind Korallenriffe bedroht, denn das Kalkskelett der Korallen ist die Grundlage dieser Ökosysteme (Bild 4).

Weniger Eis

Schnee und Eis reflektieren viel Sonnenstrahlung ins Weltall, ohne sich dabei selbst zu erwärmen. In warmen Sommern schmelzen die großen Eisflächen am Nordpol, am Südpol und in Grönland. Dadurch werden die weißen Eisflächen kleiner und es gibt mehr dunkle Wasserflächen. Das dunkle Wasser nimmt die Sonnenstrahlung auf und erwärmt sich dabei. Im wärmeren Wasser schmilzt dann noch mehr Eis (Bild 5).

5 Helle Eisflächen und dunkle Wasserflächen

Steigender Meeresspiegel

In der Antarktis und in Grönland liegt das Eis auf dem Land. Wenn dieses Eis schmilzt, dann fließt das Wasser ins Meer. Dadurch steigt das Wasser im Meer höher. Man sagt: Der **Meeresspiegel** steigt. Durch den Klimawandel wird das Wasser in den Meeren außerdem wärmer. Wenn Wasser wärmer wird, dann dehnt es sich aus. Auch dadurch steigt der Meeresspiegel. Wenn der Meeresspiegel steigt, dann überschwemmt das Meerwasser die Strände an den Küsten. Dabei werden Sand, Steine und Erde weggeschwemmt (Bild 6). Flache Inseln können sogar komplett überflutet werden. Dadurch gehen Lebensräume verloren.

> Durch den Klimawandel wird es auf der Erde wärmer und es gibt mehr extreme Wetterereignisse. Der Permafrost taut auf und die Eisflächen schmelzen. Der Meeresspiegel steigt und das Meerwasser wird saurer.

AUFGABEN

1 Temperatur und Wasser

a ☒ Erkläre, wie durch den Klimawandel der Meeresspiegel in den letzten 100 Jahren um 15 bis 20 cm gestiegen ist.

b ☒ „Durch den Klimawandel sterben viele Wasserlebewesen." Erläutere diese Aussage an zwei Beispielen.

c ☒ Seit 1850 ist die globale Mitteltemperatur um 1,4 °C gestiegen. In Deutschland ist die Mitteltemperatur im gleichen Zeitraum um 1,7 °C gestiegen. Begründe, warum beide Zahlen stimmen.

Die Folgen des Klimawandels für die Menschen

1 Eine Luftaufnahme der überfluteten Stadt Ahrweiler im Juli 2021

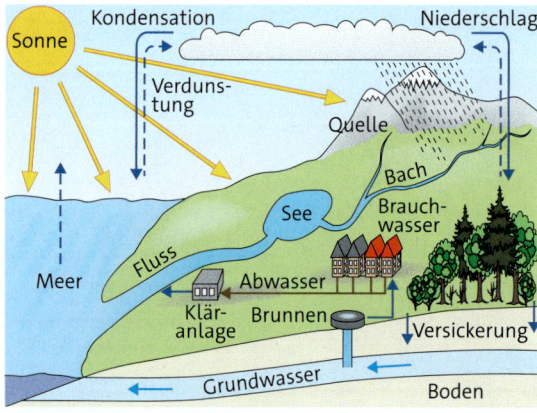

3 Der Gewinnung von Trinkwasser

Im Sommer 2021 gab es in Nordrhein-Westfalen und Rheinland-Pfalz eine Flutkatastrophe: Durch Starkregen wurden Bäche zu großen Flüssen.

Mehr Überschwemmungen
Durch den Klimawandel gibt es weltweit mehr extreme Wetterereignisse wie Starkregen mit Überschwemmungen. Bei der Flutkatastrophe 2021 in Deutschland wurden viele Häuser und Brücken zerstört (Bild 1). 189 Menschen starben. Auch durch den Anstieg des Meeresspiegels werden Häuser und Straßen an den Küsten zerstört. Manche Inseln ragen nur wenig aus dem Meer (Bild 2). Wenn sie überspült werden, dann müssen die Bewohner ihre Heimat verlassen.

Mehr Hitze
An vielen Orten wird es durch den Klimawandel heißer. Die Hitze erhöht das Risiko für Herz-Kreis-lauf-Erkrankungen. Im extrem heißen Sommer 2003 starben in Deutschland 10 000 Menschen wegen der Hitze.

Weniger Trinkwasser
Durch Niederschläge gelangt Wasser in Böden und Gewässer (Bild 3). Daraus wird Trinkwasser gewonnen. Wenn es weniger regnet, dann gibt es weniger Trinkwasser. Durch den steigenden Meeresspiegel gelangt an den Küsten salziges Meerwasser ins Grundwasser. Dann kann man das Grundwasser nicht mehr als Trinkwasser nutzen.

Weniger Nahrung
Bei Hitze und Trockenheit bilden Pflanzen weniger oder kleinere Früchte. Die Nutzpflanzen müssen daher mehr gegossen werden. Dieses Wasser fehlt dann als Trinkwasser. Noch viel trockener als bei uns ist es in Afrika südlich der Saharawüste. Dort hat es in manchen Gebieten seit Jahren nicht geregnet. Viele Flüsse sind ausgetrocknet (Bild 4). Ohne Wasser können die Menschen keine Nutzpflanzen anbauen und keine Nutztiere halten. Dadurch haben sie nicht genug Nahrung. Allein in Ostafrika hungern wegen der Dürre über 20 Millionen Menschen.

2 Tuvalu liegt nur wenig über dem Meeresspiegel.

4 Ein Wasserloch in einem ausgetrockneten Fluss in Kenia

5 Ein Lager aus Zelten für geflüchtete Menschen in Nigeria

6 Die Asiatische Tigermücke

Migration

Wenn Küsten und Inseln überschwemmt werden, dann gibt es weniger Landflächen, die von Menschen bewohnt werden können. Auch Gebiete mit starken und lang andauernden Dürren können wegen des Mangels an Wasser und Nahrung nicht mehr bewohnt werden. Dann ziehen die Menschen in andere Gebiete. Solche Menschen nennt man **Geflüchtete**. Der Vorgang der Wanderung aus der Heimat in ein anderes Gebiet heißt **Migration**. Durch die Folgen des Klimawandels könnten bis zum Jahr 2050 mehr als 200 Millionen Menschen gezwungen sein, ihre Heimat zu verlassen. Wenn viele Menschen gleichzeitig in ein Gebiet einwandern, dann gibt es dort manchmal zu wenig Nahrung, Arbeit und Wohnraum für alle (Bild 5). Dadurch kommt es zu Konflikten.

Krankheiten können sich ausbreiten

Während Überschwemmungen und Dürren gibt es oft kein sauberes Wasser. Verschmutztes Wasser kann Erreger enthalten, die Krankheiten auslösen können. Das kann vor allem für Kinder und kranke Menschen lebensgefährlich sein. Wenn es wärmer ist, dann können sich Zecken und Mücken stärker vermehren. Sie können verschiedene Krankheitserreger auf Menschen übertragen. Ein Beispiel ist die Asiatische Tigermücke (Bild 6). Durch ihren Stich kann sie Erreger von Malaria, Gelbfieber oder West-Nil-Fieber übertragen. Diese Mücke und diese Krankheitserreger gab es früher nur in den Tropen. Deshalb spricht man von **Tropenkrankheiten**. Weil es in Deutschland wärmer wird, verbreiten sich die Mücken inzwischen auch bei uns.

Durch den Klimawandel verlieren viele Menschen ihr Zuhause. Menschen sterben wegen der Hitze oder bei Überschwemmungen. Der Klimawandel führt auch zu Nahrungs- und Trinkwassermangel. Teilweise flüchten Menschen in andere Gebiete.

AUFGABEN

1 Weniger Trinkwasser

a ☑ Beschreibe mithilfe von Bild 3, wie Trinkwasser gewonnen wird.

b ☒ Erkläre mithilfe von Bild 3, warum es durch den steigenden Meeresspiegel weniger Trinkwasser auf der Erde gibt.

2 Die Folgen von Hitze

☑ Nenne drei Folgen, die große Hitze überall auf der Welt haben kann.

3 Die Flucht aus der Heimat

a ☑ Recherchiere, was mit dem Fachwort Konflikt gemeint ist. 🖳

b ☒ Beschreibe, welche Gründe es für Konflikte in den Ländern geben kann, in die viele Menschen einwandern.

c ☒ Begründe, warum Migration und Konflikte die Folgen des Klimawandels sein können.

4 Krankheiten breiten sich aus

a ☑ Beschreibe, warum sich Krankheiten bei Überschwemmungen ausbreiten können.

b ☒ Erläutere, warum der Klimawandel dazu führt, dass man sich in Deutschland mit Tropenkrankheiten anstecken kann.

1 Zwei Gäste in einer Talkshow

In Gesprächen und in den Medien verwenden manche Menschen absichtlich falsche Informationen, um andere zu täuschen. Das nennt man **Desinformation**. Häufig werden dabei die folgenden fünf Methoden verwendet.

1 **Pseudo-Expertinnen und Pseudo-Experten**
Zu wichtigen Themen wie dem Klimawandel äußern sich oft Menschen, die einen Doktortitel oder Professorentitel haben. Manche haben diesen Titel aber in einem anderen Fach. Andere sind schon lange im Ruhestand und nicht mehr auf dem aktuellen Stand der wissenschaftlichen Erkenntnisse. Diese **Pseudo-Experten** sind keine echten Expertinnen und Experten. Das Wort *pseudo* bedeutet: nicht echt. In den Medien werden oft die Aussagen eines echten Experten und eines Pseudo-Experten gegenübergestellt. Dadurch entsteht der Eindruck, als gäbe es zu einer Frage noch keine gesicherten wissenschaftlichen Erkenntnisse. **Tipp:** In Wissenschaftsdatenbanken kannst du sehen, ob eine Person zu einem Thema forscht und dazu wissenschaftliche Artikel veröffentlicht hat. So kannst du Pseudo-Experten von echten Experten unterscheiden.

In einer Talkshow zum Thema Klimawandel sind Professor Hans Keck und Professorin Karin Blume zu Gast. Lisa hat im Internet gelesen, dass Herr Keck Professor für Geschichte ist. Frau Blume ist Abteilungsleiterin bei einem Institut für Klimaforschung.

2 **Logik-Fehler**
Das Wort Logik bedeutet, dass aus korrekten Informationen die richtigen Schlüsse gezogen werden. Ein **Logik-Fehler** entsteht, wenn aus korrekten Informationen falsche Schlüsse gezogen werden. Beispiele für Logik-Fehler sind falsche Ähnlichkeiten, Vereinfachungen, Scheinargumente und Ablenkungen.

Prof. Hans Keck: *Eine globale Erwärmung um ein paar Grad ist kein Problem. Es wird ja auch jeden Tag von morgens bis mittags ein paar Grad wärmer.*
Prof. Karin Blume: *Das ist ein Logik-Fehler, denn Sie nutzen die Ähnlichkeit des Temperaturanstiegs, um die tägliche Erwärmung mit der globalen Erwärmung gleichzustellen und sie so zu verharmlosen.*
...
Prof. Hans Keck: *Entweder wir schließen alle Firmen und stoßen gar keine Treibhausgase mehr aus oder wir hören endlich mit dem Gerede über das Klima auf!*
Prof. Karin Blume: *Das ist ja total vereinfacht. Sie stellen es gerade so dar, als gäbe es nur diese zwei Möglichkeiten.*
...
Prof. Karin Blume: *Der Ausstoß von Treibhausgasen durch den Menschen trägt zum Klimawandel bei.*
Prof. Hans Keck: *Sie sagen also, dass wir verantwortlich sind für den Dürresommer? Dann sollten wir vielleicht einen Regentanz aufführen!*
Prof. Karin Blume: *Das ist doch kein Argument! Sie machen sich über die wissenschaftlichen Fakten lustig, um die Verantwortung der Menschen herunterzuspielen.*
...
Prof. Karin Blume: *Wir müssen weniger CO_2 ausstoßen, um die Erwärmung zu verlangsamen.*
Prof. Hans Keck: *Aber das kann man doch nicht mit einem Gesetz bestimmen! Die Regierung darf nicht einfach so die Freiheit der Menschen beschränken.*
Prof. Karin Blume: *Sie lenken gerade vom eigentlichen Thema ab. Wir reden doch jetzt darüber, was getan werden muss.*

3 Unerfüllbare Erwartungen

Manche Menschen verlangen Beweise, die die Wissenschaft unmöglich erbringen kann. Mit dieser Erwartungshaltung wird die Wissenschaft als unfähig dargestellt.

Prof. Karin Blume: *In einem Experiment wurde bewiesen, dass CO$_2$ Wärmestrahlung aufnimmt und wieder abgibt.*
Prof. Hans Keck: *Das reicht mir nicht. Wir müssen die ganze Erde in ein Labor stecken, um nachzuweisen, dass die globale Erwärmung wirklich durch den CO$_2$-Anstieg verursacht wird.*

4 Rosinenpickerei

Sich die Rosinen herauspicken bedeutet: das Gewünschte auswählen. Manche Menschen kürzen Informationen und wählen nur die aus, die ihre Meinung bestätigen. Oft verwenden sie statt wissenschaftlicher Beweise eine persönliche Erfahrung als Argument.

Prof. Hans Keck: *Ich habe mit Prof. Lautlos gesprochen. Er sagt, dass sich die Erde in den nächsten Jahren abkühlen wird.*
Prof. Karin Blume: *97% der Klimaforscherinnen und Klimaforscher sagen, dass sich die Erde in den nächsten Jahren weiter erwärmen wird.*

5 Verschwörungsmythen

Verschwörungsmythen sind erfundene Geschichten. Sie handeln davon, dass Menschen im Geheimen zusammenarbeiten, um sich selbst zu nützen und der Gesellschaft zu schaden. Es gibt Menschen, die diese Geschichten glauben. Diese Menschen sind misstrauisch. Sie denken, dass Beweise gefälscht werden, um die Gesellschaft zu täuschen. Verschwörungsgläubige können sogar an Argumente glauben, die sich gegenseitig widersprechen.

Prof. Hans Keck: *Die Klimawissenschaftler wollen uns unsere Freiheit wegnehmen. Dazu fälschen sie die Temperaturaufzeichnungen.*
Prof. Karin Blume: *Aber Herr Keck, was glauben Sie denn jetzt? Vorhin haben Sie gesagt, dass die Temperaturaufzeichnungen zeigen, dass sich die Erde abkühlt.*

AUFGABEN

1 Die Desinformation

a ☑ Nenne das Fachwort für die absichtliche Verbreitung von falschen Informationen.

b ☑ Nenne fünf Methoden, mit denen Falschinformationen verbreitet werden.

c ☒ Ordne den schräg gedruckten Beispielen im Absatz „Logik-Fehler" die folgenden Wörter zu: Scheinargument, Ablenkung, falsche Ähnlichkeit, Vereinfachung.

2 Falsche Aussagen zum Klimawandel

a ☒ Die folgenden Aussagen enthalten falsche Informationen. Entscheide und begründe für jede Aussage, zu welcher Methode der Desinformation sie gehört:

– *Das Klima hat sich auch schon verändert, als es noch gar keine Menschen auf der Erde gab. Deshalb kann der aktuelle Klimawandel nicht von Menschen verursacht worden sein.*
– *In den 1970er-Jahren haben Klimaforscher eine Eiszeit vorhergesagt.*
– *Mein Zahnarzt hat gesagt, dass es gar keinen Klimawandel gibt. Er muss es wissen, er hat schließlich einen Doktortitel.*
– *Wissenschaftlerinnen und Wissenschaftler können nicht mal das Wetter für die nächste Woche richtig vorhersagen. Aber das Wetter in 100 Jahren wollen sie vorhersagen können?*
– *Die Beweise für den Klimawandel sind doch alle von der Regierung gefälscht!*

b ☒ Überlegt euch, wie Professorin Karin Blume auf die fünf Aussagen in Aufgabe 2a antworten könnte.

c ☒ Schreibt ein Drehbuch für ein Gespräch zwischen Professor Keck und Professorin Blume. Verwendet die Aussagen aus Aufgabe 2a und eure Antworten aus Aufgabe 2b. Führt das Gespräch als Rollenspiel in der Klasse auf.

2 Aus Fakten können Lügen gemacht werden.

1 Auftauender Permafrost

Der Permafrost taut durch den Klimawandel auf. Dabei werden CO_2 und Methan frei.

a ☐ Beschreibe mithilfe von Bild 1, welche Folgen das Auftauen des Permafrosts hat.

b ☒ Erkläre, wie auftauender Permafrost den Klimawandel verstärkt.

c Die Berge in den Alpen bestehen aus Felsen, Permafrost und Eis.

☒ Stelle Vermutungen an, was passieren kann, wenn der Permafrost eines Berges taut.

1 Das Auftauen des Permafrosts hat Folgen.

2 Schmelzendes Meereis

a ☐ Beschreibe mithilfe von Bild 2, wie sich das Meereis am Nordpol verändert hat.

b Im Jahr 1960 hatte das Meereis am Nordpol eine Fläche von etwa 8 Millionen km². Im Jahr 2022 waren es nur noch 3,7 Millionen km².

☒ Berechne, um wie viel Prozent die Eisfläche am Nordpol kleiner geworden ist.

c Eisbären ernähren sich fast ausschließlich von Robben, die sie auf den Eisflächen jagen.

☒ Erläutere die Folgen für die Eisbären, wenn das Eis am Nordpol verschwindet.

3 Kohlenstoffdioxid im Meerwasser

CO_2 löst sich in Wasser. Wenn mehr CO_2 in der Luft ist, dann löst sich mehr CO_2 im Wasser der Meere. Algen nehmen das CO_2 aus dem Wasser auf und speichern den Kohlenstoff durch Fotosynthese in Traubenzucker. Damit bauen die Algen ihre Biomasse auf. Je kälter das Wasser ist, desto mehr CO_2 kann sich darin lösen. Kaltes CO_2-reiches Wasser gelangt durch Strömungen auch in andere, wärmere Gebiete.

a ☐ Nenne zwei Vorgänge, durch die CO_2 im Meer gespeichert wird.

b ☒ Beschreibe, was passiert, wenn kaltes CO_2-reiches Wasser am Äquator erwärmt wird.

c Wenn sich CO_2 in Wasser löst, dann entsteht Kohlensäure. Sie löst Kalk auf.

☒ Beschreibe, welche Folgen das für Lebewesen wie Muscheln und Korallen hat, die von einer Kalkhülle umgeben sind.

d ☒ Begründe, warum auch andere Lebewesen im Meer bedroht sind, wenn sich mehr CO_2 im Wasser löst. Denke dabei an Nahrungsketten.

4 Bedrohte Korallenriffe

Auf Korallen leben Algen, die unterschiedliche Farben haben. Die Algen geben Nährstoffe an die Korallen ab. Wenn das Wasser zu warm wird, dann stoßen die Korallen die Algen ab. Ein paar Wochen danach sterben die Korallen.

a ☐ Beschreibe, warum die Korallen sterben, nachdem sie die Algen abgestoßen haben.

b ☒ Erläutere, warum sich die Farbe der Korallen durch das Abstoßen der Algen ändert.

c ☒ Begründe mithilfe von Bild 3, warum das Absterben der Korallen als Korallenbleiche bezeichnet wird.

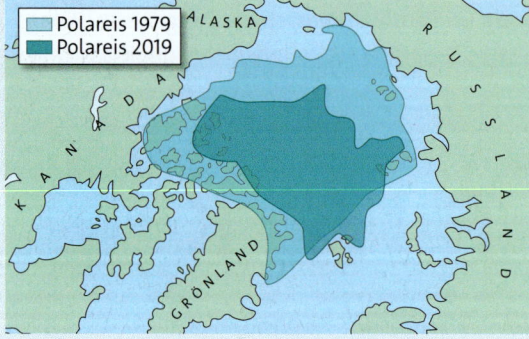

2 So hat sich die Eisfläche am Nordpol verändert.

Polareis 1979
Polareis 2019

3 Gesunde Korallen (A) und abgestorbene Korallen (B)

5 Inseln versinken im Meer

4 Der Inselstaat Palau liegt im Pazifik.

Durch den Klimawandel steigt der Meeresspiegel. Das Meerwasser kann Küsten und ganze Inseln überschwemmen. Klimamodelle zeigen, dass der Meeresspiegel bis zum Jahr 2100 um 60 bis 110 cm ansteigen wird.

a ◪ Beschreibe, wie der Klimawandel zum Anstieg des Meeresspiegels führt.

b ⊠ Erläutere, wovon es abhängt, ob der Meeresspiegel um 60 oder 110 cm ansteigt.

c ⊠ Beschreibe, welche Folgen der Anstieg des Meeresspiegels für die Menschen in den betroffenen Gebieten hat.

d Der Präsident von Palau sagte 2021 auf der Klimakonferenz: „Ein langsamer und schmerzhafter Tod hat keine Würde. Sie könnten unsere Inseln genauso gut bombardieren."
⊠ Erläutere, was er damit gemeint hat.

e ⊠ Begründe, wen er mit „Sie" gemeint hat.

f ⊠ Recherchiere, durch welche Maßnahmen deutsche Küsten und Inseln erhalten und vor Überflutungen geschützt werden sollen. ⌨

g ⊠ Gestalte ein Plakat zum Thema „Die Folgen des steigenden Meeresspiegels".

5 Maßnahmen zum Schutz der Nordseeküste

6 Weniger Tote durch den Klimawandel? ⌨

6 Ein Post mit Falschinformationen in den sozialen Medien

a ⊠ Beschreibe, welcher Eindruck durch den Post in Bild 6 erzeugt werden soll.

b ◪ Nenne das Fachwort für eine absichtliche Falschinformation, mit der andere Menschen getäuscht werden sollen.

c ⊠ Bild 6 bezieht sich auf die Studie eines Politikwissenschaftlers. Erläutere, welche beiden Methoden der absichtlichen Falschinformation du erkennen kannst.

d ⊠ „Aus Entwicklungen in der Vergangenheit kann man nicht schließen, dass es in Zukunft genauso weitergeht." Begründe mithilfe dieser Aussage, welche weitere Methode der absichtlichen Falschinformation hier genutzt wird.

e Die Todesfälle durch extreme Wetterereignisse sind in den letzten 100 Jahren zurückgegangen, weil viele Techniken zum Schutz der Menschen entwickelt wurden. Heute können Menschen über Smartphones gewarnt werden, sodass sie sich in Sicherheit brin gen können.
⊠ Erläutere mithilfe dieser Informationen, welche weitere Methode der absichtlichen Falschinformation im Post angewendet wurde.

f ⊠ Begründe, warum es in Zukunft mehr Tote durch den Klimawandel geben wird.

g ⊠ Recherchiere weitere Falschinformationen zum Thema Klimawandel. ⌨

h ⊠ Sprecht in der Klasse darüber, woran ihr die Falschinformationen erkennen und wie ihr sie richtigstellen könnt.

Den Klimawandel verlangsamen

1 Ein Plakat auf einer Demo für mehr Klimaschutz

Es gibt keine andere Möglichkeit: Wir müssen handeln, damit wir und alle Menschen nach uns gut auf der Erde leben können.

Wir können etwas tun

Der Klimawandel beeinflusst mit steigenden Temperaturen und extremen Wetterereignissen das Leben aller Menschen auf der Erde. Wenn wir nichts ändern, dann wird es immer mehr Gebiete geben, in denen Menschen nicht mehr leben können. Wir können den Klimawandel nicht stoppen, aber wir können ihn verlangsamen. Wir haben die Macht und die Verantwortung, alles zu tun, um die Klimaveränderungen und ihre Auswirkungen auf die Natur und die Menschen so gering wie möglich zu halten.

Warum wir jetzt etwas tun müssen

Wenn die Temperatur in den Polargebieten über einen bestimmten Wert steigt, dann können wir nicht mehr verhindern, dass dort das komplette Eis schmilzt und als Wasser ins Meer fließt. Diese Temperaturgrenze wird **Kipppunkt** genannt. Auch wenn die Temperatur nach der Eisschmelze wieder sinkt, wird das Schmelzwasser im Meer nicht wieder zu Eis auf dem Land. Wenn ein Kipppunkt überschritten ist, dann können die Veränderungen nicht mehr rückgängig gemacht werden. Das gilt auch für das Auftauen des Permafrostbodens, das Absterben der Korallenriffe und die Abholzung des Regenwaldes in Südamerika. Diese Gebiete befinden sich an einer Grenze, an der eine kleine zusätzliche Störung eine plötzliche starke Veränderung verursachen kann. Solche Gebiete sind **Kippelemente** im Klimasystem.

Warum Kipppunkte gefährlich sind

Die Veränderungen in Kippelementen verstärken sich selbst: Wenn das Polareis schmilzt, dann gibt es weniger Eisflächen, die Sonnenstrahlung reflektieren. Gleichzeitig gibt es mehr Wasserflächen und Landflächen, die Sonnenstrahlung aufnehmen und sich dabei erwärmen. Dann erwärmt sich die Erde noch schneller und das Eis schmilzt noch schneller. Ein solcher Vorgang, der sich selbst verstärkt, heißt **Rückkopplung**. Durch Rückkopplungen können auch die Kipppunkte anderer Kippelemente überschritten werden. So kann es zu einem Domino-Effekt kommen (Bild 3).

Was beschlossen wurde

Die Kipppunkte verschiedener Kippelemente liegen bei unterschiedlichen Temperaturen. Um keinen dieser Kipppunkte zu erreichen, wurde vereinbart, den Temperaturanstieg auf der Erde zu begrenzen.

2 Schmelzendes Eis in der Antarktis

3 Kippelemente können sich gegenseitig beeinflussen.

Auf der Klimakonferenz in Paris im Jahr 2015 haben alle Länder der Erde beschlossen, dass die globale Mitteltemperatur bis zum Jahr 2100 um höchstens 2 °C ansteigen soll, wenn möglich nur um 1,5 °C im Vergleich zu 1850.

Den Temperaturanstieg begrenzen

Forscherinnen und Forscher können mithilfe von Klimamodellen zeigen, wie die Ziele des Pariser Klimaschutzabkommens erreicht werden können. Wenn die Treibhausgas-Emissionen von 2010 bis 2030 um 45 % sinken und ab 2050 gar keine Treibhausgase mehr ausgestoßen werden, dann können wir das 1,5-Grad-Ziel erreichen. Verschiedene Länder stoßen unterschiedlich viele Treibhausgase aus. Sie können deshalb den Klimawandel unterschiedlich stark beeinflussen. Jedes Land formuliert eigene Klimaziele und beschließt Maßnahmen, wie die Ziele erreicht werden sollen.

Die Politik ist gefragt

Der Klimawandel ist eine der größten Herausforderungen der Menschheit. Daher muss die Politik handeln, denn sie regelt das Zusammenleben der Menschen in der Gesellschaft. Die Politik erlässt Gesetze, an die sich alle halten müssen. So können verschiedene Maßnahmen die Menschen dabei unterstützen, das Klima zu schützen.

Ein Gesetz zum Schutz des Klimas

Im deutschen **Klimaschutzgesetz** steht, dass die Treibhausgas-Emissionen von 1990 bis 2030 um 65 % und bis 2040 um 88 % sinken müssen. Ab 2045 dürfen keine Treibhausgase mehr

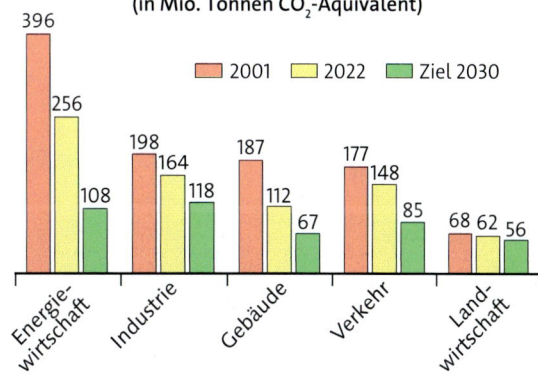

Treibhausgas-Emissionen nach Bereichen
(in Mio. Tonnen CO_2-Äquivalent)

2001   2022   Ziel 2030

5 Verringerung der Emissionen in verschiedenen Bereichen

ausgestoßen werden. Treibhausgase werden vor allem in den Bereichen Energiegewinnung, Industrie, Gebäude, Verkehr und Landwirtschaft frei (Bild 4). Durch die Verringerung der Emissionen in diesen fünf Bereichen kann Deutschland zum Erreichen des 1,5 °C-Ziels beitragen (Bild 5).

> Wir müssen weniger Treibhausgase ausstoßen, um den Klimawandel zu verlangsamen. Wenn Kippelemente ihre Kipppunkte erreichen, dann erwärmt sich die Erde noch schneller.

AUFGABEN

1 Kipppunkte und Kippelemente

a ☑ Beschreibe, warum wir den Klimawandel verlangsamen müssen.

b ☑ Schreibe je einen Lexikoneintrag für die Fachwörter Kipppunkt und Kippelement.

c ☒ Erläutere, warum das Polareis ein Kippelement ist.

2 Das Pariser Klimaschutzabkommen

a ☑ Beschreibe, was das 1,5-Grad-Ziel ist.

b ☒ Erkläre, wie Deutschland zum Erreichen des 1,5-Grad-Ziels beitragen kann.

c ☒ Begründe, warum auch ältere Menschen die Maßnahmen zum Klimaschutz unterstützen müssen.

d ☒ „Bisher tun wir in Deutschland nicht genug, um zum Erreichen des 1,5-Grad-Ziels beizutragen." Begründe diese Aussage mithilfe von Bild 5.

e ☒ Übersetze den Spruch in Bild 1 und erläutere, was damit gemeint ist.

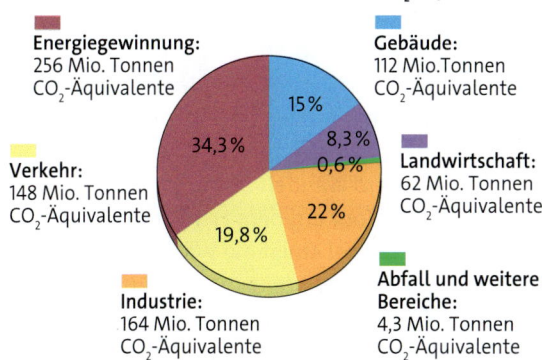

Gesamt-Emissionen 746,3 Mio. Tonnen CO_2-Äquivalente

- Energiegewinnung: 256 Mio. Tonnen CO_2-Äquivalente
- Gebäude: 112 Mio. Tonnen CO_2-Äquivalente
- Verkehr: 148 Mio. Tonnen CO_2-Äquivalente
- Landwirtschaft: 62 Mio. Tonnen CO_2-Äquivalente
- Industrie: 164 Mio. Tonnen CO_2-Äquivalente
- Abfall und weitere Bereiche: 4,3 Mio. Tonnen CO_2-Äquivalente

15 % 8,3 % 0,6 % 34,3 % 22 % 19,8 %

4 Treibhausgas-Emissionen in Deutschland im Jahr 2022

Energie und Industrie

1 Ein Kohlekraftwerk und ein Kohleabbaugebiet

3 Fotovoltaikanlagen und Windkraftanlagen

Energie wird unter anderem auch aus Kohle, Erdöl und Erdgas gewonnen.

Die Gewinnung von Energie

Im Jahr 2022 wurden in Deutschland fast 80 % des Stroms und der Wärme durch die Verbrennung der fossilen Energieträger Kohle, Gas und Erdöl gewonnen (Bild 2). Dabei entstanden über 30 % der Treibhausgase, die in diesem Jahr ausgestoßen wurden. In Zukunft soll Energie vor allem mit Sonne, Wind und Wasser gewonnen werden. Dabei werden keine Treibhausgase frei. Sonne, Wind und Wasser werden nicht weniger, wenn man sie nutzt. Weil sie sich selbst erneuern, werden sie als **erneuerbare Energieträger** oder kurz **erneuerbare Energien** bezeichnet. Der Wechsel von fossilen zu erneuerbaren Energieträgern wird **Energiewende** genannt. Je mehr Strom und Wärme mit erneuerbaren Energieträgern gewonnen werden, desto weniger fossile Energieträger müssen verbrannt werden. Dadurch sinken die Treibhausgas-Emissionen.

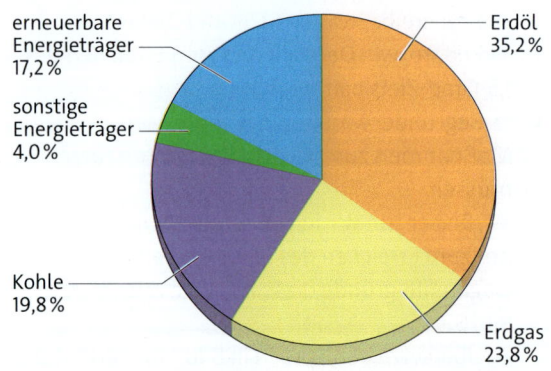

erneuerbare Energieträger 17,2 %

sonstige Energieträger 4,0 %

Erdöl 35,2 %

Kohle 19,8 %

Erdgas 23,8 %

2 Die Energiegewinnung in Deutschland im Jahr 2022

Fotovoltaikanlagen

Fotovoltaikanlagen wandeln Lichtenergie in elektrische Energie um (Bild 3). Dabei werden keine Treibhausgase frei. Deshalb wird diese Stromerzeugung als **klimaneutral** bezeichnet. Bei der Herstellung und beim Transport der Anlagen können jedoch Treibhausgase frei werden. Fotovoltaikanlagen brauchen viel Platz. Wenn sie auf Dächer gebaut werden, dann geht keine Bodenfläche verloren. Fotovoltaikanlagen enthalten Silizium. Um diesen Stoff aus Sand herzustellen, braucht man viel Energie. Bei der Herstellung von Fotovoltaikanlagen werden auch Stoffe verwendet, die für die Umwelt schädlich sein können.

Windkraftanlagen

Windkraftanlagen wandeln Windenergie klimaneutral in elektrische Energie um (Bild 3). Bei Herstellung und Transport der Anlagen können jedoch Treibhausgase frei werden. Windkraftanlagen brauchen viel Platz. Sie erzeugen Lärm, der die Lebewesen in der Umgebung stören kann. Die Flügel der Anlagen können Fledermäuse und Vögel verletzen oder töten.

Energie wirksamer nutzen und sparen

Zum Kochen auf einem Herd wird Energie gebraucht. Der Herd wandelt Strom in Wärme um. Damit wird der Topf auf dem Herd erhitzt. Beim Kochen ohne Deckel steigt die Wärme aus dem Topf nach oben und verteilt sich im Raum (Bild 4). Wenn der Deckel auf dem Topf liegt, dann wird die Wärme im Topf gehalten. Dadurch werden 50 % weniger Strom gebraucht.

4 Der Deckel hält die Wärme im Topf.

Beim Kochen mit Deckel wird der Strom also wirkungsvoller genutzt. Man sagt: Das Kochen mit Deckel ist **energieeffizienter**.

Die Energieeffizienz von Gebäuden wird höher, wenn Dächer und Außenwände gedämmt und neue Fenster einbaut werden. So gelangt weniger Wärme von innen nach außen. Dadurch wird die Heizungswärme effizienter genutzt: Die Heizung braucht weniger Energie, um die gleiche Temperatur im Gebäude zu halten. Durch Energieeffizienz kann also Energie gespart werden.

Die Industrie

In Deutschland entsteht ein Viertel der Treibhausgase durch die Industrie. Damit sind Fabriken gemeint, die Produkte herstellen wie Metalle, Kunststoffe, Autos oder Nahrungsmittel. Die meisten Emissionen entstehen durch den hohen Energiebedarf. Vor allem die Chemieindustrie und die Metallindustrie brauchen sehr viel Energie (Bild 5). Die Industrie kann ihre Treibhausgas-Emissionen verringern, indem sie erneuerbare statt fossiler

5 Zur Metallverarbeitung sind hohe Temperaturen nötig.

Treibhausgas-Emissionen in %

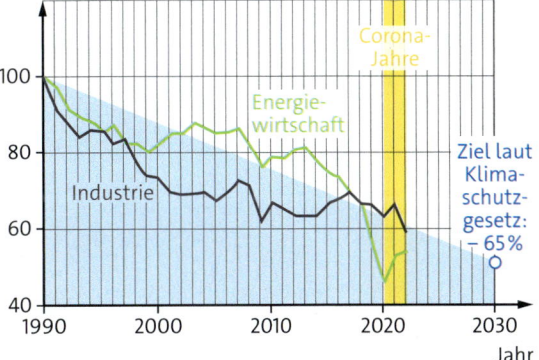

6 Treibhausgas-Emissionen in Deutschland seit 1990

Energieträger zur Energiegewinnung nutzt. Zudem können Arbeitsabläufe energiesparender gestaltet werden. Eine weitere Möglichkeit ist die Verwendung anderer Rohstoffe. Ein Beispiel sind Kunststoffe. Sie werden meist aus Erdöl hergestellt, doch inzwischen gibt es auch Bio-Kunststoffe aus Mais, Kartoffeln oder Milch.

Die Entwicklung der Treibhausgas-Emissionen

In Deutschland wurden die Treibhausgas-Emissionen in den Bereichen Industrie und Energiegewinnung schon stark reduziert (Bild 6). Laut Klimaschutzgesetz müssen die Emissionen bis zum Jahr 2030 aber noch weiter sinken.

> Durch die Energiewende werden weniger Treibhausgase ausgestoßen. Der Betrieb von Fotovoltaikanlagen und Windkraftanlagen ist klimaneutral. Durch die effizientere Nutzung der Energie kann Energie gespart werden.

AUFGABEN

1 Energie gewinnen und nutzen

a ☑ Schreibe Lexikoneinträge für die Wörter klimaneutral, Energiewende, erneuerbare Energieträger und Energieeffizienz.

b ☒ Überlege, wobei du Energie nutzt und wie du sie energieeffizienter nutzen kannst.

c ☒ Notiere in zwei Tabellen die Argumente für und gegen Windkraftanlagen sowie die Argumente für und gegen Fotovoltaikanlagen.

d ☒ Diskutiert zu zweit, warum es trotz der Gegenargumente wichtig ist, erneuerbare Energieträger zu nutzen.

Der Verkehr

1 In kalter Luft sind die Abgase der Autos deutlich zu sehen.

3 Sind Elektro-Autos die Zukunft?

Für viele Menschen bedeutet ein Auto Freiheit und Unabhängigkeit. Doch die meisten Fahrzeuge stoßen Treibhausgase und weitere Abgase aus.

Die Verkehrswende

In Deutschland entstehen fast 20 % der Treibhausgase durch den **Verkehr**. Damit ist die Bewegung von Personen oder Gegenständen mithilfe von Autos, Motorrädern, Lastwagen, Schiffen, Bahnen und Flugzeugen gemeint. Diese Fahrzeuge werden meist mit Kraftstoffen angetrieben, die aus fossilen Energieträgern hergestellt werden. Bei der Verbrennung dieser Kraftstoffe werden Treibhausgase frei, die zum Klimawandel beitragen. In Europa werden die meisten Treibhausgase im Verkehr durch Autos verursacht (Bild 2).
In Zukunft sollen Fahrzeuge mit erneuerbaren statt fossilen Energieträgern betrieben werden. Dieser Wechsel heißt **Verkehrswende**. Je mehr Fahrzeuge mit erneuerbaren Energieträgern angetrieben werden, desto weniger fossile Energieträger müssen verbrannt werden. Dadurch sinken die Treibhausgas-Emissionen.

Elektro-Autos

Elektro-Autos werden auch kurz E-Autos genannt. Sie haben einen Elektromotor, der mit Strom aus einem Akku angetrieben wird. Der Akku wird über ein Ladekabel geladen (Bild 3). Wenn der Strom mit erneuerbaren Energieträgern gewonnen wird, dann ist der Betrieb von Elektro-Autos klimaneutral. E-Autos stoßen auch keine anderen Abgase aus. Ein Elektromotor wandelt über 80 % des Stroms in Bewegungsenergie um. Man sagt: Der **Wirkungsgrad** beträgt 80 %. Der Wirkungsgrad von Verbrennungsmotoren liegt bei 25 bis 40 %. Mit einer Tankfüllung können Autos weitere Strecken fahren als mit einer Akkuladung. Das Aufladen des Akkus dauert länger als das Tanken von Kraftstoff. Die Akkus von E-Autos sind groß und schwer. Sie enthalten die Metalle Lithium und Kobalt. Lithium wird vor allem in Südamerika aus Salzseen gewonnen. Dabei wird viel Süßwasser genutzt, das dann den Menschen und der Natur fehlt. Das giftige Kobalt wird vor allem in Bergwerken in Afrika abgebaut. Hier sind die Arbeitsbedingungen oft lebensgefährlich (Bild 4).

Pkw	60,6 %
Lkw	27,1 %
Schiff	14 %
Flugzeug	13,4 %
Nutzfahrzeug	11 %
Motorrad	1,3 %
Bahn	0,4 %

2 Der Ausstoß von Treibhausgasen nach Fahrzeugart

4 Mit bloßen Händen wird Kobalt aus einer Mine geholt.

5 Flugzeuge könnten mit E-Fuels betrieben werden.

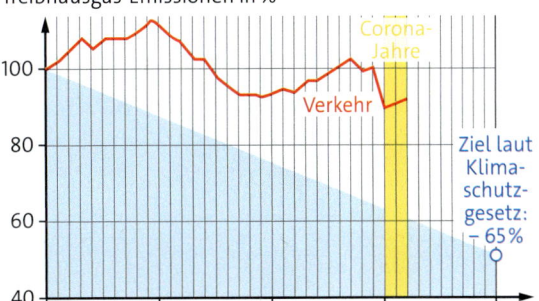

Treibhausgas-Emissionen in %

Corona-Jahre

Verkehr

Ziel laut Klima-schutz-gesetz: − 65 %

7 Treibhausgas-Emissionen im Verkehr seit 1990

Künstliche Kraftstoffe

Aus Wasser und CO_2 können mithilfe von Strom künstliche Kraftstoffe hergestellt werden. Sie heißen **E-Fuels**. Das E steht für Elektro, das englische Wort *fuel* bedeutet Kraftstoff. Wenn für die Herstellung von E-Fuels Strom aus erneuerbaren Energieträgern und CO_2 aus der Atmosphäre verwendet wird, dann sind E-Fuels klimaneutral. Bei ihrer Verbrennung wird nur das CO_2 frei, das bei der Herstellung aus der Atmosphäre entnommen wurde. E-Fuels eignen sich vor allem für Schiffe und Flugzeuge (Bild 5). Sie müssen weite Strecken zurücklegen können, ohne aufzutanken. Bei der Verbrennung von E-Fuels können weniger giftige Abgase wie Stickoxide und Kohlenmonoxid sowie weniger Ruß und Feinstaub frei werden als bei der Verbrennung fossiler Kraftstoffe. Für die Herstellung von E-Fuels wird viel Strom gebraucht. Daher liegt ihr Wirkungsgrad bei nur 15 %.

Öffentliche Verkehrsmittel

Fahrzeuge stoßen unterschiedlich viele Treibhausgase pro Person und Kilometer aus (Bild 6).

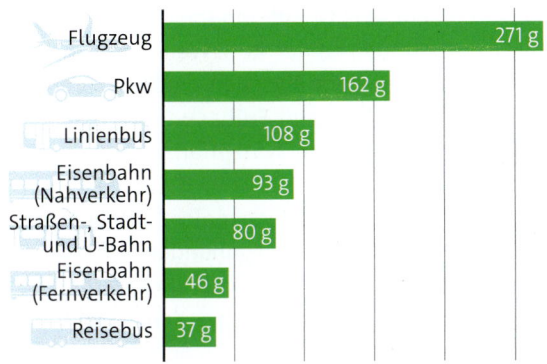

6 Ausstoß von Treibhausgasen pro Person und Kilometer

Öffentliche Verkehrsmittel wie Busse und Bahnen sind effizienter als Autos, weil sie viele Menschen auf einmal transportieren können. Dadurch ist der Ausstoß von Treibhausgasen pro Person geringer. Öffentliche Verkehrsmittel können zudem schneller und einfacher auf erneuerbare Energieträger umgestellt werden als private Fahrzeuge.

Die Entwicklung der Treibhausgas-Emissionen

Seit 1990 sind die Treibhausgas-Emissionen im Verkehrsbereich kaum gesunken (Bild 7). Für den Klimaschutz müssen mehr Fahrzeuge mit erneuerbaren statt fossilen Energieträgern betrieben werden. Außerdem muss es mehr öffentliche Verkehrsmittel geben, die zudem günstiger, pünktlicher und bequemer werden müssen.

> Durch die Verkehrswende werden weniger Treibhausgase ausgestoßen. Der Wirkungsgrad von E-Autos ist größer als der Wirkungsgrad von E-Fuels. Öffentliche Verkehrsmittel sind effizienter als Autos.

AUFGABEN

1 Antriebsarten und Fahrzeugarten

a ▣ Nenne drei Energieträger, mit denen Autos angetrieben werden können.

b ▣ Vergleiche die Wirkungsgrade der drei Energieträger aus Aufgabe a miteinander.

c ▣ Die Eltern von Ben und Lisa planen einen Urlaub in den Bergen. Sie überlegen, ob sie mit dem Auto oder dem Zug dorthin fahren sollen. Notiere in einer Tabelle Argumente, die für die Fahrt mit dem Zug sprechen und Argumente, die dagegen sprechen.

Die Landwirtschaft

1 Eine Meldung in den sozialen Medien

Klimakiller Kuh

Kühe rülpsen und pupsen das Klima kaputt.

Methan ist für das Klima 28-mal schlimmer als CO_2.

3 Für die vielen Nutztiere wird viel Futter gebraucht.

Jolien liest auf ihrem Smartphone eine Nachricht über den Zusammenhang von Rinderhaltung und Klimawandel.

Die Produktion von Nahrung

Menschen bauen Nutzpflanzen an und halten Nutztiere, um pflanzliche und tierische Nahrungsmittel zu erzeugen. Das Fachwort dafür ist **Landwirtschaft**. Die Landwirtschaft ist direkt vom Klimawandel betroffen. Wenn durch Hitzewellen und Dürren die Böden und die Nutzpflanzen austrocknen, dann sinkt die Menge an Getreide, Gemüse und Obst, die geerntet werden kann. Man sagt: Die Erträge sinken.

Durch die Landwirtschaft entstehen in Deutschland etwa 8 % der Treibhausgase, vor allem Methan und Lachgas (Bild 2). Diese beiden Treibhausgase tragen stärker zur Klimaerwärmung bei als CO_2. Durch eine Verringerung dieser Emissionen kann der Klimawandel besonders stark gebremst werden: Wenn 45 % weniger Methan bis 2030 ausgestoßen wird, dann steigt die globale Mitteltemperatur bis 2045 um 0,3 °C weniger an.

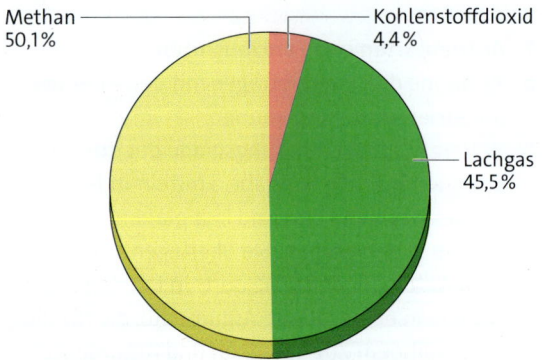

Methan 50,1 %

Kohlenstoffdioxid 4,4 %

Lachgas 45,5 %

2 Die Emissionen der Landwirtschaft in CO_2-Äquivalenten

Tierhaltung und Düngung

In Deutschland werden durchschnittlich 55 kg Fleisch pro Person und Jahr gegessen. Dafür werden Millionen Rinder, Schweine, Schafe, Ziegen und Hühner gehalten (Bild 3). Um das Futter für diese Tiere anzubauen, werden 60 % der deutschen Landwirtschaftsfläche genutzt. Damit die Nutzpflanzen viel Ertrag bringen, werden die Böden gedüngt. Wenn der Dünger im Boden abgebaut wird, dann wird Lachgas frei. Wenn Wiederkäuer wie Rinder, Schafe und Ziegen die Futterpflanzen verdauen, dann entsteht Methan. Kot und Urin der Nutztiere geben ebenfalls Lachgas ab.

Energiebedarf

Für die Haltung von Nutztieren, den Transport, die Verarbeitung und die Lagerung von Futter und tierischen Nahrungsmitteln wird viel Energie gebraucht. Durch den Wechsel von fossilen zu erneuerbaren Energien kann der Ausstoß von Treibhausgasen verringert werden.

Pflanzen und Böden

Pflanzen nehmen CO_2 auf und speichern den darin enthaltenen Kohlenstoff. Wenn Pflanzen zersetzt werden, dann speichert der Boden den Kohlenstoff der Pflanzen. Früher wurden die Böden vor dem Säen der Nutzpflanzen stark umgegraben. Dadurch wird CO_2 frei. Heute werden viele Böden nur leicht oder gar nicht umgegraben. So bleibt viel CO_2 im Boden gebunden. Auch Wälder speichern CO_2. Wenn sie verbrannt werden, dann wird viel CO_2 frei. Heute werden in Deutschland keine Naturflächen mehr in Ackerflächen umgewandelt. Doch früher wurden bei uns Moore

4 Moore und Wälder speichern CO_2.

Treibhausgas-Emissionen in %

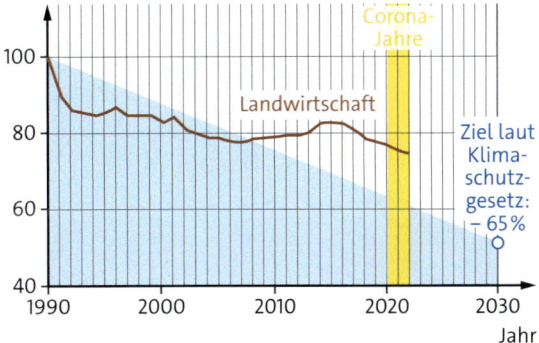

Corona-Jahre

Landwirtschaft

Ziel laut Klima-schutz-gesetz: − 65 %

6 Treibhausgas-Emissionen der Landwirtschaft seit 1990

entwässert, um Torf abzubauen oder den Boden für die Landwirtschaft zu nutzen. Trockengelegte Moore geben CO_2 und Methan ab. Wenn man trockene Moore mit Wasser füllt, dann können sie wieder CO_2 speichern (Bild 4).

Weltweiter Zusammenhang
In Deutschland wird auch Fleisch von Tieren gegessen, die im Ausland gezüchtet wurden. Außerdem werden deutsche Nutztiere auch mit Nutzpflanzen aus anderen Ländern gefüttert, zum Beispiel mit Sojabohnen aus Brasilien. Für die Rinderhaltung und den Sojaanbau wird in Brasilien der Regenwald zerstört (Bild 5). Fast 70 % der Treibhausgas-Emissionen der deutschen Landwirtschaft entstehen durch die Erzeugung von tierischen Nahrungsmitteln. Wenn weniger Fleisch gegessen wird, dann werden weniger Tiere gehalten. Dann müssen auch weniger Futter-pflanzen angebaut und gedüngt werden. Zudem werden dann weniger tierische Nahrungsmittel produziert, transportiert und gelagert. Dadurch werden weniger CO_2, Methan und Lachgas frei.

5 Wenn Regenwald verbrennt, dann wird CO_2 frei.

Weltweit werden etwa 30 % aller Nahrungsmittel weggeworfen. Wenn sie gegessen würden, dann müsste weniger produziert werden. Diese effizien-tere Nutzung der Nahrung könnte die Treibhaus-gas-Emissionen um bis zu 10 % reduzieren.

Die Entwicklung der Treibhausgas-Emissionen
In Deutschland wurden die Treibhausgas-Emissionen in der Landwirtschaft seit 1990 schon stark reduziert (Bild 6). Laut Klimaschutzgesetz müssen die Emissionen bis zum Jahr 2030 aber noch weiter sinken.

> Die Erzeugung von tierischen Nahrungsmitteln verursacht einen großen Teil der Treibhausgas-Emissionen. Wenn weniger Fleisch gegessen wird, dann werden weniger Treibhausgase ausgestoßen.

AUFGABEN
1 Tierhaltung und Düngung der Felder
a ▣ Nenne zwei Treibhausgase, die durch die Landwirtschaft in großen Mengen frei werden.
b ▣ Erläutere den Zusammenhang zwischen Tierhaltung und Bodendüngung.
c ▣ In Bild 1 werden Kühe als Klimakiller be-zeichnet. Erläutere, was damit gemeint ist, und begründe, ob die Bezeichnung richtig ist.

2 Maßnahmen zum Klimaschutz
a ▣ Nenne drei Möglichkeiten, wie die Landwirt-schaft weniger Treibhausgase ausstoßen kann.
b ▣ Beschreibe, was du tun kannst, damit die Treibhausgas-Emissionen im Bereich Landwirt-schaft sinken.

Was du tun kannst

1 Die Fakten zum Klimawandel können ganz schön deprimierend sein.

3 Bryan fährt mit dem Rad zu Freunden.

Was kann ein einzelner Mensch schon tun, um den Klimawandel zu verlangsamen?

Treibhausgas-Emissionen pro Person

Jeder Mensch verursacht Treibhausgas-Emissionen. In Deutschland sind es durchschnittlich etwa 11 Tonnen CO_2-Äquivalente pro Person. Der persönliche Ausstoß von Treibhausgasen wird **CO_2-Fußabdruck** genannt. Um die Klimaziele zu erreichen, dürfte der CO_2-Fußabdruck pro Person nur 1 Tonne betragen. Die Treibhausgas-Emissionen entstehen in verschiedenen Bereichen (Bild 2).

Handeln für den Klimaschutz

Jeder Mensch hat die Möglichkeit, etwas zum Schutz des Klimas zu tun. Durch unsere Handlungen und unsere Entscheidungen können wir Treibhausgas-Emissionen bei uns und bei anderen vermeiden. Diese gesparten Treibhausgas-Emissionen werden im **CO_2-Handabdruck** zusammengefasst. Er zeigt, was wir für das Klima tun und was wir sein lassen, um es zu schützen.

11,1 t CO_2-Äquivalente pro Kopf

Klimaziel: < 1 t CO_2-Äquivalent

Wohnen + Strom: 2,7 t CO_2-Äquivalente — 24,3 %

Verkehr: 2,1 t CO_2-Äquivalente — 18,9 %

Ernährung: 1,7 t CO_2-Äquivalente — 15,3 %

Konsum: 3,8 t CO_2-Äquivalente — 34,3 %

Sonstiges: 0,8 t CO_2-Äquivalente — 7,2 %

2 Der CO_2-Fußabdruck pro Person in Deutschland

Das Wohnen

Die meisten Treibhausgase entstehen beim Heizen. Wenn man die Raumtemperatur um 1 °C senkt, dann kann man 6 % Heizenergie sparen und dadurch den CO_2-Handabdruck vergrößern. Ein großer Teil der Treibhausgase entsteht, wenn Strom durch die Verbrennung fossiler Energieträger gewonnen wird. Es gibt aber auch Stromtarife, bei denen der Strom nur mit erneuerbaren Energieträgern erzeugt wird. Wenn man zu einem solchen Ökostromtarif wechselt, dann kann man 90 % der Treibhausgas-Emissionen sparen. Auch dadurch vergrößert sich der CO_2-Handabdruck.

Der Verkehr

Bei der Verbrennung von Treibstoff im Fahrzeugmotor wird CO_2 frei. Wenn man einen 10 km langen Weg zur Arbeit oder zur Schule mit dem Fahrrad statt mit dem Auto fährt, dann spart man etwa 0,6 Tonnen CO_2 pro Jahr (Bild 3). Fahrradfahren oder laufen ist also auch ein Beitrag zum CO_2-Handabdruck. Es ist außerdem gesünder und oft stressfreier. Auch Fahrgemeinschaften und öffentliche Verkehrsmittel wie Busse und Bahnen sind CO_2-sparende Alternativen.

Die Ernährung

Weltweit entstehen über 35 % der Treibhausgase durch die Produktion, die Verarbeitung und den Transport von Nahrungsmitteln. Bei jeder Mahlzeit besteht die Möglichkeit, den eigenen CO_2-Handabdruck zu vergrößern: Ein Burger mit einem veganen Patty spart 1 kg CO_2 im Vergleich zu einem Burger mit einem Rindfleisch-Patty (Bild 4). Eine Ernährung ohne tierische Nahrungsmittel spart 1 Tonne CO_2 pro Jahr.

4 Für Fleischprodukte gibt es Alternativen aus Pflanzen.

6 Gemeinsam können wir den Klimawandel verlangsamen.

Der Konsum

Das Wort **Konsum** bedeutet: Verbrauch von Produkten. Beispiele sind Möbel, Kleidung, Körperpflegeprodukte und elektronische Geräte. Bei der Herstellung dieser Produkte werden Treibhausgase frei. Um CO_2-Emissionen zu sparen, kann man sich vor dem Kauf fragen: Brauche ich das wirklich? Kleidung kann man statt neu auch in Second-Hand-Läden kaufen oder mit anderen tauschen. Beim Kauf eines neuen Elektrogeräts kann man darauf achten, ein energieeffizientes Gerät auszusuchen. Wenn man elektronische Geräte achtsam behandelt, dann funktionieren sie länger. Statt neuen kann man auch gebrauchte, wiederaufbereitete Elektrogeräte kaufen.

Andere zum Handeln motivieren

Jede Entscheidung für den Klimaschutz vergrößert den CO_2-Handabdruck. Doch niemand ist perfekt oder macht immer alles richtig. Wichtig ist, sich zu informieren und sich mit anderen Menschen auszutauschen. So bekommt man selbst neue Ideen und kann andere zum Nachdenken anregen.

5 Wie viele Klamotten braucht man wirklich?

Wenn man andere Menschen zum Klimaschutz motiviert, dann werden die eingesparten CO_2-Emissionen der anderen auch Teil des eigenen CO_2-Handabdrucks.

> Der CO_2-Fußabdruck zeigt den Ausstoß von Treibhausgasen pro Person. Der CO_2-Handabdruck zeigt, wie viele Treibhausgas-Emissionen wir bei uns und anderen vermeiden.

AUFGABEN

1 Der CO_2-Fußabdruck

a ☑ Nenne vier Bereiche, die Einfluss auf deinen persönlichen CO_2-Fußabdruck haben.

b ☑ Suche im Internet einen CO_2-Fußabdruck-Rechner. Berechne damit deinen persönlichen CO_2-Fußabdruck und vergleiche ihn mit dem deutschen Durchschnittswert. 🔲

2 Das eigene Verhalten

a ☑ Erstelle eine Tabelle mit vier Spalten für die vier Bereiche Energie, Ernährung, Verkehr und Konsum. Notiere in jeder Spalte möglichst viele Beispiele, bei denen CO_2 ausgestoßen wird.

b ☑ Markiere die Beispiele, die in deinem Leben mehrmals pro Woche vorkommen.

c ☒ Stelle Überlegungen an, wie du deinen CO_2-Ausstoß verringern kannst.

3 Der eigene Handabdruck

☑ Zeichne den Umriss deiner Hand auf ein Blatt Papier. Schreibe in jeden Finger eine Idee, wie du selbst deinen CO_2-Handabdruck vergrößern kannst.

1 Der Schutz des Klimas

Auf der Klimakonferenz im Jahr 2015 haben 197 Länder beschlossen, dass die Erderwärmung begrenzt werden muss.

a ☑ Nenne die beiden Gradziele, auf die sich die Länder geeinigt haben.

b ☒ Erläutere, warum diese Ziele beschlossen wurden. Verwende dabei die Fachwörter Kippelement und Kipppunkt.

c Um die Erderwärmung zu begrenzen, müssen weniger Treibhausgase ausgestoßen werden.
☑ Lies aus Bild 1 ab, welche Ziele sich Deutschland dafür gesetzt hat. Formuliere zwei Sätze nach diesem Muster: *Bis zum Jahr … sollen die Treibhausgas-Emissionen um … Prozent sinken im Vergleich zu 1990.*

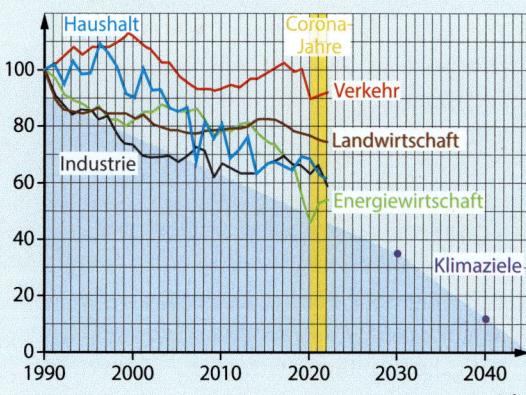

1 Entwicklung der Treibhausgas-Emissionen in Deutschland

d ☑ Nenne mithilfe von Bild 1 fünf Bereiche, in denen die Emissionen sinken müssen.

e ☒ Beschreibe mithilfe von Bild 1, wie stark die Emissionen seit 1990 gesunken sind.

f ☒ Erkläre, wodurch bei der Energiegewinnung viele Treibhausgase eingespart werden.

g ☒ Beschreibe für die Bereiche Verkehr und Landwirtschaft jeweils zwei Maßnahmen, durch die der Ausstoß von Treibhausgasen gesenkt werden kann.

h In der Corona-Pandemie waren Schulen, Restaurants, Kinos und einige Firmen geschlossen. Viele Menschen arbeiteten von zu Hause aus.
☒ Begründe, warum dadurch der Treibhausgasausstoß durch Verkehr und Industrie gesunken, in den Haushalten aber gestiegen ist.

2 Der Energiebedarf steigt

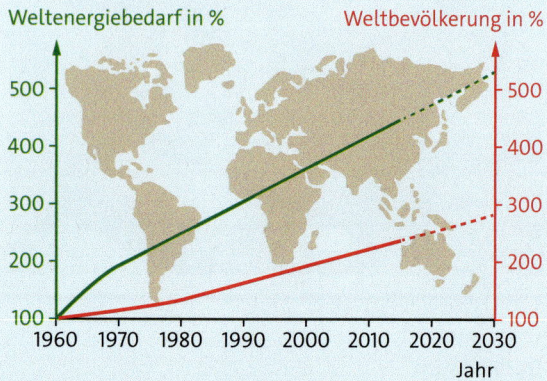

2 Die Entwicklung der Bevölkerung und des Energiebedarfs

a ☑ Beschreibe mithilfe von Bild 2, wie sich die Anzahl der Menschen und der Energiebedarf auf der Erde seit 1960 entwickelt haben.

b ☒ Erläutere, warum der Energiebedarf steigt, wenn es mehr Menschen gibt. Denke dabei an Wohnen, Ernährung und Verkehr.

c Immer mehr Länder entwickeln eine Industrie. Dazu werden Fabriken gebaut, in denen Produkte von Maschinen hergestellt werden.
☒ Erkläre, warum dadurch der Energiebedarf eines Landes steigt.

d Wenn viele Menschen Arbeit haben und Geld verdienen, dann können sie damit Dinge tun und kaufen. Man sagt: Der Wohlstand steigt.
☒ Beschreibe an zwei Beispielen, wie mehr Wohlstand zu einem größeren Energiebedarf führt. Denke daran, was du tun und kaufen würdest, wenn du mehr Geld hättest.

3 Verschiedene Heizmethoden

a ☑ Nenne das Fachwort für die Energieträger, mit denen Ölheizungen und Gasheizungen betrieben werden.

b ☒ Erläutere, warum die Verbrennung von Erdöl und Erdgas den Klimawandel beschleunigt.

c ☑ Informiere dich, womit bei dir zu Hause geheizt wird.

d ☒ Notiert für jede Heizungsart, in wie vielen Häusern sie in eurer Klasse genutzt wird.

e ☒ Ordnet die Heizungen nach der Nutzung von fossilen und erneuerbaren Energieträgern.

f ☒ Erstellt ein Kreisdiagramm, das die Anteile der verschiedenen Heizungsarten zeigt.

4 Klimaschutz in der Landwirtschaft

a ☒ Nenne drei Treibhausgase, die von der Landwirtschaft freigesetzt werden.

b ☒ Nenne für jedes Treibhausgas einen Vorgang in der Landwirtschaft, bei dem es frei wird.

	Konventionell	Ökologisch
Nutzpflanzen		
Dünger	künstlich	natürlich
Schädlingsbekämpfungsmittel	ja	nein
Boden	verliert CO_2	bindet CO_2
Energiebedarf	100 %	60 %
Nutztiere		
Medikamente	ja	weniger
Tiere pro Fläche	viele	weniger
Nahrungsmittel		
Ertrag	100 %	60 %
Zusatzstoffe	künstlich	natürlich
Preis	günstiger	teurer

3 Verschiedene Arten der Landwirtschaft

c ☒ Beschreibe mithilfe von Bild 3, worin sich die Landwirtschaftsarten unterscheiden.

d ☒ Begründe mithilfe von zwei Informationen in Bild 3, welche Landwirtschaftsart hilft, das Klima zu schützen.

e ☒ Ordne die Informationen aus Bild 3 in zwei Tabellen als Argumente für und gegen konventionelle und ökologische Landwirtschaft. Trage auch deine Antwort aus Aufgabe d ein.

f Jede Frucht wächst und reift zu einer bestimmten Zeit im Jahr. Diese Zeit heißt Saison. Wenn du Obst und Gemüse in der Zeit isst, in der sie reif sind, dann ernährst du dich saisonal. Obst und Gemüse werden auch außerhalb ihrer Saison in beheizten Gewächshäusern angebaut.
☒ Erläutere, warum eine Ernährung mit saisonalen Nahrungsmitteln das Klima schützt.

g Wenn du Nahrungsmittel isst, die in der Nähe deines Wohnorts produziert werden, dann ernährst du dich regional. Viele Nahrungsmittel werden auch aus anderen Regionen der Welt nach Deutschland transportiert.
☒ Erläutere, warum eine Ernährung mit regionalen Nahrungsmitteln das Klima schützt.

5 Alle müssen etwas tun

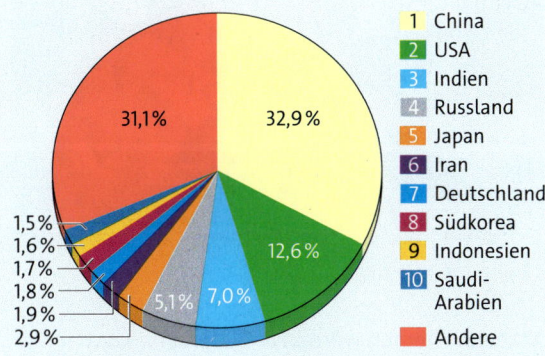

1	China
2	USA
3	Indien
4	Russland
5	Japan
6	Iran
7	Deutschland
8	Südkorea
9	Indonesien
10	Saudi-Arabien
	Andere

4 Anteil der Länder an den weltweiten CO_2-Emissionen

Bild 4 zeigt, welche 10 Länder auf der Erde die meisten Treibhausgase ausstoßen.

a ☒ Berechne mithilfe von Bild 4, wie viel Prozent der weltweiten CO_2-Emissionen von nur 10 Ländern verursacht werden und wie viel Prozent von den restlichen 185 Ländern.

b ☒ Nenne mithilfe von Bild 4 die drei größten Verursacher von CO_2-Emissionen.

c Das Internet verursacht etwa 4 % der weltweiten CO_2-Emissionen.
☒ Begründe mithilfe von Bild 4, an welcher Stelle das Internet liegen würde, wenn es ein Land wäre.

d ☒ Lies aus Bild 4 ab, wie viel Prozent der CO_2-Emissionen aus Deutschland stammen.

e ☒ Begründe mit deiner Antwort aus Aufgabe b, warum vor allem die Politik handeln muss, um den Klimawandel zu verlangsamen.

f ☒ Diskutiert in der Klasse, was ihr tun könnt, um die Politik dazu zu bringen, mehr für den Klimaschutz zu tun.

g ☒ Plant Projekte und Aktionen, um andere Menschen über den Klimawandel aufzuklären und sie zum Klimaschutz zu motivieren.

h ☒ Begründe, wie eure Projekte und Aktionen einen Beitrag zum Klimaschutz leisten. Verwende dabei das Wort CO_2-Handabdruck.

i ☒ Beschreibe, wie sich CO_2-Fußabdruck und CO_2-Handabdruck unterscheiden.

j ☒ Begründe, ob der CO_2-Fußabdruck oder der CO_2-Handabdruck mehr zum Klimaschutz motivieren.

k ☒ „Ihr seid nicht das Problem, aber ihr seid Teil der Lösung." Erläutere diese Aussage.

METHODE   Eine eigene Meinung bilden

1 In der Schulkantine

Manche Themen werden in Gesprächen und in den Medien viel diskutiert. Um dir eine eigene Meinung zu bilden und sie zu vertreten, kannst du diesen Schritten folgen.

1 Die Frage formulieren
Mache dir bewusst, um welche Situation es geht. Formuliere dann die Frage, zu der du dir eine Meinung bilden willst.

In Francos Familie werden viele Fleisch- und Milchprodukte gegessen. Im Sommer grillen sie oft Würstchen und Steaks. Francos Frühstücksbrot ist meist mit Käse belegt. Doch im Unterricht haben sie letzte Woche darüber gesprochen, dass die Produktion von Fleisch- und Milchprodukten zum Klimawandel beiträgt. In der Schulkantine hat er gesehen, dass einige Mitschülerinnen und Mitschüler kein Fleisch und keine Milchprodukte essen. Franco überlegt, wie er selbst dazu steht. Er fragt sich: Sollte ich weiter tierische Nahrungsmittel essen?

2 Informationen sammeln
Nutze verschiedene Quellen wie Bücher, Zeitungen oder das Internet, um dir möglichst viele Informationen zum Thema zu beschaffen. Auch Gespräche mit deinen Eltern, deinen Freundinnen und Freunden oder Expertinnen und Experten können helfen.

Franco schaut sich das Video eines Veganers an, der erzählt, warum er keine tierischen Nahrungsmittel isst. Außerdem findet er eine Dokumentation zur Nutztierhaltung. Franco fragt auch seine Nachbarin, die Ärztin ist, ob es Risiken bei einer veganen Ernährung gibt.

3 Die Argumente ordnen
Ordne die Informationen, die du gefunden hast. Gründe, die für einen Standpunkt sprechen, sind **Pro-Argumente**. Gründe, die gegen einen Standpunkt sprechen, sind **Kontra-Argumente**.

Franco notiert in einer Tabelle seine Argumente für und gegen das Essen von tierischen Nahrungsmitteln. Du siehst die Tabelle in Bild 3.

4 Die Argumente einteilen
Alle Aussagen sind erst einmal gleich viel wert. Du musst dir jedoch klarmachen, ob du von einer Tatsache oder einem Gefühl sprichst. Wenn Aussagen Fakten wiedergeben, dann sind sie **beschreibend**. Wenn Aussagen eher ein Gefühl ausdrücken, dann sind sie **bewertend**.

Franco markiert in seiner Tabelle die beschreibenden Argumente blau und die bewertenden Argumente gelb (Bild 3).

5 Die Argumente gewichten
Lege fest, wie wichtig du die einzelnen Argumente findest. Gib dazu jedem Argument 3, 2, 1 oder 0 Punkte. Beziehe dabei deine Werte mit ein. **Werte** sind Ansichten, die dir wichtig sind. Beispiele sind Verantwortungsbewusstsein, Respekt, Ehrlichkeit, Anerkennung, Gerechtigkeit, Toleranz, Mitgefühl, Liebe, Erfolg, Freiheit, Spaß, Sicherheit und Hilfsbereitschaft.

Franco schreibt auf, welche Werte ihm wichtig sind (Bild 2). Dann vergibt er Punkte für die Argumente in seiner Tabelle (Bild 3).

Werte	Bedeutung für Francos Konflikt
Verantwortungsbewusstsein	Ich möchte mich so verhalten, dass ich dem Klima nicht schade.
Respekt	Ich respektiere meine Eltern und ihre Wünsche.
Mitgefühl	Nutztiere haben Gefühle und können Schmerzen spüren. Ich möchte nicht, dass sie leiden.
Spaß	Wir haben immer viel Spaß, wenn wir zusammen mit der Familie oder mit Freunden grillen.

2 Francos Werte

Pro-Argumente: Ich sollte weiter tierische Nahrungsmittel essen		Kontra-Argumente: Ich sollte keine tierischen Nahrungsmittel mehr essen	
Fleisch, Wurst und Käse schmecken lecker.	2	Die massenhafte Produktion von tierischen Nahrungsmitteln schadet dem Klima.	3
Tierische Nahrungsmittel enthalten viele wichtige Stoffe wie Eiweiß, Eisen und Calcium. Sie sind für Jugendliche wichtig, weil sie noch wachsen.	3	Man kann Eiweiß, Eisen und Calcium auch mit pflanzlichen Nahrungsmitteln aufnehmen.	1
Menschen essen seit etwa 2 Millionen Jahren Fleisch.	0	Ich will nicht, dass Tiere für mein Essen sterben.	3
Ich habe Käse aus Soja und Käse aus Mandeln probiert, beides hat mir nicht geschmeckt.	3	Es gibt viele Alternativen zu tierischen Nahrungsmitteln, zum Beispiel Pflanzenmilch.	2
Meine Eltern möchten, dass ich Fleisch, Wurst, Eier und Milchprodukte esse.	0	Wenn man täglich 50 g verarbeitetes Fleisch isst, dann steigt das Risiko für Darmkrebs um 16 %.	3

3 Francos Argumente

6 Das Ergebnis berechnen

Berechne die Punkte für Pro und Kontra. Zähle auch die Punkte für beschreibende und bewertende Aussagen zusammen.

Franco hat 8 Punkte für das Essen von tierischen Nahrungsmitteln gegeben und 12 Punkte dagegen. Beschreibende Argumente hat er mit 12 Punkten bewertet, bewertende Argumente mit 8 Punkten. Er hat für seine Entscheidung also Fakten stärker bewertet als Gefühle.

7 Deine Meinung formulieren

Das Punkte-Ergebnis zeigt dir deine Meinung zur Frage.

Francos Meinung ist, dass er keine tierischen Nahrungsmittel mehr essen sollte.

8 Deine Meinung begründen

Manche Menschen haben eine andere Meinung als du. Dann begründe deine Meinung mit einem Argument und einem Beispiel.

Ich esse kein Fleisch und keine Wurst mehr. Es ist mir wichtig, so einen Beitrag zur Verlangsamung des Klimawandels zu leisten. Doch solange ich noch wachse, esse ich weiter Eier und Milchprodukte. Sie enthalten Stoffe, die für meinen Körper im Wachstum wichtig sind.

AUFGABEN

1 Bilde dir eine eigene Meinung

a ☒ Notiere in einer Tabelle Argumente zur Frage: „Sollte ich tierische Nahrungsmittel essen?" Du kannst Francos Argumente aus Bild 3 verwenden und sie mit deinen eigenen Argumenten ergänzen. Oder du formulierst vollständig neue Argumente.

b ☒ Erstelle eine Liste mit den Werten, die für dich wichtig sind.

c ☒ Gewichte deine Argumente mit Punkten, indem du deine Werte berücksichtigst.

d ☒ Berechne dein Ergebnis.

e ☒ Formuliere deine persönliche Meinung zur Frage: „Sollte ich weiter tierische Nahrungsmittel essen?"

f ☒ Begründe deine Meinung.

4 Franco bei einer Demo zum Klimaschutz

1 Wir müssen das Klima retten, um uns zu retten.

Deutsche Gesetze

Im Grundgesetz steht in Artikel 20a, dass der Staat die natürlichen Lebensgrundlagen auch für die künftigen Generationen schützen muss. Das Klimaschutzgesetz vom 24.06.2021 verpflichtet Deutschland, bis 2045 klimaneutral zu sein, als Beitrag zur Einhaltung des 1,5-Grad-Ziels.

Eine Klima-Aktivistin oder ein Klima-Aktivist

Wir gehen seit Jahren auf die Straße, um auf die Bedrohung durch den Klimawandel aufmerksam zu machen. Wir wollen, dass alle Menschen auch in Zukunft gut und sicher auf der Erde leben können. Doch die Politik tut seit Jahren nicht genug dafür, um den Klimawandel zu verlangsamen. Wir fordern, dass das 1,5-Grad-Ziel eingehalten wird, das im Pariser Klimaabkommen vereinbart wurde. Deshalb schlagen wir vor, dass auf deutschen Autobahnen ein Tempolimit von 100 km/h eingeführt und dass es dauerhaft ein 9-Euro-Ticket für den öffentlichen Nahverkehr gibt. Außerdem brauchen wir einen Gesellschaftsrat, in dem Menschen aus allen Bevölkerungsgruppen zusammen mit Expertinnen und Experten aus Wissenschaft, Politik und Wirtschaft sozial gerechte Maßnahmen erarbeiten, um den Klimawandel zu verlangsamen.

Eine Bürgerin oder ein Bürger

Ich kann hier auf dem Land nicht mit öffentlichen Verkehrsmitteln zur Arbeit fahren, damit brauche ich doppelt so lange wie mit dem Auto. Und ich will mich für den Klimaschutz nicht einschränken und mir auch vom Staat nichts vorschreiben lassen. Ich will jeden Tag Fleisch und Wurst essen. Der Staat darf mich nicht daran hindern, indem er die Preise so teuer macht, dass ich es mir nicht mehr leisten kann. Wir leben in einem freien Land! Ich will selbst entscheiden, wie schnell ich fahre, welche Heizung ich in mein Haus einbaue und wie viele Klamotten ich mir kaufe. Ich arbeite für mein Geld und will es ausgeben, wofür ich will. Dazu gehört auch, dass ich zweimal im Jahr in den Urlaub fliege. Das habe ich mir verdient!

Eine Politikerin oder ein Politiker

Wir müssen den Klimawandel verlangsamen, indem wir den Ausstoß von Treibhausgasen verringern und bis 2045 klimaneutral werden. Dazu sind Veränderungen und Einschränkungen nötig. Wir können aber nicht alle Entscheidungen nur darauf ausrichten, das Klima zu schützen. Denn wir brauchen gleichzeitig eine starke Wirtschaft, die auch weltweit erfolgreich ist. Nur so können Arbeitsplätze und Wohlstand erhalten werden. Firmen und Arbeitskräfte zahlen Steuern, mit diesem Geld können Maßnahmen für den Klimaschutz bezahlt werden. Wichtig ist, dass niemand übermäßig belastet wird. Weil Treibhausgase nicht innerhalb der Ländergrenzen bleiben, müssen wir zusammen mit allen Ländern daran arbeiten, Lösungen zu finden und diese gemeinsam umsetzen.

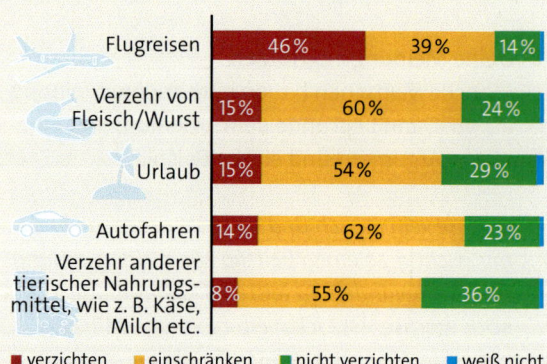

2 Umfrage: Worauf verzichten wir für den Klimaschutz?

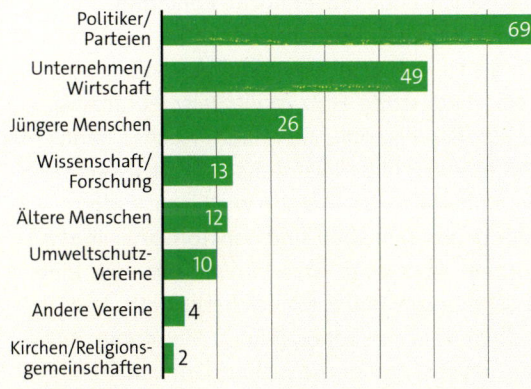

3 Umfrage: Wer muss etwas für den Klimaschutz tun?

Eine Klimaforscherin oder ein Klimaforscher

Durch den Klimawandel kommt es schon jetzt zu Überschwemmungen, Dürren und großer Hitze. Bis zum Jahr 2050 könnten dadurch 31 Länder teilweise unbewohnbar werden. In diesen Ländern leben über 1 Milliarde Menschen. Millionen von ihnen werden ihre Heimat verlassen und in andere Gebiete ziehen. Diese Menschen werden auch nach Europa kommen. Wir müssen den Klimawandel verlangsamen. Und wir haben die technischen Möglichkeiten dazu. Doch wir müssen schneller werden, vor allem bei der Energiewende und bei der Verkehrswende. Aber auch in der Landwirtschaft: Wir müssen neue Wälder pflanzen, Moore wieder vernässen und vor allem unseren Fleischkonsum reduzieren. Wenn innerhalb von 15 Jahren sämtliche tierischen Produkte durch vegane Nahrung und Materialien ersetzt würden, dann könnten die weltweiten CO_2-Emissionen um 68 % bis zum Jahr 2100 sinken. Das sind 52 % der Reduzierung, die wir brauchen, um das 2-Grad-Ziel zu erreichen.

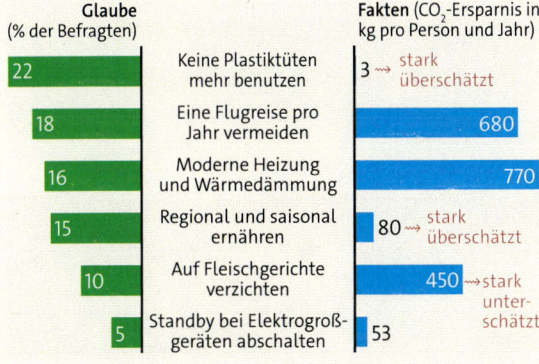

4 Umfrage: Was trägt zum Klimaschutz bei?

Eine Wirtschaftswissenschaftlerin oder ein Wirtschaftswissenschaftler

Unser Ziel muss es sein, dass alle Menschen auf der Erde gut leben können. Dazu müssen wir unseren Lebensstil ändern: Wenn wir vom Privatbesitz zu einer Gesellschaft des Teilens kommen, dann brauchen wir von allem weniger. Für eine nachhaltige Entwicklung müssen wir Naturschutz, soziale Gerechtigkeit und eine stabile Wirtschaft gleichwertig berücksichtigen. Klimamodelle zeigen, dass wir auf diese Weise das 1,5-Grad-Ziel einhalten könnten.

Eine Firmenchefin oder ein Firmenchef

Firmen müssen möglichst viel Gewinn machen. Mit dem Geld können neue Technologien entwickelt werden. Nur wenn die Wirtschaft wächst, können Arbeitsplätze erhalten und weitere geschaffen werden. Das Wirtschaftswachstum ist angeblich schuld am Klimawandel und an der Umweltzerstörung. Aber ohne Wachstum gibt es keine Ideen, keinen technischen Fortschritt und keinen Wohlstand.

AUFGABEN

1 Eine Diskussion über Verantwortung

a ☑ Entscheide dich für die Position einer Diskussionsteilnehmerin oder eines Diskussionsteilnehmers.

b ☒ Formuliere aus den Aussagen der in 1a gewählten Position gute Argumente.

c ☒ Überlege dir weitere Argumente, die diese Position unterstützen.

d ☒ Bereite dich auf die Diskussion vor: Lies die Positionen der anderen Teilnehmerinnen und Teilnehmer, um mit deinen Argumenten auf ihre Argumente eingehen zu können.

e ☒ Notiere die Fachwörter dieser Seite, die du nicht kennst. Recherchiere ihre Bedeutung und notiere sie hinter den Wörtern. 🖳

f ☒ Diskutiert in der Klasse darüber, wer die Verantwortung dafür trägt, den Klimawandel zu verlangsamen. Bringt dabei eure Argumente überzeugend ein und versucht so, die Meinung der anderen zu beeinflussen. Findet in der Diskussion einen gemeinsamen Standpunkt oder schließt einen Kompromiss.

Die Nachhaltigkeit

1 Wie hinterlassen wir die Erde für unsere Kinder?

„Wir haben die Erde nicht von unseren Eltern geerbt, sondern von unseren Kindern geliehen."

Das Prinzip der Nachhaltigkeit

Früher wurde Holz zum Bauen, Kochen und Heizen genutzt. Die Menschen fällten dafür so viele Bäume, dass es vor 300 Jahren fast keinen Wald mehr in Europa gab. Damals brauchten die Menschen aber Holz zum Leben. Daher wurde beschlossen, dass nur noch so viele Bäume gefällt werden wie an anderer Stelle nachwachsen (Bild 2). Nur dann bleiben Wälder dauerhaft erhalten. Dieses Prinzip heißt **Nachhaltigkeit**.

Ressourcen nachhaltig nutzen

Alle Dinge, die wir zum Leben und zur Herstellung von Produkten nutzen, werden **Ressourcen** genannt. Wir müssen sie nachhaltig nutzen, damit sie nachwachsen können und so dauerhaft erhalten bleiben. Nur dann können wir und alle Menschen nach uns gut auf der Erde leben.

Nachwachsende und endliche Rohstoffe

Wir verwenden verschiedene Stoffe aus der Natur für die Herstellung von Produkten. Solche Stoffe heißen **Rohstoffe**. Holz ist ein Beispiel für einen Rohstoff. Wenn ein neuer Baum wächst, dann entsteht neues Holz. Holz ist also ein nachwachsender Rohstoff. Auch Metalle wie Eisen, Kupfer, Aluminium und Gold sind Rohstoffe. Aus ihnen werden Werkzeuge, Maschinen, Fahrzeuge, elektrische Geräte und Schmuck hergestellt. Metalle befinden sich im Boden (Bild 3). Sie können nicht nachwachsen und sind nicht in unendlicher Menge vorhanden. Metalle sind **endliche Rohstoffe**. Um sie nachhaltig zu nutzen, müssen wir uns fragen: Wie können wir so wenig Rohstoffe wie möglich verwenden? Gibt es andere Stoffe, die wir stattdessen verwenden können? Metalle können aus Abfall gesammelt und wiederverwendet werden. So bleiben sie dauerhaft erhalten.

Fossile Energieträger

Auch die fossilen Energieträger Kohle, Erdöl und Erdgas sind endliche Rohstoffe. Ihre Nutzung zur Energiegewinnung ist nicht nachhaltig. Zum einen reichen die Vorräte von Kohle, Erdöl und Erdgas nur noch eine gewisse Zeit. Zum anderen können bei der Gewinnung der Stoffe Boden und Wasser verschmutzt werden. Bei der Verbrennung fossiler Energieträger werden außerdem giftige Abgase und Treibhausgase frei. Dadurch wird der Klimawandel verstärkt: Auf der Erde wird es wärmer, es gibt mehr extreme Wetterereignisse und der Meeresspiegel steigt. In der Folge könnte bis 2070 ein Fünftel der Erde für Menschen unbewohnbar werden. Dann können wir und die Menschen nach uns nicht mehr gut auf der Erde leben.

2 Holz wird genutzt und wächst nach.

3 Metalle und Kohle werden aus dem Boden geholt.

4 Fossile und erneuerbare Energieträger werden genutzt.

Natur
Verantwortung für Umwelt und Lebewesen, begrenzter Verbrauch von Ressourcen

Wirtschaft
effizienter und sparsamer Einsatz von Geld, Ressourcen und Energie

Nachhaltigkeit

Gesellschaft
sichere Arbeitsbedingungen, angemessene Löhne, Gesundheitsversorgung, Zugang zu Bildung, Sicherheit, Chancengleichheit, soziale Gerechtigkeit

5 Drei Bereiche nachhaltiger Entwicklung

Deshalb müssen wir erneuerbare Energieträger statt fossiler Energieträger nutzen, um keine Treibhausgase mehr freizusetzen (Bild 4). Zudem müssen wir CO_2 aus der Atmosphäre entfernen, indem wir natürliche Kohlenstoffspeicher nutzen. Dazu können wir zum Beispiel Moore wieder vernässen und neue Wälder anpflanzen.

Die Natur als Lebensgrundlage
Wir brauchen die Ressourcen der Natur zum Leben. Weil es auf der Erde immer mehr Menschen gibt, werden immer mehr Ressourcen gebraucht. Deshalb müssen wir die Natur schützen und mit ihren Ressourcen nachhaltig umgehen.

Gesellschaft und Wirtschaft
Wir leben mit anderen Menschen in einer Gemeinschaft zusammen. Das Fachwort dafür ist **Gesellschaft**. Alle Menschen einer Gesellschaft haben Bedürfnisse und Wünsche, zum Beispiel nach Nahrung, Kleidung, Energie und Wohnraum. Um diese Bedürfnisse zu erfüllen, brauchen wir ein System zur Herstellung, Verteilung und Nutzung von Produkten und Dienstleistungen wie von Handwerksbetrieben oder Banken. Dieses System heißt **Wirtschaft**. Die Wirtschaft bietet den Menschen Arbeitsplätze. Wichtig sind sichere Arbeitsbedingungen und angemessene Löhne. Mit den Löhnen können wir Produkte kaufen oder Dienstleistungen nutzen, die von der Wirtschaft hergestellt oder angeboten werden. Außerdem wichtig sind eine Gesundheitsversorgung, der Zugang zu Bildung sowie Sicherheit, Chancengleichheit und soziale Gerechtigkeit.

Nachhaltige Entwicklung
Die Wirtschaft nutzt die Ressourcen der Natur, um daraus Produkte für die Menschen in einer Gesellschaft herzustellen. Der Schutz der Natur und ihrer Ressourcen muss also mit den Interessen der Wirtschaft und der Gesellschaft verbunden werden (Bild 5). Eine solche Entwicklung, mit der das ökologische Gleichgewicht, eine stabile Wirtschaft und soziale Gerechtigkeit gleichzeitig erhalten werden, nennt man **nachhaltige Entwicklung**.

> Durch eine nachhaltige Nutzung der Ressourcen bleiben sie dauerhaft erhalten. Für eine nachhaltige Entwicklung müssen auch die Interessen der Wirtschaft und der Gesellschaft berücksichtigt werden.

AUFGABEN

1 Nachhaltigkeit

a ▣ Beschreibe am Beispiel der Holznutzung, was das Fachwort Nachhaltigkeit bedeutet.

b ▣ Erkläre, wodurch sich die Nutzung von Holz und von Metallen unterscheidet.

c ▣ Erläutere mit deinem Wissen über Nachhaltigkeit, was mit dem Sprichwort im Einstiegstext gemeint ist.

2 Nachhaltige Entwicklung

▣ Begründe, warum für eine nachhaltige Entwicklung nicht nur Naturschutz wichtig ist. Nenne dabei die beiden Bereiche, die ebenfalls berücksichtigt werden müssen.

Die Nutzung von Boden und Wasser

1 Alles ist mit allem verbunden.

Boden und Wasser sind die Grundlagen für das Leben von Pflanzen, Tieren und Menschen.

Mineralstoffe im Boden
Pflanzen nehmen Mineralstoffe aus dem Boden auf und speichern sie in ihrer Biomasse. Wenn Pflanzen absterben und abgebaut werden, dann gelangen die Mineralstoffe zurück in den Boden. Bei Nutzpflanzen ist das anders: Sie werden geerntet und die Biomasse mit den Mineralstoffen wird abtransportiert. Die Mineralstoffe gelangen daher nicht zurück in den Boden. Deshalb enthält der Boden von Feldern jedes Jahr weniger Mineralstoffe. Der natürliche Mineralstoffkreislauf ist gestört. Damit weiterhin Nutzpflanzen wachsen können, werden Böden mit Kunstdünger oder Kot und Urin von Nutztieren gedüngt (Bild 2).

Nitrat im Trinkwasser
Regenwasser dringt in den Erdboden ein, es sinkt darin nach unten und wird zu Grundwasser. Wenn Regen auf gedüngten Feldboden fällt, dann kann sich Nitrat aus dem Dünger im Regenwasser lösen. Mit dem Regenwasser kann Nitrat ins **Grundwasser** gelangen. Wir nutzen Grundwasser als Trinkwasser. Wenn wir zu viel Nitrat aufnehmen, dann können wir krank werden.

Pflanzenschutzmittel
Manche Insekten und Pilze ernähren sich von Pflanzen und schaden ihnen dabei. Die Pflanzen bilden dann kleinere oder keine Früchte oder sterben sogar ab. Solche Lebewesen, die Pflanzen schädigen, heißen **Schädlinge**. Manche Insekten ernähren sich von Schädlingen oder bestäuben Blüten. Weil sie den Pflanzen nützen, werden sie **Nützlinge** genannt. Auf Feldern und in Gärten wachsen Wildkräuter zwischen den Nutzpflanzen. Sie konkurrieren um Wasser, Mineralstoffe und Platz. Damit Nutzpflanzen möglichst viele und große Früchte bilden, werden Giftstoffe eingesetzt, um die Schädlinge und Wildkräuter zu vernichten. Diese Stoffe heißen **Pflanzenschutzmittel**. Sie vernichten auch Nützlinge. Auf Feldern, die mit Pflanzenschutzmitteln besprüht werden, leben deshalb nur wenige Pflanzenarten und Tierarten (Bild 3).

Weniger Grundwasser
Wenn Regen auf versiegelte Flächen wie Straßen und Gebäude fällt, dann kann das Wasser nicht in den Boden sickern und zu Grundwasser werden. Es fließt in Abwasserkanäle und wird aus der Stadt geleitet. Durch den Klimawandel regnet es zudem in vielen Gebieten weniger. Weil es wärmer wird, verdunstet mehr Wasser. Dadurch wird in vielen Gegenden das Grundwasser knapp. Menschen brauchen aber Wasser zum Trinken, Kochen, Putzen, für die Bewässerung von Pflanzen oder als Kühlwasser für Fabriken.

2 Kunstdünger auf einem Feld mit Nutzpflanzen

3 Ein artenarmes Feld

4 Ein See trocknet aus: Der Steg lag früher im Wasser.

6 Ein artenreiches Feld

In einigen Gebieten wird dafür so viel Grundwasser aus dem Boden entnommen, dass der Grundwasserspiegel sinkt. In der Folge können Wälder absterben, weil die Bäume nicht mehr genug Wasser bekommen. Auch Feuchtgebiete, Flüsse und Seen können austrocknen (Bild 4).

Nachhaltige Nutzung von Wasser
Felder und Gärten werden oft von oben beregnet (Bild 5A). Dabei gelangt auch Wasser auf die Blätter der Pflanzen und verdunstet. Das Wasser kann auch an jeder Pflanze tropfenweise direkt auf den Boden gegeben werden. Das nennt man **Tröpfchenbewässerung** (Bild 5B). Dabei verdunstet weniger Wasser. Durch diese effizientere Nutzung wird weniger Wasser gebraucht.
Wasser kann auch mehrfach verwendet werden. Das Abwasser aus Dusche und Badewanne könnte gesammelt und zum Spülen der Toilette genutzt werden, bevor es in den Abwasserkanal geleitet wird. Das gereinigte Wasser aus Kläranlagen wird bisher in Gewässer geleitet. Es könnte zur Bewässerung von Feldern genutzt werden.

5 Beregnung (A) und Tröpfchenbewässerung (B)

Regenwasser, das auf versiegelte Flächen fällt, muss in den Boden geleitet werden, damit mehr Grundwasser entsteht.

Nachhaltige Nutzung von Böden
Dünger sollte möglichst sparsam verwendet werden. Nach der Nutzpflanzenernte können Zwischenfrüchte wie Klee oder Rettich angebaut werden, die den Boden auf natürliche Weise düngen. Das nennt man **Gründüngung**. Außerdem können natürliche Mittel zur Bekämpfung von Schädlingen verwendet werden. Dann leben auf den Feldern viele verschiedene Tierarten und Pflanzenarten (Bild 6). Einige lockern die Erde auf, dadurch kann Regenwasser schneller versickern und besser im Boden gespeichert werden.

> Die nachhaltige Nutzung von Boden und Wasser ist wichtig für alle Lebewesen.

AUFGABEN
1 Nachhaltige Bodennutzung
a ⌧ Erkläre, warum die Böden von Feldern gedüngt werden müssen.
b ⌧ Erläutere, warum bei der Verwendung von Dünger und Pflanzenschutzmitteln ein Abstand zu Gewässern, blühenden Randstreifen, Hecken und Wäldern eingehalten wird.

2 Nachhaltige Wassernutzung
a ⌧ Begründe, warum Gärten mit Regenwasser statt Leitungswasser gegossen werden sollten.
b ⌧ Überlege dir drei Möglichkeiten, wie du zu Hause Wasser sparen kannst.

Die biologische Vielfalt

1 Ein tropischer Regenwald

2 Ein Korallenriff

Nur etwa 10 % der Landfläche der Erde sind mit tropischem Regenwald bewachsen. Dort leben mehr als die Hälfte aller bekannten Tier- und Pflanzenarten. Korallenriffe bedecken nur etwa 0,1 % des Meeresbodens. Hier leben mehr als ein Drittel aller im Meer bekannten Arten.

Die Biodiversität

Auf der Erde gibt es etwa 8 Millionen Tierarten und Pflanzenarten. Die Anzahl unterschiedlicher Arten in einem Lebensraum wird **Artenvielfalt** genannt. Die Artenvielfalt ist ein Teil der biologischen Vielfalt. Die biologische Vielfalt wird auch als **Biodiversität** bezeichnet. Dazu gehört auch die Vielfalt unterschiedlicher Ökosysteme wie Wälder, Gewässer, Moore und Wiesen. Die biologische Vielfalt ist das Ergebnis der Angepasstheit der Lebewesen an verschiedene Lebensbedingungen. Sie hat sich über Millionen von Jahren entwickelt.

Die Bedeutung der Biodiversität

In Ökosystemen mit großer Artenvielfalt stehen auf allen Stufen der Nahrungspyramide mehrere Arten. Pflanzen werden von mehreren Insektenarten bestäubt. Die Insekten finden ausreichend Nahrung und Insektenfresser nutzen verschiedene Beutetiere. Dadurch ist das Nahrungsnetz stark verzweigt. Wenn eine Art als Bestäuber oder Beute ausfällt, dann sind andere Arten da, um diese Aufgaben zu übernehmen. Auf diese Weise kann ein Ökosystem plötzliche Veränderungen aushalten. Je größer die Artenvielfalt in einem Ökosystem ist, desto stabiler ist es.

Menschen erwärmen die Erde

Durch den Klimawandel wird es auf der Erde wärmer. Dadurch verändern sich die Lebensbedingungen in den Ökosystemen. Das beeinflusst viele Lebewesen. Manche kommen mit höheren Temperaturen nicht zurecht. Sie wandern in andere Gebiete oder sterben. Wenn alle Tiere oder Pflanzen einer Art sterben, dann sagt man: Die Art ist **ausgestorben**. Wenn Arten aussterben, dann fehlen sie in den Nahrungsnetzen. Dadurch wird das Überleben weiterer Tiere gefährdet.

Die Vielfalt in den Meeren

Durch den Klimawandel wird das Wasser im Meer wärmer und saurer, weil sich mehr CO_2 darin löst. Das Eis auf den Landflächen schmilzt und fließt als Süßwasser ins Meer, dadurch sinkt der Salzgehalt und der Meeresspiegel steigt. Die Lebewesen im Meer müssen sich an die veränderten Lebensbedingungen anpassen.

Neben dem Klimawandel ist die Nutzung der Meere durch den Menschen die größte Bedrohung für die Biodiversität. Von beliebten Speisefischen wie Thunfisch, Rotbarsch und Heilbutt wurden bereits so große Mengen gefangen, dass sie vom Aussterben bedroht sind. Auch Meeresschildkröten, Delfine und Haie sind bedroht, da sie unabsichtlich mitgefangen werden und in den Fischnetzen sterben. Dadurch werden Nahrungsnetze verändert.

Durch den Einfluss des Menschen gelangen auch Abwasser, Dünger, Schadstoffe, Müll und Mikroplastik ins Meer. Dadurch können Lebewesen krank oder vergiftet werden, oder sie ersticken.

Die Vielfalt an Land

Für den Bau von Straßen und Gebäuden sowie für den Anbau von Nutzpflanzen und die Haltung von Nutztieren werden zum Beispiel Wälder abgeholzt und Moore trockengelegt. Dadurch werden Lebensräume verändert oder zerstört. In der Folge können Arten aussterben. Beispiele sind die Orang-Utans in Südostasien und der Feldhamster bei uns in Deutschland (Bild 3A und 3B). Insekten werden mit Giftstoffen vernichtet, um mehr Nutzpflanzen ernten zu können. Doch bestäubende Insekten ermöglichen die Fortpflanzung von Pflanzen. So sichern diese Nützlinge die Nahrungsgrundlage der Pflanzenfresser. Gleichzeitig sind Insekten selbst Nahrung für viele Tiere wie Vögel und Amphibien. Wenn die Insekten in einem Ökosystem sterben, dann verändert sich das Nahrungsnetz. In Deutschland ist die Anzahl der Insekten stark gesunken, über ein Viertel aller Insektenarten ist gefährdet. Ein Beispiel ist die Rote Mauerbiene (Bild 3C). Weltweit sind viele Tierarten vom Aussterben bedroht, weil Menschen sie als Nahrung nutzen oder als Haustiere halten. Manchmal werden Wildtiere auch wegen ihres Fells oder ihrer Stoßzähne getötet. Ein Beispiel ist der Elefant (Bild 3D).

Gründe für den Schutz der Biodiversität

Jeden Tag sterben über 100 Arten aus, eine Million Arten sind vom Aussterben bedroht. Viele Arten sind die Grundlage unserer Ernährung und liefern uns wichtige Stoffe, zum Beispiel für Kleidung oder Medikamente. Dadurch hat der Verlust der Biodiversität auch Folgen für uns.

Wenn wir die Lebensbedingungen in den Ökosystemen so verändern, dass es immer weniger Arten gibt, dann zerstören wir damit die Grundlagen für unser Leben. Wir haben die Verantwortung dafür, die Vielfalt zu erhalten. Sie ist die beste Voraussetzung für das Überleben aller Lebewesen auf der Erde.

> Menschen zerstören oder verändern Ökosysteme. Dadurch sind viele Tierarten und Pflanzenarten vom Aussterben bedroht. Die Biodiversität ist die Grundlage für unser Leben.

AUFGABEN

1 Die Bedeutung der Biodiversität

a ✎ Schreibe einen Lexikoneintrag für das Fachwort Biodiversität.

b ✎ Begründe, weshalb ein Ökosystem mit einer großen Artenvielfalt besonders stabil ist.

2 Der Klimawandel bedroht die Vielfalt

a ✎ Beschreibe an drei Beispielen, wodurch die Vielfalt in den Meeren bedroht ist.

b ✎ Beschreibe an drei Beispielen, wie der Mensch die Vielfalt an Land beeinflusst.

c ✎ Stelle an einem Beispiel dar, wie Menschen ein Ökosystem verändern und welche Folgen das hat. Zeichne dazu ein Flussdiagramm.

d ✎ Recherchiere im Internet, welche Tierarten bereits ausgestorben sind oder vom Aussterben bedroht sind. Entscheide dich für eine Art und gestalte ein Plakat. Präsentiere es in der Klasse und halte einen Vortrag dazu. 🖥

3 Vom Aussterben bedroht: Orang-Utan (A), Feldhamster (B), Rote Mauerbiene (C), Afrikanischer Elefant (D)

1 Die Nutzung von Ressourcen

a ☑ Beschreibe, was Ressourcen sind.

b Wir verbrauchen mehr Ressourcen, als nachwachsen oder wiederhergestellt werden können. Am Erdüberlastungstag sind die Ressourcen für das aktuelle Jahr aufgebraucht. 2023 war das am 2. August, 1970 am 25. Dezember. ☑ Beschreibe mithilfe dieser Daten, wie sich der Ressourcenverbrauch verändert hat.

c ☒ Begründe, wann der Erdüberlastungstag wäre, wenn wir nur so viele Ressourcen verbrauchen würden, wie in einem Jahr nachwachsen oder wiederhergestellt werden.

d Verschiedene Länder verbrauchen unterschiedlich viele Ressourcen. Der Erdüberlastungstag für Deutschland war 2023 am 4. Mai. ☒ Vergleiche dieses Datum mit dem 2.8.2023 und beschreibe, was der Unterschied über die Ressourcennutzung in Deutschland aussagt.

e ☑ Nenne mithilfe von Bild 1 drei Länder, die mehr Ressourcen verbrauchen als Deutschland, und drei Länder, die weniger verbrauchen.

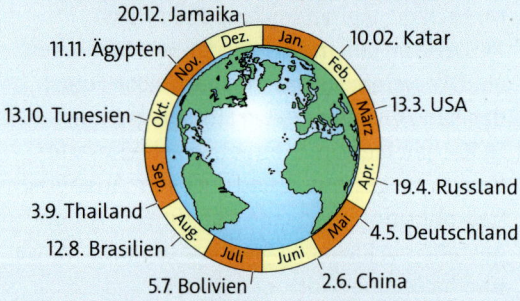

Dann wäre der Erdüberlastungstag, wenn alle Länder so viele Ressourcen verbrauchen würden wie ...

20.12. Jamaika
11.11. Ägypten
10.02. Katar
13.10. Tunesien
13.3. USA
3.9. Thailand
19.4. Russland
12.8. Brasilien
4.5. Deutschland
5.7. Bolivien
2.6. China

1 Die Erdüberlastungstage verschiedener Länder

f ☒ „In Indien, Syrien und den meisten afrikanischen Ländern gibt es keinen Erdüberlastungstag." Beschreibe, was das über den Ressourcenverbrauch dieser Länder aussagt.

g ☒ Stelle Vermutungen an, warum die Länder in Aufgabe f viel weniger Ressourcen verbrauchen als die Länder in Bild 1.

h ☒ Erkläre, warum wir unseren Ressourcenverbrauch verringern müssen.

i ☒ Sammelt in der Klasse Ideen, wie der Ressourcenverbrauch verringert werden kann.

j ☒ Erstellt aus den Ideen Plakate und hängt sie in der Schule auf.

2 Nachhaltige Entwicklung

a ☑ Beschreibe, was mit dem Fachwort Nachhaltigkeit gemeint ist.

b ☑ Nenne die drei Bereiche einer nachhaltigen Entwicklung.

c ☒ Erläutere jeden Bereich an einem Beispiel.

d 193 Länder haben gemeinsam 17 Ziele für eine nachhaltige Entwicklung vereinbart. ☑ Stellt in der Klasse gemeinsam Vermutungen darüber an, welche Ziele die Symbole in Bild 2 darstellen sollen.

e ☒ Überprüft eure Vermutungen, indem ihr die 17 Ziele im Internet recherchiert. 🖥

f ☒ Ordnet die 17 Ziele den drei Bereichen aus Aufgabe b zu.

g ☒ Diskutiert in der Klasse, wie Bildung dabei helfen kann, die 17 Ziele zu erreichen.

h ☒ Geht durch das Schulgebäude und über das Schulgelände. Sucht Orte und Maßnahmen, die ihr den 17 Zielen zuordnen könnt. Notiert sie in einer Tabelle und macht Fotos.

i ☑ Erstellt Plakate zu allen Nachhaltigkeitsmaßnahmen, die ihr gefunden habt.

j ☒ Plant ein Projekt, mit dem ihr Ideen für weitere Nachhaltigkeitsmaßnahmen an eurer Schule sammeln und umsetzen könnt.

k ☒ Begründe, welche drei Ziele für dich besonders wichtig sind.

l ☒ Nenne drei Nachhaltigkeitsmaßnahmen, mit denen du zu den 17 Zielen beitragen kannst.

17 Ziele für nachhaltige Entwicklung

2 Die 17 Ziele für eine nachhaltige Entwicklung

3 Wir brauchen Wasser

5 Liter   40 Liter   5 Liter   35 Liter

8 Liter   20 Liter   10 Liter   5 Liter

3 Die Nutzung von Wasser im Alltag

a ◪ Beschreibe, wofür du im Alltag Wasser nutzt. Nutze dazu auch Bild 3.

b ◪ Notiere eine Woche lang in einer Liste alle Tätigkeiten, für die du Wasser nutzt.

c ◪ Berechne mit der Liste aus Aufgabe b, wie viel Liter Wasser du in einer Woche nutzt.

d ◪ Nenne zwei Gründe, warum der Grundwasserspiegel an vielen Orten sinkt.

e Bild 4 zeigt ein Modell-Experiment.
◪ Beschreibe den Aufbau und die Ergebnisse des Experiments.

f ◪ Erläutere, wofür die drei Kisten im Modell-Experiment in der Realität stehen.

g ◪ Begründe, warum die Ergebnisse für die drei Kisten unterschiedlich sind.

h ◪ Erläutere mithilfe der Ergebnisse des Experiments eine weitere Ursache dafür, dass es an vielen Orten zu wenig Grundwasser gibt.

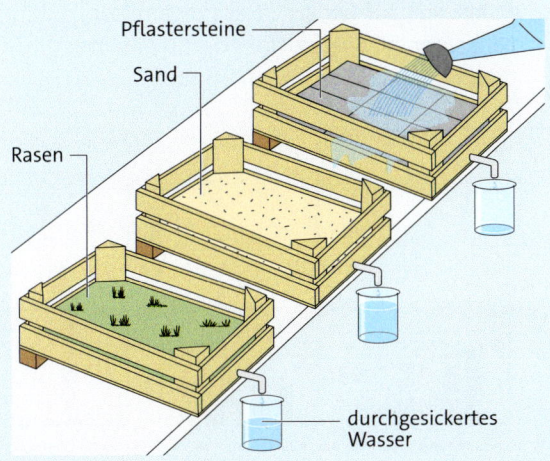

Pflastersteine

Sand

Rasen

durchgesickertes Wasser

4 Ein Experiment

4 Biodiversität im Meer

a ◪ Beschreibe, was mit dem Fachwort Biodiversität gemeint ist.

b ◪ Sprecht in der Klasse darüber, welche Fischarten oder fischhaltigen Nahrungsmittel ihr esst und wie oft ihr sie esst.

c Fische werden oft mit Netzen gefangen, die von Schiffen durchs Wasser gezogen werden.
◪ Beschreibe mithilfe von Bild 5, warum dadurch auch andere Tierarten gefährdet sind.

5 Fischfang mit Schleppnetzen

d Von 35 % aller Fischarten werden mehr Fische gefangen als nachwachsen können.
◪ Begründe, warum das nicht nachhaltig ist.

e ◪ Erläutere, wie der Fischfang die Biodiversität gefährdet. Denke dabei an Seevögel und Meeressäugetiere und verwende das Fachwort Nahrungsketten.

f Bis 2030 sollen 30 % der Meere Schutzgebiete werden. Dort ist Fischfang nicht erlaubt.
◪ Beschreibe, warum es durch diese Maßnahme wieder mehr Fische geben wird.

g ◪ Erkläre, wie das Fischfangverbot dazu beiträgt, die Biodiversität der Meere zu erhalten.

h In Bild 5 wird das Netz über den Boden gezogen, um dort lebende Fische zu fangen. Dabei wird der Meeresboden umgegraben und das dort gespeicherte CO_2 gelangt ins Wasser.
◪ Erläutere mit den Wörtern sauer, Kalk und Korallenriff die Folgen dieser Methode.

i ◪ „Erst, wenn der letzte Baum gefällt, der letzte Fluss vergiftet und der letzte Fisch gefangen ist, werdet ihr feststellen, dass man Geld nicht essen kann." Erläutere, was mit dieser Aussage gemeint ist.

1 Lebewesen brauchen Nahrung

1 Der Energiefluss in einer Nahrungskette

a ⊠ Nenne die Energiequelle der Produzenten.

b ⊠ Nenne das Fachwort für den Vorgang, durch den die Produzenten Energie in Biomasse umwandeln.

c ⊠ Beschreibe die Nahrungskette in Bild 1 mithilfe der Formulierung „wird gefressen von".

d ⊠ „Für den Energiefluss in Nahrungsketten gilt die 10 %-Regel." Erläutere diese Aussage mithilfe von Bild 1.

e ⊠ Fülle die Lücken im folgenden Satz: *Ein Wildschwein muss … kg Mäuse fressen, damit es … kg Biomasse aufbauen kann.*

f ⊠ Beschreibe die Nahrungspyramide in Bild 2.

g Weltweit haben über 700 Millionen Menschen nicht genug zu essen.
⊠ Begründe mithilfe der 10 %-Regel und Bild 2, ob mit dem Fleisch von Nutztieren oder mit den Früchten von Nutzpflanzen mehr Menschen ernährt werden können.

h ⊠ Erläutere, warum die Haltung von sehr vielen Nutztieren den Klimawandel verstärkt. Verwende dabei die Wörter Methan, Lachgas und Regenwald.

i Wenn sich alle Menschen vegan ernähren würden, dann würden 25 % der heutigen Landwirtschaftsfläche ausreichen, um genug Nahrung für alle Menschen auf der Erde anzubauen.
⊠ Beschreibe, wie die frei werdenden Landwirtschaftsflächen genutzt werden können, um den Klimawandel zu verlangsamen.

j ⊠ Erläutere, welche Auswirkungen die Nutztierhaltung auf Boden und Wasser hat. Denke dabei an Dünger und Trinkwasser.

k Viele Menschen trinken statt Kuhmilch lieber Pflanzendrinks.
⊠ Begründe mithilfe von Bild 3, welches Getränk am nachhaltigsten ist.

l Die Landwirtschaft in Deutschland macht fast zwei Drittel ihres Gewinns mit der Produktion von Milch und Fleisch.
⊠ Begründe, warum diese Tatsache für eine nachhaltige Entwicklung der Landwirtschaft berücksichtigt werden muss.

m ⊠ Recherchiere weitere Gründe dafür, dass Menschen auf tierische Nahrungsmittel verzichten. Verwende dazu die Suchwörter Gesundheit und Tierwohl. 🖥

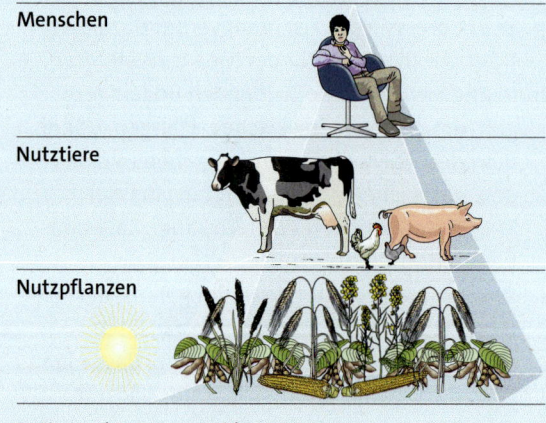

Menschen

Nutztiere

Nutzpflanzen

2 Eine Nahrungspyramide

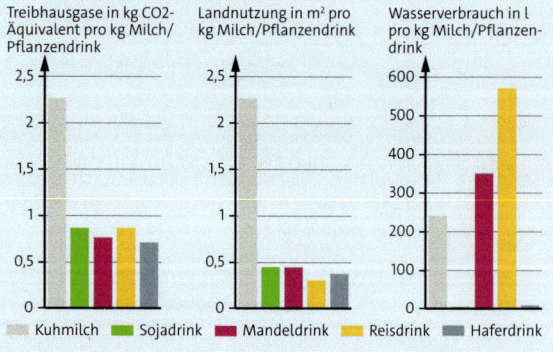

Treibhausgase in kg CO2-Äquivalent pro kg Milch/Pflanzendrink

Landnutzung in m² pro kg Milch/Pflanzendrink

Wasserverbrauch in l pro kg Milch/Pflanzendrink

Kuhmilch Sojadrink Mandeldrink Reisdrink Haferdrink

3 Milch und verschiedene Pflanzendrinks im Vergleich

2 Nachhaltige Kleidung?

In einigen Geschäften und Online-Shops gibt es täglich neue Kleidungsstücke, die sehr billig sind.

a 🖰 Recherchiere drei Anbieter solcher Fast Fashion und wie viele neue Kleidungsstücke sie pro Woche herausbringen. 🖰

b Im Jahr 2023 hat jeder Mensch durchschnittlich 24 Kleidungsstücke gekauft und dafür etwa 212 Euro ausgegeben.

🖰 Wie viele neue Kleidungsstücke kaufst du pro Monat und was kosten sie? Berechne die Stückzahl und die Kosten für ein Jahr.

c Wir kaufen mehr Kleidung als früher, tragen sie aber nur halb so lang.

☒ Erkläre dieses Verhalten mit zwei Merkmalen von Fast Fashion.

d Für die Herstellung einer Jeans werden 11 000 Liter Wasser gebraucht.

🖰 Nenne mithilfe von Bild 4 die Herstellungsschritte, bei denen Wasser genutzt wird.

e Weltweit entstehen 20 % des verschmutzten Abwassers durch die Textilindustrie.

☒ Nenne mithilfe von Bild 4 fünf Stoffe, mit denen das Wasser verschmutzt wird.

f 🖰 Erläutere mithilfe von Bild 4, wie die Jeansherstellung Böden und Wasser belastet.

g 🖰 Nenne die drei Bereiche einer nachhaltigen Entwicklung.

h ☒ Ordne den drei Bereichen jeweils mindestens eine Information aus Bild 4 zu.

i Viele Kleidungsstücke werden nicht oder nicht nur aus Pflanzenstoffen wie Baumwolle hergestellt.

🖰 Schau auf die Schilder in deiner Kleidung: Wo und woraus wurde sie hergestellt?

j Kleidung enthält oft Polyester. Das ist ein Kunststoff, der aus Erdöl hergestellt wird.

☒ Erläutere, warum Polyester nicht nachhaltig ist.

k Beim Tragen und Waschen können die Kunststoffe in der Kleidung zu Mikroplastik zerfallen. Insgesamt 35 % des Mikroplastiks im Meer stammt aus Kleidungsstücken.

☒ Recherchiere, warum Mikroplastik ein Problem ist. 🖰

l Die Haare von Wiederkäuern wie Schafen und Ziegen werden zu Wolle verarbeitet.

☒ Begründe, warum die Wollproduktion zum Klimawandel beiträgt.

m „Den Preis für ein 3-Euro-T-Shirt zahlen andere für uns."

☒ Erläutere diese Aussage, indem du zusammenfasst, warum unser Konsum von Kleidung nicht nachhaltig ist.

n Jedes Jahr werden 100 Millionen Tonnen Kleidung weggeworfen.

🖰 Recherchiere, was die 5-R-Regeln für nachhaltigen Kleidungskonsum sind. 🖰

o ☒ Erstelle ein Plakat mit den 5-R-Regeln und hänge es in der Schule auf.

🪙 Die Bekleidungswirtschaft hat 2023 weltweit insgesamt 1600 Millionen Euro verdient. 🪙

1. Anbau von Nutzpflanzen
10 000 Liter Wasser brauchen Baumwollpflanzen, um 1 Kilogramm Baumwolle zu erzeugen.

Auf den meisten Anbauflächen werden Dünger und Pflanzenschutzmittel verwendet.

5. Veredelung der Jeans
Die Jeans wird mit Steinen, Sand und Bleichmitteln gewaschen, dadurch wird er weicher und heller und sieht abgenutzt aus.

Diese Behandlung beschädigt die Waschmaschinen und gefährdet die Gesundheit der Arbeitenden.

2. Herstellung von Stoff
Die Fasern der Baumwoll-Pflanzen werden zu Fäden gesponnen. Diese Fäden werden zu einem Stoff gewebt.

3. Färben des Stoffs
8000 Liter Wasser werden gebraucht, um den Baumwollstoff für eine Jeans zu färben.

Damit sich der tiefblaue Farbstoff Indigo in Wasser löst, werden Chemikalien wie Quecksilber, Cadmium, Blei und Kupfer verwendet.

4. Schneiden und Nähen des Stoffs
Aus dem Stoff werden alle Teile herausgeschnitten und zu einer Hose zusammengenäht.

Eine Näherin in Bangladesch arbeitet 6 Tage pro Woche, 10 Stunden am Tag. Sie bekommt dafür 80 Euro pro Monat. In Bangladesch braucht ein Mensch aber 100 Euro pro Monat zum Leben.

🏭 Durch die Bekleidungsindustrie entstehen 10 % der gesamten Treibhausgas-Emissionen.

4 Die Herstellung einer Jeans

TESTE DICH!

1 Klima und Klimawandel ↗ S. 144–149

1 Der Wasserkreislauf

a ☑ Beschreibe mithilfe von Bild 1 den Wasserkreislauf auf der Erde.

b ☑ Beschreibe den Unterschied zwischen Klima
und Wetter.

c ☒ Erkläre mithilfe von Bild 2, wie der natürliche Treibhauseffekt die Erde erwärmt.

d ☒ Nenne drei Treibhausgase und jeweils zwei
Vorgänge, bei denen sie frei werden.

e ☒ Beschreibe, wie sich der Kohlenstoff auf der
Erde in einem Kreislauf bewegt.

f ☒ „Durch die Industrialisierung wird das natürliche Gleichgewicht des Kohlenstoffkreislaufs
gestört." Erläutere diese Aussage.

g ☒ Erkläre, wieso es auf der Erde wärmer wird,
wenn mehr Treibhausgase freigesetzt werden.

h ☑ Nenne das Fachwort für die Verstärkung
des natürlichen Treibhauseffekts durch den
Menschen.

i ☒ Erläutere am Beispiel von Methan (28), was
mit dem Fachwort CO_2-Äquivalent gemeint ist.

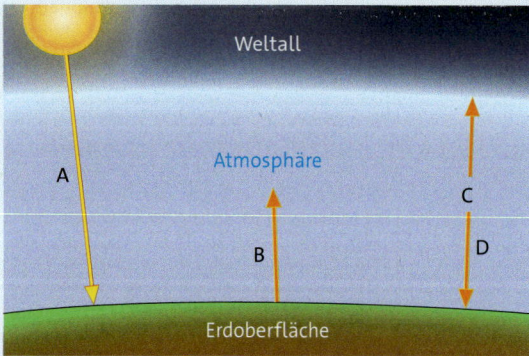

2 Der natürliche Treibhauseffekt

2 Die Klimaforschung ↗ S. 150/151

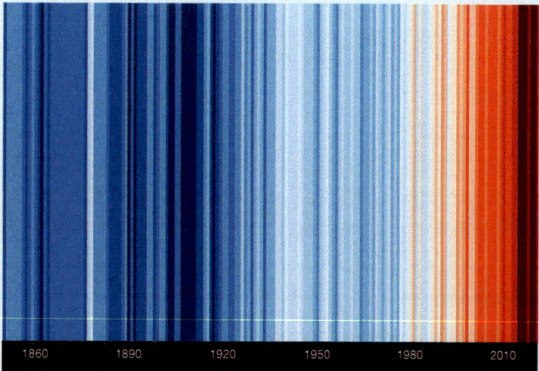

3 Die Erwärmungsstreifen

a ☑ Nenne mindestens vier Informationen
über das Klima, die jeden Tag auf der Erde
gesammelt werden.

b ☒ Beschreibe, was in Bild 3 durch die blauen
und roten Streifen dargestellt ist.

c ☒ Erläutere an einem Beispiel, wie Klimaarchive genutzt werden, um Informationen
über das Klima in der Vergangenheit zu
erhalten.

d ☑ Beschreibe, was Klimamodelle sind und was
sie nicht sind.

e ☒ Begründe, warum es mehrere unterschiedliche Klimamodelle gibt.

3 Die Folgen des Klimawandels ↗ S. 154–157
Durch den Klimawandel steigt die globale
Mitteltemperatur: Es wird wärmer auf der Erde.

a ☒ Beschreibe, wie sich die Böden durch die
höheren Temperaturen verändern.

b ☒ Erkläre, warum sich durch die höheren
Temperaturen der Wasserkreislauf auf der Erde
verändert. Nutze dazu Bild 1.

c Auch in der Arktis wird es wärmer, dadurch
schmilzt das Eis.
☒ Beschreibe die Folgen dieses Vorgangs.

d ☒ Erkläre, warum Muscheln und Korallen
weniger Kalk bilden können, wenn die CO_2-
Konzentration in der Atmosphäre steigt.

e ☒ Erläutere an zwei Beispielen, warum
Menschen durch den Klimawandel ihr Zuhause
verlieren werden.

f ☒ Begründe, weshalb sich durch den Klimawandel Krankheiten ausbreiten können.

4 Was wir tun können

↗ S. 164–171

Treibhausgas-Emissionen in %

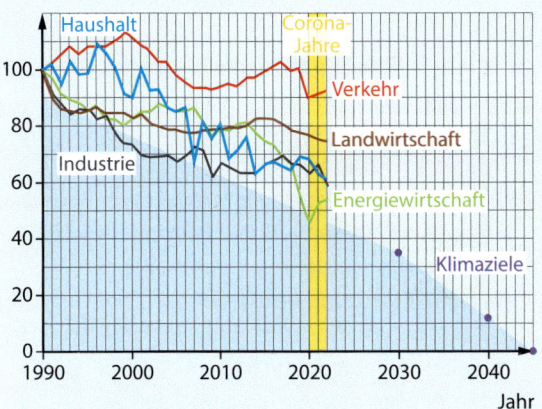

4 Treibhausgas-Emissionen in Deutschland

a ☑ „Wir müssen den Klimawandel verlangsamen." Erläutere, was mit dieser Aussage
   gemeint ist.

b ☑ Beschreibe, was getan werden muss, um den
   Klimawandel zu verlangsamen. Verwende das
   Wort Treibhausgas-Emissionen.

c ☒ Begründe, warum der Temperaturanstieg auf
   der Erde begrenzt werden muss.

d ☒ Erkläre, warum es wichtig ist, dass alle
   Länder der Erde dazu beitragen, den
   Temperaturanstieg auf der Erde zu begrenzen.

e Bild 4 zeigt die Treibhausgas-Emissionen in
   Deutschland seit dem Jahr 1990.
   ☒ Beschreibe, was der blaue Bereich zeigt.

f ☒ Erläutere, wodurch die Emissionen bei der
   Energiegewinnung stark gesunken sind.

g ☒ Beschreibe, wie die Verkehrswende zu
   weniger Emissionen führen kann.

h ☒ Beschreibe an drei Beispielen, wie im Bereich
   Landwirtschaft die Treibhausgas-Emissionen
   verringert werden können.

i ☑ Erläutere an je einem Beispiel, wie eine
   einzelne Person ihre CO_2-Emissionen in den
   Bereichen Wohnen, Strom, Verkehr, Ernährung
   und Konsum verringern kann.

j Die drei Aussagen in Bild 5 sind falsch.
   ☒ Beschreibe für jede der drei Aussagen,
   welcher Eindruck damit erweckt werden soll.

k ☒ Begründe für jede Aussage, warum sie
   falsch ist. Nenne dazu die Methoden der
   Desinformation, die du erkennen kannst.

5 Die Nachhaltigkeit

↗ S. 178–183

a ☑ Beschreibe, was mit dem Fachwort
   Nachhaltigkeit gemeint ist.

b ☑ Nenne die drei Bereiche, die für eine
   nachhaltige Entwicklung gleichzeitig
   berücksichtigt werden müssen.

c ☒ Begründe, warum die folgenden
   Handlungen nicht nachhaltig sind. Beschreibe
   für jedes Beispiel eine nachhaltige Alternative:
   – fossile Energieträger verbrennen
   – Wälder abholzen, um auf den Flächen
     Rinder zu halten und Futter für Nutztiere
     anzubauen
   – Moore entwässern
   – mehrmals am Tag Fleisch und Wurst essen
   – Kochen ohne Deckel auf dem Topf
   – mehrmals pro Jahr in den Urlaub fliegen
   – alle Wege mit dem Auto fahren
   – ständig neue Kleidung kaufen
   – nicht mehr benötigte Kleidung wegwerfen
   – noch essbare Nahrungsmittel wegwerfen
   – Einweg-Plastikbesteck verwenden
   – Kunstdünger verwenden
   – künstliche Pflanzenschutzmittel verwenden
   – Böden versiegeln
   – möglichst lange duschen
   – alle Fische in den Meeren fangen
   – Plastikmüll ins Meer werfen
   – Menschen geringe Löhne zahlen
   – Menschen unter gefährlichen Bedingungen
     arbeiten lassen
   – Menschen keinen Zugang zu Bildung geben
   – die natürlichen Lebensgrundlagen auf der
     Erde zerstören

– *Durch den Klimawandel wird es angeblich
wärmer auf der Erde. Das kann aber gar
nicht sein, denn heute ist es eiskalt draußen.*
– *Menschen können den aktuellen Klimawandel gar nicht verursacht haben, denn das
Klima hat sich auch schon verändert, als es
noch gar keine Menschen auf der Erde gab.*
– *Es bringt gar nichts, wenn wir unseren
CO_2-Ausstoß reduzieren. Die Chinesen stoßen
viel mehr CO_2 aus als wir, die müssen zuerst
anfangen.*

5 Desinformationen zum Klimawandel

Ökosysteme im Klimawandel

Ökosysteme, Wetter und Klima

Ökosysteme unterscheiden sich voneinander durch die abiotischen Umweltfaktoren Wasser, Temperatur, Licht und Boden.

Atmosphäre: die Lufthülle um die Erde, sie enthält verschiedene Gase wie Stickstoff, Sauerstoff und Kohlenstoffdioxid

Wetter: der Zustand der Atmosphäre zu einem bestimmten Zeitpunkt, der meist mit Temperatur, Regen und Wind beschrieben wird

Klima: der jährliche Ablauf des Wetters an einem Ort, erkennbar durch jahrelange Beobachtungen

Der Klimawandel

Klimawandel: die dauerhafte Veränderung des Klimas

Treibhauseffekt: die Erwärmung der Erde durch die Sonne und die Treibhausgase in der Atmosphäre

Treibhausgase: Gase in der Atmosphäre, die sich erwärmen können, zum Beispiel Kohlenstoffdioxid, Methan, Lachgas

Treibhauspotenzial: ein Maß für die Fähigkeit eines Treibhausgases, zum Klimawandel beizutragen

CO_2-Äquivalent: ein Maß zum Vergleich der Klimawirkung verschiedener Treibhausgase

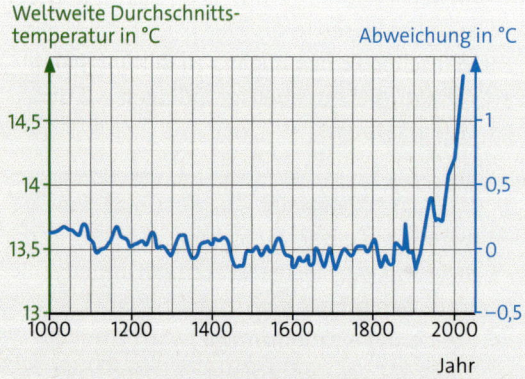

Weltweite Durchschnittstemperatur in °C

Abweichung in °C

Die Ursache des aktuellen Klimawandels

anthropogener Treibhauseffekt: die Verstärkung des natürlichen Treibhauseffekts durch die Freisetzung von Treibhausgasen durch Menschen, vor allem Kohlenstoffdioxid, Methan und Lachgas

fossile Energieträger: Stoffe wie Kohle, Erdöl und Erdgas enthalten Kohlenstoff, der beim Verbrennen als CO_2 frei wird

Je mehr Treibhausgase in die Atmosphäre gelangen, desto wärmer wird es auf der Erde.

Die Klimaforschung

Klimaarchive: enthalten Informationen über das Klima der Vergangenheit, Beispiele sind Eisbohrkerne und Jahresringe von Bäumen

globale Mitteltemperatur: der berechnete Durchschnitt der Lufttemperatur, die an vielen verschiedenen Stellen der Erde zwei Meter über dem Boden gemessen wird

Klimamodelle: helfen abzuschätzen, wie sich das Klima der Zukunft entwickeln könnte

Globale Mitteltemperatur in °C

Die Folgen des Klimawandels

Die Folgen für die Natur:
- es wird wärmer auf der Erde
- es verdunstet mehr Wasser
- es regnet weniger
- die Böden werden trockener
- es gibt mehr extreme Wetterereignisse wie Hitzewellen, Dürren, Stürme und Starkregen
- der Permafrostboden taut auf
- die Eisflächen schmelzen
- der Meeresspiegel steigt
- das Meerwasser wird saurer

Die Folgen für die Menschen:
- mehr Tote durch extreme Wetterereignisse, Wassermangel und Nahrungsmangel
- mehr Menschen ziehen in andere Gebiete, weil ihre Heimat unbewohnbar wird
- Krankheiten breiten sich aus

Den Klimawandel verlangsamen

Wir müssen den Ausstoß von Treibhausgasen verringern, um den Klimawandel zu verlangsamen.

Kipppunkt: eine Grenze, an der eine kleine zusätzliche Störung eine plötzliche starke Veränderung verursachen kann

Kippelement: ein Gebiet auf der Erde, das einen Kipppunkt besitzt

Rückkopplung: ein Vorgang in Kippelementen, der sich selbst verstärkt

Pariser Klimaziel: Beschluss aller Länder der Erde, den Temperaturanstieg auf 1,5 oder 2 Grad zu begrenzen

Die Nachhaltigkeit

Nachhaltigkeit: ein Prinzip, nach dem nicht mehr verbraucht werden darf als nachwachsen oder wiederhergestellt werden kann

Ressourcen: alle Dinge, die wir zum Leben und zur Herstellung von Produkten nutzen

Rohstoffe: Stoffe aus der Natur, die wir für die Herstellung von Produkten nutzen
– nachwachsende Rohstoffe: Stoffe, die sich selbst erneuern, zum Beispiel Holz
– endliche Rohstoffe: Stoffe, die nicht nachwachsen können, zum Beispiel Metalle

Eine **nachhaltige Entwicklung** berücksichtigt die Natur, die Gesellschaft und die Wirtschaft.

Natur
Verantwortung für Umwelt und Lebewesen, begrenzter Verbrauch von Ressourcen

Gesellschaft
sichere Arbeitsbedingungen, angemessene Löhne, Gesundheitsversorgung, Zugang zu Bildung, Sicherheit, Chancengleichheit, soziale Gerechtigkeit

Wirtschaft
effizienter und sparsamer Einsatz von Geld, Ressourcen und Energie

Nachhaltigkeit

Weniger Treibhausgas-Emissionen

Die Treibhausgas-Emissionen müssen gesenkt werden, zum Beispiel durch:
– den Wechsel von fossilen Energieträgern zu erneuerbaren Energieträgern wie Sonne, Wind und Wasser, bei deren Nutzung keine Treibhausgase frei werden
– Energieeffizienz: die Energie wird bestmöglich genutzt, so wird weniger gebraucht
– weniger Konsum von tierischen Nahrungsmitteln, bei deren Erzeugung vor allem Methan und Lachgas frei werden
– das Anpflanzen von Bäumen und die Wiedervernässung von Mooren

CO_2-Fußabdruck: zeigt den Ausstoß von Treibhausgasen einer Person

CO_2-Handabdruck: zeigt, wie viele Treibhausgas-Emissionen eine Person bei sich und anderen vermeidet

Die Nutzung von Boden und Wasser

Wir nutzen Böden und Wasser und verändern dabei den Mineralstoffkreislauf und den Wasserkreislauf. Für eine nachhaltige Nutzung müssen wir weniger Wasser nutzen, es weniger verschmutzen und besser reinigen. Wir müssen weniger Giftstoffe verwenden, um die Vielfalt der Lebewesen zu erhalten.

Die biologische Vielfalt

Wir zerstören oder verändern Ökosysteme wie Wälder, Moore und Meere. Dadurch sind viele Arten vom Aussterben bedroht.

Artenvielfalt: die Anzahl unterschiedlicher Arten in einem Lebensraum

Biodiversität: die biologische Vielfalt, zu der auch die Artenvielfalt gehört, sowie die Vielfalt unterschiedlicher Ökosysteme

Die Biodiversität ist die Grundlage für das Leben aller Menschen.

Sinne und Wahrnehmung

In diesem Kapitel erfährst du, ...

... was Sinnesorgane sind und wie sie funktionieren.

... was ein Reiz-Reaktions-Schema ist.

... wie Augen und Ohren gebaut sind und wie sie funktionieren.

... wie die Haut gebaut ist und welche Funktionen sie hat.

... wie du deine Sinnesorgane schützen kannst.

... welche besonderen Sinne Tiere besitzen.

Reize, Sinne und Sinnesorgane

1 Im Kino strömen viele Reize auf dich ein.

Im Kino sind alle deine Sinne „auf Empfang": Du riechst und schmeckst das Popcorn. Du spürst es in deiner Hand. Du siehst die Bilder auf der Leinwand und hörst die Stimmen und andere Geräusche im Film. Alle diese Informationen kannst du mithilfe deiner Sinnesorgane aufnehmen.

Unterschiedliche Reize

Reize sind Einflüsse, die aus der Umwelt oder aus dem Körper auf Lebewesen einwirken. Sie vermitteln Informationen. Beispiele für Reize sind Licht, Schall, Schwerkraft, Temperatur, Druck oder chemische Stoffe wie Geruchsstoffe und Geschmacksstoffe. Alle Lebewesen können verschiedene Reize aufnehmen und verarbeiten.

Die Sinne des Menschen

Die Fähigkeit, Reize aufzunehmen und zu verarbeiten, wird als **Sinn** bezeichnet. Zu den Sinnen des Menschen zählen der Sehsinn, der Hörsinn, der Geruchssinn, der Geschmackssinn, der Tastsinn, der Gleichgewichtssinn und der Temperatursinn (Bild 2).

Die Reizaufnahme durch Sinnesorgane

Ein Organ, das bestimmte Reize aufnimmt, heißt **Sinnesorgan**. Zu den Sinnesorganen des Menschen gehören die Augen, die Ohren, die Nase, die Zunge und die Haut (Bild 2).

Die Reizumwandlung in den Sinneszellen

Jedes Sinnesorgan enthält Zellen, die Reize aufnehmen können. Diese Zellen wandeln die Reize in Signale um, die an das Gehirn weitergeleitet werden können. In der Fachsprache heißen diese Zellen **Sinneszellen**. Die Signale, die die Sinneszellen erzeugen, sind **elektrische Impulse**. Alle Reize müssen in elektrische Impulse umgewandelt werden, bevor sie an das Gehirn weitergeleitet werden können. Die Sinneszellen in einem Sinnesorgan sind so gebaut, dass sie nur bestimmte Reize aufnehmen und umwandeln können. Die Lichtsinneszellen im Auge können nur Lichtreize aufnehmen und umwandeln. Die Riechsinneszellen in der Nase nehmen nur Geruchsstoffe auf und wandeln sie um. Die Sinneszellen geben die elektrischen Impulse an das Nervensystem weiter: Nervenzellen nehmen die elektrischen Impulse auf und leiten sie weiter zum Gehirn.

Sinnesorgan	Sinn	Reiz	Wahrnehmung (im Kino)
Auge	Sehsinn	Licht	Bilder auf der Leinwand
Ohr	Hörsinn	Schall	Filmmusik
Ohr	Gleichgewichtssinn	Lageveränderung	Position im Kinosessel
Nase	Geruchssinn	Geruchsstoffe	Popcorngeruch
Zunge (+ Nase)	Geschmackssinn	Geschmacksstoffe	Popcorngeschmack
Haut	Tastsinn	Druck	Popcorngefäß in der Hand
Haut	Temperatursinn	Temperatur	Temperatur des Popcorns

2 Sinnesorgane, Sinne und Reize beim Menschen

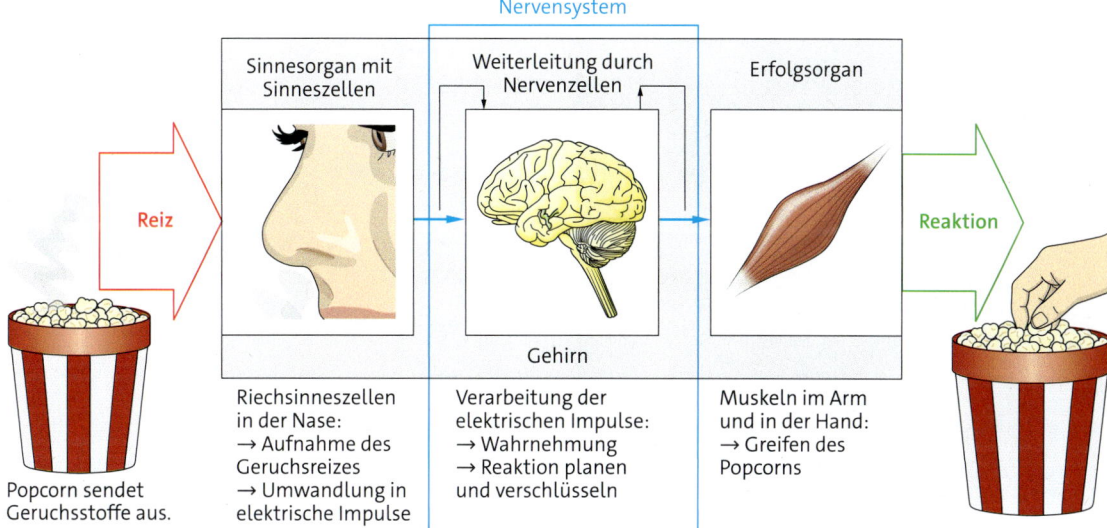

Nervensystem

Sinnesorgan mit Sinneszellen | Weiterleitung durch Nervenzellen | Erfolgsorgan

Reiz

Reaktion

Gehirn

Popcorn sendet Geruchsstoffe aus.

Riechsinneszellen in der Nase:
→ Aufnahme des Geruchsreizes
→ Umwandlung in elektrische Impulse

Verarbeitung der elektrischen Impulse:
→ Wahrnehmung
→ Reaktion planen und verschlüsseln

Muskeln im Arm und in der Hand:
→ Greifen des Popcorns

3 Ein Reiz-Reaktions-Schema für den Geruch von Popcorn

Die Wahrnehmung im Gehirn

Im Gehirn werden die elektrischen Impulse verarbeitet. Erst im Gehirn werden zum Beispiel Lichtreize als Bild erkannt. Dadurch entsteht die eigentliche Information: Wir nehmen etwas wahr. Die **Wahrnehmung** findet also im Gehirn statt.

Die Reaktion auf einen Reiz

Wenn unser Körper auf einen Reiz reagiert, dann wird die Reaktion im Gehirn vorbereitet und in elektrische Impulse umgewandelt. Die elektrischen Impulse werden durch Nervenzellen vom Gehirn zu dem Organ weitergeleitet, das die Reaktion ausführen soll. Das Organ, in dem die elektrischen Impulse aus dem Gehirn eine Reaktion auslösen, heißt **Erfolgsorgan**. Ein Muskel ist ein Beispiel für ein Erfolgsorgan. Der Vorgang von der Reizaufnahme bis zur Reaktion verläuft bei jedem Reiz nach dem gleichen Schema. Dieser Vorgang wird deshalb **Reiz-Reaktions-Schema** genannt (Bild 3).

> Reize sind Einflüsse, die aus der Umwelt oder aus dem Körper auf Lebewesen einwirken. Die Sinnesorgane nehmen Reize auf. Die Sinneszellen wandeln Reize in elektrische Impulse um. Nervenzellen leiten die elektrischen Impulse zum Gehirn weiter. Im Gehirn entsteht die Wahrnehmung. Die Reaktion auf einen Reiz wird in Form von elektrischen Impulsen vom Gehirn zum Erfolgsorgan weitergeleitet. Das Erfolgsorgan führt die Reaktion aus.

AUFGABEN

1 Reize, Sinne, Sinnesorgane

a ▣ Lies den Absatz „Unterschiedliche Reize". Schreibe drei Reize auf.

b ▣ Sieh dir die Tabelle in Bild 2 an. Schreibe für die drei Reize aus Aufgabe 1a auf, welches Sinnesorgan die Reize jeweils aufnimmt.

c ▣ Beschreibe, was ein Sinnesorgan ist.

d ▣ Formuliere mithilfe der Tabelle in Bild 2 für die drei Reize aus Aufgabe 1a einen Satz, in dem alle Wörter der Zeile vorkommen.

2 Die Sinneszellen

a ▣ Beschreibe, was eine Sinneszelle ist.

b ▣ Gib an, ob die folgende Aussage wahr oder falsch ist: „Jedes Sinnesorgan kann nur bestimmte Reize aufnehmen." Begründe deine Antwort.

3 Vom Reiz zur Reaktion

a ▣ Ordne dem Reiz-Reaktions-Schema in Bild 3 jeweils die passenden Textabsätze zu.

b ▣ Dein Smartphone klingelt. Du greifst in die Tasche, um nachzusehen, wer dir geschrieben hat. Fertige ein Reiz-Reaktions-Schema an.

4 Reize in deiner Umwelt

a ▣ Stelle dir einen Besuch im Freizeitpark vor. Notiere vier Reize, die dort auf dich einwirken.

b ▣ Ordne jedem Reiz das Sinnesorgan zu, das den Reiz aufnimmt.

Die Augen nehmen Licht auf

1 Tarek chattet mit seinen Freunden.

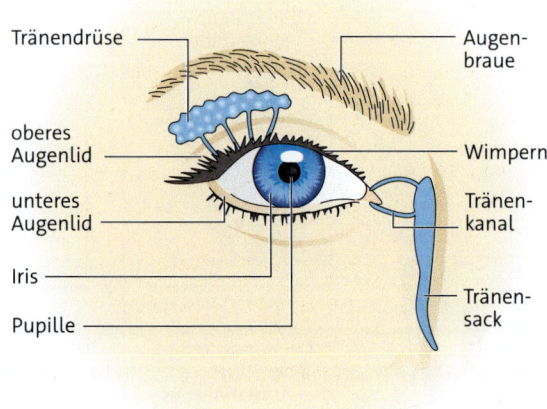

2 Der äußere Bau des Auges

Tarek chattet mit seinen Freunden. Mithilfe seiner Augen kann er die Lichtreize aufnehmen, die vom Smartphone ausgehen.

Die Aufgabe der Augen
Die Augen sind Sinnesorgane, die Licht aufnehmen. Ein anderes Wort für aufnehmen ist empfangen. Wir sagen deshalb auch: Die Augen sind **Lichtempfänger**.

Die Form und die Lage der Augen
Unsere Augen haben die Form einer Kugel. Sie liegen in einer Knochenhöhle im Schädel. Nur ein kleiner Teil der Augen ist von außen sichtbar. Beide Augen liegen nebeneinander und blicken nach vorn.

Der äußere Bau der Augen
Durch die Knochen, die die Augen umgeben, sind die Augen vor Verletzungen geschützt. Über den Augen liegen die **Augenbrauen** (Bild 2). Ihre Haare verhindern, dass Schweißtropfen in die Augen tropfen. Die **Augenlider** sind bewegliche Hautfalten. Am Rand der Augenlider befinden sich die **Wimpern**. Die Augenlider und die Wimpern schützen das Auge vor Schmutz und anderen Einwirkungen von außen. Das Organ, in dem die **Tränenflüssigkeit** gebildet wird, heißt **Tränendrüse** (Bild 2). Mithilfe der Tränenflüssigkeit wird das Auge gereinigt und bleibt feucht. Durch den **Tränenkanal** und den **Tränensack** fließt die Tränenflüssigkeit in die Nasenhöhle ab (Bild 2).

Die Pupille und die Iris
Der farbige Ring in der Mitte der Augen heißt **Iris**. In der Mitte der Iris befindet sich ein Loch. Das ist die **Pupille**. Durch die Pupille gelangt Licht in das Auge. In der Iris befinden sich Muskeln. Mithilfe dieser Muskeln verändert sich die Größe der Pupille. Bei hellem Sonnenschein ist die Pupille fast geschlossen. Bei Dunkelheit ist die Pupille weit geöffnet, damit mehr Licht in das Auge gelangt.

Der innere Bau eines Auges
Die äußere Haut eines Auges ist weiß und fest, ähnlich wie Leder. Man nennt diese Haut deshalb **Lederhaut** (Bild 3). An der Lederhaut setzen die **Augenmuskeln** an. Mithilfe dieser Muskeln können wir die Augen bewegen. Im Bereich der Iris und Pupille ist die äußere Haut durchsichtig. Das ist die **Hornhaut**. Innen an der Lederhaut liegt eine Haut mit vielen Blutgefäßen. Ein anderes Wort für Blutgefäß ist Ader. Diese Haut heißt deshalb **Aderhaut**. Ihre Blutgefäße versorgen das Augeninnere mit Sauerstoff und Nährstoffen. Auf die Aderhaut folgt die innere Haut des Auges. Diese Haut heißt **Netzhaut**. Die Netzhaut umgibt den durchsichtigen Glaskörper. Er besteht aus einer gelartigen Masse und füllt das Augeninnere aus.

Der Weg des Lichts
Wenn das Licht einer Lichtquelle oder eines beleuchteten Körpers auf das Auge trifft, dann durchquert es zuerst die Hornhaut und die

Pupille. In der Pupille kreuzen sich alle Lichtstrahlen, die von einem Körper ausgehen. Lichtstrahlen, die vom oberen Ende des Körpers kommen, gelangen in den unteren Bereich im Auge. Lichtstrahlen, die vom unteren Ende des Körpers reflektiert werden, gelangen in den oberen Bereich im Auge (Bild 3). Nach der Pupille durchquert das Licht die durchsichtige **Linse**. Sie ist an beiden Seiten gewölbt. Dadurch verändert sie den Weg des Lichts. Das ist wichtig, damit wir unsere Umwelt scharf sehen. Die Linse lenkt das Licht durch den Glaskörper. Dann trifft es auf die Netzhaut. Auf der Netzhaut entsteht ein Bild des Körpers, den wir betrachten. Dieses Bild heißt **Abbild**. Es ist seitenverkehrt und steht auf dem Kopf, weil sich die Lichtstrahlen in der Pupille kreuzen.

Die Sehsinneszellen und ihre Aufgaben
In der Netzhaut liegen die Sinneszellen, die das Licht aufnehmen und in elektrische Impulse umwandeln. Diese Sinneszellen heißen **Sehsinneszellen**. Es gibt zwei Arten von Sehsinneszellen: Die kurzen, dickeren Sehsinneszellen heißen **Zapfen**. Sie ermöglichen das Farbensehen. Die längeren, dünneren Sehsinneszellen heißen **Stäbchen**. Sie ermöglichen das Hell-Dunkel-Sehen (Bild 4). An der Stelle, an der der Sehnerv auf die Netzhaut trifft, befinden sich keine Sehsinneszellen. An diesem Punkt der Netzhaut sind wir „blind". Dieser Punkt heißt deshalb der **blinde Fleck**.

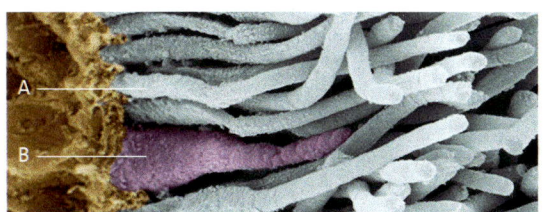

A

B

4 Die Sehsinneszellen: Stäbchen (A), Zapfen (B)

Das Licht wird aufgenommen und umgewandelt
Die Sehsinneszellen wandeln das Licht in elektrische Impulse um. Die elektrischen Impulse werden zu den Nervenzellen weitergeleitet. Alle Nervenzellen bilden zusammen den Sehnerv. Durch den Sehnerv gelangen die elektrischen Impulse ins Gehirn. Dort werden sie verarbeitet.

> Die äußeren Bestandteile des Auges dienen seinem Schutz. In der Netzhaut liegen die Sehsinneszellen. Die Sehsinneszellen nehmen das Licht, das ins Auge gelangt, auf und wandeln es in elektrische Impulse um. Diese gelangen durch den Sehnerv in das Gehirn.

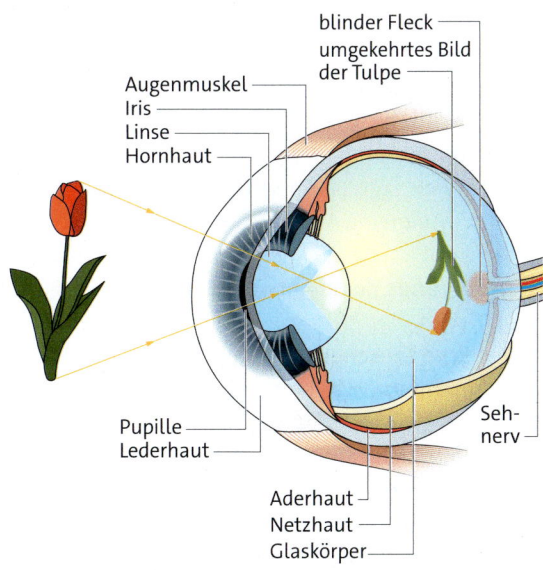

3 Der innere Bau des Auges

Labels: blinder Fleck, umgekehrtes Bild der Tulpe, Augenmuskel, Iris, Linse, Hornhaut, Pupille, Lederhaut, Aderhaut, Netzhaut, Glaskörper, Sehnerv

AUFGABEN
1 Der äußere Bau der Augen
Fotografiere deine Augen. Klebe das Foto in dein Heft. Beschrifte es mithilfe von Bild 2.

2 Der innere Bau eines Auges
a Zeichne den inneren Bau des Auges (Bild 3) und beschrifte deine Zeichnung.
b Schreibe die Aufgabe der Bestandteile in deiner Zeichnung jeweils daneben.
c Nenne die zwei Arten von Sehsinneszellen und ihre Aufgaben.

3 Licht wird aufgenommen und umgewandelt
Stelle die Vorgänge von der Lichtaufnahme durch die Sehsinneszellen bis zur Ankunft im Gehirn in einem Flussdiagramm dar.

Sehen mit Augen und Gehirn

1 Was siehst du?

2 Ein Experiment: linkes Auge offen (A), rechtes Auge offen (B)

Robin und Melissa schauen auf Bild 1. Robin sieht zuerst zwei Menschen, die sich ansehen. Melissa sieht zuerst einen schwarzen Pokal.

Das Abbild auf der Netzhaut
Das Gehirn verarbeitet die elektrischen Impulse aus den Sehsinneszellen. Dabei gleicht es die ankommenden Impulse mit Erfahrungen und bereits Bekanntem ab. Erst dann sehen wir ein Bild. Das Abbild auf der Netzhaut steht auf dem Kopf. Wir sehen die Welt aber aufrecht. Unsere Erfahrung ist, dass Objekte aufrecht stehen. Das Gehirn schließt deshalb aus dem umgekehrten Netzhautbild auf ein aufrecht stehendes Objekt.

Optische Täuschungen
Bei Menschen mit verschiedenen Erfahrungen deuten ihre Gehirne das gleiche Bild unterschiedlich. Manche Personen sehen in Bild 1 zuerst den Pokal. Andere Personen sehen zuerst die beiden Köpfe. Wenn der Seheindruck, den man hat, nicht der Wirklichkeit entspricht oder wenn verschiedene Personen ein und dasselbe Bild anders sehen, dann spricht man von einer **optischen Täuschung**. Das Wort Täuschung leitet sich vom Verb sich täuschen ab. Das bedeutet sich irren. Das Wort optisch bedeutet beim Sehen.

Das räumliche Sehen
Durch den Abstand zwischen unseren beiden Augen sieht jedes Auge die Welt aus einem etwas anderen Winkel. Das rechte Auge liefert ein etwas anderes Bild als das linke Auge (Bild 2). Im Gehirn werden beide Bilder gleichzeitig verarbeitet. Dadurch entsteht ein Bild. Dieses Bild liefert uns Informationen darüber, wie Dinge im Raum angeordnet sind. Mithilfe dieses **räumlichen Sehens** können wir Größen und Entfernungen abschätzen.

> Das Bild, das wir sehen, entsteht im Gehirn. Dabei spielen Erfahrungen eine Rolle. Menschen mit unterschiedlichen Erfahrungen können die gleichen Bilder anders sehen. Mithilfe des räumlichen Sehens können wir Größen und Entfernungen abschätzen.

AUFGABEN
1 Das Bild von unserer Umwelt
a ☑ Beschreibe, wie das Bild entsteht, das wir sehen.
b ☒ Lennox sagt: „Zum Sehen brauche ich nur Licht und meine Augen." Gib an, ob Lennox recht hat.
c ☒ Begründe deine Antwort aus Aufgabe 1b.

2 Optische Täuschungen
☑ Beschreibe, was eine optische Täuschung ist.

3 Das räumliche Sehen
a ☒ Beschreibe das Experiment in Bild 2.
b ☒ Erläutere, was das Experiment zeigt.
c ☒ Begründe, warum man nur mit zwei Augen räumlich sieht.

1 Das Abbild auf der Netzhaut

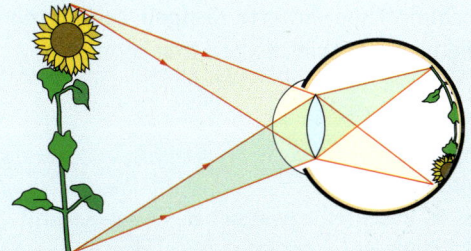

1 Eine Sonnenblume und ihr Abbild auf der Netzhaut

a ☒ Beschreibe, wie das Abbild der Sonnenblume auf der Netzhaut in Bild 1 zustande kommt.

b ☒ Begründe, warum wir Objekte, die wir betrachten, aufrecht sehen.

c ☒ Das Auge wird manchmal auch als Augapfel bezeichnet. Zerlege das Wort Augapfel in die Wörter, aus denen es zusammengesetzt ist.

d ☒ Begründe mithilfe von Bild 1, warum das Auge auch als Augapfel bezeichnet wird.

2 Ein Experiment zum Sehen

Wenn du wie auf Bild 2 gleichzeitig mit einem Auge durch eine Röhre und mit dem anderen Auge auf deine Hand schaust, dann siehst du ein Loch in deiner Hand!

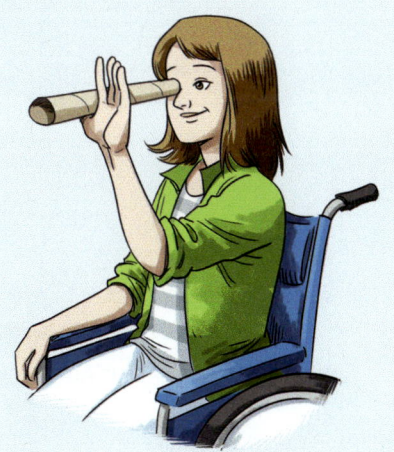

2 Ein Experiment zum Sehen

a ☑ Stelle dir vor, das Mädchen schaut nur mit ihrem linken oder nur mit ihrem rechten Auge. Notiere jeweils ihre Seheindrücke.

b ☒ Beschreibe, wie der Seheindruck des Lochs in der Hand entsteht.

3 Ein Bild – verschiedene Seheindrücke

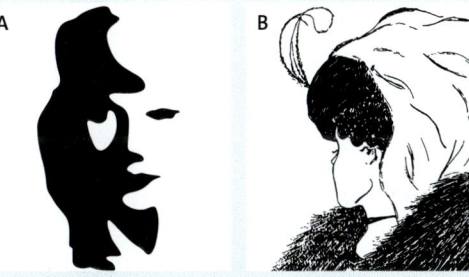

3 Was siehst du auf den Bildern A und B?

a ☑ Schaue kurz auf die Bilder 3A und 3B. Notiere, was du siehst.

b ☑ Schaue dir die Bilder 3A und 3B länger an. Notiere, was du siehst.

c ☒ Sammelt eure Ergebnisse aus Aufgabe a in der Klasse. Erstellt eine Strichliste und zählt aus, welcher Seheindruck wie oft vorkommt.

d ☒ Begründet das Ergebnis aus Aufgabe c.

e ☒ „Ich kann meinen Augen nicht trauen." Erläutere das Sprichwort.

f ☒ Recherchiere im Internet nach weiteren Beispielen für optische Täuschungen. Suche auch jeweils nach der Erklärung, wie die optischen Täuschungen zustande kommen.

4 Der Schutz der Augen

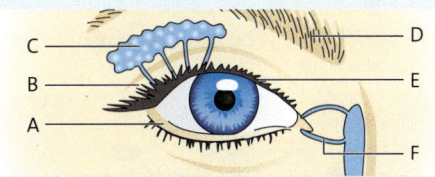

4 Der äußere Bau des Auges

a ☒ Benenne die mit Buchstaben markierten Bestandteile des Auges (Bild 4). Notiere jeweils ihre Aufgabe.

Augen sind durch ihren äußeren Bau geschützt. Dieser Schutz reicht aber nicht immer aus.

b ☒ Bei einigen naturwissenschaftlichen Experimenten musst du eine Schutzbrille tragen. Sprecht in der Klasse mit eurer Lehrkraft darüber, bei welchen Experimenten ihr die Schutzbrille aufsetzen müsst. Begründet auch, warum die Schutzbrille sinnvoll ist.

PRAXIS   Die Augen

Bei der Untersuchung des Schweineauges (Experimente A bis C) müssen die Experimente in der Reihenfolge A bis C durchgeführt werden.

Material für die Experimente A bis C:
Schweineaugen, Petrischale, Einmalhandschuhe, Lupe, Pinzette, Skalpell, Zeitungspapier, Pergamentpapier, Kerze, Streichhölzer

A Der äußere Bau des Auges

Durchführung:
– Betrachte das Schweineauge.
– Befühle und betaste das Schweineauge.

Auswertung:
1 ☑ Beschreibe, wie sich das Auge anfühlt.
2 ☑ Benenne die von außen erkennbaren Teile.

B Ein Bild unserer Umwelt

Durchführung:
– Nimm das Auge vorsichtig zwischen Zeigefinger und Daumen, sodass die Pupille nach unten gerichtet ist.
– Schneide in die nun oben liegende Augenrückwand eine etwa 10 mm × 10 mm große Öffnung. Achte darauf, dass du nicht in den Glaskörper schneidest.
– Entferne mit der Pinzette vorsichtig das ausgeschnittene Stück der Augenrückwand.
– Lege Pergamentpapier über das Loch und halte das präparierte Auge mit der Pupille in Richtung der brennenden Kerze.

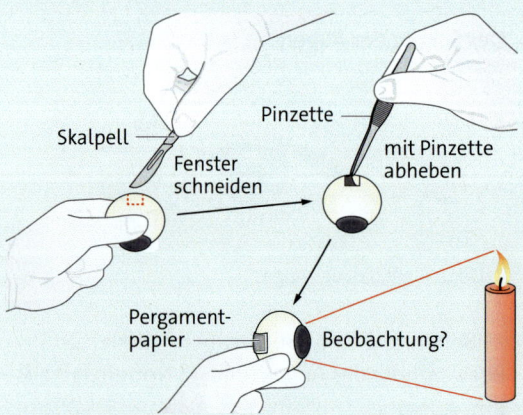

Skalpell — Fenster schneiden — Pinzette — mit Pinzette abheben — Pergamentpapier — Beobachtung?

1 Ein Blick durch ein Schweineauge

Auswertung:
1 ☒ Erläutere, welchem Teil des Auges das über dem Loch liegende Pergamentpapier entspricht.
2 ☒ Beschreibe, was du auf dem Pergamentpapier beobachten kannst, wenn du die Linse in Richtung der brennenden Kerze hältst.

C Der innere Bau des Auges

Durchführung:
– Trenne, wie in Bild 2 dargestellt, das Auge in zwei Hälften.
– Schaue dir die vordere Hälfte von innen genau mit der Lupe an.
– Entferne die Linse mithilfe der Pinzette aus dem Auge.

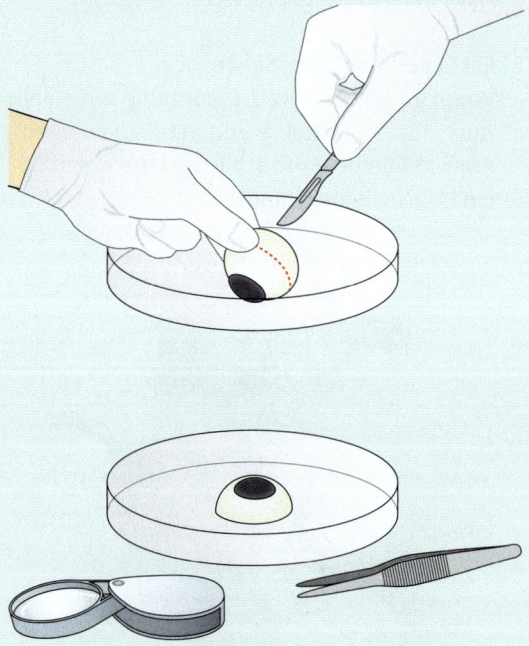

2 Ein Blick in das Schweineauge

Auswertung:
1 ☑ Benenne die sichtbaren inneren Teile des Auges.
2 ☒ Beschreibe die Form der Linse.
3 ☒ Lege die Linse auf die Schrift einer Zeitung. Beschreibe deine Beobachtung.

D Ein Versteck in unserem Auge?

3 Das Testbild für Experiment D

Material:
Bild 3

Durchführung:
– Halte das Buch mit ausgestreckten Armen vor
beide Augen.
– Schließe das rechte Auge und blicke mit dem
geöffneten Auge auf die Katze.
– Bewege das Buch langsam auf dein Gesicht zu.
Schaue dabei immer auf die Katze. Jetzt passiert
etwas Spannendes! Ab einem bestimmten
Abstand verschwindet die Maus. Du kannst sie
nicht mehr sehen, obwohl sie weiter Teil des
Bildes ist. Wo versteckt sich die Maus?

Auswertung:
1 Das Versteck der Maus
a ☒ Begründe, warum die Maus verschwindet.
b ☒ Erkläre mithilfe von Bild 4, wo sich die Maus
versteckt hat.
c ☒ Begründe, warum sich die Maus an genau
dieser Stelle der Netzhaut verstecken kann, an
anderen Stellen der Netzhaut aber sichtbar ist.

2 Gefahr im Straßenverkehr?
☒ Wiederhole das Experiment D mit zwei geöffneten Augen. Bewerte daraufhin die folgende
Aussage: „Ein Fleck im Auge, an dem man nichts
sieht, ist gefährlich im Straßenverkehr!"

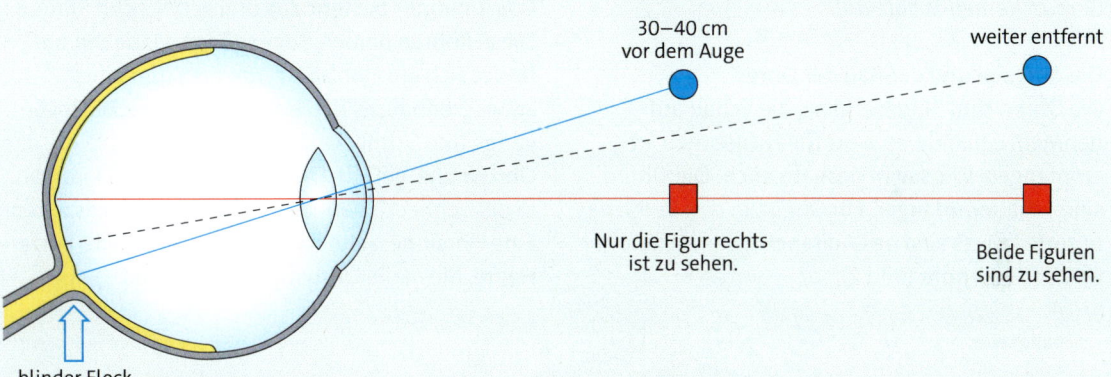

blinder Fleck
4 Der Lichteinfall ins Auge

E Was macht eigentlich die Iris?

Material:
Spiegel oder Handy mit Kamera

Durchführung:
– Schließe das linke Auge so, dass kein Licht ins
Auge kommt. Schaue gleichzeitig mit dem
geöffneten Auge ins Licht. Mache das
2 Minuten.
– Öffne beide Augen und schaue dir deine Augen
im Spiegel an oder fotografiere deine Augen.
Verwende beim Fotografieren keinen Blitz.
– Vergleiche die Iris und die Pupille beider Augen.

Auswertung:
1 ☒ Fasse deinen Vergleich in wenigen Sätzen
zusammen.
2 ☒ Die Anpassung der Pupille an die Licht-
verhältnisse wird **Adaption** genannt. Die
Adaption schützt die Lichtsinneszellen vor zu
viel Helligkeit. Beschreibe, wie der Lichteinfall
ins Auge durch Adaption gesteuert wird.
3 ☒ Das Ergebnis des Experiments verändert sich,
wenn du deine Augen mit Blitz fotografierst.
Begründe diese Veränderung.

Die Ohren nehmen Schall auf

1 Alia hört ihre Lieblingsmusik.

Wenn Alia ihre Lieblingsmusik hört, dann kann sie sich total wegträumen. Die Melodie, der Bass, der Gesang – das klingt so gut. Beim Musikhören sind ihre Ohren in vollem Einsatz. Durch sie nimmt Alia Geräusche, den Schall, auf.

Die Aufgabe und der Bau der Ohren

Die Ohren sind Sinnesorgane, die Schall aufnehmen. Ein anderes Wort für aufnehmen ist empfangen. Wir sagen deshalb auch: Die Ohren sind **Schallempfänger**. Ein Ohr ist in drei Bereiche unterteilt. Das sind das **Außenohr**, das **Mittelohr** und das **Innenohr** (Bild 2).

Das Außenohr fängt den Schall ein

Der Teil des Außenohrs, den man von außen sehen kann, heißt **Ohrmuschel** (Bild 2). Der Schall einer Schallquelle breitet sich in der Luft in Wellen aus. Die Ohrmuschel fängt den Schall ein. Sie ist mit dem Gang verbunden, der den Schall zum Mittelohr weiterleitet. Dieser Gang heißt **Gehörgang**.

Das Mittelohr nimmt den Schall auf

Das Mittelohr ist ein Hohlraum, der mit Luft gefüllt ist. Über die **Ohrtrompete** ist das Mittelohr mit dem Rachenraum verbunden. Nach außen wird das Mittelohr durch eine dünne Haut begrenzt. Diese Haut heißt **Trommelfell** (Bild 2). Wenn der Schall durch den Gehörgang das Trommelfell erreicht, dann wird das Trommelfell in Schwingungen versetzt. Die Bewegungen des Trommelfells werden dann über die **Gehörknöchelchen** zum Innenohr weitergeleitet und dabei verstärkt.

Im Innenohr sitzt das Hörorgan

Das Innenohr besteht aus drei gebogenen Röhren. Diese Röhren heißen **Bogengänge**. Daneben befindet sich ein Hohlraum, der die Form eines Schneckenhauses hat. Das ist die **Schnecke**. Bogengänge und Schnecke sind mit einer Flüssigkeit, der **Ohrlymphe**, gefüllt. Die Schnecke ist das Hörorgan. In der Schnecke befinden sich die **Hörsinneszellen**. Eine Hörsinneszelle hat auf der Außenseite kurze Haare, die in die Ohrlymphe ragen (Bild 3).

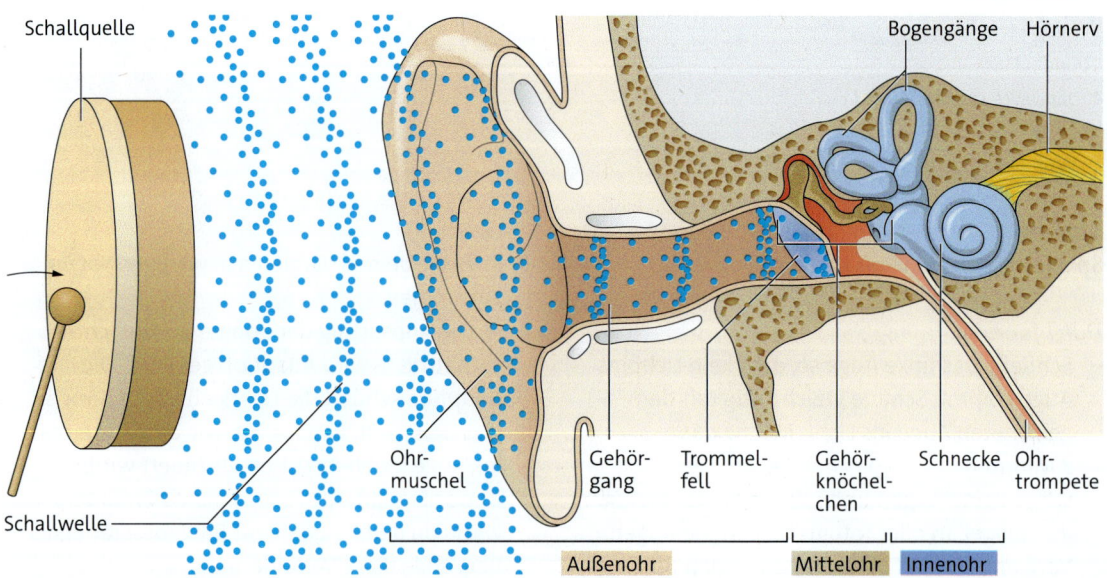

2 Der Bau des Ohrs

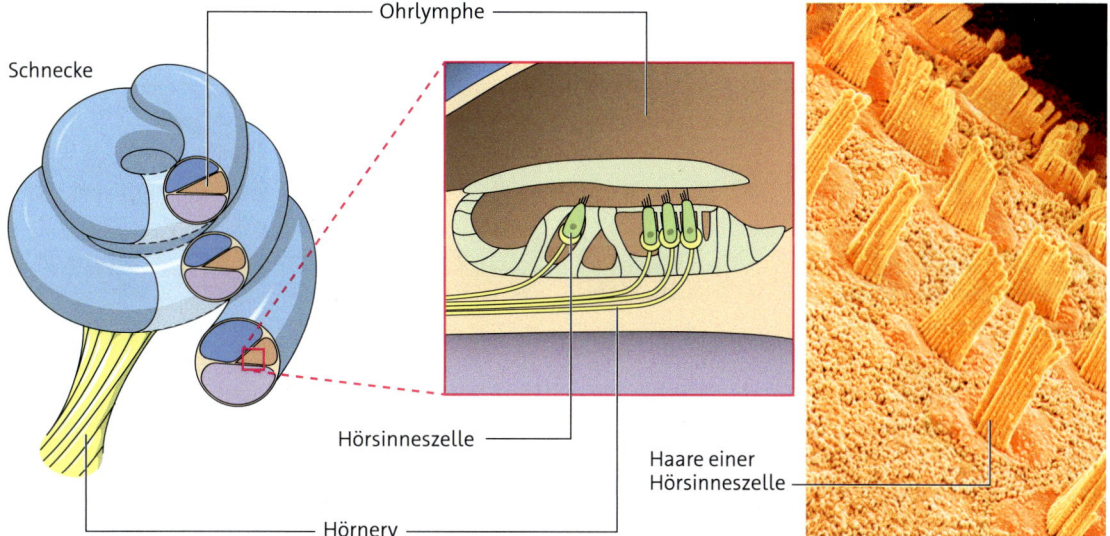

Schnecke

Ohrlymphe

Hörsinneszelle

Hörnerv

Haare einer
Hörsinneszelle

3 Die Schnecke und die Hörsinneszellen

Die Umwandlung erfolgt in der Schnecke

Die Schwingungen des Trommelfells werden mithilfe der Gehörknöchelchen auf die Ohrlymphe in der Schnecke übertragen. Die Ohrlymphe bewegt sich dadurch in Wellen. Durch die Bewegung der Ohrlymphe werden die Haare der Hörsinneszellen bewegt. Das führt dazu, dass die Zellen elektrische Impulse bilden. Die elektrischen Impulse werden zu den Nervenzellen weitergeleitet. Alle Nervenzellen bilden zusammen den **Hörnerv**. Durch den Hörnerv werden die Impulse ins Gehirn weitergeleitet und dort verarbeitet. Dadurch entsteht der Höreindruck. Wir hören.

Das Ohr ist das Sinnesorgan für die Aufnahme von Schall. Es besteht aus Außenohr, Mittelohr und Innenohr. Die Ohrmuschel fängt den Schall ein. Das Trommelfell nimmt den Schall auf, indem es zu schwingen beginnt. Die Gehörknöchelchen übertragen die Schwingungen des Trommelfells auf die Ohrlymphe in der Schnecke. In den Hörsinneszellen in der Schnecke entstehen daraufhin elektrische Impulse, die durch den Hörnerv in das Gehirn gelangen. Im Gehirn werden die Impulse verarbeitet. Dadurch entsteht der Höreindruck.

AUFGABEN

1 Die Aufgabe und der Bau der Ohren

a ⊡ Nenne die Reize, die vom Ohr empfangen werden können.

b ⊡ Nenne die drei Bereiche, in die ein Ohr unterteilt wird.

c ⊠ Liste auf, welche Bestandteile zum Außenohr, zum Mittelohr und zum Innenohr gehören. Erstelle dazu eine Tabelle mit drei Spalten.

d ⊠ Ergänze deine Tabelle aus Aufgabe 1c um eine Zeile. Weise den drei Bereichen eines Ohrs darin eine der folgenden Aufgaben zu:
- Schall einfangen
- Schall umwandeln
- elektrische Impulse bilden

2 Der Schall wird in Bewegung umgewandelt

⊠ Nenne die Stelle, an der Schall in Bewegung der Ohrbestandteile umgewandelt wird.

3 Der Weg des Schalls

⊠ Beschreibe den Weg des Schalls, der durch einen Trommelschlag ausgelöst wurde, von seiner Entstehung bis zur Wahrnehmung. Erstelle dazu ein Flussdiagramm.

4 Das Ohr und der Rachen hängen zusammen

⊠ Erkrankungen des Rachenraums sind oft mit Ohrenschmerzen verbunden. Stelle begründete Vermutungen an, warum das so ist.

Lärm kann krank machen

1 Gehörschutzstöpsel schützen vor Lärm.

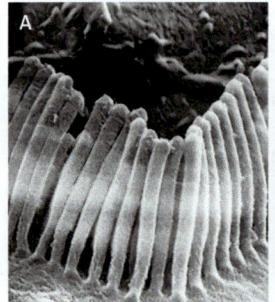

3 Haare der Hörsinneszellen: gesund (A), geschädigt (B)

Merle geht auf ein Konzert. Ihr Bruder fragt sie, was das für gelbe Stöpsel sind, die sie über die Schultern trägt. „Diese Stöpsel schützen meine Ohren vor zu viel Lärm", antwortet sie.

Die Lautstärke und der Lärm

Unsere Ohren nehmen immer und überall Schall auf. Man kann messen, wie laut oder stark Schall ist. Die messbare Stärke von Schall bezeichnet man als die **Lautstärke**. Die Einheit für die Lautstärke ist **Dezibel**. Die Abkürzung für Dezibel ist dB(A). Wenn Schall sehr laut ist und stört, dann spricht man von **Lärm**.

Lärm ist überall und für jeden anders

Lärm wirkt im Straßenverkehr, in der Schule und in der Freizeit auf uns ein (Bild 2). Was ein Mensch als Lärm empfindet, ist unterschiedlich: Für den einen ist Kindergeschrei Lärm, für den anderen laute Musik. Fußballfans empfinden die Lautstärke im Fußballstadion oft anders als die Anwohner des Stadions. Jede Art von Lärm belastet den Körper.

Lärm kann Stress verursachen

Lärm wirkt auf den gesamten Körper. Ab einer Lautstärke von 50 Dezibel kann die Konzentration gestört sein. Ab einer Lautstärke von 65 bis 75 Dezibel ist der Körper im Stress. Das kann Bluthochdruck oder Magenprobleme verursachen.

Lärm schadet dem Gehör

Je lauter Schall ist, desto stärker bewegen sich die Haare auf den Hörsinneszellen. Das kann dem Gehör schaden. Wenn Geräusche über 85 Dezibel längere Zeit auf die Ohren einwirken, dann werden die Hörsinneszellen geschwächt. Dadurch hört man eine Zeit lang schlechter. Lärm ab 110 Dezibel schädigt das Gehör schon, wenn er kurz auf die Ohren einwirkt. Die feinen Haare auf den Hörsinneszellen bewegen sich durch den Lärm sehr stark. Sie können dadurch abknicken (Bild 3B). Abgeknickte Haare wachsen nicht nach. Dann hört man schlecht. Man ist **schwerhörig**. Es kann sogar passieren, dass man gar nichts mehr hört. Dann ist man **taub**.

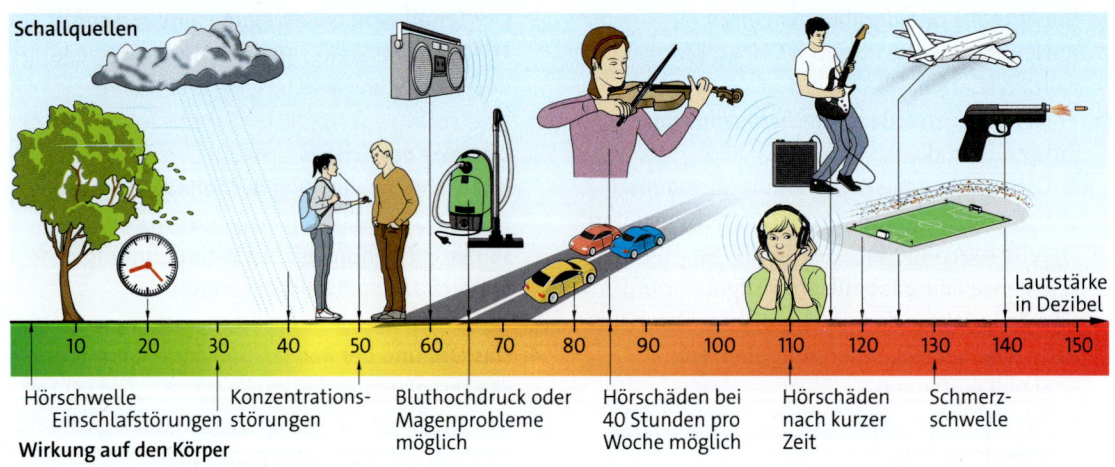

2 Die Wirkungen von Lärm

Die Ohren brauchen Schutz vor Lärm

Man kann die Ohren nicht einfach schließen, wenn es zu laut ist. Um die Ohren vor Lärm zu schützen, hat man drei Möglichkeiten: 1. Man kann sich von der Lärmquelle entfernen. 2. Man kann die Lautstärke verringern. 3. Man kann einen Gehörschutz tragen. Wenn du zum Beispiel Musik hörst, dann solltest du sie nicht zu laut stellen und öfter Pausen einlegen. Kopfhörer können Lautstärken von 110 Dezibel erreichen. Achte deshalb beim Kauf darauf, dass die Lautstärke auf 85 Dezibel beschränkt ist. Wenn du in einer lauten Umgebung bist und keinen Einfluss auf die Lautstärke hast, dann trage einen Gehörschutz (Bild 1). Damit schützt du deine Ohren und hörst trotzdem noch genug.

Lärmschutz mit verschiedenen Materialien

Es gibt Materialien, die Schall zurückwerfen oder reduzieren können. Sie werden zum Beispiel für Lärmschutzwände oder in Häusern eingesetzt, um die Menschen vor Lärm zu schützen.

> Lärm ist Schall, der stört. Lärm kann dem Gehör und der Gesundheit schaden. Um Schäden zu vermeiden, muss man seine Ohren vor Lärm schützen.

PRAXIS Schallschutzmaterialien testen

Material:
Minutenwecker oder Smartphone, Schachtel oder Dose mit Deckel, verschiedene Materialien zum Ausstopfen (zum Beispiel Holzwolle, Papier, Baumwollstoff, Styropor, Watte)

Durchführung:
– Stellt den Wecker oder den Timer des Smartphones auf 2 Minuten. Legt den Wecker oder das Smartphone in die leere Schachtel oder Dose. Schließt sie und wartet, bis es klingelt.
– Notiert euren Höreindruck.
– Stopft die Schachtel oder Dose nacheinander mit den verschiedenen Materialien aus und wiederholt das Experiment.
– Notiert jedes Mal euren Höreindruck.

Auswertung:
1 ☒ Vergleicht eure Höreindrücke bei den verschiedenen Materialien.
2 ☒ Ordnet die Materialien in einer Liste danach, wie gut sie vor Schall schützen. Beginnt mit dem Material, das am besten vor Schall schützt.

AUFGABEN

1 Die Lautstärke und der Lärm
a ☒ Beschreibe, was Lärm ist.
b ☒ Lies die Abschnitte „Lärm kann Stress verursachen" und „Lärm schadet dem Gehör". Schreibe die dort genannten Lautstärken untereinander in dein Heft.
c ☒ Finde in Bild 2 zu jeder Lautstärke eine Schallquelle und schreibe sie jeweils daneben.
d ☒ Notiere mithilfe von Bild 2, welche Wirkung die Lautstärken auf den Körper haben.

2 Lärm ist überall und für jeden anders
a ☒ Nenne drei Arten von Schall, die du als Lärm empfindest.
b ☒ Recherchiere oder miss die Lautstärke, der Schallarten, die du als Lärm empfindest.
c ☒ Beurteile, ob du bei den Schallarten einen Gehörschutz tragen solltest.

3 Lärm schadet dem Gehör
a ☒ Nenne die Ohrbestandteile, die durch Lärm geschädigt werden.
b ☒ Beschreibe mithilfe von Bild 3, welche Schäden die Ohrbestandteile aufweisen.
c ☒ Recherchiere, was ein Tinnitus ist und wie es dazu kommt.

4 Die Ohren brauchen Schutz vor Lärm
a ☒ Beschreibe, wie du deine Ohren vor Lärm schützen kannst.
b ☒ Suche die Kopfhörerlautstärke von 110 Dezibel in Bild 2.
c ☒ Nenne die Folge der Kopfhörerlautstärke für die Ohren der Person, die sie benutzt.
d ☒ „Die Lautstärke von Kopfhörern sollte gesetzlich auf 85 Dezibel beschränkt sein." Nimm Stellung zu dieser Aussage.

ZUR DISKUSSION

1 Soll die Lärmschutzwand gebaut werden?

Durch eine Stadt verläuft eine Bahnstrecke. Neueste Richtlinien und Lärmschutzmessungen ergaben, dass die Bahngesellschaft eine Lärmschutzwand errichten sollte. Diese Lärmschutzwand soll auf beiden Seiten der Gleise durch die Stadt gebaut werden. Sie muss 3 Meter hoch werden. Die Anwohner sind geteilter Meinung. Der Bürgerverein lädt zu einer Diskussionsrunde ein. Die folgenden sechs Personen nehmen teil:

Eine Anwohnerin oder ein Anwohner:
Ich wohne in der Nähe des Bahndamms und höre den Lärm der Züge Tag und Nacht. Ich ertrage das nicht mehr. Ich habe Kopfschmerzen! Ich habe Herzrasen und fühle mich angespannt. Die Lärmgrenzwerte sind deutlich überschritten.

Eine Hausärztin oder ein Hausarzt:
Eine Lärmschutzwand ist längst überfällig, denn Lärm macht krank. Viele Leute, die in der Nähe der Bahnstrecke wohnen, kommen mit ständigen Kopfschmerzen und Herzrasen zu mir in die Praxis. Die Lärmbelastung ist zu hoch, um auf Dauer gesund zu bleiben. Zudem fördert Lärm in der Nacht einen Herzstillstand.

Eine Angestellte oder ein Angestellter der Stadt:
Güterzüge sind besonders laut, aber auch sehr wichtig für einige Firmen in der Stadt. Die Anwohnerinnen und Anwohner fühlen sich durch den Lärm nicht wohl und ziehen in Nachbarorte. Die Grundstücke und Wohnungen am Bahndamm sind durch den Lärm sehr unattraktiv. Wir können sie nur sehr günstig verkaufen. Ich finde, dass moderne Lärmschutzwände mit Glaselementen sehr hübsch sind und gut funktionieren.

Eine Anwohnerin oder ein Anwohner:
Ich wohne direkt am Bahndamm. Wir haben uns hier alle an den Lärm gewöhnt. Die Fahrzeuge auf der Hauptstraße sind doch auch laut. Die Lärmschutzwand ist hässlich. Sie würde meinen Ausblick sehr stören.

Eine Kleingärtnerin oder ein Kleingärtner:
Die Lärmschutzwand nimmt den Pflanzen in meinem Garten das Sonnenlicht. Warum pflanzen wir keine Bäume? Die sehen hübsch aus und können den Schall auch dämpfen. Am Wochenende höre ich im Garten fast nichts von dem Bahnverkehr.

Eine Mitarbeiterin oder ein Mitarbeiter der Bahn:
Aufgrund der gesetzlichen Vorgaben sind bald alle Züge auf leisere Räder und Flüsterbremsen umgerüstet. Der Bau einer Lärmschutzwand ist teuer und dauert sehr lange. Der Baulärm wäre eine zusätzliche Belastung für alle Anwohnerinnen und Anwohner. Statt der Lärmschutzwand neben dem Bahndamm könnte man die umliegenden Häuser mit Lärmschutzfenstern und Rollladendämmungen ausrüsten.

AUFGABEN

1 **Eine Diskussionsrunde zur Lärmschutzwand**
a ☑ Teilt die Klasse in sechs Gruppen ein.
b ☑ Verteilt die Rollen der sechs Personen, die an der Diskussionsrunde teilnehmen. Jede Gruppe übernimmt eine Rolle.
c ☒ Arbeitet zunächst in Gruppen. Formuliert die Argumente eurer Rolle in eigenen Worten.
d ☒ Gebt an, ob eure Rolle für oder gegen die Lärmschutzwand argumentiert.
e ☒ Recherchiert im Internet zum Thema Lärmschutz in Ortschaften und findet weitere Argumente, die die Meinung eurer Rolle unterstützen. ⌨
f ☒ Diskutiert mit den anderen Gruppen über den Bau der Lärmschutzwand. Bringt eure Argumente aus den Aufgaben 1b und 1c ein.
g ☒ Beendet die Diskussion mit einem gemeinsamen Ergebnis. Entscheidet euch für oder gegen den Bau der Lärmschutzwand oder beschließt einen Kompromiss.

PRAXIS   Die Ohren

A Woher kommt das Geräusch?

Material:
Augenbinde

Durchführung:
— Stellt euch im Kreis auf.
— Sprecht ab, wer sich als Testperson mit
  verbundenen Augen in die Mitte des Kreises
  stellen möchte.
— Verbindet eurer Testperson die Augen. Die
  Testperson stellt sich dann in die Mitte des
  Kreises und hält sich beide Ohren zu.
— Bestimmt vier Personen im Kreis, die in die
  Hände klatschen. Die Testperson in der Mitte
  darf nicht wissen, wer das macht.
— Bittet die Testperson, die Hände wieder
  von den Ohren zu nehmen. Nun klatscht
  nacheinander in die Hände.
— Die Testperson soll zeigen, aus welcher
  Richtung das Klatschen kommt.
— Notiert die Ergebnisse.
— Bittet das Kind in der Mitte, sich ein Ohr
  zuzuhalten. Wiederholt das Experiment.
— Notiert die Ergebnisse.

Auswertung:
1 ☑ Gebt an, ob die Testperson die Richtung,
   aus der das Klatschen kam, mit ein oder zwei
   geöffneten Ohren besser zuordnen konnte.
2 ☒ Begründet das Ergebnis des Experiments.

1 Woher kommt das Geräusch?

B Ein Modell für unser Ohr

Material:
großer Joghurtbecher, kleiner Luftballon,
Gummi, Schere, Reiskörner

Durchführung:
— Schneide unten am Joghurtbecher ein Loch in
  die Seitenwand. Das Loch sollte etwa so groß
  sein wie ein 2-Euro-Stück.
— Schneide ein Stück Luftballonhaut aus, das
  oben auf die große Öffnung des Joghurt-
  bechers passt und am Rand etwas übersteht.
— Lege die Luftballonhaut oben auf den
  Joghurtbecher und befestige sie mit dem
  Gummi. Die Luftballonhaut soll gerade
  gespannt sein. Sie darf nicht verrutschen.
— Lege einige Reiskörner auf die Luftballonhaut.
— Nutze jetzt das Modell, indem du in das
  kleine Loch des Joghurtbechers sprichst.
— Beobachte die Luftballonhaut, während du
  sprichst.

Reiskörner

2 Das Ohrmodell

Auswertung:
1 ☑ Beschreibe, was passiert, wenn du in das
   kleine Loch sprichst.
2 ☑ Nenne den Teil des Außenohrs, der durch
   den Joghurtbecher dargestellt wird.
3 ☒ Nenne den Teil des Mittelohrs, der durch
   die Luftballonhaut dargestellt wird.
4 ☒ Erläutere, welchen Vorgang beim Hören
   dieses Modell darstellt.

AUFGABEN Die Ohren

1 Der Bau des Ohrs

a ⬛ Benenne die Bestandteile des Ohrs, die in Bild 1 mit Buchstaben gekennzeichnet sind.

b ⬛ Gib an, in welchem der Bestandteile die Hörsinneszellen sich befinden.

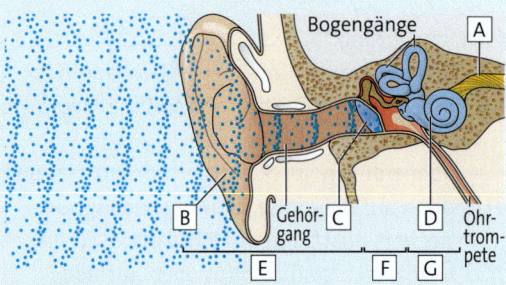

1 Der Bau des Ohrs

Die Gehörknöchelchen im Innenohr heißen Hammer, Amboss und Steigbügel. Ihre Form erinnert an die Form dieser Gegenstände. Die Gehörknöchelchen sind miteinander verwachsen. Der Hammer ist am Trommelfell angewachsen. Der Amboss verbindet den Hammer mit dem Steigbügel. Der Steigbügel ist die Verbindung zum Innenohr.

c ⬛ Vergleiche die Gehörknöchelchen in Bild 2 mit den Bildern der Gegenstände daneben. Ordne den Gehörknöchelchen (A, B, C) ihre richtigen Namen zu.

d ⬛ Nenne die Aufgabe der Gehörknöchelchen.

e ⬛ Begründe, warum es wichtig ist, dass die Gehörknöchelchen miteinander verwachsen sind.

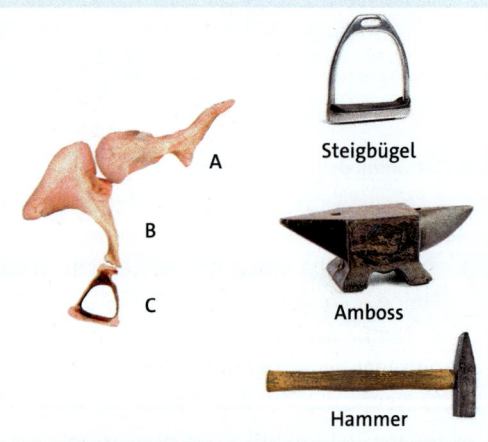

2 Formenvergleich: Gehörknöchelchen und Gegenstände

2 Auf Schall folgt eine Reaktion

3 Eine Situation auf dem Radweg

Stelle dir die Situation in Bild 3 vor: Du läufst auf dem Radweg. Plötzlich hörst du eine Fahrradklingel hinter dir. Du trittst einen Schritt zur Seite, um Platz zu machen.

a ⬛ Benenne den Reiz und die Reaktion darauf.

b ⬛ Nenne die Organe, die in der beschriebenen Situation in deinem Körper aktiv sind.

c ⬛ Beschreibe, wie der Reiz im Körper verarbeitet und weitergeleitet wird.

d ⬛ Stelle den Ablauf vom Reiz bis zur Reaktion in einem Flussdiagramm dar.

e ⬛ Beschreibe dein Reiz-Reaktions-Schema aus Aufgabe 2d. Nutze dabei die Fachwörter Reiz, elektrische Impulse, Reaktion, Nervenzellen und Erfolgsorgan.

f ⬛ Du spürst den Stich einer Mücke und willst dich kratzen. Erstelle ein Reiz-Reaktions-Schema für diese Situation.

3 Lärm und Lärmschutz in deiner Umgebung

a ⬛ Beobachte drei Tage deine Umgebung. Lege eine Tabelle an, in die du wahrgenommene Lärmquellen und Schutzmaßnahmen notierst.

b ⬛ Markiere alle Situationen, die das Gehör belasten, orange und die, die das Gehör schädigen, rot.

c ⬛ Gib an, ob die Menschen in den markierten Situationen einen Gehörschutz getragen haben.

d ⬛ Vervollständige den Satz: *Ein Gehörschutz wird im Alltag ...*

e ⬛ Begründe, warum es wichtig ist, seine Ohren vor Lärm zu schützen.

Sicher im Straßenverkehr

1 Tobi trägt eine Warnweste mit Reflektorstreifen.

Tobi erzählt, dass ihn auf dem Schulweg ein Autofahrer beim Abbiegen fast angefahren hat. Der Autofahrer hat Tobi nur gesehen, weil Tobi eine reflektierende Warnweste trägt. Zum Glück konnte der Autofahrer noch rechtzeitig bremsen.

Reflektoren machen sichtbar

Eine Oberfläche, die Licht in die Richtung zurückstrahlt, aus der das Licht gekommen ist, heißt **Reflektor**. Im Straßenverkehr benutzt man Reflektoren, um Fahrzeuge, Personen oder Gegenstände sichtbar zu machen. Wenn Licht von einem Scheinwerfer am Auto oder Fahrrad auf einen Reflektor trifft, dann strahlt der Reflektor das Licht zurück in Richtung Lichtquelle. Die Person im Auto oder auf dem Fahrrad sieht daraufhin den Reflektor und kann reagieren. Warnwesten haben Streifen aus reflektierender Folie (Bild 1). Sie haben zudem helle Farben, weil helle Oberflächen Licht reflektieren. Am Fahrrad sind mehrere Reflektoren vorgeschrieben (Bild 2). Reflektoren und helle Kleidung sind vor allem bei Dunkelheit wichtig, damit man besser gesehen wird.

Aufmerksam im Straßenverkehr

Im Straßenverkehr muss man aufmerksam sein und gut auf den Verkehr achten. Plötzlich kann sich ein Auto nähern oder eine Fußgängerampel kann auf Rot springen. Wenn man auf das Smartphone schaut, noch einige Vokabeln im Englischbuch liest oder mit Kopfhörern Musik hört, dann sind die Augen und die Ohren sowie das Gehirn damit beschäftigt, diese Reize aufzunehmen und zu verarbeiten. Man ist abgelenkt. Dann kann man nicht gut auf den Straßenverkehr reagieren. Das kann schnell zu einem Unfall führen.

Radfahrer sind besonders gefährdet

In Deutschland haben jedes Jahr etwa 17 000 Kinder zwischen 10 und 15 Jahren einen Unfall im Straßenverkehr. Mehr als die Hälfte der Unfälle passieren, wenn die Kinder mit dem Fahrrad unterwegs sind. Beim Fahrradfahren sollte man einen Schutzhelm und helle Kleidung mit Reflektoren tragen. Das Fahrrad muss verkehrssicher sein. Das heißt, dass alle Reflektoren vorhanden sein müssen und dass Scheinwerfer, Rücklicht, Bremsen und Klingel funktionieren müssen.

> Wenn man im Straßenverkehr unterwegs ist, dann muss man aufmerksam sein. Wer abgelenkt ist, kann einen Unfall haben. Mit Reflektoren und heller Kleidung wird man besser gesehen. Ein Fahrrad muss verkehrssicher sein.

AUFGABEN

1 **Sicher im Straßenverkehr**

a ☒ Stelle dir eine belebte Kreuzung vor. Notiere Reize, die du dort wahrnimmst.

b ☒ Schau dir deine Notizen aus Aufgabe a an. Nenne die Sinnesorgane, die wichtig sind, um sicher am Straßenverkehr teilzunehmen.

2 **Sicher mit dem Fahrrad unterwegs**

a ☒ Sammle in einer Liste die Teile eines sicheren Fahrrads. Nutze dazu den Text und Bild 3.

b ☒ Ergänze deine Liste um den Reiz, der von jedem Teil des sicheren Fahrrads ausgeht.

c ☒ Es ist verboten, beim Fahrradfahren zu laute Musik zu hören. Begründe, warum das so ist.

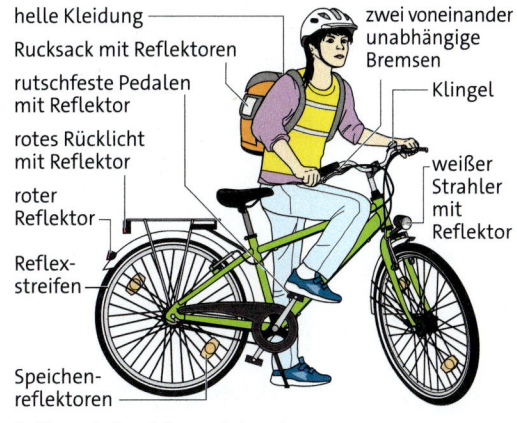

helle Kleidung
Rucksack mit Reflektoren
rutschfeste Pedalen mit Reflektor
rotes Rücklicht mit Reflektor
roter Reflektor
Reflexstreifen
Speichenreflektoren

zwei voneinander unabhängige Bremsen
Klingel
weißer Strahler mit Reflektor

2 Ein verkehrssicheres Fahrrad

Die Haut

1 Mit den Fingerspitzen ertasten Blinde die Blindenschrift.

Die Hand in Bild 1 liegt auf einem Buch. Auf dem Papier siehst du keine Buchstaben, sondern viele Punkte. Für Menschen, die nicht sehen können, sind diese Punkte wie Buchstaben. Mit der empfindlichen Haut an den Fingerspitzen können sie das Muster der Punkte ertasten.

Die Aufgaben und der Bau der Haut

Unsere Haut bedeckt unseren Körper. Sie schützt ihn vor Einflüssen aus der Umwelt. Dazu gehören Sonne, Hitze, Kälte, Stöße oder Giftstoffe. Die Haut schützt davor, dass Krankheitserreger in den Körper eindringen. Sie sorgt dafür, dass der Körper nicht austrocknet, überhitzt oder unterkühlt. Als Sinnesorgan nimmt sie Reize wie Druck, Berührung und Temperaturveränderungen auf. Die Haut besteht aus drei Schichten: Das sind die **Oberhaut**, die **Lederhaut** und die **Unterhaut** (Bild 2).

Die Oberhaut

Außen in der Oberhaut liegt eine Schicht aus abgestorbenen Zellen. Diese Schicht heißt **Hornschicht**. Die abgestorbenen Zellen lösen sich mit der Zeit von der Haut. Sie werden als Hautschuppen nach außen abgegeben. Unter der Hornschicht liegt die **Keimschicht**. Die Keimschicht gibt ständig abgestorbene Zellen an die Hornschicht ab und bildet neue, lebende Zellen nach. Im unteren Bereich der Keimschicht sind Farbstoffe eingelagert. Diese Farbstoffe heißen **Pigmente**. Durch unterschiedliche Pigmente entstehen verschiedene Hautfarben.

Die Lederhaut

In der Lederhaut liegen Blutgefäße (Bild 2). Auch die Muskeln der Haare, die unsere Haut teilweise bedecken, liegen in der Lederhaut. Organe, die Stoffe bilden und abgeben, nennt man **Drüsen**. In der Lederhaut liegen Drüsen, die Schweiß bilden und abgeben. Sie heißen **Schweißdrüsen**. Andere Drüsen bilden unser Hautfett, den **Talg**. Diese Drüsen nennt man **Talgdrüsen**. In der Lederhaut befinden sich verschiedene Sinneszellen und freie Nervenenden. Sie nehmen Reize wie Berührung und Temperaturänderung auf.

Die Unterhaut

Die Unterhaut besteht hauptsächlich aus Fett. Diese Fettschicht schützt den Körper vor Stößen und vor Wärmeverlust.

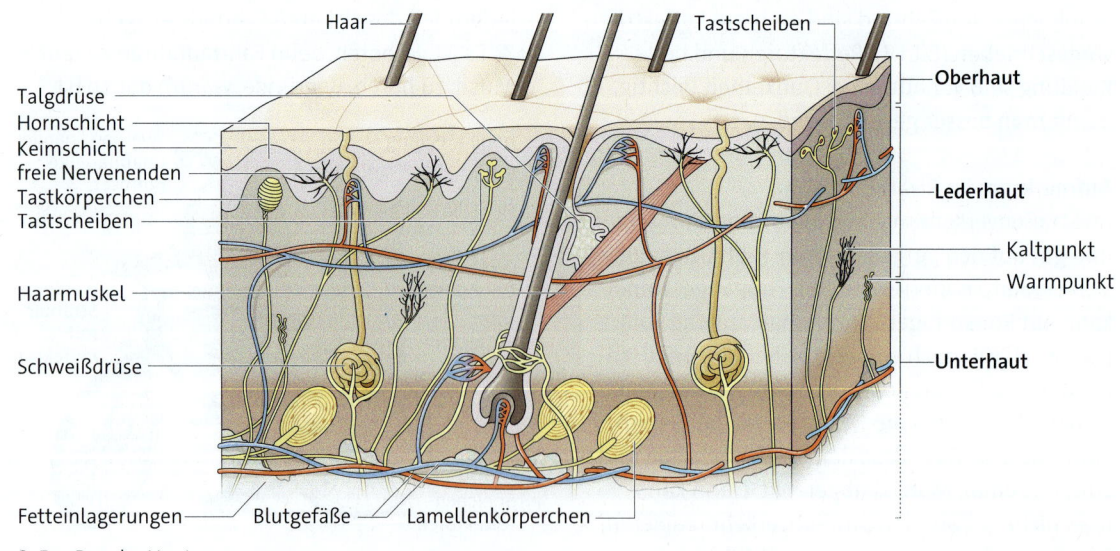

2 Der Bau der Haut

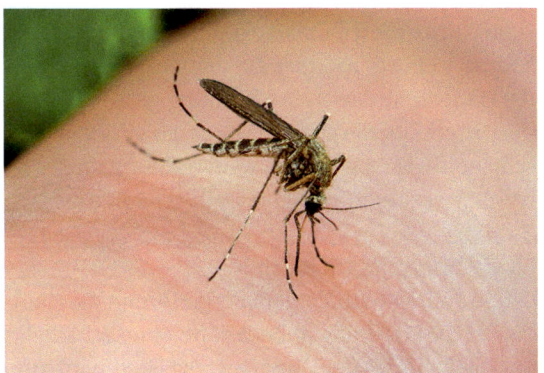

3 Eine Stechmücke auf der Haut eines Menschen

4 Eine Gefahr: offenes Feuer

Der Tastsinn der Haut

Der Sinn, mit dem wir Druck und Berührungen wahrnehmen, heißt **Tastsinn**. Die Sinneszellen, die Druckreize und Berührungsreize aufnehmen, heißen **Tastkörperchen** und **Tastscheiben** (Bild 2). Sie wandeln kleinste Berührungen in elektrische Impulse um. Diese geben sie an die Nerven weiter, die die Impulse ans Gehirn weiterleiten. Deshalb können wir sogar das Landen einer Mücke auf der Haut wahrnehmen (Bild 3). An den Fingerspitzen befinden sich sehr viele Tastkörperchen. Deshalb ist dieser Bereich sehr empfindlich. Dadurch können Blinde die Blindenschrift tasten und „lesen" (Bild 1). Die Haarwurzeln in der Lederhaut sind von feinen Nervenenden umgeben. Wenn ein Haar berührt wird, dann entstehen in diesen Nervenenden elektrische Impulse. Diese werden an das Gehirn weitergeleitet und dort verarbeitet. Daraufhin nehmen wir die Berührung wahr. In der Unterhaut liegen Sinneszellen, die starke Druckreize wie zum Beispiel einen Boxschlag aufnehmen. Diese Sinneszellen heißen **Lamellenkörperchen**.

Der Temperatursinn der Haut

Der Sinn, mit dem wir Temperaturänderungen wahrnehmen, heißt **Temperatursinn**. In der Lederhaut befinden sich freie Nervenenden. Einige dieser Nervenenden nehmen Temperaturreize auf. Andere Nervenenden nehmen Schmerzreize auf. Nervenenden, die sinkende Temperaturen aufnehmen, heißen auch **Kaltpunkte**. Nervenenden, die steigende Temperaturen aufnehmen, heißen **Warmpunkte** (Bild 2). Die Warmpunkte nehmen steigende Temperaturen bis etwa 45 °C auf. Höhere Temperaturen werden von anderen freien Nervenenden aufgenommen. Diese nehmen wir dann nicht als Wärme, sondern als Schmerz wahr. Die elektrischen Impulse werden sehr schnell an das Gehirn weitergeleitet. So kann man bei Gefahr wie bei einem offenen Feuer sehr schnell reagieren.

> Die Haut ist unser größtes Organ. Sie besteht aus den drei Schichten Oberhaut, Lederhaut und Unterhaut. Die Haut schützt den Körper vor äußeren Einflüssen. Als Sinnesorgan nimmt sie Druckreize und Temperaturreize auf und ist so unser Sinnesorgan für den Temperatursinn und den Tastsinn.

AUFGABEN

1 Die Aufgaben und der Bau der Haut

a ☑ Lege eine Tabelle mit zwei Spalten an. Schreibe die Bestandteile der Haut, die du in Bild 2 siehst, in die erste Spalte.

b ☑ Markiere die Bestandteile der Oberhaut orange, die Bestandteile der Lederhaut gelb und die Bestandteile der Unterhaut grün.

c ☒ Ergänze die Aufgabe jedes Bestandteils in der zweiten Spalte.

2 Die Haut ist ein Sinnesorgan

a ☑ Nenne die Reize, die die Haut als Sinnesorgan aufnehmen kann.

b ☒ Vergleiche die Reizaufnahme durch Tastkörperchen und Tastscheiben mit der Reizaufnahme durch Lamellenkörperchen.

c ☒ Erstelle ein Reiz-Reaktions-Schema für eine Fliege, die sich auf deinen Unterarm setzt.

d ☒ Erstelle ein Reiz-Reaktions-Schema für einen Fußball, den du hart mit dem Oberschenkel annimmst.

Die Sonne kann unsere Haut schädigen

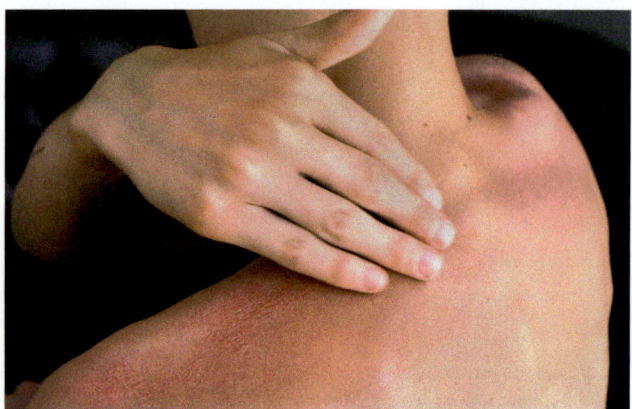

1 Die Haut von Julius ist rot und brennt.

Heute war ein sehr sonniger Tag. Julius war den ganzen Nachmittag mit Freunden im Freibad. Am Abend duscht er zu Hause. Dabei spürt er heftige Schmerzen auf den Schultern. Die Haut ist gerötet und brennt.

Verschiedene Strahlungsarten

Sonnenlicht besteht aus drei verschiedenen Arten von Strahlung (Bild 2). Einen Teil der Strahlung sehen wir als Licht. Eine andere Strahlung nehmen wir als Wärme wahr. Diese Strahlung wird als **Infrarotstrahlung** bezeichnet. Daneben gibt es noch die ultraviolette Strahlung, kurz **UV-Strahlung**. Auf der Erde gibt es UV-A-Strahlung und UV-B-Strahlung. UV-Strahlung können wir nicht wahrnehmen.

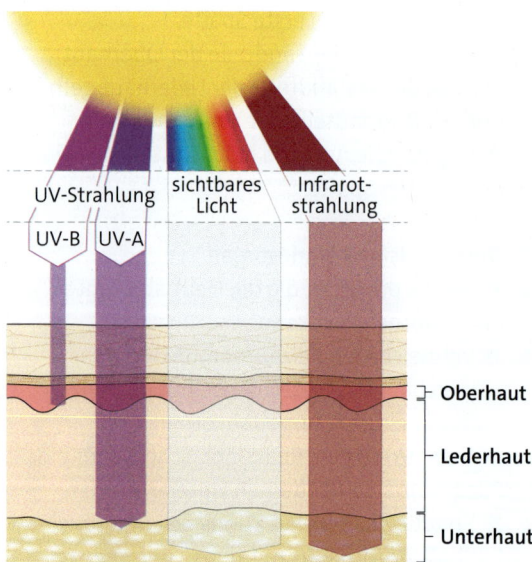

2 So tief dringt die Sonnenstrahlung in die Haut ein.

Das sichtbare Licht und die Infrarotstrahlung können tief in den Körper eindringen. Sie schädigen die Haut nicht. Die UV-A-Strahlung gelangt bis in die Unterhaut, die UV-B-Strahlung bis zur Keimschicht in der Oberhaut. UV-A-Strahlung und UV-B-Strahlung können die Haut schädigen.

Zu viel Sonne ist schädlich

UV-Strahlung enthält viel Energie. Wenn die Haut zu viel UV-Strahlung abbekommt, dann schädigt das die Zellen in der Oberhaut. Die Haut wird rot und es bilden sich Blasen. Die Haut fühlt sich heiß an, juckt und tut weh. Das nennt man **Sonnenbrand**. Wenn man seine Haut häufig und sehr lange ungeschützt der Sonne aussetzt, dann kann die UV-Strahlung eine schwere Hautkrankheit hervorrufen. Diese Hautkrankheit heißt **Hautkrebs**. Unbehandelt kann Hautkrebs tödlich sein.

Der Schutz vor der Sonne

Der Körper kann sich eine Zeit lang vor der schädlichen UV-Strahlung schützen: In der Oberhaut bilden sich dunkle Pigmente. Diese hindern die UV-Strahlung daran, in tiefere Hautschichten einzudringen. Menschen mit heller Haut bilden weniger Pigmente als Menschen mit dunklerer Haut. Um sich vor der UV-Strahlung zu schützen, kann man Sonnencreme benutzen, lange Kleidung tragen und sich öfter im Schatten aufhalten.

> Die UV-Strahlung der Sonne schädigt die Haut. Das kann zu Sonnenbrand und später zu Hautkrebs führen. Mit Sonnencreme und langer Kleidung kann man die Haut schützen.

AUFGABEN

1 Verschiedene Strahlungsarten
   ▣ Nenne die Strahlungsarten des Sonnenlichts, die unsere Haut schädigen können.

2 Zu viel Sonne ist schädlich
a ▣ Nenne die Anzeichen eines Sonnenbrands.
b ▣ Recherchiere, wie man einen Sonnenbrand behandeln kann. Notiere in Stichpunkten.

3 Schutz vor der Sonne
   ▣ Nenne drei Möglichkeiten, dich vor UV-Strahlung zu schützen.

1 Der Tastsinn

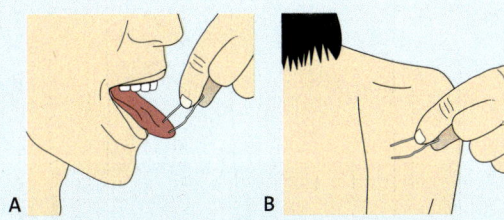

1 Ein Experiment zum Tastsinn

Körperstellen mit vielen Sinneszellen in der Haut sind empfindlicher als Körperstellen mit weniger Sinneszellen in der Haut. Wenn du mit den zwei Enden einer Haarnadel am Rücken berührt wirst, dann nimmst du die beiden Berührungspunkte ab einem Abstand von 6 mm als einen Punkt wahr. Auf der Zunge merkst du bis zu einem Abstand von einem Millimeter noch zwei Berührungspunkte.
⊠ Begründe mithilfe der Ergebnisse, ob die Haut an Rücken oder Zunge empfindlicher ist.

2 Haut und Körpertemperatur

Wenn die Körpertemperatur zu stark ansteigt, dann spricht man von **Überhitzung**. Bei der **Unterkühlung** ist die Körpertemperatur zu niedrig. Die Haut schützt den Körper vor Überhitzung und Unterkühlung. Wenn es sehr warm ist, dann weiten sich die Blutgefäße in der Haut. An der Körperoberfläche wird Wärme aus dem Blut nach außen abgegeben. Zusätzlich geben die Schweißdrüsen Schweiß ab. Wenn es sehr kalt ist, dann verengen sich die Blutgefäße in der Haut. Auch die Haare richten sich auf.

a ⊠ Vergleiche die Bilder 2A und 2B.
b ⊠ Ergänze die Bildunterschrift von Bild 2. Ordne den Bildern A und B eines der folgenden Wörter zu: Überhitzung, Unterkühlung.

A Außentemperatur **32 °C**   **B** Außentemperatur **−10 °C**
Haar — Haarmuskel   Haar, aufgerichtet

Blutgefäße, erweitert — Schweiß-drüse   Blutgefäße, verengt — Schweiß-drüse

2 Die Haut schützt vor: A?, B?

3 Der Hauttyp beeinflusst den Sonnenschutz

Unsere Haut kann sich eine bestimmte Zeit selbst davor schützen, einen Sonnenbrand zu bekommen. Diese Zeit heißt **Eigenschutzzeit** der Haut. Sie ist bei verschiedenen Hautfarben unterschiedlich lang.

a ⊠ Beschreibe, wie es dazu kommt, dass Menschen verschiedene Hautfarben haben.
b ⊠ Begründe, warum die Hautfarbe die Eigenschutzzeit beeinflusst.

| Hauttyp 1 Eigenschutzzeit: bis 10 Minuten | Hauttyp 2 Eigenschutzzeit: 10–20 Minuten | Hauttyp 3 Eigenschutzzeit: 20–30 Minuten |
| Hauttyp 4 Eigenschutzzeit: 30–60 Minuten | Hauttyp 5 Eigenschutzzeit: 60–90 Minuten | Hauttyp 6 Eigenschutzzeit: über 90 Minuten |

3 Die Hauttypen und ihre Eigenschutzzeit

c ⊠ Beschreibe die Hautfarben der sechs Hauttypen in Bild 3.
d ⊠ Bestimme deinen Hauttyp (Bild 3). Die Eigenschutzzeit wird durch das Auftragen von Sonnenschutzmitteln erhöht. Mithilfe des Lichtschutzfaktors (LSF) kannst du berechnen, wie lange das Sonnenschutzmittel dich vor einem Sonnenbrand schützt. Multipliziere dazu die Eigenschutzzeit mit dem Lichtschutzfaktor.
e ⊠ Berechne, wie lange du ohne Gefahr in der Sonne bleiben kannst, wenn du ein Sonnenschutzmittel mit Lichtschutzfaktor 30 aufgetragen hast.
f ⊠ Onno sagt: „Ich benutze keine Sonnencreme, denn ich will schnell braun werden." Beurteile Onnos Aussage.
g ⊠ Recherchiere, wie Sonnenschutzmittel die Haut vor Sonnenbrand schützen. Schreibe dazu einen Text in fünf bis sechs Sätzen.

Tiere haben besondere Sinne

1 Eine Fledermaus auf der Jagd

3 Eine Elefantenherde am Wasserloch

Felix sieht im Sommer jeden Abend eine Fledermaus, die immer wieder durch den Garten fliegt. Felix vermutet, dass sie auf der Jagd ist. Er fragt sich, wie sie ihre Beutetiere findet.

Jagen mit hohen Tönen

Eine Fledermaus jagt nachts im Flug. Sie sendet sehr hohe Töne aus. Diese hohen Töne können Menschen nicht hören. Sehr hohe Töne, die Menschen nicht hören können, nennt man **Ultraschall**. Wenn die Schallwellen des Ultraschalls auf ein Beutetier treffen, dann werden die Schallwellen als Echo zurückgeworfen (Bild 2). Fledermäuse nehmen die Schallwellen des Echos mithilfe ihrer Ohren auf. Aus dem Zeitabstand zwischen dem Aussenden des Ultraschalls und dem Eintreffen des Echos im Ohr kann eine Fledermaus die Entfernung und den Ort des Beutetiers einschätzen. Man sagt auch: Sie kann das Beutetier orten. Man nennt diesen Vorgang deshalb **Echoortung**.

Die Verständigung mit sehr tiefen Tönen

Elefanten können über große Entfernungen Informationen austauschen. Dazu erzeugen sie sehr tiefe Töne. Menschen können diese Töne nicht hören. Sehr tiefe Töne, die Menschen nicht hören können, nennt man **Infraschall**. Infraschallwellen werden durch die Luft und den Boden viele Kilometer weit übertragen. Elefanten leben in Gebieten, in denen es nur wenig Wasser gibt. Wenn sie ein Wasserloch gefunden haben, dann informieren sie andere Elefanten mithilfe von Infraschall über die Lage des Wasserlochs. So warnen sich Elefanten auch vor Gefahren. Zur Paarungszeit nutzen Elefanten Infraschall, damit Elefantenmännchen und Elefantenweibchen zusammenfinden.

Leistungsfähige Augen für die Jagd

Vögel, die andere Tiere jagen und fressen, heißen **Greifvögel**. Greifvögel haben Linsenaugen wie die Menschen. In der Netzhaut ihrer Augen befinden

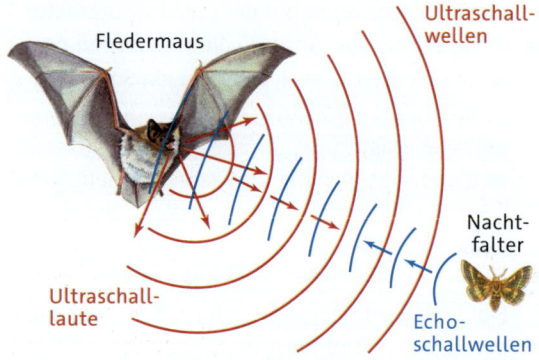

2 Die Echoortung der Fledermaus

4 Der Turmfalke hat eine Maus gefangen.

So sehen wir die Blüte. So sehen Bienen die Blüte.

5 Eine Blüte einer Wiesen-Glockenblume

sich aber ungefähr doppelt so viele Sehsinnes-zellen wie im menschlichen Auge. Greifvögel sehen deshalb viel besser als Menschen. Sie sehen ein Objekt schärfer und größer. Deshalb können sie ein Beutetier aus der Luft auf dem Boden sehen. Viele Greifvögel können auch UV-Strahlung sehen. Menschen können das nicht. Dies hilft den Greif-vögeln bei der Jagd. Der Urin der Feldmäuse reflektiert die UV-Strahlung der Sonne. Greifvögel können die Spuren des Urins deshalb aus der Luft sehen. So können sie die Mäuse aufspüren.

Bienen sehen UV-Strahlung

Bienen können UV-Strahlung sehen, die für Menschen unsichtbar ist. Bienen sehen eine Blüte deshalb ganz anders als wir. Bild 5 zeigt, wie wir die Blüte einer Wiesen-Glockenblume sehen und wie Bienen diese Blüte wahrscheinlich sehen. Blüten haben Bereiche, die UV-Strahlung absorbieren, und solche, die diese Strahlung reflektieren. Dadurch ergibt sich ein Muster aus hellen und dunklen Bereichen in der Blüte. Dieses Muster zeigt Bienen den Weg zum Nektar.

> Einige Tiere nehmen Reize wahr, die Menschen nicht wahrnehmen können. Fledermäuse erzeugen Ultraschalllaute und nehmen Ultraschall wahr. Dadurch finden sie ihre Beutetiere in der Dunkelheit. Elefanten erzeugen Infraschalllaute und nehmen Infra-schall wahr. Deshalb können sie über große Entfernungen Informationen austauschen. Greifvögel und Bienen sehen UV-Strahlung. Das hilft ihnen bei der Suche nach Nahrung.

AUFGABEN

1 Besonderer Hörsinn

a ☒ Nenne die beiden Schallarten, die Fleder-mäuse und Elefanten wahrnehmen können.

b ☒ Beschreibe, was mit den Schallarten aus Aufgabe 1a gemeint ist.

c ☒ Beschreibe, wie Fledermäuse ihre Beutetiere finden. Nenne auch das Fachwort für diese Art, Beutetiere zu finden.

d ☒ Recherchiere weitere Tiere, die die Schall-arten wahrnehmen können, die die Fledermäuse und Elefanten wahrnehmen. 🖱

e ☒ Gib an, wofür diese Tiere diesen Hörsinn jeweils nutzen.

2 Besonderer Sehsinn

a ☒ Vergleiche das Auge des Menschen mit dem Auge eines Greifvogels.

b ☒ Beschreibe, wie Bienen sehen.

3 Sinne sind Angepasstheiten

a ☒ Wähle ein Tier im Text aus. Recherchiere, wo und wie das Tier lebt und was es frisst. 🖱

b ☒ Begründe, welcher besondere Sinn für das von dir ausgewählte Tier überlebenswichtig ist.

c ☒ Beschreibe, wie sich der überlebenswichtige Sinn des Tieres vom gleichen Sinn des Menschen unterscheidet.

d ☒ Die Lage der Augen bestimmt, ob ein Tier räumlich sehen kann und wie groß der Bereich ist, den das Tier sehen kann, ohne sich zu bewegen. Dieser Bereich heißt **Sehfeld**. Beschreibe die Lage der Augen und die Seh-felder der beiden Tiere in Bild 6.

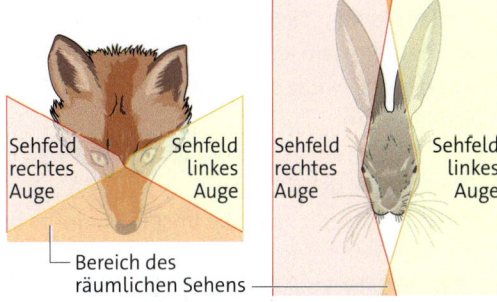

Sehfeld rechtes Auge — Sehfeld linkes Auge — Bereich des räumlichen Sehens — Sehfeld rechtes Auge — Sehfeld linkes Auge

6 Lage der Augen und Sehfelder von Fuchs und Hase

e ☒ Stelle Vermutungen an, inwiefern die Lage der Augen eine Angepasstheit an die Lebens-weise der Tiere ist.

TESTE DICH!

1 Yona im Park

1 Reize, Sinne und Sinnesorgane   ↗ S. 194

a 🗒 Beschreibe, was ein Sinnesorgan ist. Verwende dabei das Fachwort Reiz.

b ⬛ Betrachte Bild 1. Nenne drei Reize und drei Sinnesorgane, die du entdeckst.

2 Die Sinneszellen   ↗ S. 197, 202, 210/211

a 🗒 Nenne die Fachwörter für die Sinneszellen der Augen (2), der Ohren (1) und der Haut (5). Insgesamt sind es acht Fachwörter.

b ⬛ Beschreibe die Aufgabe von Sinneszellen.

3 Das Reiz-Reaktions-Schema   ↗ S. 195

a ⬛ In Bild 1 siehst du Yona. Sie will den Ball, der auf sie zukommt, zurückschießen. Erstelle dazu ein Reiz-Reaktions-Schema.

b ⬛ Erläutere dein Reiz-Reaktions-Schema aus Aufgabe 2a. Nutze dabei auch das Fachwort Erfolgsorgan.

4 Die Aufgabe des Gehirns   ↗ S. 195, 198

a 🗒 Beschreibe die Aufgabe unseres Gehirns bei der Wahrnehmung.

b ⬛ Beim Sehen hat das Gehirn besonders viele Aufgaben. Zähle auf, was das Gehirn leistet, wenn wir uns ein Bild anschauen.

c ⬛ Manchmal sehen verschiedene Menschen im selben Bild unterschiedliche Dinge. Begründe, warum das so ist.

5 Die Augen   ↗ S. 196/197

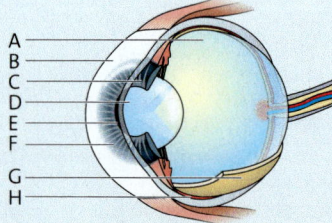

2 Der innere Bau des Auges

a ⬛ Benenne die Bestandteile des Auges in Bild 2.

b ⬛ Gib den Weg eines Lichtstrahls bis zur Netzhaut an. Bringe dazu die Zahlen der Bestandteile in Bild 2 in die richtige Reihenfolge.

6 Die Ohren   ↗ S. 202–205

a ⬛ Das Ohr wird in Außenohr, Mittelohr und Innenohr unterteilt. Ordne den drei Teilen die folgenden Bestandteile des Ohrs zu: Bogengänge, Gehörgang, Trommelfell, Schnecke, Ohrmuschel, Ohrlymphe, Hörsinneszellen und Gehörknöchelchen.

b 🗒 Nenne drei körperliche Beschwerden, die durch Lärm verursacht werden.

c ⬛ Beschreibe, wie die Hörsinneszellen durch Lärm beeinflusst werden und zu welchen Folgen das führt.

d 🗒 Nenne zwei Möglichkeiten, deine Ohren vor Lärm zu schützen.

7 Die Haut   ↗ S. 210–212

a 🗒 Nenne die drei Schichten der Haut.

b ⬛ Nenne drei Einflüsse, vor denen uns unsere Haut schützt.

c ⬛ Nenne Möglichkeiten, wie Yona in Bild 1 einen Sonnenbrand verhindern kann.

8 Sicher im Straßenverkehr   ↗ S. 209

a 🗒 Beschreibe, was Reflektoren sind.

b 🗒 Nenne die Aufgabe von Reflektoren.

9 Die Sinne der Tiere   ↗ S. 214/215

⬛ Tiere und Menschen nehmen ihre Umgebung unterschiedlich wahr. Erläutere an einem Beispiel, warum diese Fähigkeiten Angepasstheiten an die Lebensweise sind.

ZUSAMMENFASSUNG Sinne und Wahrnehmung

Reize, Sinnesorgane, Reiz-Reaktions-Schema

Reize sind Einflüsse, die aus der Umwelt oder aus dem Körper auf Lebewesen einwirken. Sinnesorgane nehmen Reize auf. Die Sinneszellen in den Sinnesorganen wandeln Reize in elektrische Impulse um. Nervenzellen leiten die elektrischen Impulse ins Gehirn. Im Gehirn entsteht die Wahrnehmung. Die Reaktion auf einen Reiz wird in Form von elektrischen Impulsen vom Gehirn zum Erfolgsorgan weitergeleitet. Das Erfolgsorgan führt die Reaktion aus.

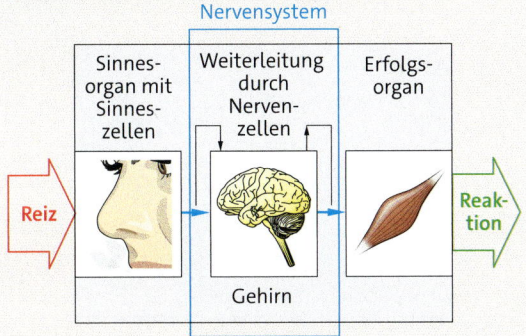

Die Sinne der Menschen

Die Fähigkeit, Reize aufzunehmen und zu verarbeiten, wird als Sinn bezeichnet. Zu den Sinnen des Menschen zählen der Sehsinn, der Hörsinn, der Geruchssinn, der Geschmackssinn, der Tastsinn, der Gleichgewichtssinn und der Temperatursinn.

Augen nehmen Licht auf

Augen sind Sinnesorgane, die Licht aufnehmen. In der Netzhaut liegen die Sehsinneszellen. Die Sehsinneszellen nehmen Licht auf und wandeln es in elektrische Impulse um. Diese gelangen durch den Sehnerv in das Gehirn. Das Bild, das wir sehen, entsteht im Gehirn. Das Gehirn wertet die elektrischen Impulse aus den Sehnerven aus. Dabei greift es auf Erfahrungen zurück. Menschen mit unterschiedlichen Erfahrungen können die gleichen Bilder anders sehen.

Sicher im Straßenverkehr

Im Straßenverkehr sollte man aufmerksam sein. Wer abgelenkt ist, der riskiert einen Unfall. Mit Reflektoren und heller Kleidung wird man besser gesehen.

Die Ohren nehmen Schall auf

Ein Ohr besteht aus Außenohr, Mittelohr und Innenohr. Die Ohrmuschel fängt den Schall ein. Das Trommelfell nimmt den Schall auf, indem es zu schwingen beginnt. Die Gehörknöchelchen übertragen die Schwingungen des Trommelfells auf die Schnecke. In den Hörsinneszellen in der Schnecke entstehen dann elektrische Impulse, die durch den Hörnerv in das Gehirn gelangen. Im Gehirn werden die elektrischen Impulse verarbeitet. Wir hören.

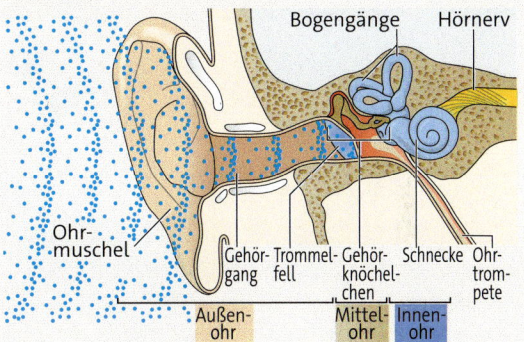

Lärm kann krank machen

Lärm ist Schall, der stört. Die messbare Stärke von Schall ist die Lautstärke. Die Einheit der Lautstärke ist Dezibel, kurz dB(A). Lärm kann krank machen und das Gehör schädigen. Deshalb muss man die Ohren vor Lärm schützen.

Die Haut

Die Haut besteht aus Oberhaut, Lederhaut und Unterhaut. Als Sinnesorgan nimmt sie Druckreize und Temperaturreize auf. Die UV-Strahlung der Sonne schädigt die Haut. Mit Sonnencreme und langer Kleidung kann man die Haut vor UV-Strahlung schützen.

Tiere haben besondere Sinne

Einige Tiere nehmen Reize wahr, die Menschen nicht wahrnehmen können. Fledermäuse erzeugen Ultraschalllaute und nehmen Ultraschall wahr. Dadurch finden sie Beutetiere in der Dunkelheit. Elefanten erzeugen Infraschalllaute und nehmen Infraschall wahr. So können sie über große Entfernungen Informationen austauschen. Greifvögel und Bienen sehen UV-Strahlung. Das hilft bei der Nahrungssuche.

Partnerschaft und Verantwortung

In diesem Kapitel erfährst du, ...

... was Sexualität ist und welche sexuellen Orientierungen es gibt.

... was das biologische Geschlecht und die Genderidentität der Menschen sind.

... was im Körper passiert, wenn sich Menschen anziehend finden und ineinander verlieben.

... was eine Partnerschaft ausmacht.

... wie und warum sich dein Körper in der Pubertät verändert.

... wie neues Leben entsteht und wie es sich während der Schwangerschaft entwickelt.

... wie du eine Schwangerschaft verhindern kannst.

... was sexuell übertragbare Krankheiten sind und wie du sie verhindern kannst.

... was man bei einer ungewollten Schwangerschaft tun kann.

Die menschliche Sexualität

1 Nora und Luis genießen es, wenn sie sich körperlich nah sind.

Nora und Luis sind ein Paar. Sie kuscheln, halten sich an den Händen, streicheln und küssen sich oft.

Die Sexualität

Wenn Menschen sich anziehend finden, dann zeigen sie das durch ihr Verhalten. Wenn sie zusammen sind, dann wollen viele sich körperlich nah sein. Sie fassen sich zum Beispiel oft an und küssen sich. Menschen stellen sich in ihrer Fantasie auch vor, wie sie mit Menschen zusammen sind, die sie anziehend finden. Diese Verhaltensweisen, Vorstellungen und die Gefühle, die dazugehören, bezeichnet man als **Sexualität**. Das Wort **sexuell** bedeutet „auf die Sexualität bezogen". Der Geschlechtsverkehr ist ein Teil der Sexualität. Die meisten Menschen haben das Bedürfnis nach Sexualität. Die Sexualität entwickelt sich von Geburt an bis ins Alter. Durch Erfahrungen lernen Menschen, welche Formen der Sexualität ihnen Spaß machen. Sie entwickeln eigene Wünsche und Vorstellungen.

Die Funktionen der Sexualität

Die Sexualität kann die Beziehung von Menschen festigen, die sich anziehend finden. Sie fördert Gefühle wie Lust, Freude, Geborgenheit und Liebe sowie das Wohlbefinden der Menschen. Dadurch kann Sexualität Menschen glücklich machen. Die biologische Funktion der Sexualität ist die Fortpflanzung.

Die Sexualität ist vielfältig

Jeder Mensch hat eigene Vorstellungen darüber, wie er seine Sexualität ausleben möchte. Wenn Menschen unterschiedliche Erwartungen haben, dann können sie sich missverstehen. Knutschen auf einer Party zum Beispiel kann für den einen Menschen nur Spaß sein. Für den anderen kann es Hoffnungen auf den Beginn einer Beziehung wecken. Deshalb ist es wichtig, dass man miteinander über seine Vorstellungen spricht.

> Als Sexualität bezeichnet man die Verhaltensweisen und die damit verbundenen Gefühle von Menschen, die sich anziehend finden. Sie ist Voraussetzung für die natürliche Fortpflanzung der Menschen.

AUFGABEN

1 Die Sexualität

a ◹ Nenne zwei Funktionen der Sexualität.

b ◸ Formuliere zu jedem Foto in Bild 2 eine Überschrift.

c ◸ Leon sagt zu Tim: „Du bist viel zu jung für die Liebe. Liebe und Sexualität sind nur etwas für Menschen zwischen 18 und 40 Jahren." Nimm Stellung zu dieser Aussage.

2 Verschiedene Verhaltensweisen und Gefühle gehören zur Sexualität.

kegiya

EXTRA Wer bestimmt, was attraktiv ist?

1 Schönheitsfilter repräsentieren Schönheitsideale

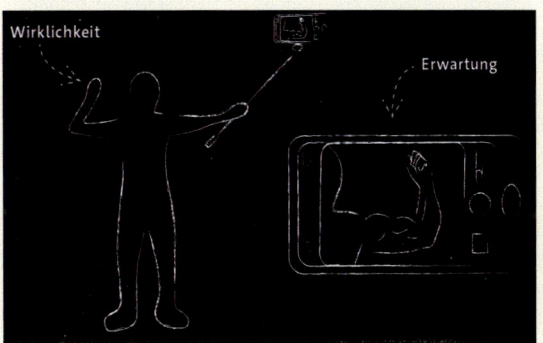

2 Schönheitsfilter verändern das Körperbild

Schönheitsfilter repräsentieren Schönheitsideale

In den sozialen Medien sehen wir täglich Bilder und Videos von Menschen mit scheinbar perfektem Aussehen. Die Fotos vermitteln den Eindruck, dass wir erfolgreich und beliebt sind, wenn wir attraktiv sind. Der Charakter und die Fähigkeiten der Menschen scheinen dabei keine Rolle zu spielen. Doch viele Fotos und Videos entstehen mit Tricks. Mithilfe von Schönheitsfiltern kann man Pickel und Narben entfernen sowie die Hautfarbe, die Gesichtszüge und sogar die Körperform verändern. Schönheitsfilter verändern das Aussehen nach festgelegten Regeln. Das veränderte Aussehen entspricht einem standardisierten Schönheitsideal. Je mehr Menschen die Filter benutzen, desto präsenter wird dieses Schönheitsideal. Das beeinflusst unsere Vorstellung von Attraktivität.

Schönheitsfilter verändern das Körperbild

Studien belegen, dass viele Jugendliche sich Vorbilder in den sozialen Medien suchen. Sie ahmen ihre Vorbilder nach und möchten genauso attraktiv und beliebt sein wie sie. Durch den Zugang zu Schönheitsfiltern scheint dieses Ziel leicht erreichbar. Mit ein paar Klicks passen Jugendliche ihr Aussehen auf Fotos und in Videos dem Aussehen ihrer Vorbilder an. Das vermeintlich optimierte Aussehen entspricht aber nicht der Realität. Dadurch kann ein verzerrtes Körperbild entstehen und das Selbstwertgefühl der Jugendlichen geschädigt werden. Einige Jugendliche finden sich in der Realität nicht mehr schön. Sie wünschen sich, so auszusehen wie auf ihren bearbeiteten Fotos. Dafür wollen sich immer mehr Jugendliche sogar operieren lassen.

Die Suche nach Bestätigung

Menschen stellen sich in den sozialen Medien selbst dar und sie erwarten Reaktionen auf ihre Darstellung. Durch positive Reaktionen fühlen wir uns bestätigt. Wir liken Fotos und Videos, die uns gefallen. Andere liken unsere Videos und Fotos, wenn sie ihnen gefallen. Ein Like vermittelt: „Ich bin beliebt." Dadurch werden in unserem Gehirn Glückshormone ausgeschüttet. Das wirkt wie eine Belohnung und wir wollen mehr davon. Die Attraktivität eines Menschen wird aber nicht nur durch das Aussehen bestimmt. Der Charakter und die Ausstrahlung haben großen Einfluss darauf, ob man jemanden als attraktiv empfindet. Attraktivität ist außerdem sehr individuell. Was eine Person als attraktiv empfindet, kann für eine andere Person unattraktiv sein.

AUFGABEN

1 **Was ist schön?**
a ☑ Beschreibe, wie Schönheitsfilter Originalfotos verändern können.
b ☒ Suche im Internet nach Fotos mit Personen, die du besonders attraktiv findest. Begründe deine Auswahl.
c ☒ Recherchiere im Internet, was das Wort „normschön" bedeutet.
d ☒ Diskutiert in der Klasse über eure Vorstellungen von Schönheit und Attraktivität.
e ☒ Immer mehr Social Media und Filmstars zeigen sich ungeschminkt in der Öffentlichkeit und veröffentlichen unbearbeitete Fotos und Videos von sich. Stelle Vermutungen über die Gründe ihres Anliegens an und finde eine eigene Meinung dazu.

Die geschlechtliche und die sexuelle Vielfalt

1 Silas und ihre Leute

3 Die beiden fühlen sich miteinander sehr wohl.

Silas hat männliche Körpermerkmale. Sie weiß aber, dass sie ein Mädchen ist. Sie fragt sich, ob sie mit anderen darüber sprechen soll. Sie will niemandem etwas vormachen.

Das biologische Geschlecht

Die Erbinformation, die Geschlechtsorgane und die Hormone, die im Körper hergestellt werden, bestimmen das **biologische Geschlecht** eines Menschen. Anhand der Geschlechtsorgane notiert man das biologische Geschlecht nach der Geburt in der Geburtsurkunde. Menschen mit einem Penis und mit Hoden ordnet man als **männlich** ein. Menschen mit einer Vagina bezeichnet man als **weiblich**. Menschen, die man anhand ihrer Geschlechtsmerkmale nicht eindeutig dem männlichen oder weiblichen Geschlecht zuordnen kann, bezeichnet man als **intergeschlechtlich**. Die Vorsilbe *inter* im Wort intergeschlechtlich bedeutet dazwischen. Im Ausweis steht dann der geschlechtsneutrale Eintrag *divers*. Das bedeutet mehrere.

Das soziale Geschlecht

Wie man sich selbst wahrnimmt und einordnet, ist Teil der **Identität**. Ihre Identität drücken Menschen unter anderem durch ihre Kleidung, ihre Frisur und ihr Verhalten aus. Das Geschlecht ist Teil der Identität. Die meisten Menschen fühlen, zu welchem Geschlecht sie gehören, und drücken dieses Gefühl aus. Es kann mit dem biologischen Geschlecht übereinstimmen oder nicht. Das gefühlte Geschlecht und sein Ausdruck gehören zum **sozialen Geschlecht** eines Menschen. Man verwendet auch das englische Wort **Gender** dafür. Das Geschlecht, zu dem ein Mensch sich zugehörig fühlt, ist seine **Genderidentität**. Menschen deren Genderidentität mit dem biologischen Geschlecht übereinstimmt, nennt man **cisgender**. Menschen, deren Genderidentität sich von ihrem biologischen Geschlecht unterscheidet, sind **transgender**. Menschen, die sich keinem biologischen Geschlecht zuordnen oder die sich mehreren zugehörig fühlen, sind **genderqueer** oder **nonbinär**.

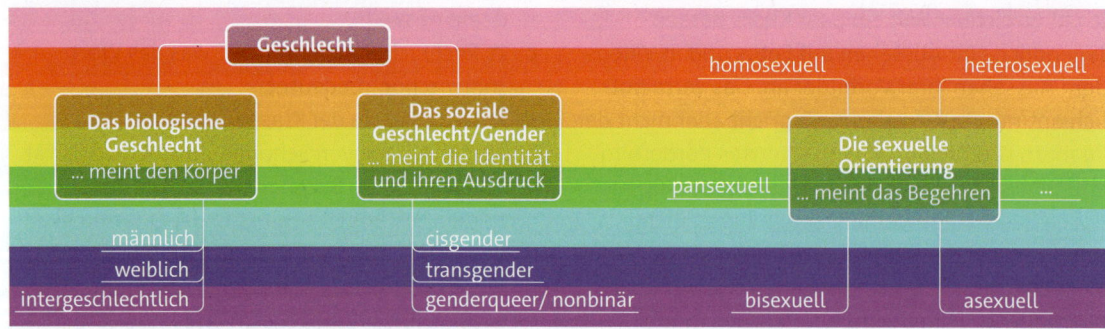

2 Das Geschlecht eines Menschen hat mehrere Ebenen.

4 Die beiden wollen sich gleich küssen.

5 Die beiden haben Spaß miteinander.

Die sexuelle Orientierung

Die meisten Menschen fühlen sich sexuell zu anderen Menschen hingezogen. Dabei spielt oft auch das Geschlecht eine Rolle. Zu welchem Geschlecht sich jemand hingezogen fühlt, bezeichnet man als **sexuelle Orientierung**. Menschen unterschiedlichen Geschlechts, die sich gegenseitig anziehend finden, sind **heterosexuell**. Menschen gleichen Geschlechts, die sich anziehend finden, sind **homosexuell**. Menschen, die mindestens zwei Geschlechter anziehend finden, sind **bisexuell**. Menschen, die andere unabhängig von ihrem Geschlecht anziehend finden, bezeichnet man als **pansexuell**. Die Vorsilbe *pan* bedeutet alles. Gemeint ist damit, dass *alles* an einem Menschen für die Anziehung wichtig ist, nicht nur das Geschlecht. Menschen, die keine Menschen anziehend finden, sind **asexuell**.

Die Geschlechterrolle

Eigenschaften und Verhaltensweisen, die eine Gesellschaft als typisch für ein Geschlecht ansieht, beschreiben die **Geschlechterrolle**. Sie beinhaltet Vorurteile, auch über die Interessen von Menschen eines Geschlechts, wie zum Beispiel das Spielen mit Autos oder Puppen. Menschen entwickeln ihre Geschlechterrolle und Vorstellungen über die Geschlechterrollen im Laufe ihres Lebens. Ihr Umfeld und die Medien beeinflussen sie dabei. Die Medien verstärken die Vorurteile über die Geschlechter oft. Das kann Menschen verunsichern, die der Geschlechterrolle nicht entsprechen. Die Interessen eines Menschen haben aber nichts mit dem Geschlecht zu tun.

> Das Geschlecht eines Menschen wird durch das biologische Geschlecht und das soziale Geschlecht bestimmt. Die sexuelle Orientierung eines Menschen gibt an, zu welchem Geschlecht sich Menschen sexuell hingezogen fühlen. Die Geschlechterrolle beinhaltet Eigenschaften und Verhaltensweisen, die als typisch für ein Geschlecht angesehen werden.

AUFGABEN

1 Biologisches und soziales Geschlecht
a ⊠ Beschreibe, was mit dem Fachwort biologisches Geschlecht gemeint ist.
b ⊠ Lies den Abschnitt „Das soziale Geschlecht". Schreibe daraus alle Wörter, die das Wort *gender* enthalten, in dein Heft. Ergänze jeweils eine Worterklärung.

2 Die Geschlechterrolle
⊠ Deine Nachbarin sagt: „Jungen sollen nicht mit Puppen spielen!" Nimm Stellung dazu.

3 Die sexuelle Orientierung
a ⊠ Erstelle eine Tabelle mit zwei Spalten. Notiere in der linken Spalte die verschiedenen Formen der sexuellen Orientierung. Schreibe die Erklärung der Fachwörter jeweils daneben in die rechte Spalte.
b ⊠ Schreibe zu den Bildern 3, 4 und 5 jeweils einen kurzen Chat-Dialog, in dem die Personen von einem Treffen mit ihrer Lieblingsperson berichten. ⌨

Die Selbstbestimmung braucht Akzeptanz

1 Robin und seine Freunde im Park

Robin hat seinen Freunden heute erzählt, dass er auf Benjamin steht. Er hatte sich fast nicht getraut. Für sie ändert das aber gar nichts. Sein Freund Haruki sagte daraufhin, dass er sich zu männlichen und zu weiblichen Personen hingezogen fühlt.

Die Suche nach der Identität

In der Pubertät beginnen viele Menschen, sich Gedanken über ihre Identität zu machen. In dieser Zeit wird vielen auch bewusst, welche sexuelle Orientierung sie haben. Ihre Genderidentität ist den meisten Menschen schon vor der Pubertät bewusst. Den Vorgang, bei dem Menschen sich ihrer sexuellen Orientierung oder Genderidentität bewusst werden, nennt man **inneres Coming-out**. Das Wort inneres bedeutet hier, dass es dem Menschen selbst, also in seinem Inneren, bewusst wird. Das englische Wort *Coming-out* heißt übersetzt herauskommen. Hier bedeutet es erkennen. Dieser Vorgang kann mehrere Jahre dauern.

Freie Identitätsentwicklung braucht Akzeptanz

Viele Menschen sind heterosexuell und cisgender. Menschen, deren Genderidentität oder sexuelle Orientierung davon abweichen, sind oft verunsichert. Sie haben Angst, dass ihr Umfeld sie nicht so akzeptiert, wie sie sind. Manche halten ihre Genderidentität oder sexuelle Orientierung deshalb geheim und geben längere Zeit vor, anders zu sein, als sie wirklich sind. Das ist belastend. Die Menschen sind im Dauerstress. Sie können dadurch krank werden. Ihre Unsicherheit beruht oft auf negativen Erfahrungen und dem, was sie in den Medien sehen. Manche Menschen haben viele Vorurteile über Menschen, die anders sind als sie selbst. Sie grenzen diese Menschen aus, machen sich über sie lustig oder beleidigen sie. So ein Verhalten bezeichnet man als **Diskriminierung**. Das Anerkennen anderer Menschen unabhängig von ihren Eigenschaften und Einstellungen nennt man auch **Akzeptanz**. Akzeptanz allen Menschen gegenüber ist wichtig, damit Menschen ihre Identität frei entwickeln können.

Das äußere Coming-Out

Wenn man anderen Menschen erzählt, welche Genderidentität oder sexuelle Orientierung man hat, dann sagt man dazu auch: Man **outet** sich. Den Vorgang nennt man das **äußere Coming-out**. Für Menschen, die homosexuell, transgender oder genderqueer sind, erfordert das äußere Coming-out viel Mut. Sie müssen Ängste vor Ablehnung, Diskriminierung und Bestrafung überwinden (Bild 3). Von heterosexuellen und cisgender Menschen wird kein äußeres Coming-out erwartet. Das ist diskriminierend gegenüber queeren Personen.

Liebe Vielfalt Befreiung Depression Toleranz Akzeptanz Ausgrenzung Identität Selbstbestimmung Gewalt Freiheit Belästigung Ablehnung Menschlichkeit Miteinander Diskriminierung Regenbogen Angst

2 Wörter zum Thema Vielfalt und Toleranz

Befürchtung	%
Ablehnung durch Freunde und Freundinnen	73,9
Zurückweisung in der Familie	69,4
diskrimierende Bemerkungen	66,1
Probleme in der Schule	60,5
sexuelle Belästigungen	36,5
Bestrafung durch die Eltern	20,6
körperliche Gewalt	20,2
Ende einer bestehenden Beziehung	4,8

3 Ängste junger Menschen vor ihrem äußeren Coming-out

Das Selbstbestimmungsgesetz

Alle Menschen dürfen selbst bestimmen, wie sie leben wollen. Man sagt: Sie haben das Recht auf **Selbstbestimmung**. Dazu gehört auch, dass die Menschen ihre sexuelle Orientierung und ihre Genderidentität frei und selbstbestimmt ausleben dürfen. Dieses Recht soll in Deutschland ein neues Gesetz regeln. Das geplante Gesetz heißt **Selbstbestimmungsgesetz**. Darin soll unter anderem stehen, wie Menschen, die transgender oder intergeschlechtlich sind, den Geschlechtseintrag in ihrer Geburtsurkunde und ihren Vornamen ändern lassen können. Die Politik berät über die Details in dem Gesetz. Es soll 2024 in Kraft treten.

5 Balians neuer Look steht ihm gut.

4 Der Umgang mit Vielfalt früher und heute

Die Genderidentität und die sexuelle Orientierung gehören zur Identität eines Menschen. Jeder Mensch hat das Recht diese frei und selbstbestimmt auszuleben. Die Voraussetzung dafür ist Akzeptanz.

AUFGABEN

1 Das Coming-out

a ▣ Beschreibe, was das innere und was das äußere Coming-out ist.

b ⊠ Begründe mithilfe von Bild 3, warum das Coming-out mehrere Jahre dauern kann.

c ⊠ Beschreibe, was mit dem Wort Diskriminierung gemeint ist.

d ⊠ Robin sagt: „Es ist ungerecht, dass ich mich outen muss. Meine sexuelle Orientierung spielt doch für andere keine Rolle." Nimm Stellung zu Robins Aussage.

e ⊠ Stelle dir vor, du wärst mit Robin gut befreundet. Er möchte seinen Eltern von seiner Homosexualität erzählen. Formuliere einen Gesprächsbeginn für ihn.

f ⊠ Ein paar Leute aus Harukis Schule machen sich seit seinem Coming-Out über ihn lustig. Formuliere Tipps, wie man Haruki unterstützen kann.

2 Das Selbstbestimmungsgesetz

a ▣ Beschreibe, was im Selbstbestimmungsgesetz geregelt werden soll.

b ⊠ Formuliere zu jedem Abschnitt in Bild 4 eine passende Überschrift.

Liebe und Partnerschaft

1 Sarah und Rosi sind frisch verliebt.

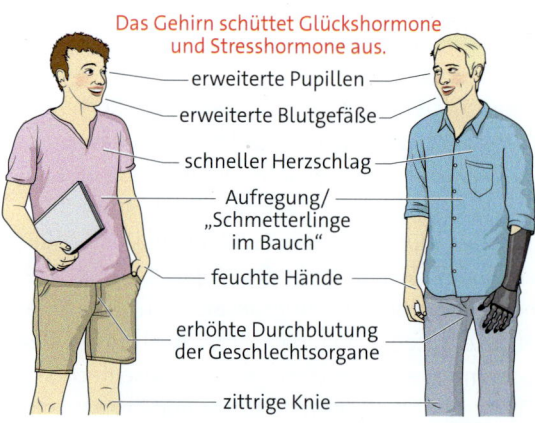

Das Gehirn schüttet Glückshormone und Stresshormone aus.

- erweiterte Pupillen
- erweiterte Blutgefäße
- schneller Herzschlag
- Aufregung/ „Schmetterlinge im Bauch"
- feuchte Hände
- erhöhte Durchblutung der Geschlechtsorgane
- zittrige Knie

3 Das passiert im Körper, wenn Menschen verliebt sind.

Für Sarah und Rosi war es Liebe auf den ersten Blick. Sarah sagt, sie hat die „große Liebe" gefunden. Für Rosi steht fest: „Wir bleiben zusammen."

Zuerst schwärmst du für jemanden

Es kann plötzlich passieren, dass du eine Person triffst, zu der du dich hingezogen fühlst. Dann denkst du sehr oft an diese Person. Du wünschst dir, in ihrer Nähe zu sein. Wenn die Person in deiner Nähe ist, dann hast du vielleicht Herzklopfen, feuchte Hände, zittrige Knie und bist aufgeregt. Alles an der Person scheint perfekt für dich. Das nennt man **Schwärmen** (Bild 2). Die Gefühle, die damit zusammenhängen, nennt man **Verliebtsein**. Wenn du verliebt bist, dann bist du glücklich. Du siehst nur die Eigenschaften an der anderen Person, die dir gefallen. Die Eigenschaften, die dir nicht gefallen, siehst du nicht.

2 Die beiden schwärmen füreinander.

Die körperliche Ursache des Verliebtseins

Wenn du eine Person anziehend findest, dann schüttet dein Gehirn Stoffe aus (Bild 3). Diese Stoffe wirken als Botenstoffe. Sie heißen **Hormone**. Hormone sind die Ursache für die körperlichen Reaktionen und die Gefühle, die du beim Anblick der Person empfindest. Glückshormone bewirken, dass du glücklich bist, sobald du die Person siehst. Verliebtsein ist positiver Stress für den Körper. Stresshormone erhöhen die Anzahl der Herzschläge. Deine Pupillen und Blutgefäße weiten sich. Du atmest schneller. Du bist aufgeregt.

Die Kennenlernzeit

Wenn du und eine andere Person ineinander verliebt seid, dann verbringt ihr viel Zeit miteinander. Ihr tauscht euch über eure Ansichten, Interessen und Gewohnheiten aus. In dieser Kennenlernzeit nimmst du auch Eigenschaften an der anderen Person wahr, die dir nicht gefallen. Wenn du sie akzeptieren kannst, dann kann sich aus eurem Verliebtsein eine feste Bindung entwickeln. Der Körper schüttet bei Hautkontakt ein Hormon aus, dass die Bindung zwischen Menschen fördert.

Über sexuelle Wünsche und Grenzen reden

Wenn du verliebt bist, dann willst du der anderen Person vielleicht auch körperlich nah sein. Damit eure Sexualität für euch beide schön und lustvoll wird, solltet ihr darüber sprechen, was euch gefällt und was euch nicht gefällt. Wenn es dir anfangs peinlich ist, über deine Bedürfnisse zu sprechen, dann sag das so. Je öfter ihr darüber sprecht, desto leichter wird es euch fallen.

4 Sexualität macht Spaß, wenn beide ihre Wünsche kennen.

So könnt ihr mit der Zeit immer besser aufeinander eingehen. Wichtig ist, dass ihr eure gegenseitigen Wünsche respektiert. Nur du entscheidest, bei welchen sexuellen Handlungen du mitmachst. Niemand darf dich zu etwas überreden oder zwingen.

Die Partnerschaft

Die Beziehung zwischen dir und dem Menschen, den du liebst, nennt man auch **Partnerschaft**. Wenn Menschen sich lieben, dann akzeptieren sie sich gegenseitig so, wie sie sind. Sie vertrauen sich. Sie teilen schöne und schwierige Momente und sind füreinander da. Eure Partnerschaft funktioniert am besten, wenn ihr ehrlich und respektvoll miteinander umgeht (Bild 5). Dazu gehört, dass ihr gemeinsam entscheidet und handelt. Ihr solltet zusammen eine für euch passende Form der Partnerschaft festlegen. Ihr vereinbart zum Beispiel, wie oft ihr gemeinsame Zeit verbringen wollt und wie oft ihr jeweils etwas allein unternehmt. Manchmal verändern sich eure Wünsche an die Partnerschaft mit der Zeit. Im Gespräch findet sich oft ein Weg, damit umzugehen.

offen
miteinander reden

gemeinsam
Probleme lösen

ehrlich
miteinander sein

sich gegenseitig annehmen,
wie man ist

Rücksicht
aufeinander nehmen

gemeinsam
Entscheidungen treffen

5 Einige Grundregeln einer Partnerschaft

Die Trennung

In einer Partnerschaft lernst du den anderen Menschen mit der Zeit immer besser kennen. Dabei entdeckst du vielleicht auch Eigenschaften, die dich stören. Manchmal passen eure gegenseitigen Wünsche und Ansichten doch nicht so gut zueinander. Wenn du dich in der Partnerschaft nicht mehr wohlfühlst, dann solltest du dich trennen. Eine Trennung kann wehtun. Nur so kannst du danach aber eine neue Liebe finden.

> Eine Person, die du anziehend findest, löst körperliche Reaktionen und Gefühle bei dir aus. Das bewirken verschiedene Hormone. Nach der Kennenlernzeit kann sich aus dem Verliebtsein eine Partnerschaft entwickeln.

AUFGABEN

1 Das Verliebtsein

a ☒ Nenne fünf körperliche Reaktionen, die man bei Verliebten beobachten kann.

b ☒ Nenne die Ursache für die körperlichen Reaktionen.

c ☒ Sarah sagt: „Wenn man verliebt ist, dann fühlt es sich an, als hätte man Schmetterlinge im Bauch." Stelle Vermutungen an, was mit diesem Sprichwort gemeint ist.

2 Die Partnerschaft

a ☒ Beschreibe, was eine Partnerschaft ist.

b ☒ Nenne drei Merkmale, die zu einer Partnerschaft gehören.

c ☒ Ordne die Grundregeln einer Partnerschaft aus Bild 5 nach der Wichtigkeit für dich. Beginne mit der für dich wichtigsten Regel.

d ☒ Nenne drei Eigenschaften, die dein Partner oder deine Partnerin haben sollte.

e ☒ Nenne drei Eigenschaften, die dein Partner oder deine Partnerin nicht haben sollte.

f ☒ Erstelle einen Wochenkalender und trage Zeiten ein, die du gerne allein, in deiner Partnerschaft oder mit anderen verbringen möchtest.

g ☒ Diskutiert eure Kalender in der Klasse.

3 Die Trennung

☒ Alex hat großen Liebeskummer. Schreibe ihm einen Trostbrief.

Liebe gesucht

1 Simon steht auf Ranja.

Simon ist aufgeregt. Er hat Ranja angesprochen. Sein Herz schlägt so schnell, dass er kaum sprechen kann. Am liebsten würde er sie fragen, ob sie etwas mit ihm unternehmen will.

Das Interesse zeigen

Wenn du Interesse an einer Person hast, dann zeige es ihr. So kannst du herausfinden, ob sie dein Interesse erwidert. Dazu kannst du mit Blicken und mit Worten Kontakt zu der Person aufnehmen. Das nennt man **flirten**. Du kannst die Person zum Beispiel öfter ansehen und anlächeln. Vielleicht wirst du rot, wenn die Person dich ansieht oder zurücklächelt. Das macht nichts. Auch dadurch zeigst du ihr dein Interesse. Irgendwann solltest du die Person ansprechen. Sei dabei am besten ganz du selbst. Du brauchst keine Sprüche oder Tricks. Du willst ja, dass die andere Person dich so kennenlernt, wie du bist.

Ein Flirt muss beiden Spaß machen

Ein Flirt kann aufregend sein. Wichtig bei einem Flirt ist, dass sich beide wohlfühlen und Spaß haben. Manchmal hast du kein Interesse an einer Person, die mit dir flirten will. Vielleicht fühlst du dich sogar belästigt. Dann sage der Person das klar und deutlich. Du musst auch akzeptieren, wenn jemand kein Interesse an einem Flirt mit dir hat. Dann lass die Person in Ruhe.

Die Gründe für Unsicherheit beim Flirten

Viele Menschen sind zunächst unsicher, wenn sie anderen ihr Interesse zeigen wollen. Das kann verschiedene Gründe haben. Oft glauben sie, dass sie anderen nur durch ein bestimmtes Verhalten oder Aussehen gefallen. Vielleicht haben sie Angst, dass andere ihr Interesse nicht erwidern. Wenn man mit einer Person flirtet, die kein Interesse an dem Flirt hat, dann ist das manchmal peinlich und tut weh. Wenn Menschen sehr schüchtern sind, dann trauen sie sich oft gar nicht, einen Flirt anzufangen.

Die Unsicherheit beim Flirten überwinden

Auch dir kann es erst mal schwerfallen, einen Menschen anzusprechen, der dir gefällt. Du kannst deine Unsicherheit beim Flirten aber überwinden. Je öfter du flirtest, desto leichter wird es dir fallen. Wichtig ist ein gutes Selbstwertgefühl. Lass dich nicht von den Medien verunsichern, in denen Menschen meist perfekt wirken. Das entspricht nicht der Realität. Vergleiche dich nicht mit anderen Menschen. Alle Menschen sind verschieden und einzigartig. Du bist gut so, wie du bist.

2 Flirten macht Spaß.

- Sei du selbst. Du brauchst keine Sprüche oder Tricks.
- Sei freundlich. Lächle oft und versuche Blickkontakt zu halten.
- Wenn du nicht weißt, was du sagen sollst, dann erfinde einen Grund: Frage zum Beispiel nach einem Hotspot. Du könntest auch fragen, ob die Person dir eine Matheaufgabe erklären kann, die du nicht verstanden hast.

3 Einige Tipps für erste Flirtübungen

4 Sie haben sich zuerst online und dann offline getroffen.

persönliche Freiheit
Partnerschaften unter Jugendlichen
Gleichberechtigung in der Familie
Freundschaften   Sex vor der Ehe
freizügiger Kleidungsstil
Spaß   Bildung   Gerechtigkeit

5 Verschiedene Menschen haben verschiedene Werte.

Flirten im Internet

Flirten kann man auch im Internet, zum Beispiel in sozialen Medien. Das fällt vielen Menschen leichter. Sie sind oft selbstbewusster, weil Eigenschaften wie ihr Aussehen oder ihr Verhalten zunächst keine Rolle spielen. Man muss online auch nicht immer gleich antworten, sondern kann erst mal abwarten und überlegen. Das Flirten im Internet hat aber auch Nachteile. Im Internet können Menschen leichter lügen. Man kann nicht prüfen, ob es stimmt, was andere schreiben. So können Missverständnisse und falsche Erwartungen entstehen. Bei einem ersten Treffen ist man dann vielleicht enttäuscht.

Die Menschen haben verschiedene Werte

Die Menschen in unserer Gesellschaft haben verschiedene Ansichten und Ziele, die ihnen wichtig sind. Man nennt sie **Werte** (Bild 5). Beispiele für Werte sind Freiheit, Gerechtigkeit, Ehrlichkeit, Toleranz, Liebe, Gesundheit, Erfolg, Bildung, Spaß, Glaube und Hilfsbereitschaft. Menschen entwickeln im Laufe ihres Lebens eigene Werte. Dabei spielen ihr Umfeld und ihre Erfahrungen eine Rolle. In vielen Familien gestalten Jugendliche ihre Freizeit frei und selbstständig. Sie haben verschiedene Freundschaften und oft auch die ersten Partnerschaften. Ihr Geschlecht und das Geschlecht der Menschen in ihrem Umfeld spielen dabei keine Rolle. Oft machen Jugendliche erste sexuelle Erfahrungen. In anderen Familien sind Freundschaften zwischen weiblichen und männlichen Personen nicht erlaubt.

Manche verbieten den Geschlechtsverkehr vor der Ehe und die Jugendlichen halten sich daran. Wenn sich Menschen mit verschiedenen Werten ineinander verlieben, dann streiten sie vielleicht öfter. Sie können zum Beispiel unterschiedliche Ansichten darüber haben, wie sie ihre Partnerschaft leben wollen. Wichtig ist, dass man miteinander redet und dass beide die Werte der anderen Person respektieren. Im Gespräch lässt sich vielleicht ein Weg finden, der für beide passt.

> Durch Flirten kannst du einer Person zeigen, dass du dich für sie interessierst. Verschiedene Menschen haben verschiedene Werte. Das kann zu Streit führen. Im Gespräch findet sich vielleicht ein Weg, mit verschiedenen Werten umzugehen.

AUFGABEN

1 Flirten

a Nenne Gründe, warum es manchen Menschen schwerfällt, mit anderen zu flirten.

b Simon in Bild 1 fällt es schwer, andere Menschen anzusprechen. Formuliere Tipps, wie er Ranjas Interesse gewinnen könnte.

c Beschreibe Nachteile beim Flirten mit Personen aus dem Internet.

2 Die Menschen haben verschiedene Werte

Bildet Zweierteams. Tauscht euch über die Werte in euren Familien aus. Vergleicht sie mit Werten, die euch selbst wichtig sind.

Verschiedene Familienformen

1 Malin und ihre Mütter beim Picknick

Malin und ihre Mütter machen einen Ausflug. Beim Picknick erzählt Malin, dass einige Kinder in ihrer Klasse oft fragen, warum sie zwei Mütter hat.

Die Familie und die Familienformen
Viele Menschen leben in einer Gruppe mit anderen Menschen zusammen, weil sie mit diesen Menschen verwandt sind, geheiratet haben oder weil sie füreinander sorgen. So eine Gruppe von Menschen, die zusammengehören, bezeichnet man als **Familie**. Die engste Familie besteht oft aus Eltern und Kindern. Man nennt sie auch **Kernfamilie**. Es gibt verschiedene Familienformen (Bild 2).

Die traditionelle Familie
Eine Familie aus Mutter, Vater und ein oder mehreren gemeinsamen Kindern ist eine **traditionelle Familie**.

2 Verschiedene Familienformen

Die Ein-Eltern-Familie
Wenn Eltern sich trennen, dann leben sie eine Zeit lang oder dauerhaft mit ihren Kindern allein. Eine Familie aus ein oder mehreren Kindern und einem Elternteil heißt **Ein-Eltern-Familie**.

Die Pflegefamilie
Manchmal nehmen Erwachsene die Kinder anderer Eltern bei sich auf und sorgen für sie. Man sagt dazu auch: Die Erwachsenen pflegen die Kinder. Die Erwachsenen nennt man **Pflegeeltern**. Die Familie, in der die Pflegeeltern und Kinder zusammenleben, heißt **Pflegefamilie**. Erwachsene können auch die Kinder anderer Eltern rechtlich als ihre Kinder annehmen. Das nennt man **Adoption**.

Die Regenbogenfamilie
Eine Familie aus zwei Menschen gleichen Geschlechts und einem oder mehreren Kindern nennt man **Regenbogenfamilie** (Bild 1 und 2). Der Name leitet sich von der Regenbogenfahne ab. Diese Fahne in Regenbogenfarben steht für Frieden und Akzeptanz und ist das Symbol der Lesben- und Schwulenbewegung.

Die Patchworkfamilie
Viele Eltern haben nach einer Trennung irgendwann neue Partnerschaften. Darin leben sie mit ihren Kindern aus der früheren Partnerschaft zusammen. Eine Familie aus Eltern und ihren Kindern aus früheren Partnerschaften nennt man **Patchworkfamilie**. Das englische Wort *Patchwork* heißt Flickwerk. Ein Flickwerk ist etwas, das aus verschiedenen Teilen zusammengesetzt ist.

> **Eine Familie ist eine Gruppe von Menschen, die zusammengehören. Viele Familien bestehen aus Erwachsenen und Kindern. Es gibt verschiedene Familienformen.**

AUFGABEN

1 Die Familienformen
a ☒ Beschreibe, was eine Familie ist.
b ☒ Ordne die Bilder A bis D in Bild 2 Familienformen zu.
c ☒ Erstelle eine Mindmap zu Familienformen.

qikize

Über Sexualität sprechen

Lolas Freund: Was machst du heute noch?

Lola: Mir würde schon etwas einfallen ...

Lolas Freund: Was denn? Essen? Es regnet doch gar nicht!

Lola: Verstehst du jetzt?

1 Lolas Freund versteht ihre Nachrichten nicht.

Lola chattet mit ihrem Freund. Sie will ihm zeigen, dass sie mit ihm schlafen will. Das schreibt sie nicht. Sie deutet es mit Emojis an. Ihr Freund versteht ihre Nachrichten aber nicht.

Über Sexualität sprechen fällt vielen schwer

Vielen Menschen fällt es schwer, über Sexualität zu sprechen. Sexualität ist etwas sehr Persönliches. Man sagt auch: Es ist **intim**. Deshalb tauscht man sich nur mit Menschen über Sexualität aus, denen man vertraut. Einige Menschen sind es nicht gewohnt, dass man offen über sexuelle Themen und Wünsche spricht. In ihren Familien vermeidet man das Thema. Man sagt auch: Das Thema ist **tabu**. Es ist ihnen deshalb peinlich, über Sexualität zu sprechen. Manche kennen gar nicht die richtigen Wörter dafür. Sie sprechen sexuelle Themen entweder gar nicht an oder sie umschreiben das, was sie sagen wollen, mit Zeichen oder anderen Wörtern. Dadurch können Missverständnisse entstehen.

2 Verschiedene Wörter zu Sexualität und Fortpflanzung

Verschiedene Wörter für dieselben Dinge

Wenn Kinder miteinander reden, dann benutzen sie andere Wörter, als wenn sie mit Erwachsenen reden. Auch miteinander benutzen sie in verschiedenen Situationen verschiedene Wörter. Es gibt Wörter, die in der Situation passend sind, und Wörter, die unpassend sind. Wörter, mit denen man Menschen abwertet, sind beleidigend. Das Wort Sex umfasst alle Handlungen bei denen sich Menschen körperlich nah sind. Eine Art von Sex ist der Geschlechtsverkehr zwischen Mann und Frau. Viele Menschen benutzen das Wort Sex im Alltag und empfinden es als passend. Im Biologieunterricht geht es dagegen oft um Geschlechtsverkehr. In der Fachsprache gibt es das Fachwort Koitus. Es bedeutet auch Geschlechtsverkehr. Das Verb bumsen ist ein Wort für miteinander schlafen. Es kann auf andere abwertend wirken.

Über Sexualität sprechen kann man lernen

Man kann lernen, über Sexualität zu sprechen. Wichtig dabei ist, dass man sich vertraut und in den Gesprächen über Sexualität Rücksicht aufeinander nimmt. Man sollte passende Wörter verwenden. Wörter, die abwertend oder beleidigend sind, sollte man vermeiden.

> In Gesprächen über Sexualität sollte man Rücksicht aufeinander nehmen und keine beleidigenden Wörter verwenden. So können alle ihre sexuellen Fragen und Wünsche offen mitteilen und vertrauensvoll besprechen.

AUFGABEN

1 **Über Sexualität sprechen**
a ▣ Nenne Gründe, warum manche Menschen nur schwer über Sexualität sprechen können.
b ▣ Schreibe den Chat zwischen Lola und ihrem Freund in Bild 1 so um, dass beide den Inhalt verstehen. Achte darauf, dass du keine beleidigenden Wörter benutzt. ▣

2 **Die passenden Wörter finden**
a ▣ Erstelle eine Tabelle mit zwei Spalten. Schreibe zehn Wörter aus Bild 2 in Spalte eins.
b ▣ Finde für jedes Wort ein bis zwei andere Wörter mit der gleichen Bedeutung. Notiere sie daneben in Spalte 2.

1 Philipp zeigt seinem jüngeren Bruder einen Pornoclip.

Philipp ist 14. Er hat im Internet einen Pornofilm gesehen, den er total spannend findet. Er zeigt ihn seinem zwei Jahre jüngeren Bruder.

Pornofilme wollen sexuell erregen

Pornografie stellt sexuelle Handlungen in den Vordergrund. Pornofilme zum Beispiel zeigen Geschlechtsorgane und sexuelle Praktiken sehr nah und detailliert. Das soll Menschen, die die Pornofilme ansehen, sexuell erregen. In den Filmen spielen Menschen eine ausgedachte Rolle. Ihr Verhalten, ihre Laute, Äußerungen und ihre Handlungen werden vor der Aufnahme genau geplant. Die Personen spielen eine überaus große sexuelle Lust und Befriedigung vor. Das hat mit ihren echten Empfindungen aber meistens nichts zu tun.

Rollenbilder und Klischees

Viele Pornofilme enthalten klischeehafte Darstellungen sexueller Fantasien. Durch die Auswahl der handelnden Personen vermitteln viele Filme ein Einheitsbild von sexueller Attraktivität, die durch bestimmte Körpermerkmale wie einen großen Penis oder große Brüste erreicht wird. Männer behandeln die Frauen in den Filmen oft als Lustobjekte, die nur zu ihrer sexuellen Befriedigung da sind. Die Frauen machen oft das, was die Männer von ihnen verlangen. Ihr eigener Lustgewinn wird kaum oder nicht berücksichtigt. Solche Klischees und Vorurteile über die Eigenschaften und Vorlieben von Menschen aufgrund ihres Geschlechts nennt man **Sexismus**. Sexismus führt dazu, dass man Menschen aufgrund ihres Geschlechts ungleich behandelt. Das ist eine Form der Diskriminierung.

Pornofilme zeigen keine echte Sexualität

Die meisten Jugendlichen kommen das erste Mal über soziale Medien oder Werbung mit Pornofilmen in Kontakt. Sie schauen Pornofilme aus Neugier und meist mit Freundinnen oder Freunden. Viele wollen sich mithilfe der Pornofilme über menschliche Körper und sexuelle Praktiken informieren. Pornofilme sind aber inszenierte Darstellungen der menschlichen Sexualität. Sie unterscheiden sich stark von der Sexualität im echten Leben. Das kann zu falschen Erwartungen und Verunsicherung führen.

Die Gesetzgebung und der Jugendschutz

Es ist verboten, pornografische Bilder, Filme und Comics an Kinder und Jugendliche weiterzugeben. Auch die Weitergabe von Nacktbildern oder Videos ist ohne die Einwilligung der abgebildeten Personen verboten. Dieses Verbot gilt für Erwachsene, aber auch für Kinder und Jugendliche. Wer unerlaubt Nacktbilder weitergibt oder pornografische Darstellungen mit Menschen unter 18 Jahren teilt, der macht sich strafbar. Kinder unter 14 Jahren sind nicht strafmündig. Die Polizei wird aber eine Hausdurchsuchung durchführen, wenn ein Kind pornografische Materialien an andere Kinder weitergegeben hat. Dann beschlagnahmt die Polizei alle Mediengeräte und wertet sie aus. Jugendlichen ab 14 Jahren droht in so einem Fall eine Verurteilung nach dem Jugendstrafrecht.

AUFGABEN

1 Pornografie

a ☑ Beschreibe, was im Text unter Pornografie verstanden wird.

b ☑ Notiere in Stichpunkten, wie die gesetzlichen Regelungen bei Jugendlichen mit 13, 17 und ab 18 Jahren sind.

c ☒ Gib an, ob Philipp in Bild 1 eine Straftat begeht, und begründe deine Antwort.

d ☒ Das Wort Diskriminierung bedeutet Trennung oder Unterscheidung. Erläutere, was damit gemeint ist.

e ☒ Begründe, warum Pornofilme dem wertschätzenden Umgang mit dem eigenen und mit anderen Körpern schaden können.

tucanu

AUFGABEN   Die Diskriminierung im Alltag

1 Die Diskriminierung Homosexueller

1 Eine Situation im Unterricht.

Laut einer Studie fällt in einer durchschnittlichen Schule das Wort „schwul" als Schimpfwort mehrmals im Laufe eines Vormittags. Dabei ist es häufig nicht zwingend gegen Personen gerichtet: der schwule Unterrichtsbeitrag eines Mitschülers oder einer Mitschülerin, das schwule Arbeitsblatt, der schwule Pullover.

a ☑ Beschreibe, was mit dem Wort schwul eigentlich gemeint ist.

b ☑ Beschreibe die Situation in Bild 1.

c ☑ Nenne Personen, die in dieser Situation verletzt oder beleidigt werden.

d ☒ Beschreibe Gefühle, die diese Ausdrücke bei Menschen hervorrufen können.

e ☒ Besprecht in der Klasse angemessene Reaktionen auf solche Aussagen.

2 Die Bedeutung von Wörtern ändert sich

Das Verb *wichsen* bedeutete ursprünglich „mit Wachs bestreichen". Manchmal ändern sich Wortbedeutungen mit der Zeit. In der Fachsprache verwendet man Fachwörter. Sie sind oft schwer zu verstehen.

a ☑ Beschreibe, was heute in der Alltagssprache mit dem Verb wichsen gemeint ist.

b ☒ Sammelt angemessene und abwertende Wörter aus der Jugendsprache für das Fachwort Masturbation.

c ☒ Das Wort *Hurensohn* nutzen manche häufig als Schimpfwort, für andere ist es sehr verletzend. Begründe, warum das Wort diskriminierend ist. Finde weitere Beispiele für solche Wörter.

3 Homosexualität in der Schule 🔲

2 Frau Weber und ihre Freundin küssen sich.

Im Klassenchat der 8b wird ein Foto verschickt. Darauf ist Frau Weber zu sehen. Sie ist die Klassenlehrerin der 8b. Auf dem Foto küsst sie ihre Freundin auf den Mund (Bild 2). Darunter steht: „Ihhh ... Frau Weber ist eine Lesbe."

a ☑ Beschreibe, wie du dich verhalten solltest, wenn du so ein Foto zugeschickt bekommst.

b ☒ Recherchiere im Internet, welche Rechte dabei verletzt werden.

c ☒ Recherchiere, was passieren könnte, wenn du so ein Foto mit unpassenden Kommentaren an andere weiterschickst.

d ☒ Deine Mitschülerin Selma will am Sportunterricht mit Frau Weber nicht mehr teilnehmen. Sie hat Angst, dass Frau Weber sie beim Turnen anfasst. Schreibe eine passende Chatnachricht an Selma dazu.

4 Die Diskriminierung in der Musik

Einige Lieder haben Texte, die Menschen aufgrund ihres Berufs, ihres Aussehens, ihres Geschlechts oder ihrer sexuellen Orientierung diskriminieren.

a ☑ Sammelt Beispiele für solche Lieder.

b ☒ Oft ist die Melodie dieser Lieder eingängig und der Text kann leicht mitgesungen werden. Diskutiert, ob Lieder dieser Art auf dem Sportschulfest gespielt werden sollten.

c ☒ Im Radio dürfen nicht alle Lieder gespielt werden. Nenne Lieder, die deiner Meinung nach nicht im Radio gespielt werden sollten. Begründe deine Meinung.

Dein Körper gehört dir! 👆

> Danke fürs Foto. Siehst echt gut aus. Die kurze Hose steht dir. 😊👍
> 22:10

> Danke. Schön, dass es dir gefällt. 😄
> 22:11

> Du siehst in Wirklichkeit bestimmt noch cooler aus. Schick mal noch mehr Bilder.
> 22:13

> Mal schaun, ob ich noch welche hab. 😕 22:14

> Hey, ich würde dich gerne mal treffen, um dich besser kennenzulernen. Hast du mal Zeit? 😎
> 22:15

> kp bin nicht sicher.
> 22:20

> Es muss ja niemand erfahren, ist unser Geheimnis. Wo wohnst du überhaupt?
> ❤️ 🤫 22:21

1 Chatverlauf zwischen Tan und einem Chatkontakt auf teens2gether

3 Die Täter oder Täterinnen wollen, dass man schweigt.

Tan chattet schon länger mit einer Person, die er auf teens2gether kennengelernt hat. Das ist ein soziales Netzwerk für Teenager. Am Anfang war das Chatten aufregend und hat großen Spaß gemacht. In letzter Zeit fühlt sich Tan aber bedrängt.

Die sexuelle Selbstbestimmung

Jeder Mensch darf über seine Sexualität frei entscheiden. Das nennt man **sexuelle Selbstbestimmung**. Das bedeutet, dass man selbst bestimmt, welche sexuelle Handlungen man ausübt oder ob man über sexuelle Handlungen sprechen oder schreiben will. Es ist verboten, Menschen gegen ihren Willen anzufassen oder sie zu sexuellen Handlungen zu zwingen. Dieses Verbot gilt auch, wenn ein Mensch nicht sagt oder zeigt, dass er etwas nicht will. Das kann vorkommen, wenn Menschen dazu körperlich, geistig oder sprachlich nicht in der Lage sind. Auch durch Körpersprache wie ein Handzeichen kann man zeigen, dass man etwas nicht will (Bild 2).

2 Das Handzeichen heißt „Stopp!" oder „Nein!".

Sexueller Missbrauch

Es gibt Menschen, die Kinder und Jugendliche dazu überreden oder zwingen, ihnen Nacktfotos zu schicken, sie anzufassen oder mit ihnen Sex zu haben. Solche Handlungen werden **sexueller Missbrauch** oder **sexualisierte Gewalt** genannt. Die Täterinnen oder Täter drängen ihre Opfer oft, den Missbrauch geheim zu halten (Bild 3). Die Opfer sollten sich aber unbedingt jemandem anvertrauen. Das kann eine Person sein, der man vertraut. Wenn man anonym bleiben will, dann gibt es einige Telefonnummern und Internetadressen, an die man sich kostenfrei wenden kann (Bild 4).

Das Recht von Kindern

Kinder bis 14 Jahre können noch nicht selbst über sexuelle Handlungen entscheiden. So steht es im Gesetz, um Kinder besonders zu schützen. Sexuelle Handlungen mit Kindern sind also strafbar, wenn ein Kind die Handlungen ablehnt, wenn es nichts sagt, aber auch wenn es zustimmt.

Hier bekommst du Hilfe!
– Kinder- und Jugendtelefon
  Nummer gegen Kummer 116 111
– juuuport.de
– jugend.support
– Hilfe-Telefon Sexueller Missbrauch
  0800 22 55 680
– Online-Beratung des Hilfe-Telefons
  hilfe-telefon-missbrauch.de

4 Einige Kontakte, bei denen du Hilfe bekommst

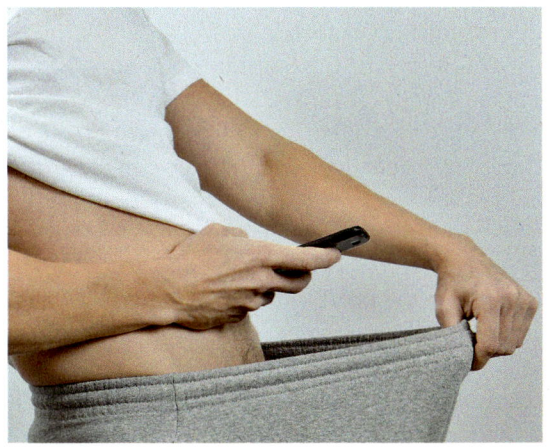

5 Solche Fotos darfst du nicht veröffentlichen.

6 Daran kannst du Cyber-Grooming erkennen.

Soziale Netzwerke

In sozialen Netzwerken findest du neue Freundschaften. Vielleicht verliebst du dich sogar. Die Menschen, mit denen du dich anfreundest, sind oft unbekannt. Nicht allen Menschen kannst du vertrauen. Auch Fremde können in den sozialen Medien deine privaten Daten sehen. Achte darauf, welche Informationen du öffentlich machst. Veröffentliche keine privaten Informationen wie deinen Wohnort oder vertrauliche Gespräche unter Freunden. Zeige keine Bilder, auf denen du wenig bekleidet bist (Bild 5). Sie können im Internet jederzeit wieder abgerufen und leicht an andere weitergeleitet werden.

Sexualisierte Gewalt im Internet

Es gibt Erwachsene, die im Internet falsche Angaben über sich machen. Sie wollen mit Kindern und Jugendlichen Kontakt aufnehmen und Vertrauen zu ihnen aufbauen. Dieses Verhalten bezeichnet man als **Cyber-Grooming**. Das Wort *Cyber* bedeutet hier *im Internet*. Das Wort *Grooming* bedeutet *etwas anbahnen* oder *vorbereiten*. Die Erwachsenen wollen mit ihrem Verhalten sexuelle Handlungen mit den Kindern vorbereiten. Ihr Ziel ist es, die Kinder persönlich zu treffen und sie dann zu sexuellen Handlungen zu überreden oder zu zwingen. Um dich zu schützen, solltest du einen Chat sofort abbrechen, wenn dir etwas komisch vorkommt oder unangenehm ist (Bild 1). Lass dich zu nichts überreden. An einigen Verhaltensweisen kannst du Cyber-Grooming erkennen (Bild 6). Sprich mit einer Person darüber, der du vertraust. Hol dir Hilfe!

> Jeder Mensch bestimmt selbst über seinen Körper und entscheidet, was mit ihm geschieht. Wenn man etwas falsch oder unangenehm findet, dann muss man sich wehren und Nein sagen. Manche nutzen andere Menschen oder Informationen über sie aus. Falls dir das passiert, sprich darüber.

AUFGABEN

1 Sexuelle Selbstbestimmung

a ☒ Beschreibe, was man unter sexueller Selbstbestimmung versteht.

b ☒ Erstelle ein Plakat zum Thema sexuelle Selbstbestimmung. Nutze das Bild eines Stoppschilds auf deinem Plakat.

2 Sexueller Missbrauch

a ☒ Nenne Handlungen, die als sexueller Missbrauch gelten.

b ☒ Recherchiere Telefonnummern und Internetadressen, an die sich betroffene Kinder und Jugendliche in deinem Heimatort wenden können.

c ☒ Begründe, warum es für Kinder unter 14 Jahren besonders strenge Regelungen gibt.

3 Sexualisierte Gewalt und soziale Netzwerke

a ☒ Beschreibe, was Cyber-Grooming ist.

b ☒ Nenne Verhaltensweisen, an denen du Cyber-Grooming erkennen kannst.

c ☒ Erläutere, welche Folgen es haben kann, wenn man vertrauliche Bilder in den sozialen Medien verschickt.

Die Geschlechtsorgane

1 Mandy, Helena und Jeremy in der Stadt

Helena, Mandy und Jeremy kennen sich seit der Grundschule. In letzter Zeit ist einiges anders geworden. Im Sommer am Strand ist es ihnen mittlerweile peinlich, sich gemeinsam umzuziehen.

Die Geschlechtsorgane

In der Pubertät verändert sich der Körper sehr schnell. Die Organe für die Fortpflanzung heißen **Geschlechtsorgane**. Sie sind schon bei der Geburt vorhanden. Man nennt sie daher auch **primäre Geschlechtsmerkmale**. Das Wort *primär* bedeutet zuerst. In der Pubertät wachsen und entwickeln sich die Geschlechtsorgane.

Die männlichen Geschlechtsorgane

Die meisten männlichen Geschlechtsorgane befinden sich außerhalb des Körpers. Die männlichen Geschlechtszellen sind die **Spermienzellen**. Sie werden in zwei pflaumenförmigen Organen gebildet, den **Hoden** (Bild 2). Die Hoden liegen außerhalb des Körpers im **Hodensack**. Dadurch sind die Hoden etwas kühler als das Körperinnere. So gelingt die Spermienzellbildung am besten. Die noch unreifen Spermienzellen werden in den halbmondförmigen **Nebenhoden** gespeichert. Dort reifen die Spermienzellen, das bedeutet, sie erlangen ihre Funktion. Das männliche Glied wird auch **Penis** genannt (Bild 2). Der Penis besteht aus weichem Bindegewebe, Muskeln, Nerven und Schwellkörpern, die sich vergrößern können (Bild 3). Durch den Penis wird Urin nach außen abgegeben. Die Penisspitze heißt **Eichel**. Bei unbeschnittenen Jungen und Männern ist die Eichel von der **Vorhaut** bedeckt.

Der männliche Orgasmus

Die Berührung der Geschlechtsorgane kann schöne Gefühle erzeugen. Bei Jungen und Männern ist vor allem der Penis sehr empfindlich. Durch Streicheln oder Reiben füllen sich die Schwellkörper mit Blut und werden größer. Diese Reaktion wird als **Erregung** bezeichnet. Dadurch wird der Penis dicker und länger und richtet sich auf. Das nennt man **Erektion**. Der Höhepunkt der Erregung heißt **Orgasmus**. Dabei wird meist ein intensives Glücks- und Lustgefühl empfunden. Beim Orgasmus gelangen Spermienzellen von den Nebenhoden durch die **Spermienleiter** in die Harnröhre (Bild 2). Verschiedene Drüsen geben Flüssigkeit dazu. Diese schützt die Spermienzellen und macht sie beweglich. Spermienzellen und Flüssigkeit zusammen werden als **Sperma** bezeichnet. Das Sperma ist weißlich, trübe und etwas klebrig. Die Abgabe von Sperma aus dem Penis nennt man **Samenerguss**. Schon vor dem Samenerguss wird etwas Flüssigkeit aus dem Penis abgegeben. Sie kann Spermienzellen enthalten.

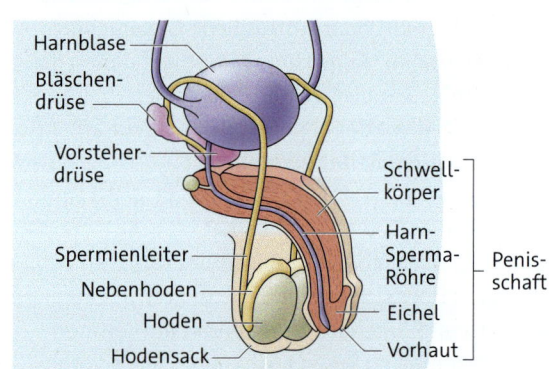

2 Die männlichen Geschlechtsorgane

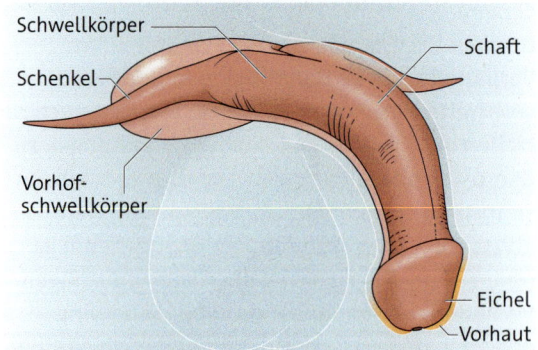

3 Der Bau des Penis

Die weiblichen Geschlechtsorgane

Die meisten weiblichen Geschlechtsorgane liegen geschützt im unteren Teil des Bauches. Die von außen sichtbaren Geschlechtsorgane nennt man **Vulva**. Die äußeren und inneren **Vulvalippen** verdecken den Vaginaeingang, die Öffnung der Harnröhre und die **Klitoris**. Die Klitoris besteht wie der Penis aus Bindegewebe, Muskeln, Nerven und Schwellkörpern. Der größte Teil der Klitoris befindet sich im Innern des Körpers. Von außen sichtbar sind nur die **Klitorisvorhaut** und die **Klitoriseichel.** Sie liegen zwischen den äußeren Vulvalippen (Bild 5). Vom Vaginaeingang führt ein dehnbarer Muskelschlauch nach innen. Das ist die **Vagina**. Die Vagina endet an der **Gebärmutter**. In der Gebärmutter kann sich ein Kind entwickeln. Der untere, schmale Teil der Gebärmutter heißt **Gebärmutterhals**. Er ist durch den **Muttermund** verschlossen (Bild 4). Rechts und links neben der Gebärmutter befindet sich jeweils ein **Eierstock**. Gebärmutter und Eierstöcke sind durch Röhren verbunden, die **Eileiter** heißen (Bild 4).

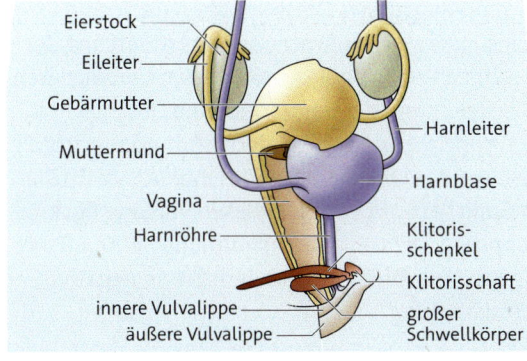

4 Die weiblichen Geschlechtsorgane

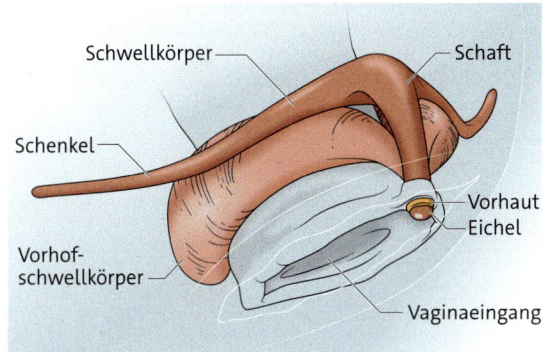

5 Der Bau der Klitoris

Der weibliche Orgasmus

Die Berührung der Geschlechtsorgane kann schöne Gefühle erzeugen. Bei Mädchen und Frauen ist vor allem die Klitoris sehr empfindlich. Durch Streicheln oder Reiben füllen sich die Schwellkörper mit Blut und werden größer. Diese Reaktion wird Erregung genannt. Der Höhepunkt der Erregung ist der Orgasmus. Dabei wird meist ein intensives Glücks- und Lustgefühl empfunden.

> Die Organe für die Fortpflanzung sind die Geschlechtsorgane. Sie sind schon bei der Geburt vorhanden. Die Geschlechtsorgane wachsen und entwickeln sich in der Pubertät. Der Penis und die Klitoris sind sehr empfindlich. Die Berührung der Geschlechtsorgane kann zur Erregung und schließlich zum Orgasmus führen.

AUFGABEN

1 Die männlichen Geschlechtsorgane
a ☑ Nenne die männlichen Geschlechtsorgane, die außerhalb des Körpers liegen.
b ☒ Begründe, warum es ein Vorteil ist, dass die Hodensäcke außerhalb des Körpers liegen.
c ☒ Beschreibe, woraus Sperma besteht.

2 Die weiblichen Geschlechtsorgane
a ☑ Nenne die weiblichen Geschlechtsorgane, die im Innern des Körpers liegen.
b ☒ Beschreibe den Bau der Klitoris.
c ☒ Begründe, warum es ein Vorteil ist, dass der Eierstock und die Eileiter im Innern des Körpers liegen.

3 Geschlechtsorgane im Vergleich
a ☑ Vervollständige den folgenden Satz:
Die „primären Geschlechtsorgane" sind ...
b ☒ Nenne die Organe, in denen sich die Eizellen und die Spermienzellen befinden.
c ☒ Vergleiche den Bau von Penis und Klitoris mithilfe der Bilder 3 und 5.
d ☒ Erstelle jeweils ein Flussdiagramm zum weiblichen und zum männlichem Orgasmus. Unterstreiche die Gemeinsamkeiten.
e ☒ Nimm Stellung zu der Bemerkung: „Unser Torwart hat richtig dicke Eier."

Die Geschlechtshormone

1 Mirka und ihre Freundinnen und Freunde werden erwachsen.

*Mirka schaut Fotos von sich und ihrem Freundes-
kreis an. Sie findet, dass sich das Aussehen von
ihnen verändert hat. Mirka mag ihre Freundinnen
und Freunde sehr. Sie kann mit ihnen über alles
reden. Sie erzählt ihnen viel mehr als ihren Eltern.*

Das Gehirn gibt das Startsignal

Alle Veränderungen in der Pubertät werden durch
Botenstoffe ausgelöst. Man nennt sie **Hormone**.
Die Ausschüttung der beteiligten Hormone
beginnt im Gehirn. Am Anfang der Pubertät
beginnt ein Bereich des Zwischenhirns ein Hormon auszuschütten. Das ist das Startsignal für die
Pubertät. Das Hormon aus dem Zwischenhirn
wirkt auf eine Hormondrüse im Gehirn, die
Hirnanhangsdrüse (Bild 2). Sie schüttet daraufhin
zwei Hormone aus, die ans Blut abgegeben und in
den Körper transportiert werden.

Die Geschlechtshormone

Die Hormone aus der Hirnanhangsdrüse wirken
im weiblichen Körper in den Eierstöcken, im
männlichen Körper in den Hoden (Bild 2). Die
Hoden und die Eierstöcke produzieren daraufhin
die Hormone, die die Entwicklung der sekundären
Geschlechtsmerkmale steuern. Diese Hormone
heißen **Geschlechtshormone**. Die Geschlechtshormone bewirken auch, dass in den Hoden
Spermienzellen und in den Eierstöcken Eizellen
reifen. Die Eierstöcke produzieren vor allem die
Hormone **Östrogen** und **Progesteron**. Die Hoden
produzieren vor allem das Hormon **Testosteron.**
Die Geschlechtshormone haben auch Einfluss
auf die Gefühle und die Gedanken der Menschen.
Außerdem bewirken sie meist das Interesse an
Sexualität.

Die Regulation der Hormonmenge

Der Körper benötigt eine bestimmte Menge
an Geschlechtshormonen. Ihre Menge wird
deshalb ständig gemessen und reguliert. Wenn
genug Geschlechtshormone vorhanden sind,
dann wirken sie auf das Zwischenhirn und auf die
Hirnanhangsdrüse. Diese schütten daraufhin
keine Hormone mehr aus, die die Freisetzung der
Geschlechtshormone auslösen. Dann produzieren
die Hoden und die Eierstöcke keine Geschlechtshormone mehr. Die Geschlechtshormone wirken
also auf das Organ zurück, das ihre Ausschüttung
in Gang setzt. Man nennt diesen Vorgang **Rückkopplung**. Die Geschlechtshormone hemmen ihre
eigene Ausschüttung. Das nennt man **negative
Rückkopplung**.

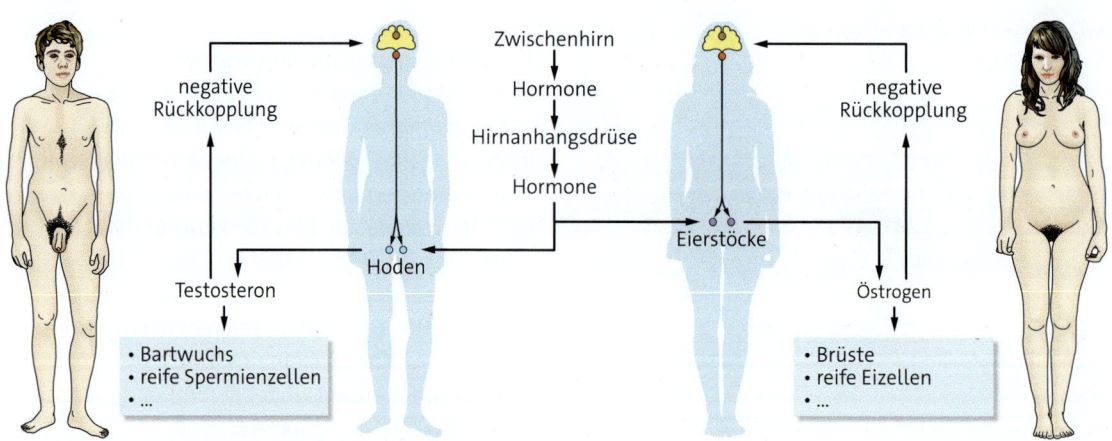

2 Die Menge der Geschlechtshormone wird reguliert.

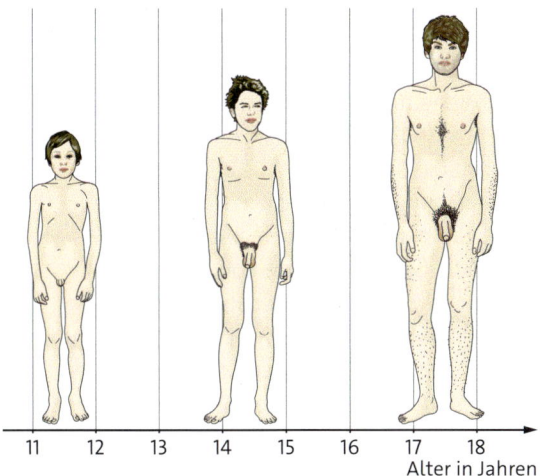

3 Die Entwicklung eines männlichen Körpers

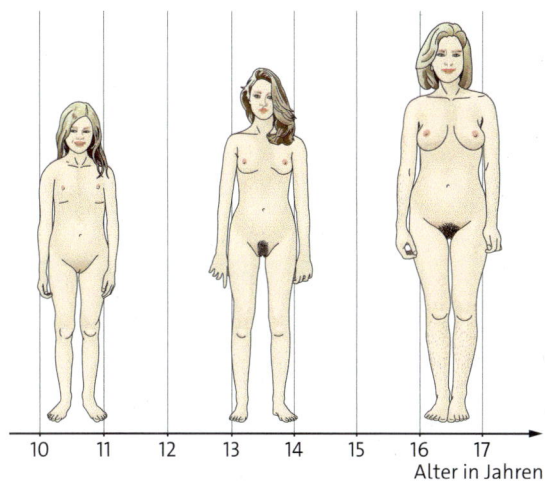

4 Die Entwicklung eines weiblichen Körpers

Geschlechtshormone verändern den Körper

Die Geschlechtshormone lösen Reifung der Geschlechtszellen aus. Dadurch können Menschen Nachkommen zeugen. Man sagt: Sie sind geschlechtsreif. Im Körper der Jungen steuert vor allem das Geschlechtshormon Testosteron die Entwicklung eines Körpers mit männlichen Merkmalen (Bild 3). Testosteron fördert den Aufbau von Muskelmasse. Es bewirkt, dass der Bart im Gesicht und die Haare am Körper wachsen. Unter dem Einfluss von Testosteron wachsen Penis und Hoden. Die Schultern werden breiter. Der Kehlkopf vergrößert sich. Dadurch wird die Stimme tiefer. Im Körper der Mädchen steuert das Geschlechtshormon Östrogen die Entwicklung eines Körpers mit weiblichen Merkmalen (Bild 4). Im Bereich von Brust und Po wird Fett eingelagert. Dadurch wachsen die Brüste und der Po wird runder. An den Beinen, an der Vulva und in der Achselhöhle wachsen Haare. Auch die primären Geschlechtsorgane wie Vulvalippen und Vagina wachsen.

Die Menge von Östrogen und Testosteron

Die Geschlechtshormone Testosteron und Östrogen kommen im Körper von Jungen und Mädchen vor. Ihre Menge unterscheidet sich aber. Die Hoden der Jungen produzieren große Mengen Testosteron und kleine Mengen Östrogen. Die Eierstöcke produzieren große Mengen Östrogen und kleine Mengen Testosteron. Das Mengenverhältnis der beiden Geschlechtshormone bestimmt die Entwicklung der sekundären Geschlechtsmerkmale. Es ändert sich im Laufe des Lebens.

> Die Geschlechtshormone bewirken alle Veränderungen in der Pubertät. Hormone aus der Hirnanhangsdrüse regen die Eierstöcke und die Hoden an, Geschlechtshormone zu produzieren. Die Menge der Geschlechtshormone im Körper wird durch negative Rückkopplung reguliert.

AUFGABEN

1 Die Pubertät beginnt

a ☒ Nenne das Fachwort für Botenstoffe im Körper.

b ☒ Nenne den Ort im Körper, an dem der Startbotenstoff der Pubertät ausgeschüttet wird.

c ☒ Stelle den Weg der Botenstoffe vom Gehirn bis zu den Geschlechtsorganen in einem Flussdiagramm dar.

d ☒ Erläutere den Vorgang der negativen Rückkopplung am Beispiel der Geschlechtshormone.

2 Geschlechtshormone verändern den Körper

a ☒ Nenne das Geschlechtshormon, das die Entwicklung eines **männlichen Körpers** steuert.

b ☒ Liste drei körperliche Veränderungen auf, die das Hormon aus Aufgabe 2a auslöst.

c ☒ Nenne das Geschlechtshormon, das die Entwicklung eines **weiblichen** Körpers steuert.

d ☒ Liste drei körperliche Veränderungen auf, die das Hormon aus Aufgabe 2c auslöst.

e ☒ Begründe, warum man das Gehirn auch als oberstes Sexualorgan bezeichnet.

Der Menstruationszyklus

1 Miley zeigt ihrer Freundin ihre neue Zyklus-App

Vor drei Monaten hatte Miley das erste Mal ihre Tage. Sie zeigt ihrer Freundin die App, in der sie ihre Tage eintragen kann. Damit will sie ihren Zyklus beobachten.

Der Ort der Eizellenreifung

Die weiblichen Geschlechtszellen heißen Eizellen. Sie befinden sich in den Eierstöcken. Bei der Geburt liegen etwa 400 000 unreife Eizellen darin. Um die unreifen Eizellen herum befindet sich eine Hülle. Die Eizelle und ihre Hülle nennt man **Eibläschen** oder **Follikel** (Bild 3). Ab der Pubertät bewirken Hormone, dass jeden Monat eine Eizelle im Follikel reift. Die reife Eizelle gelangt in den Eileiter und kann befruchtet werden. Wenn die Eizelle nicht befruchtet wird, dann erfolgt eine Blutung.

Die Dauer des Menstruationszyklus

Bei vielen Mädchen erfolgt die erste Eizellenreifung mit anschließender Blutung zwischen dem 11. und 14. Lebensjahr. Daraufhin reift regelmäßig eine Eizelle. Die Blutung wird Regelblutung oder **Menstruation** genannt. Im Alltag sagen viele auch: Sie haben ihre Tage. Weil sich die Vorgänge im Körper von der Eizellenreifung bis zur Menstruation ständig wiederholen, spricht man von einem Kreislauf. Ein anderes Wort für Kreislauf ist Zyklus. Den Zyklus nennt man deshalb **Menstruationszyklus**. Ein Menstruationszyklus dauert etwa 21 bis 45 Tage. Jeder Zyklus verläuft in drei Phasen. Das sind die Follikelphase, der Eisprung und die Gelbkörperphase.

Die Follikelphase

Der erste Tag der Menstruation ist Tag 1 eines Menstruationszyklus. Die Hirnanhangsdrüse schüttet ein Hormon aus, das die Reifung eines Follikels im Eierstock anregt. Ein anderes Wort für anregen ist stimulieren. Das Hormon heißt deshalb **follikelstimulierendes Hormon**. Die Abkürzung dafür ist **FSH**. Der Follikel wächst daraufhin und produziert Östrogen (Bild 2 und Bild 3). Das Östrogen bewirkt, dass die Schleimhaut in der Gebärmutter dicker wird (Bild 4). So bereitet sich der Körper auf eine Schwangerschaft vor. Das Östrogen im Blut hemmt die Ausschüttung von FSH in der Hirnanhangsdrüse. Durch diese negative Rückkopplung wird sichergestellt, dass nur ein Follikel reift.

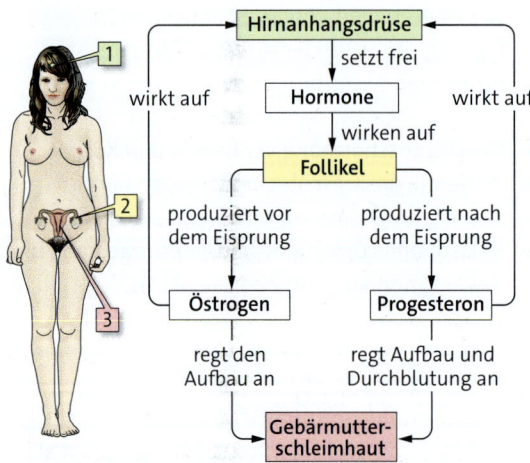

2 Der weibliche Zyklus wird durch Hormone gesteuert.

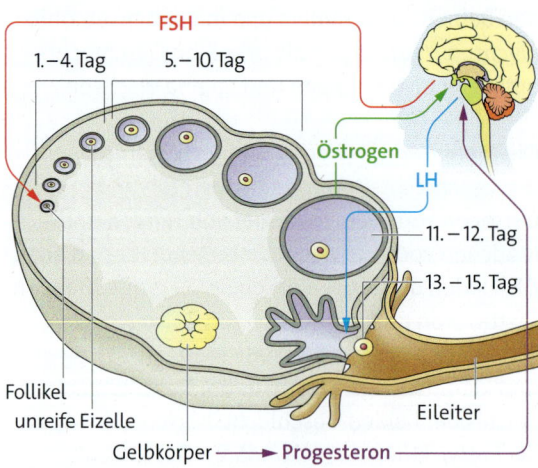

3 Die Reifung der Eizellen im Eierstock

Der Eisprung

Der reifende Follikel schüttet weiterhin Östrogen aus. Dadurch steigt die Östrogenmenge im Blut. Etwa an Tag 14 des Zyklus ist die Östrogenmenge im Blut sehr hoch. Dann regt das Östrogen die Hirnanhangsdrüse an, ein Hormon auszuschütten. Diese Form der Rückkopplung nennt man positive Rückkopplung. Das Hormon aus der Hirnanhangsdrüse bewirkt, dass der Follikel platzt. Die reife Eizelle gelangt in den Eileiter. Diesen Vorgang nennt man **Eisprung**. Die Eizelle bewegt sich nun durch den Eileiter zur Gebärmutter. Dabei kann sie von einer Spermienzelle befruchtet werden.

Die Gelbkörperphase

Nach dem Eisprung verfärbt sich der geplatzte Follikel gelblich. Dann nennt man ihn **Gelbkörper**. Das Hormon aus der Hirnanhangsdrüse, das den Eisprung und die Gelbfärbung des Follikels anregt, heißt **luteinisierendes Hormon**. Das Wort Lutein bedeutet gelb. Luteinisierend heißt also gelbfärbend. Die Abkürzung für luteinisierendes Hormon ist **LH**. Der Gelbkörper bildet wenig Östrogen, aber viel Progesteron. Durch das Progesteron wird die Gebärmutterschleimhaut noch dicker und stärker durchblutet. Darin kann sich eine befruchtete Eizelle gut einnisten und weiterentwickeln. Das Progesteron hemmt durch negative Rückkopplung die Ausschüttung von FSH und LH in der Hirnanhangsdrüse. So wird verhindert, dass in dieser Zeit ein weiterer Follikel heranreifen kann.

Ein neuer Zyklus beginnt

Wenn die Eizelle nicht befruchtet wird, dann löst sich der Gelbkörper auf. Er produziert dann kein Progesteron mehr. Die Menge an Progesteron sinkt. Dadurch löst sich die Gebärmutterschleimhaut ab. Sie wird zusammen mit der unbefruchteten Eizelle durch die Vagina ausgeschieden. Das ist die Blutung. Mit dieser Menstruation startet ein neuer Zyklus.

> Hormone steuern den weiblichen Zyklus. Ein Zyklus beginnt am ersten Tag der Menstruation. In der Follikelphase reift eine Eizelle im Follikel. Der Follikel produziert Östrogen. Nach dem Eisprung beginnt die Gelbkörperphase. Der Gelbkörper produziert Progesteron.

AUFGABEN

1 Ort und Dauer der Eizellenreifung

a ⊠ Nenne das Organ, in dem die Eizellen reifen.

b ⊠ Beschreibe, was ein Follikel ist.

c ⊠ Mileys Freundin hat gelesen, dass alle Mädchen ihre Menstruation mit 15 Jahren bekommen und diese 45 Tage dauern soll. Schreibe ihr eine beruhigende Nachricht.

2 Der Menstruationszyklus

a ◪ Nenne den Zeitpunkt, an dem ein Menstruationszyklus beginnt.

b ◪ Nenne die drei Phasen des Menstruationszyklus.

c ⊠ FSH und LH sind Abkürzungen für zwei Hormone. Gib an, was mit den Abkürzungen gemeint ist.

d ⊠ Beschreibe die Wirkung der Hormone FSH und LH im Menstruationszyklus.

e ⊠ Erkläre, wie verhindert wird, dass mehrere Eizellen zur gleichen Zeit reifen.

f ⊠ Beschreibe, was geschieht, wenn eine Eizelle im Eileiter nicht befruchtet wird.

g ⊠ Beschreibe anhand von Bild 4 die Wirkung von Östrogen und Progesteron auf die Vorgänge im Eierstock und in der Gebärmutter. Formuliere „Wenn-dann-Sätze" und „Je-desto-Sätze".

h ⊠ Schreibe das Tagebuch einer reifenden Eizelle vom ersten Tag der Reifung bis zum Verlassen des Körpers.

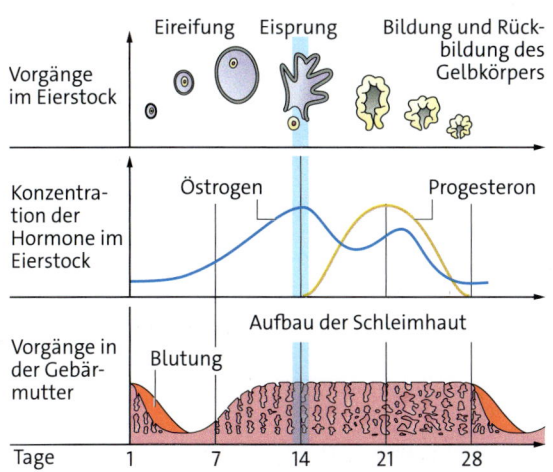

4 Die Vorgänge im Eierstock und in der Gebärmutter

Die Verhütung

1 Cora und Luan informieren sich über Verhütung

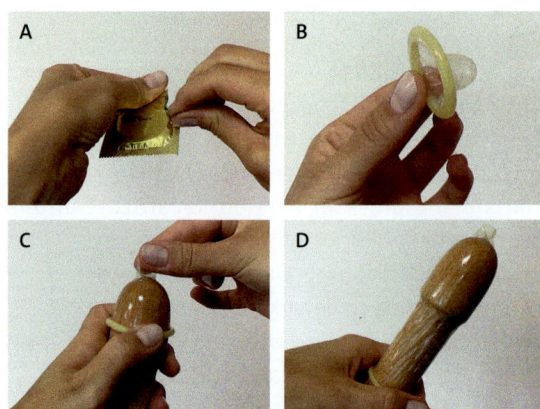

2 Die richtige Anwendung eines Kondoms

Cora und Luan wollen miteinander schlafen. Sie wollen auf jeden Fall verhindern, dass Cora schwanger wird. Sie informieren sich, welche Mittel sie dafür verwenden können.

Die Verhütung
Wenn beim Geschlechtsverkehr Sperma in die Vagina abgegeben wird, dann können Spermienzellen in den Eileiter gelangen. Dort kann eine Spermienzelle eine reife Eizelle befruchten. Dann ist die Frau oder das Mädchen schwanger. Es gibt Mittel, mit denen man eine Schwangerschaft verhindern kann. Ein anderes Wort für verhindern ist verhüten. Die Verhinderung einer Schwangerschaft bezeichnet man deshalb als **Verhütung**. Die Mittel, die eine Schwangerschaft verhindern, nennt man **Verhütungsmittel**. Es gibt verschiedene Verhütungsmittel. Mit einem Kondom kann man verhindern, dass Spermienzellen in die Vagina gelangen. Mit Hormonen kann man zum Beispiel den Eisprung verhindern, sodass keine reife Eizelle vorhanden ist.

Kondome bieten doppelten Schutz
Ein Kondom besteht aus einer dünnen Gummihaut. Vor dem Geschlechtsverkehr rollt man es über den steifen Penis (Bild 2). Durch die Gummihaut können keine Spermienzellen in die Vagina gelangen. Wenn man Kondome richtig anwendet, dann können sie eine Schwangerschaft sehr gut verhindern. Beim Kauf muss man das Haltbarkeitsdatum und CE-Zeichen beachten. Die Verpackung muss man vorsichtig öffnen, damit das Kondom nicht beschädigt wird. Auch durch spitze Fingernägel oder bei der Aufbewahrung im

Geldbeutel kann das Kondom beschädigt werden. Dann darf man es nicht mehr verwenden. Es gibt verschiedene Kondomgrößen, denn es muss gut passen: Wenn es zu eng ist, dann kann es reißen. Wenn es zu weit ist, dann kann es abrutschen. Kondome schützen als einzige Verhütungsmittel auch vor der Übertragung von Krankheitserregern, die sich in den Körperflüssigkeiten befinden. Sie können nicht durch die Gummihaut gelangen.

Die Antibabypille
Die Antibabypille nennt man auch kurz Pille. Sie enthält künstlich hergestellte Hormone, die im Körper ähnlich wirken wie die Geschlechtshormone Östrogen und Gestagen. Die Hormone in der Pille hemmen die Ausschüttung von FSH und LH in der Hirnanhangdrüse. Dadurch verhindern sie die Eizellenreifung und den Eisprung und sie verdicken den Schleim am Eingang zur Gebärmutter. Durch diesen dicken Schleim können keine Spermienzellen in die Gebärmutter gelangen (Bild 3).

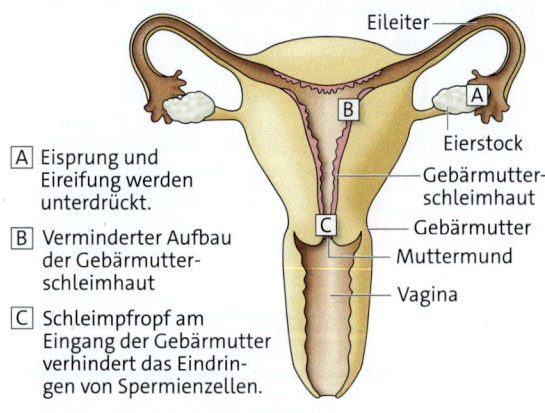

A Eisprung und Eireifung werden unterdrückt.

B Verminderter Aufbau der Gebärmutterschleimhaut

C Schleimpfropf am Eingang der Gebärmutter verhindert das Eindringen von Spermienzellen.

3 Die Wirkung der Antibabypille

Manche Antibabypillen hemmen auch den Aufbau der Gebärmutterschleimhaut, sodass sich keine befruchtete Eizelle einnisten kann (Bild 3). Für die Antibabypille benötigt man ein Rezept. Für Kinder bis 14 Jahre müssen ihre Erziehungsberechtigten der Ausstellung des Rezepts zustimmen. Die Hormone in der Pille greifen in die hormonellen Vorgänge im Körper ein. Dadurch können körperliche und psychische Nebenwirkungen wie Depressionen auftreten. Es gibt Pillen mit sehr niedrigen Mengen an Hormonen. Sie heißen **Mikropille** oder **Minipille**. Solche Pillen müssen jeden Tag zur gleichen Uhrzeit eingenommen werden, damit sie wirksam sind. Ein weiteres hormonelles Verhütungsmittel mit niedrigen Hormonmengen ist der Vaginalring. Er wirkt genauso wie die Pille. Die Wirkung wird durch Erbrechen oder Durchfall nicht verringert. Man wechselt den Vaginalring einmal im Monat.

Der Pearl-Index

Man kann die Wirksamkeit der verschiedenen Verhütungsmittel anhand einer Messgröße vergleichen. Sie heißt **Pearl-Index**. Der Pearl-Index eines Verhütungsmittels gibt an, wie viele Frauen von 100 Frauen schwanger wurden, die mit dem Verhütungsmittel ein Jahr lang verhütet hatten. Wenn ein Verhütungsmittel zum Beispiel den Pearl-Index 2 hat, dann wurden zwei von 100 Frauen schwanger, die das Verhütungsmittel ein Jahr lang verwendet hatten. Ein Pearl-Index von 0,2 bedeutet, dass in dieser Zeit zwei von 1000 Frauen schwanger wurden. Je niedriger der Pearl-Index ist, desto sicherer ist ein Verhütungsmittel.

Beide tragen die Verantwortung für Verhütung

Für die Verhütung seid ihr beide verantwortlich. Ihr dürft euch nicht einfach darauf verlassen, dass der oder die andere sich schon darum kümmern wird. Sichere Verhütung ist nur möglich, wenn ihr miteinander darüber sprecht. Lasst euch nicht zu einer Methode überreden, sondern einigt euch auf eine, die für euch beide passt. In einer Arztpraxis könnt ihr euch beraten lassen.

> Verhütungsmittel schützen vor einer ungewollten Schwangerschaft. Nur Kondome schützen zusätzlich vor der Übertragung von Krankheitserregern. Der Pearl-Index gibt an, wie wirksam ein Verhütungsmittel ist.

AUFGABEN

1 Die Verhütungsmittel

a ⊡ Nenne drei Möglichkeiten, um sich sicher vor einer Schwangerschaft zu schützen.

b ⊠ Beschreibe, was der Pearl-Index ist.

c ⊠ Recherchiere im Internet, wo du die Verhütungsmittel aus Bild 4 bekommen kannst, und informiere dich über die Kosten. 🖭

d ⊠ Entwirf mithilfe von Bild 2 einen Flyer zur Nutzung eines Kondoms. Schreibe darauf zu jedem Foto ein bis zwei beschreibende Sätze. 🖭

e ⊠ Luan aus Bild 1 schreibt dir diese Chat-Nachricht: „Cora und ich haben beschlossen, dass Cora sich vor dem ersten Mal die Pille besorgt. Verhütung ist schließlich Frauensache. Da will ich mich nicht einmischen." Schreibe eine passende Antwort an Luan.

Verhütungsmittel	Wirkung	Anwendung	Pearl-Index
Kondom	– verhindert, dass Spermienzellen in die Vagina gelangen	– über den steifen Penis rollen	2–12
Antibaby-pille	– Hormone verhindern den Eisprung, verdicken den Schleim am Gebärmuttereingang und hemmen den Aufbau der Gebärmutterschleimhaut	– täglich eine Tablette einnehmen – Achtung: bei Durchfall oder Erbrechen verringerte Wirksamkeit	0,1–0,9
Mikropille	– wie Antibabypille, enthalten aber niedrigere Hormonmengen	– täglich eine Tablette zur selben Uhrzeit einnehmen – Achtung: bei Durchfall oder Erbrechen verringerte Wirksamkeit	0,5–3
Vaginal-ring	– wie Antibabypille	– wie einen Tampon in die Vagina einführen	0,25–1,18

4 Die Wirkung und die Wirksamkeit einiger Verhütungsmittel

Sexuell übertragbare Krankheiten

1 Mit Kondomen kann man sich vor Krankheiten schützen.

Sex kann man nicht immer planen. Man kann aber immer Kondome dabeihaben. Damit kann man sich und andere vor Krankheiten schützen, die beim Sex übertragen werden.

Sexuell übertragbare Krankheiten

In Körperflüssigkeiten wie Sperma, Vaginalflüssigkeit, Blut oder Speichel können sich Bakterien, Viren, Pilze oder Parasiten befinden, die krank machen. Diese Krankheitserreger können bei sexuellen Handlungen über kleine Verletzungen oder durch die Schleimhäute im Mund, am Penis, in der Vagina und im Darm in den Körper gelangen. Sie lösen verschiedene Krankheiten aus (Bild 2). Krankheiten, die vor allem bei sexuellen Handlungen übertragen werden, heißen **sexuell übertragbare Krankheiten**, kurz STI. Die Abkürzung stammt von der englischen Bezeichnung *sexually transmitted infections*. Das heißt sexuell übertragene Infektionen.

Die Anzeichen und die Behandlung

Manche STI verlaufen zunächst ohne Beschwerden. Es gibt aber STI, die Beschwerden hervorrufen. Wenn es im Bereich der Geschlechtsorgane brennt oder juckt oder wenn man Schmerzen im Unterleib und beim Wasserlassen hat, dann sollte man sich testen lassen. Weitere Anzeichen von STI sind Hautausschläge und Rötungen im Bereich der Geschlechtsorgane sowie schlecht riechender Ausfluss aus der Vagina oder aus dem Penis. Schon beim ersten Anzeichen sollte man zum Testen in eine Arztpraxis gehen. Dann sollte man vorerst keinen Sex mit anderen Personen haben, um sie nicht anzustecken. Viele sexuell übertragbare Krankheiten kann man gut mit Medikamenten behandeln. Wichtig ist, dass sie früh genug erkannt werden.

Der Schutz vor Ansteckung

Es gibt Maßnahmen, durch die man das Risiko einer Ansteckung mit sexuell übertragbaren Krankheiten verringern kann. Man bezeichnet diese Maßnahmen mit den englischen Wörtern **Safer Sex**. Das heißt übersetzt geschützter Sex. Wirksame Hilfsmittel für Safer Sex sind Kondome und Schutztücher, die man beim Oralverkehr bei der Frau über die Vulva legen kann. Gegen einige sexuell übertragbare Viren kann man sich impfen lassen. Gegen Hepatitis-B-Viren kann man bereits Säuglinge impfen. Gegen Humane Papillomviren sollten sich Jungen und Mädchen im Alter von 9 bis 14 Jahren impfen lassen. So sind sie vor ihrem ersten Sex gegen diese Viren geschützt.

STI	Erreger	Übertragung	Schutz
Chlamydien-infektion	Bakterien (Chlamydien)	– durch die Schleimhäute in Penis, Vagina, Darm	– Safer Sex
Hepatitis B	Viren (Hepatitis-B-Viren)	– vor allem durch Blut (Verletzungen, verunreinigte Spritzen), aber auch durch Schleimhäute in Penis, Vagina und Darm	– Impfung – Safer Sex
Aids	Viren (HI-Viren)	– durch Schleimhäute in Penis, Vagina, Darm und durch Blut (Verletzungen, verunreinigte Spritzen)	– Safer Sex

2 Drei Beispiele für sexuell übertragbare Krankheiten

> Bei sexuellen Handlungen kann man sich mit Krankheitserregern anstecken. Durch Safer Sex kann man das Risiko verringern.

AUFGABEN

1 **Sexuell übertragbare Krankheiten**
a ⊠ Begründe, warum man sich beim Sex mit Krankheitserregern anstecken kann.
b ⊠ Nenne drei Anzeichen einer sexuell übertragbaren Krankheit.
c ⊠ Beschreibe, was Safer Sex ist.
d ⊠ Nenne sexuell übertragbare Krankheiten, gegen die man sich impfen lassen kann.

gefidu

1 Infektion mit HPV

Aufnahme der Erreger	Frau	Mann
oral (durch den Mund)	2 %	7 %
anal (durch den After)	13 %	6 %
genital (durch die Geschlechtsorgane)	15 %	12 %

1 Krankheitshäufigkeit für Infektionen mit HPV

Eine der häufigsten sexuell übertragbaren Krankheiten ist die Infektion mit dem Humanen Papillomvirus (HPV). Zu den möglichen Symptomen gehören Feigwarzen bei Mann und Frau (Bild 2). Man nennt sie auch Genitalwarzen. Von den etwa 170 verschiedenen HPV-Typen sind 40 sogenannte Hochrisikotypen, die Zellveränderungen hervorrufen können. Daraus können sich später Krebserkrankungen wie Gebärmutterhalskrebs entwickeln.

a ☑ Nenne mithilfe der Tabelle in Bild 1 die möglichen Infektionswege der HPV.

b ☒ Beschreibe die Entstehung von Gebärmutterhalskrebs mithilfe der Informationen im Text und in Bild 3.

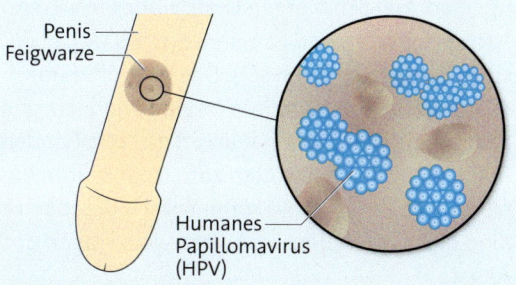

2 Feigwarzen am Penis

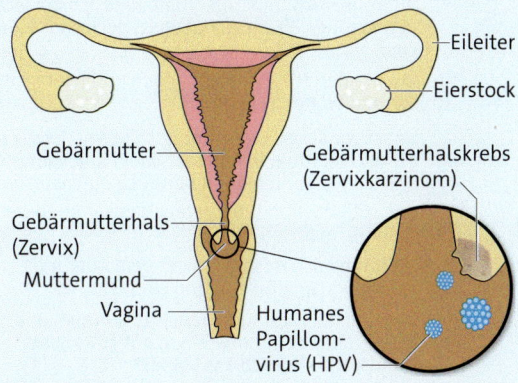

3 Die Ursache von Gebärmutterhalskrebs

2 Die Impfung gegen HPV

Gegen HPV kann man sich impfen lassen. Die Ständige Impfkommission am Robert-Koch-Institut empfiehlt die Impfung für Mädchen seit dem Jahr 2007. Seit 2018 wird die Impfung auch für Jungen empfohlen. Die Impfung sollte im Alter zwischen 9 und 14 Jahren erfolgen. In diesem Zeitraum ist die Reaktion des Immunsystems besonders gut. Zudem hat bis dahin meist noch kein Sexualkontakt stattgefunden. Die Impfung läuft in der Regel nach dem folgenden Schema ab:

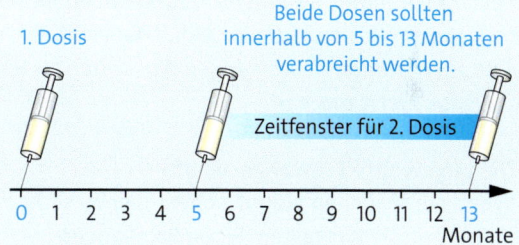

4 Das Vorgehen bei der HPV-Impfung

a ☒ Beschreibe den Ablauf der HPV-Impfung mithilfe von Bild 4.

b ☒ Beschreibe die Impfbereitschaft von Mädchen gegen HPV in Deutschland in Abhängigkeit vom Alter mithilfe von Bild 5.

c ☒ Begründe, warum die HPV-Impfung seit 2018 auch Jungen empfohlen wird.

d ☒ Überlege dir verschiedene Maßnahmen, um die Impfquote von Jungen und Mädchen zu erhöhen.

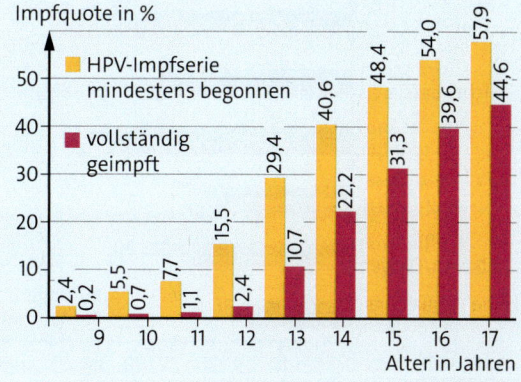

5 Die HPV-Impfquote von Mädchen

Ungewollt schwanger

1 Mathilda starrt auf den positiven Schwangerschaftstest.

3 Die ungewollte Schwangerschaft verunsichert die beiden.

Mathilda hätte schon vor drei Wochen ihre Tage bekommen sollen. Sie und ihr Freund haben immer aufgepasst – bis auf das eine Mal. Jetzt zeigt der Test an: Mathilda ist schwanger. Was sollen sie und ihr Freund jetzt machen?

Die ungewollte Schwangerschaft

Wenn ein Mädchen glaubt, schwanger zu sein, dann kann sie das testen. Einen Schwangerschaftstest kann man in Drogeriemärkten oder Apotheken kaufen. Wenn der Schwangerschaftstest anzeigt, dass man schwanger ist, dann sagt man auch: Der Test ist positiv. Wenn man nicht schwanger ist, dann sagt man: Der Test ist negativ. Ungewollte Schwangerschaften entstehen durch fehlende oder nicht wirksame Verhütung. Ein Kondom kann beschädigt sein oder abrutschen. Durchfall oder Erbrechen reduzieren die Wirkung der Antibabypille. Manche denken bei spontanem Sex nicht an Verhütung (Bild 2).

Ein positiver Schwangerschaftstest

Das Ergebnis eines Schwangerschaftstests kann auch mal falsch sein. Deshalb sollte eine Frauenärztin oder ein Frauenarzt die Schwangerschaft in einer Untersuchung zunächst bestätigen. Zu der Untersuchung können Mädchen ohne ihre Eltern gehen. Sie können aber eine ihnen nahe stehende Person mitnehmen. Eine bestätigte Schwangerschaft ruft unterschiedliche Gefühle hervor: Das können Gefühle wie Freude und Spannung, aber auch Angst oder Ablehnung sein (Bild 4). Bei einer ungewollten Schwangerschaft gibt es in vielen Partnerschaften und Familien Streit darüber, ob sie fortgesetzt werden soll. Das liegt oft daran, dass es unterschiedliche Wünsche und Ziele gibt. Sehr junge Menschen haben oft zunächst andere Pläne im Leben. Sie wollen zum Beispiel ihre Ausbildung beenden. Viele können sich ein Leben mit Kind nicht vorstellen. Sie haben viele Fragen und Ängste.

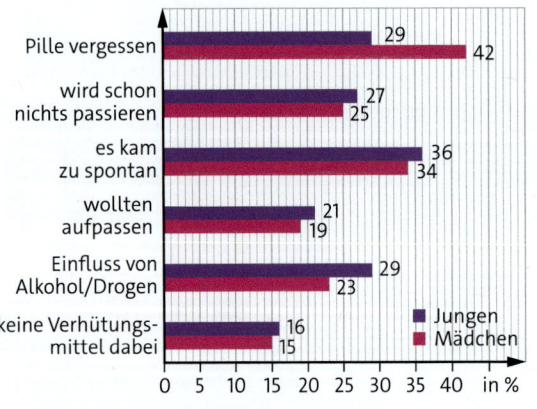

Pille vergessen	29 / 42
wird schon nichts passieren	27 / 25
es kam zu spontan	36 / 34
wollten aufpassen	21 / 19
Einfluss von Alkohol/Drogen	29 / 23
keine Verhütungsmittel dabei	16 / 15

■ Jungen
■ Mädchen

0 5 10 15 20 25 30 35 40 in %

2 Mögliche Gründe für fehlende Verhütung

Ann-E 17.05, 20:11	Ich freue mich total über mein Kind. Ich bin jetzt 16 und junge Eltern zu haben ist doch cool für ein Kind. 😍
DanyOZ 17.05, 20:32	Mit meinen Freunden abhängen und feiern kann ich jetzt wohl knicken.
BabSi-05 18.05, 11:46	Lieber vor als während der Ausbildung. Jetzt kann ich mich erstmal in Ruhe um mein Kind kümmern und in zwei Jahren dann beruflich durchstarten.
KaMue 19.05, 06:13	Wie sollen wir das nur geregelt bekommen-besonders finanziell.
Kira_Z 19.05, 17:02	Ich fühle mich noch gar nicht bereit dafür die Verantwortung für ein Kind zu tragen. 🙁
LuNa-Be 20.05, 13:24	Wir sind noch gar nicht lange zusammen und müssen nun für immer einen auf glückliche Familie machen. Ob das klappt?

4 Auszug aus aus einem Forum für ungewollt Schwangere

Die Beratung [...] hat sich von dem Bemühen leiten zu lassen, die Frau zur Fortsetzung der Schwangerschaft zu ermutigen und ihr Perspektiven für ein Leben mit dem Kind zu eröffnen; sie soll ihr helfen, eine verantwortliche und gewissenhafte Entscheidung zu treffen. [...]
Die Beratung soll durch Rat und Hilfe dazu beitragen, die in Zusammenhang mit der Schwangerschaft bestehende Konfliktlage zu bewältigen und einer Notlage abzuhelfen.

5 Ein Auszug aus Paragraf 219 des Strafgesetzbuchs

6 Die Freizeitgestaltung mit Kind ist anders als ohne.

Die Beratung

Staatlich anerkannte Beratungsstellen wie pro familia bieten kostenlose Beratungen für ungewollt Schwangere an. Zu so einer Schwangerenkonfliktberatung können Mädchen ohne ihre Eltern gehen. Sie können Fragen stellen und über ihre Gefühle sprechen. Die Schwangerenkonfliktberatung soll dazu ermutigen, die Schwangerschaft fortzusetzen (Bild 5). Man wird aber zu nichts gedrängt. Die Entscheidung für oder gegen ein Kind trifft jede Schwangere selbst. Die Beratung informiert, wie ein Leben mit Kind möglich ist und welche Unterstützungsangebote es gibt. Sie informiert auch über die Möglichkeit, die Schwangerschaft zu beenden oder das Kind zur Adoption freizugeben. Nach der Beratung bekommt die Schwangere einen Beratungsschein. Darauf steht, dass sie bei der Beratung war.

Die Entscheidung

Das Beenden einer Schwangerschaft durch einen medizinischen Eingriff nennt man **Schwangerschaftsabbruch** oder **Abtreibung**. Der Schwangerschaftsabbruch muss bis zur 12. Schwangerschaftswoche von einem Arzt oder einer Ärztin durchgeführt werden. Die Schwangere muss den Beratungsschein vorlegen. Bei Mädchen bis 16 Jahren müssen die Erziehungsberechtigten dem Eingriff zustimmen. Manche Mädchen oder Frauen können sich weder ein Leben mit Kind noch einen Schwangerschaftsabbruch vorstellen. Sie können das Kind bekommen und zur Adoption freigeben.

Eine ungewollte Schwangerschaft verursacht oft Sorgen und Ängste. In der Schwangerenkonfliktberatung erhält man Informationen, die bei der Entscheidung für oder gegen ein Kind unterstützen. Ein Schwangerschaftsabbruch kann nach der Beratung bis zur 12. Schwangerschaftswoche durchgeführt werden.

AUFGABEN

1 Die ungewollte Schwangerschaft

a ▣ Beschreibe, wie festgestellt werden kann, ob ein Mädchen oder eine Frau schwanger ist.

b ▣ Beschreibe, wie es trotz Verhütung zu ungewollten Schwangerschaften kommen kann.

c ▣ Ordne die Ursachen ungewollter Schwangerschaften aus Bild 2 in einer Tabelle danach, wie oft sie genannt wurden. Nutze eine Spalte für Jungen und eine für Mädchen.

d ▣ Bewerte die Unterschiede zwischen den Angaben von Jungen und Mädchen.

e ▣ Wähle zwei Kommentare aus Bild 4 aus, die du gut, und zwei, die du gar nicht nachvollziehen kannst. Begründe deine Entscheidung.

2 Die Beratung und die Entscheidung

a ▣ Recherchiere Adressen von Beratungsstellen in deiner Stadt. ▣

b ▣ Nenne Entscheidungsmöglichkeiten, die eine Schwangere hat.

c ▣ Stelle Vermutungen an, wie sich das Leben von jungen Müttern oder Eltern vom Leben anderer Jugendlicher unterscheidet.

METHODE Bewerten und Entscheiden

1 Lena und Chris müssen eine schwere Entscheidung treffen.

In manchen Situationen fällt es schwer, eine Entscheidung zu treffen. Dann solltest du dir Zeit nehmen und die Situation zuerst bewerten.

1 Die Frage formulieren
Informiere dich oder mache dir bewusst, worum es in der Situation geht. Formuliere die Frage, über die du entscheiden willst.

Lenas Schwangerschaftstest ist positiv (Bild 1). Sie und ihr Freund Chris sind 15. Sie gehen zur Schule. Im nächsten Jahr machen sie ihren Abschluss. Danach wollen sie eine Ausbildung beginnen. Sie wohnen bei ihren Eltern. Eigenes Geld verdienen sie nicht. Sie formulieren die Frage, über die sie nun entscheiden müssen: „Sollen wir das Kind bekommen oder nicht?"

2 Fakten und Meinungen sammeln
Nutze Bücher, Zeitungen und das Internet, um dir Informationen zum Thema zu beschaffen. Notiere auch die Aussagen der beteiligten Personen. Auch Gespräche mit den Eltern, Freundinnen und Freunden oder Expertinnen und Experten können helfen. Wen betrifft die Entscheidung? Welche Folgen hat sie?

Lena und Chris recherchieren im Internet, welche Möglichkeiten sie haben. Sie schauen sich eine Dokumentation über Teenagereltern an. Außerdem sprechen sie mit ihren Eltern und machen einen Termin bei einer Frauenärztin und in einer Beratungsstelle. Sie überlegen: Wie würde ein Kind ihr Leben verändern?

3 Die Argumente ordnen
Ordne die Informationen, die du gefunden hast. Informationen, die als Gründe für ein „Ja" zur Konfliktfrage genutzt werden können, sind **Pro-Argumente**. Gründe, die für ein „Nein" genutzt werden können, sind **Kontra-Argumente**. Notiere auch die Argumente, die nicht deiner eigenen Meinung entsprechen.

Lena und Chris ordnen die Argumente in einer Tabelle. Du siehst sie in Bild 3.

4 Die Argumente unterscheiden
Alle Aussagen sind erst einmal gleich viel wert. Du musst dir jedoch klarmachen, ob du von einer Tatsache oder einem Gefühl sprichst. Wenn Aussagen Fakten wiedergeben, dann sind sie **beschreibend**. Wenn Aussagen eher ein Gefühl ausdrücken, dann sind sie **bewertend**.

Lena markiert in der Tabelle die beschreibenden Argumente blau. Chris markiert die bewertenden Argumente gelb (Bild 3).

5 Die Argumente gewichten
Lege fest, wie wichtig du die einzelnen Argumente findest. Gib dazu jedem Argument 3, 2, 1 oder 0 Punkte. Beziehe dabei deine Werte mit ein. **Werte** sind Ansichten, die dir wichtig sind. Beispiele sind Respekt, Ehrlichkeit, Liebe, Mitgefühl, Erfolg, Freiheit und Spaß.

Lena und Chris notieren Werte, die ihnen wichtig sind (Bild 2). Dann vergeben sie Punkte für die Argumente in der Tabelle (Bild 3).

Werte	Bedeutung für Lena und Chris
finanzielle Sicherheit	Wir wollen gut für das Kind sorgen können.
Liebe	Wir lieben uns und können die Liebe an das Kind weitergeben.
Bildung	Der Schulabschluss und die Ausbildung sind uns wichtig. Darauf wollen wir nicht verzichten.
Freiheit	Wir genießen es, erwachsen zu werden und die Freiheit zu haben, das zu tun, was uns Spaß macht. Das soll so bleiben.

2 Einige Werte von Lena und Chris

Pro-Argumente: Wir bekommen das Kind		Kontra-Argumente: Wir lassen abtreiben	
Es gibt viele Unterstützungsangebote und finanzielle Hilfen vom Staat für junge Eltern.	3	Ein Kind bedeutet große Verantwortung.	1
Den Schulabschluss können wir nachholen.	1	Viele Teenagereltern fühlen sich überfordert.	1
Für das Kind sind junge Eltern cool.	2	Ich habe Angst, dass wir der Aufgabe, ein Kind großzuziehen, nicht gewachsen sind.	2
Wir sind so verliebt – wir mögen die Vorstellung, dass wir ein Kind bekommen.	3	Ein Kind nimmt sehr viel Zeit in Anspruch.	1
Die Eltern von Chris wollen uns unterstützen.	3	Ich will Zeit für mich haben.	3
Wer nicht verhüten kann, hat Pech und muss die Konsequenzen tragen, findet Lenas Bruder.	1	Ich will erst mal meinen Abschluss und eine Ausbildung machen.	1
Ich kann mir nicht vorstellen, das Kind abzutreiben. Das fühlt sich falsch an.	3	Unsere Eltern sind berufstätig. Sie haben nicht viel Zeit, uns zu helfen.	1
Tagsüber kann das Kind in öffentliche Kinderbetreuungseinrichtungen gehen.	2	Ein Kind kostet Geld.	2
Wenn das Kind in der Kita ist, haben wir genug Zeit für Schule und Ausbildung.	3	Ich befürchte, dass wir nicht genug Geld haben, um für das Kind zu sorgen.	2
		Viele Teenagerbeziehungen halten nicht. Oft sind die Mütter dann alleinerziehend.	1
		Ich habe Angst, dass unsere Beziehung mit Kind nicht hält und ich dann allein dastehe.	3

3 Die gesammelten Argumente von Lena und Chris

6 Das Ergebnis berechnen
Berechne die Punkte für Pro und Kontra. Zähle auch die Punkte für beschreibende und bewertende Aussagen zusammen.

Lena und Chris haben 21 Punkte für ein Leben mit Kind gegeben und 18 Punkte dagegen. Bewertende Argumente haben 26 Punkte bekommen, beschreibende Argumente 13 Punkte. Sie haben also Gefühle stärker bewertet als Fakten.

7 Die Entscheidung formulieren
Das Punkte-Ergebnis zeigt dir deine Meinung zur Frage.

Lena und Chris wollen das Kind bekommen.

8 Deine Entscheidung begründen
Wenn du mit Menschen sprichst, die eine andere Meinung haben, dann begründe deine Entscheidung mit Argumenten und Beispielen.

Lena begründet ihre Entscheidung: „Wir lieben uns und können uns eine Abtreibung nicht vorstellen. Mit den Hilfen vom Staat und von unseren Eltern schaffen wir das."

9 Verschiedene Handlungsoptionen nennen
Finde Alternativen oder Kompromisse, um die Meinungen und Argumente aller Betroffenen zu berücksichtigen.

Lena und Chris reden darüber, dass das Kind ihr Leben komplett verändern wird. Sie haben Angst, dass sie ihre Entscheidung vielleicht irgendwann bereuen. Sie wollen sich noch mal über die Möglichkeit informieren, das Kind zur Adoption freizugeben.

AUFGABEN

1 Entscheiden üben

a ☒ Stellt euch vor, ihr seid in der Situation von Lena und Chris. Notiert eure Argumente zur Frage: „Würdet ihr das Kind bekommen?"

b ☒ Erstellt eine Liste mit den Werten, die für euch wichtig sind.

c ☒ Gewichtet eure Argumente mit Punkten, indem ihr eure Werte berücksichtigt.

d ☒ Berechnet euer Ergebnis.

e ☒ Formuliert eure Entscheidung und begründet sie.

Von der befruchteten Eizelle bis zur Geburt

1 Enie und Gregor freuen sich, weil Enie schwanger ist.

Enie und Gregor freuen sich. Der Schwangerschafts-test zeigt an, dass Enie schwanger ist. In den nächsten 40 Wochen wird sich in ihrem Körper ein Kind entwickeln.

Die Befruchtung

Beim Eisprung gelangt eine reife Eizelle in den Eileiter. Die Eizelle bewegt sich durch den Eileiter zur Gebärmutter. Wenn eine Spermienzelle dort auf die Eizelle trifft, dann kann die Spermienzelle in die Eizelle eindringen. Danach verschmelzen die Zellkerne der Eizelle und der Spermienzelle. Diesen Vorgang nennt man **Befruchtung**. Die befruchtete Eizelle heißt **Zygote**. Aus der Zygote entwickelt sich ein Kind. Der Zeitraum, in dem sich ein Kind im Bauch der Mutter entwickelt, heißt **Schwangerschaft**. Die Entwicklung von der Zygote bis zur Geburt verläuft in drei Phasen.

Die Keimphase

Nach der Befruchtung beginnt die Zygote, sich zu teilen. Ihre Tochterzellen teilen sich wieder und vermehren sich so weiter. Nach einigen Tagen ist eine Kugel aus vielen Zellen entstanden. Sie sieht aus wie eine Maulbeere. Man nennt die Zellkugel deshalb **Maulbeerkeim**. Als Keim bezeichnet man ein Lebewesen am Beginn seiner Entwicklung. Auf seinem Weg zur Gebärmutter verändert sich der Maulbeerkeim. Die Zellen ordnen sich zu einem inneren Zellhaufen und einer äußeren Zellschicht an. Innen ist die Kugel hohl. Man kann sie mit einer Blase vergleichen. Sie wird deshalb als **Bläschenkeim** bezeichnet. Der Bläschenkeim gelangt in die Gebärmutter. Dort heftet er sich an die Gebärmutterschleimhaut an und verwächst mir ihr. Diesen Vorgang nennt man **Einnistung**. Die Phase von der Befruchtung bis zur Einnistung bezeichnet man als **Keimphase**.

Die Embryonalphase

Ab der Einnistung heißt der Keim **Embryo**. Seine Zellen entwickeln sich zu verschieden gebauten Zellen mit verschiedenen Aufgaben. Dieser Vorgang heißt Zelldifferenzierung. Dabei entstehen verschiedene Zelltypen wie Nervenzellen, Muskelzellen und die Zellen des Herzens. Fünf Wochen nach der Befruchtung ist der Embryo etwa 10 mm lang. Sein Herz schlägt und das Gehirn beginnt, sich zu entwickeln. Nach 8 Wochen sind alle Organe und Gliedmaßen angelegt. Die Phase von der Einnistung bis zur 8. Woche wird **Embryonalphase** genannt.

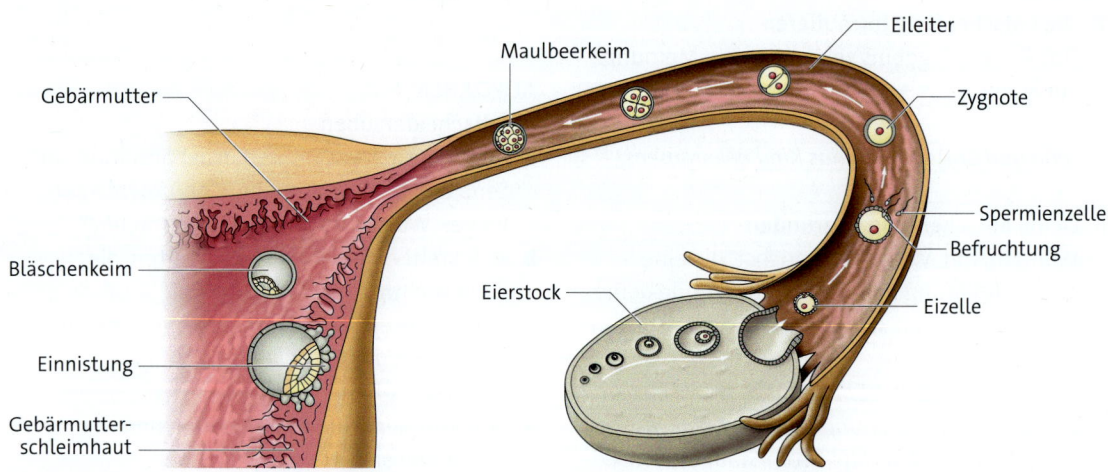

2 Von der Befruchtung der Eizelle bis zur Einnistung

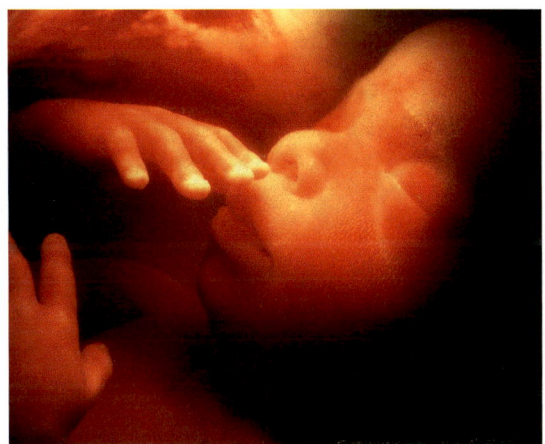

3 Der Fetus ist 20 Wochen alt.

Die Fetalphase

Ab der 9. Woche nennt man den heranwachsenden Mensch **Fetus**. Seine Zellen teilen sich ständig. Dadurch wächst der Fetus besonders schnell und nimmt an Gewicht zu. Jetzt wächst auch der Bauch der Mutter. Der Fetus besitzt alle Organe. Sie wachsen und reifen bis zur Geburt. Im vierten Monat trinkt der Fetus bereits Fruchtwasser, nuckelt am Daumen und bewegt sich (Bild 3). Jetzt bauen sich die Knochen auf und die Gliedmaßen entwickeln sich (Bild 4). Im 5. Monat kann die Mutter die Bewegungen des Kindes spüren. Bis auf den Tastsinn sind im 5. Monat alle Sinne ausgebildet. Das Kind kann hören. Es nimmt Geräusche wie die Stimme der Mutter wahr. Nach etwa 40 Wochen wird der Fetus geboren. Die Phase, in der der Fetus bis zur Geburt heranwächst und sich entwickelt, wird **Fetalphase** genannt.

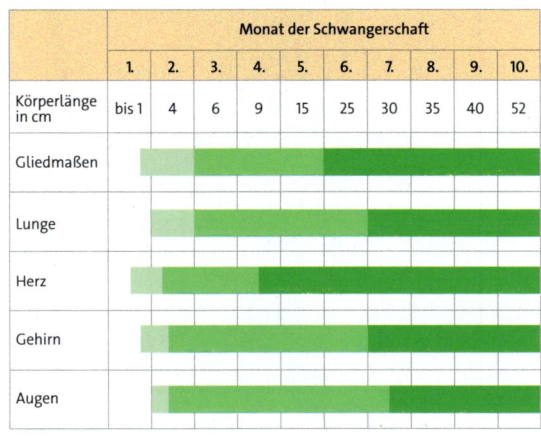

	Monat der Schwangerschaft									
	1.	2.	3.	4.	5.	6.	7.	8.	9.	10.
Körperlänge in cm	bis 1	4	6	9	15	25	30	35	40	52
Gliedmaßen										
Lunge										
Herz										
Gehirn										
Augen										

■ Beginn der Entwicklung ■ deutlich erkennbar ■ voll funktionsfähig

4 Die Entwicklung der Körperlänge und Organe beim Fetus

BASISKONZEPT Entwicklung

Alle Lebewesen verändern sich im Laufe ihres Lebens. Man sagt: Sie entwickeln sich. Menschen durchlaufen verschiedene Stufen der Entwicklung. Aus einer befruchteten Eizelle wird ein Embryo. Der Embryo wird zum Fetus und schließlich als Säugling geboren. Zur Entwicklung gehört auch das Wachstum. Der Säugling wächst und entwickelt sich zum erwachsenen Menschen. Doch auch wenn Lebewesen ausgewachsen sind, verändern sie sich weiter. Die Entwicklung ist also ein Vorgang, bei dem sich Lebewesen im Laufe der Zeit verändern.

Nach der Befruchtung beginnt die Entwicklung des Kindes im Bauch der Mutter. Sie verläuft in drei Phasen. Das sind die Keimphase, die Embryonalphase und die Fetalphase. Nach etwa 40 Wochen ist die Entwicklung im Körper der Mutter abgeschlossen.

AUFGABEN

1 Die Phasen der Entwicklung

a ☑ Beschreibe den Vorgang der Befruchtung.

b ☒ Erstelle ein Glossar mit allen fett gedruckten Fachwörtern auf dieser Doppelseite.

c ☑ Übernimm das Flussdiagramm in Bild 5 in dein Heft und vervollständige dabei die Wörter in den Kreisen auf der linken Seite.

d ☒ Schreibe neben jede Phase eine kurze Erklärung. Nutze die vorgegebenen Fachwörter aus den Kästchen rechts.

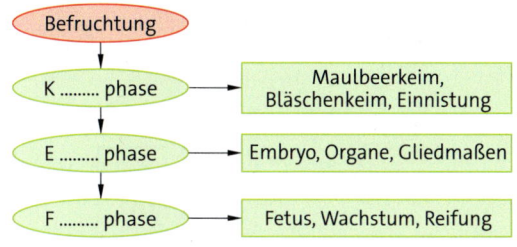

5 Die drei Phasen der Entwicklung nach der Befruchtung

2 Die Entwicklung der Größe beim Fetus

☑ Nenne mithilfe von Bild 4 die durchschnittliche Größe eines Fetus nach 7 Monaten und bei der Geburt.

Einflüsse auf das Kind während der Schwangerschaft

1 Malia entspannt sich.

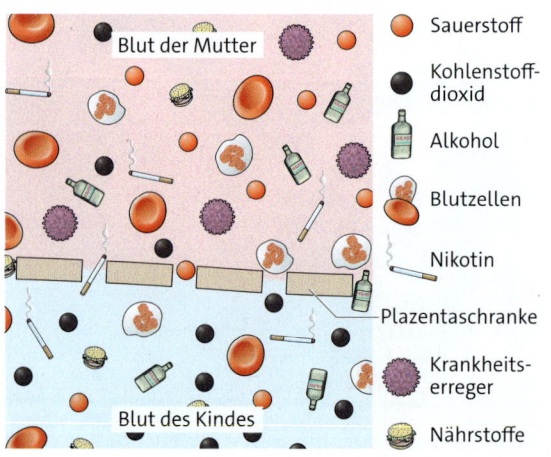

Sauerstoff

Kohlenstoff-
dioxid

Alkohol

Blutzellen

Nikotin

Plazentaschranke

Krankheits-
erreger

Nährstoffe

3 Die Plazentaschranke

Heute entspannt Malia mal. Sie weiß, dass das gut für sie und ihr ungeborenes Kind ist.

Die Plazenta

Nach der Einnistung entwickelt sich aus Zellen des Embryos und der Gebärmutter ein Organ, das nur schwangere Frauen besitzen. In diesem Organ liegen die Blutgefäße von Mutter und Kind dicht zusammen. Dadurch können zwischen dem Blut des Kindes und dem Blut der Mutter Stoffe ausgetauscht werden. Das Organ heißt **Mutterkuchen**. Das Fachwort dafür ist **Plazenta**. Der Embryo ist durch mehrere Blutgefäße mit der Plazenta verbunden. Diese Verbindung wird **Nabelschnur** genannt (Bild 2).

Der Stoffaustausch durch die Plazenta

Durch die Plazenta nimmt das Blut des Kindes Sauerstoff, Nährstoffe, Vitamine und Mineralstoffe aus dem Blut der Mutter auf. Auch Hormone und Abwehrstoffe gelangen durch die Plazenta ins kindliche Blut. Vom Blut des Kindes werden Kohlenstoffdioxid und Abfallstoffe an das Blut der Mutter abgegeben. Die Blutgefäße von Kind und Mutter sind in der Plazenta durch eine Trennschicht getrennt (Bild 2 und 3). Durch die Trennschicht passen alle notwendigen Stoffe. Viele Bakterien, Viren und schädliche Stoffe passen dagegen nicht hindurch (Bild 3). Die Trennschicht funktioniert also wie eine Schranke. Man bezeichnet sie daher als **Plazentaschranke**.

Gebärmutter

Plazenta

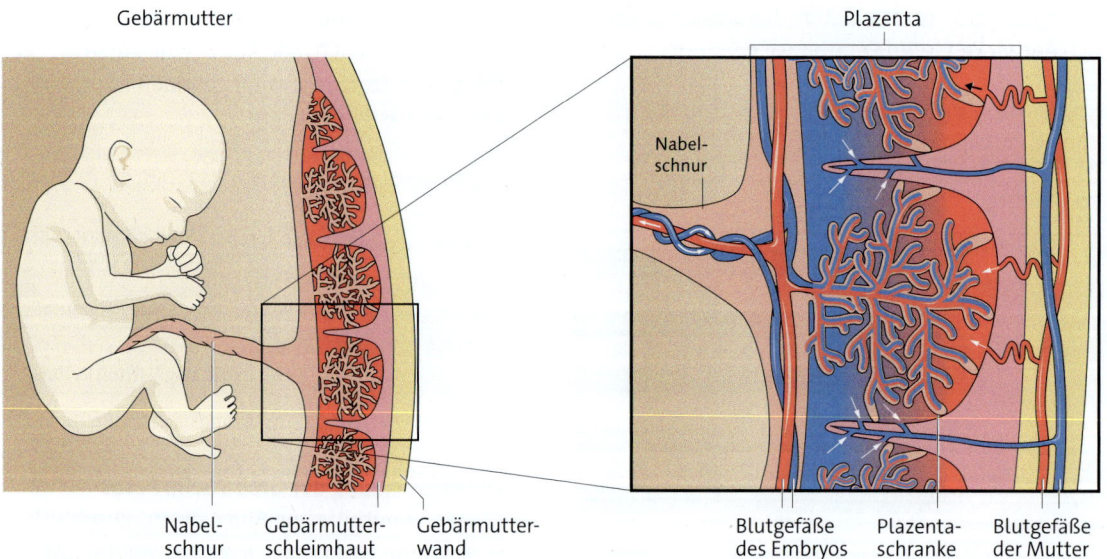

Nabel-
schnur

Nabel-
schnur

Gebärmutter-
schleimhaut

Gebärmutter-
wand

Blutgefäße
des Embryos

Plazenta-
schranke

Blutgefäße
der Mutter

2 Die Versorgung des Embryos durch die Plazenta

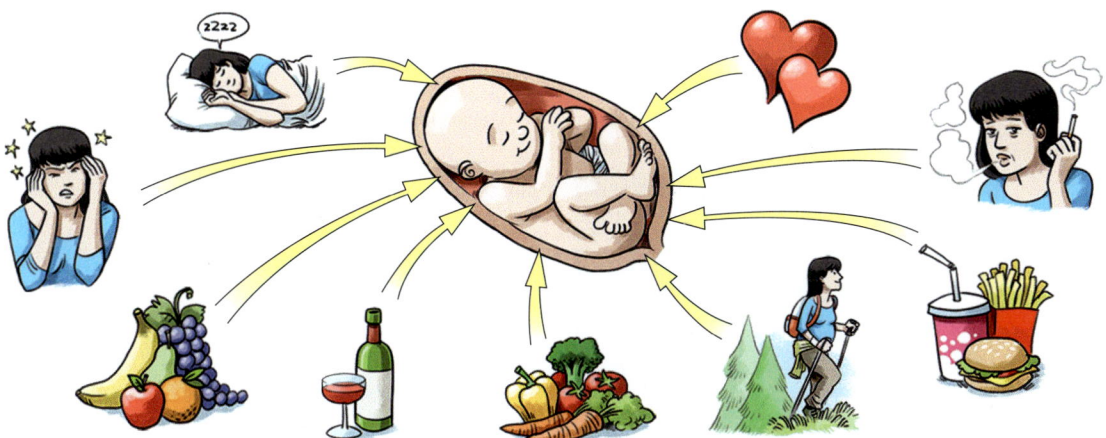

4 Die Lebensführung der Mutter hat Einfluss auf das Kind.

Schadstoffe gelangen zum Kind

Einige schädliche Stoffe wie Alkohol, Nikotin und die Wirkstoffe von Medikamenten gelangen durch die Plazentaschranke ins Blut des Kindes (Bild 3). Sie können beim Kind schwere Schäden hervorrufen. Medikamente dürfen in der Schwangerschaft deshalb nur nach Absprache mit einer Ärztin oder einem Arzt eingenommen werden. Manche Krankheitserreger wie Rötelnviren gelangen ebenfalls durch die Plazentaschranke. Sie können das Kind schädigen. Gegen Rötelnviren kann man sich aber impfen lassen. Die Impfung sollte wenn möglich vor einer Schwangerschaft erfolgen.

Die Lebensweise der Mutter

Eine Schwangerschaft bedeutet für eine Frau große körperliche und seelische Veränderungen. Werdende Mütter spüren oft Müdigkeit, Übelkeit, Rückenschmerzen oder Atemnot. Ihre Gefühle können zwischen Freude und Angst wechseln. Kinder reagieren auf die Gefühle der Mutter. Streicheln des Bauchs, ruhige Stimmen und Musik können das Kind beruhigen. Eine gesunde Lebensweise mit genug erholsamem Schlaf, ausgewogener Ernährung und wenig Stress sind wichtig für die Gesundheit von Mutter und Kind.

> Durch die Plazenta wird das Kind im Bauch der Mutter versorgt. Abfallstoffe werden ins Blut der Mutter abgegeben. Durch die Plazentaschranke gelangen alle notwendigen aber auch einige schädliche Stoffe. Eine gesunde Lebensweise der Mutter fördert die gesunde Entwicklung des Kindes.

AUFGABEN

1 Die Plazenta

a ⊠ Beschreibe den Bau der Plazenta.

b ⊡ Nenne alle im Text genannten Stoffe, die durch die Plazenta aus dem Blut der Mutter ins Blut des Kindes gelangen.

c ⊡ Nenne die Stoffe, die vom Blut des Kindes an das Blut der Mutter abgegeben werden.

d ⊠ Beschreibe, wie die Plazentaschranke funktioniert.

2 Die Lebensführung in der Schwangerschaft

a ⊡ Nenne Stoffe, die während der Schwangerschaft beim Kind schwere Schäden hervorrufen können.

b ⊠ In Bild 4 sind verschiedene Einflüsse auf das Kind dargestellt. Ordne sie in einer Tabelle in positive und negative Einflüsse.

c ⊠ Erstelle einen Flyer, auf dem du darstellst, wie Mütter die gesunde Entwicklung ihres Kindes fördern können. Fotografiere Bild 4 und nutze die Darstellungen für deinen Flyer.

3 Gefahren für das ungeborene Kind
Einige Schädigungen des ungeborenen Kindes können Mütter durch ihre Lebensführung vermeiden.

a ⊠ Recherchiere, welche Gefahren für das Kind bestehen, wenn sich die Mutter während der Schwangerschaft mit Röteln ansteckt.

b ⊠ Informiere dich im Internet, was man unter dem fetalen Alkoholsyndrom (FAS) versteht.

c ⊠ Erstelle zu einer der Gefahren aus Aufgabe 3a oder 3b einen Steckbrief.

Medizinische Untersuchungen vor der Geburt

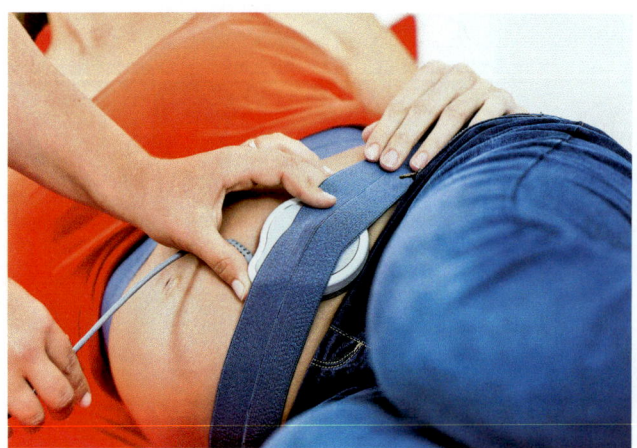

1 Das Gerät soll die Herztöne von Martas Baby aufzeichnen.

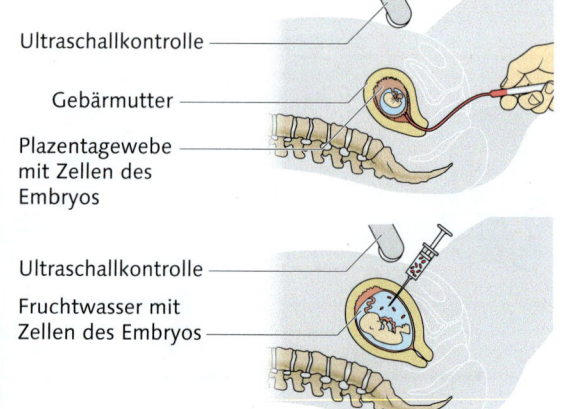

Ultraschallkontrolle

Gebärmutter

Plazentagewebe mit Zellen des Embryos

Ultraschallkontrolle

Fruchtwasser mit Zellen des Embryos

3 Zellentnahme zur Untersuchung des Erbmaterials

Heute sollen die Herztöne von Martas Baby untersucht werden. Die Hebamme befestigt die Sonde des Messgeräts mit einem Gummiband an Martas Bauch.

Regelmäßige Untersuchungen vor der Geburt
Während einer Schwangerschaft überwacht man die Gesundheit der Mutter und des Kindes in regelmäßigen Untersuchungen. Bei jedem Termin misst man den Blutdruck und überprüft das Gewicht und den Urin der Schwangeren. Ein spezielles Gerät kann mithilfe von Ultraschall-wellen ein Computerbild des ungeborenen Kindes erstellen. Manche Geräte erstellen zwei-dimensionale Bilder, modernere Geräte können dreidimensionale Bilder erstellen (Bild 2). Bei dieser Ultraschalluntersuchung überprüft man die Lage, die Größe und den Entwicklungsstand des Kindes. Etwa ab dem 8. Schwangerschafts-monat kontrolliert man auch die Herztöne des Kindes regelmäßig (Bild 1).

Die Untersuchung des Erbmaterials
Manche Eltern wollen die Erbsubstanz des ungeborenen Kindes untersuchen lassen, zum Beispiel wenn Erbkrankheiten in der Familie vorliegen. Sie wollen ausschließen, dass das Kind die Krankheit hat. Für die Untersuchung entnimmt man mithilfe einer Spritze Zellen des Embryos entweder aus dem Plazentagewebe oder aus dem Fruchtwasser in der Fruchtblase (Bild 3). Dabei besteht die Gefahr, dass der Embryo verletzt wird. In einer Beratung klärt man die Eltern zuvor über das Vorgehen und die Risiken auf.

> Durch regelmäßige Untersuchungen vor der Geburt überwacht man die Gesundheit von Mutter und Kind sowie die Entwicklung des Kindes bis zur Geburt.

AUFGABEN

1 Regelmäßige Untersuchungen sind wichtig.
a ☑ Nenne Untersuchungen, die man während einer Schwangerschaft regelmäßig durchführt.
b ☒ Beschreibe, wie man die Größe des ungeborenen Kindes feststellen kann.

2 Die Untersuchung des Erbmaterials
a ☒ Beschreibe, wie man das Erbmaterial des ungeborenen Kindes untersuchen kann.
b ☒ Manche Eltern verzichten bewusst auf eine Untersuchung des Erbmaterials ihres ungeborenen Kindes. Stelle eine Vermutung an, warum sie die Ergebnisse vor der Geburt nicht wissen möchten.

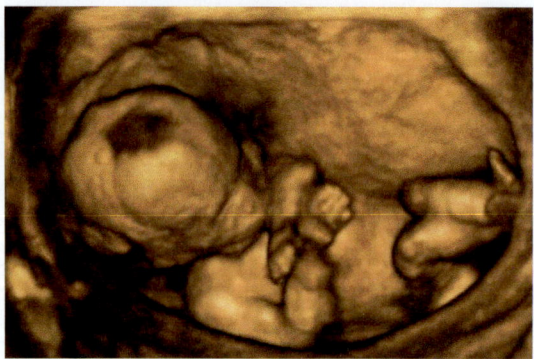

2 Ein dreidimensionales Ultraschallbild eines Fetus

Die Geburt

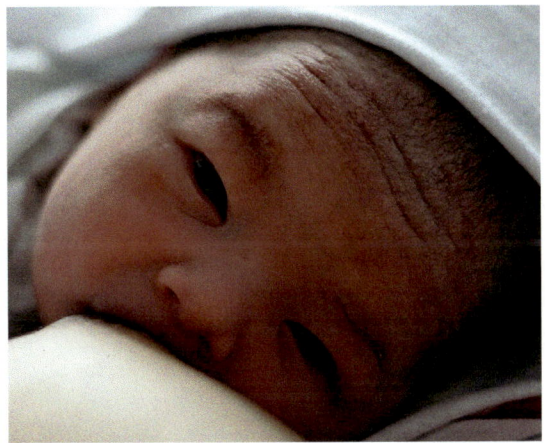

1 Das Baby trinkt zum ersten Mal Muttermilch.

Marta ist erschöpft, aber glücklich. Das Baby ist da. Gerade trinkt es das erste Mal Muttermilch. Jetzt können die beiden sich erst mal ausruhen.

Die Geburt beginnt

Etwa 38 Wochen nach der Befruchtung bewirken Hormone, dass sich die Gebärmuttermuskulatur in regelmäßigen Abständen zusammenzieht. Diese **Wehen** spürt die Frau als krampfartige Schmerzen. Mit ihnen beginnt die Geburt. Eine natürliche Geburt verläuft in drei Phasen.

Die Eröffnungsphase

In der ersten Phase der Geburt drücken die Wehen das Kind immer wieder gegen den Eingang der Gebärmutter. Das ist der **Muttermund** (Bild 2). Dadurch öffnet sich der Muttermund langsam. Man nennt die Phase **Eröffnungsphase**. Wenn der Muttermund etwa 10 Zentimeter weit geöffnet ist, dann beginnt die zweite Phase der Geburt.

Die Austreibungsphase

Wenn der Muttermund weit genug geöffnet ist, dann drücken die Wehen den Fetus in die Vagina. Die Mutter beginnt, bei jeder Wehe zu pressen. Die Wehen und das Pressen der Mutter schieben den Fetus Stück für Stück durch die Vagina nach außen. Diese Phase nennt man **Austreibungsphase**. Die Nabelschnur wird nach der Geburt nah am Bauch des Kindes durchtrennt. Der Fetus ist nun ein Säugling und trinkt oft schon das erste Mal Muttermilch (Bild 1).

Die Nachgeburtsphase

Nach der Austreibungsphase zieht sich die Gebärmuttermuskulatur noch einige Male zusammen. Durch diese Nachwehen löst sich die Plazenta und wird zusammen mit dem Rest der Nabelschnur nach außen abgegeben. Dies bezeichnet man als Nachgeburt. Die Geburtsphase heißt **Nachgeburtsphase**.

> Etwa 38 Wochen nach der Befruchtung wird die Geburt durch Wehen eingeleitet. Eine natürliche Geburt verläuft in drei Phasen.

AUFGABEN

1 **Eine natürliche Geburt verläuft in Phasen.**
a ☒ Beschreibe, was eine Wehe ist.
b ☒ Nenne die drei Phasen der Geburt.
c ☒ Beschreibe die Funktion der Wehen während der Eröffnungsphase und während der Austreibungsphase.
d ☒ Begründe, warum die Nabelschnur nach der Geburt durchtrennt wird.

Gebär-
mutter
Plazenta
Fruchtblase
Nabel-
schnur
Plazenta
Nabelschnur

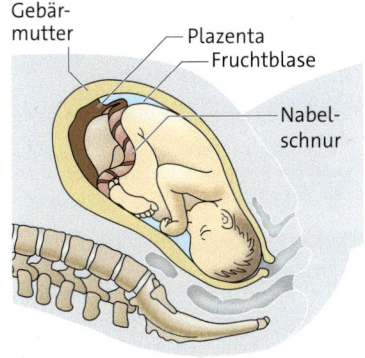
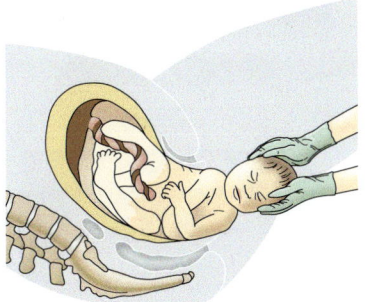
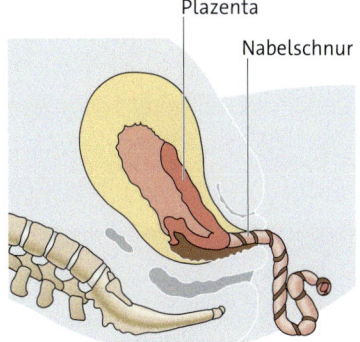

A   B   C

2 Die Geburtsphasen: Eröffnungsphase (A), Austreibungsphase (B), Nachgeburtsphase (C)

Lasse freut sich, dass seine große Schwester schwanger ist. Er betrachtet das Ultraschallbild und fragt sich, wie es entsteht.

1 Sehen mit Ultraschall

a ☒ Beschreibe mithilfe von Bild 1, was Ultraschall ist.

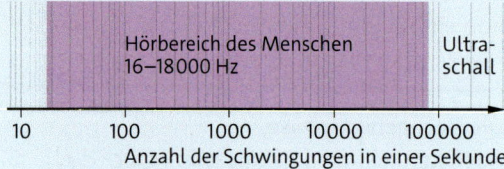

1 Der Hörbereich der Menschen

b ☒ Fledermäuse können mithilfe von Ultraschall „sehen". Beschreibe anhand von Bild 2, was damit gemeint ist.

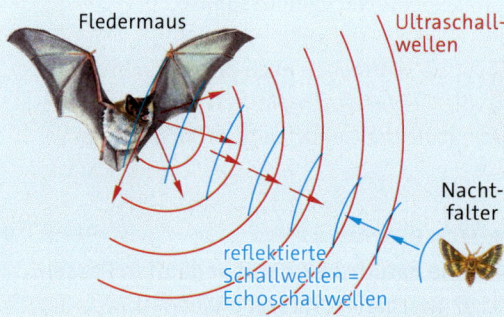

2 Die Echoortung bei Fledermäusen

c ☒ Mit Ultraschall kann man auch in den Körper zum Beispiel von Menschen hineinsehen. Beschreibe anhand von Bild 3, wie ein medizinisches Ultraschallgerät funktioniert.

d ☒ Ordne den Buchstaben A und B im Ultraschallbild in Bild 3 die Fachwörter zu: mit Fruchtwasser gefüllte Fruchtblase, Embryo.

e ☒ Begründe deine Zuordnungen mithilfe der Informationen in Bild 3.

f ☒ Im Ultraschallbild ist die Größe des Embryos als SSL angegeben. Recherchiere, was mit der Abkürzung SSL gemeint ist. 🔖

g ☒ Notiere die SSL des Embryos in Bild 3.

h ☒ Recherchiere, ob die SSL für einen 7 Wochen alten Embryo im Normbereich liegt. 🔖

i ☒ Lasse will wissen, wann das Baby geboren wird. Seine Schwester sagt, dass er das berechnen kann. Der erste Tag ihrer letzten Menstruation war der 3. April 2024. Berechne den Geburtstermin mithilfe der Regel:

1. Tag der letzten Menstruation:	15. November 2023
+ 7 Tage:	22. November 2023
– 3 Monate:	22. August 2023
+ 1 Jahr	22. August 2024
Geburtstermin:	22. August 2024

Ultraschallempfänger: empfängt die Echoschallwellen.

Ultraschallsender: sendet Ultraschallwellen aus

Schallkopf

Gel

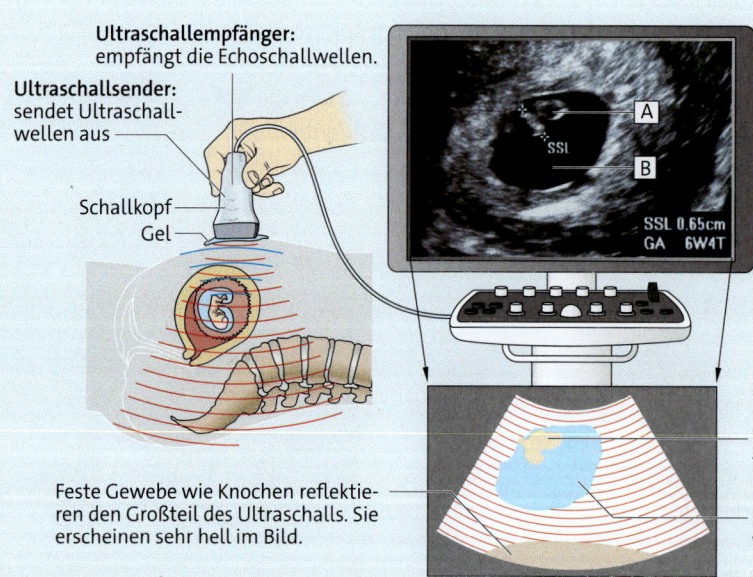

Monitor des Computers: darauf erscheint das Ultraschallbild der untersuchten Körperregion

Computer: wertet die Echoschallwellen aus und erzeugt daraus ein Bild:
1. Aus der Zeitspanne zwischen Aussenden des Schalls und Eintreffen des Echos berechnet der Computer die Lage der Gewebe oder Organe. Je später das Echo beim Empfänger eintrifft, umso tiefer im Körper liegen sie.
2. Die Stärke des Echos ist abhängig von der Zusammensetzung der Gewebe oder Organe.

Weiche Gewebe und Organe reflektieren einen Teil des Ultraschalls. Sie erscheinen im Bild grau.

Flüssigkeiten leiten den Ultraschall weiter. Sie erscheinen im Bild schwarz.

Feste Gewebe wie Knochen reflektieren den Großteil des Ultraschalls. Sie erscheinen sehr hell im Bild.

3 Die Ultraschalltechnik

cupuze

EXTRA Wie soll Tara sich entscheiden?

ZUR DISKUSSION

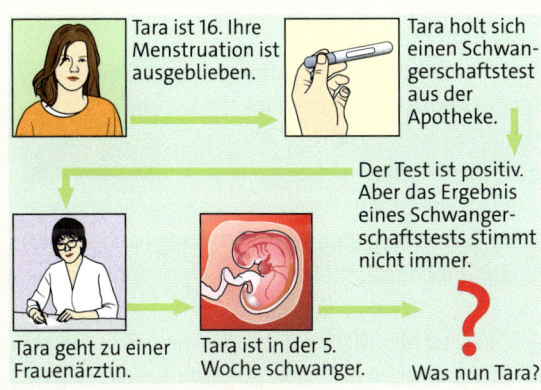

Tara ist 16. Ihre Menstruation ist ausgeblieben.

Tara holt sich einen Schwangerschaftstest aus der Apotheke.

Der Test ist positiv. Aber das Ergebnis eines Schwangerschaftstests stimmt nicht immer.

Tara geht zu einer Frauenärztin.

Tara ist in der 5. Woche schwanger.

? Was nun Tara?

1 Wie soll Tara sich entscheiden?

Tara ist schwanger. Sie und ihr Freund Liam sind ratlos. Sie informieren sich im Internet und in Gesprächen über ihre Möglichkeiten.

Anuk (junge Mutter):
Ich wurde mit 15 ungeplant schwanger, mit 16 bekam ich mein Kind. Mein Leben hat sich durch das Kind komplett verändert. Viel Zeit für mich habe ich nicht mehr. Das ist oft hart. Meine Eltern und meine Freunde haben mir aber immer Halt gegeben und mich mit allem unterstützt. Mittlerweile habe ich meine Schule und auch meine Ausbildung abgeschlossen. Ich liebe mein Kind. Es gibt mir so viel. Über meine Entscheidung bin ich sehr froh.

Frau Kubiak (Frauenärztin):
Ich begleite und berate Mädchen und Frauen in der Schwangerschaft. Ich führe regelmäßig alle Vorsorgeuntersuchungen durch, um die Gesundheit von Mutter und Kind im Blick zu behalten. Ich nehme auch Schwangerschaftsabbrüche vor. Sie erfolgen entweder durch eine kleine Operation, die ich in der Praxis durchführe, oder durch hormonhaltige Tabletten. Bei der Wahl der geeigneten Methode berate ich die Schwangere ausführlich. Für die Operation wird die Schwangere örtlich betäubt. Sie kann danach nach Hause gehen, muss sich aber schonen. Nach zwei bis drei Wochen findet eine Nachuntersuchung statt. Dann überprüfe ich, ob alles in Ordnung ist. Den Abbruch muss man selbst bezahlen. Wenn man wenig Geld hat, dann kann man bei der Krankenkasse einen Antrag auf Kostenübernahme stellen.

Guilia:
Ich wurde mit 16 ungeplant schwanger und hatte eine Abtreibung. Kurz danach war ich ziemlich aufgewühlt und oft traurig. Das ging aber vorbei. Da haben mir die Gespräche mit meinen Eltern und Freundinnen und Freunden sehr geholfen. Heute bin ich froh, dass ich mich so entschieden habe. Mein Leben wäre ganz anders verlaufen mit Kind. Ich möchte die Erfahrungen, die ich ohne Kind gemacht habe, nicht missen.

Herr Meisen (Schwangerenkonfliktberatung):
Jede Schwangere entscheidet selbst, worüber sie in der Beratung reden will. Sie bekommt in jedem Fall danach einen Beratungsschein. Diesen muss sie in der Arztpraxis vorlegen, wenn sie einen Schwangerschaftsabbruch wünscht. Wir informieren auf Wunsch auch, welche Unterstützungsangebote es gibt, wenn sie das Kind bekommen will. Es gibt staatliche Hilfen wie Kindergeld und Elterngeld. Bei der Beantragung unterstützt das Jugendamt. Alleinerziehende Mütter bekommen zusätzlich Unterhalt für sich und das Kind. Das Jugendamt hilft bei Bedarf auch bei der Suche nach einer Wohnung oder einem Platz in einem Mutter-Kind-Heim. Im Mutterschutz sechs Wochen vor und acht Wochen nach der Geburt muss die Schwangere nicht zur Schule oder zur Arbeit gehen.

AUFGABEN
1 Eine Diskussionsrunde durchführen
a ☑ Teilt die Klasse in vier Gruppen ein und verteilt die Rollen der Personen auf dieser Seite.
b ☒ Arbeitet zunächst in Gruppen. Formuliert die Aussagen eurer Rolle in eigenen Worten.
c ☒ Gebt an, ob eure Rolle für oder gegen die Fortführung der Schwangerschaft argumentiert oder ob sie neutral ist.
d ☒ Findet weitere Argumente, die die Aussagen eurer Rolle unterstützen. 🖥
e ☒ Diskutiert mit den anderen Gruppen über die Fortführung der Schwangerschaft. Bringt eure Argumente aus Aufgabe 1b und 1d ein.
f ☒ Beschließt ein Ergebnis für eure Diskussion. Formuliert eine Empfehlung, die Tara und Liam bei ihrer Entscheidung hilft.

TESTE DICH!

1 Verliebtsein kann schön sein.

1 Partnerschaft und Sexualität ↗ S. 220, 226/227

a ☑ Nenne Merkmale einer Partnerschaft.

b ☑ Beschreibe, was Hormone sind.

c ☒ Erläutere, wie Hormone bei Verliebten wirken können.

d ☑ Beschreibe, was Sexualität ist.

e ☑ Nenne zwei Funktionen von Sexualität.

f ☒ Sascha und Lia sind ein Paar. Sascha möchte sich am Wochenende allein mit Freunden treffen. Lia versteht das nicht. Sie ist der Meinung, dass man immer alles zusammen machen sollte, wenn man verliebt ist.
Formuliere einen Lösungsvorschlag.

2 Die sexuelle Vielfalt ↗ S. 222–225

a ☒ Erstelle eine Mindmap zur geschlechtlichen und sexuellen Vielfalt.

b ☑ Beschreibe, was mit den Wörtern homosexuell und heterosexuell gemeint ist.

c ☒ Erläutere, was Selbstbestimmung ist.

d ☒ Begründe, ob es sich bei den folgenden Aussagen um das Thema Selbstbestimmung handelt:
- Deine Tante will dir wie immer einen Kuss auf die Wange geben.
- Tom (18) will endlich mit Sina (13) schlafen. Schließlich sind sie schon drei Monate zusammen.
- Julia will sich morgens vor der Schule die Wimpern tuschen. Ihre Mutter erlaubt das nicht.
- Dein Freund Milo, den du aus dem Internet kennst, möchte sich heimlich am Abend mit dir treffen. Auf dem Foto sieht er sehr attraktiv aus.

3 Familienformen ↗ S. 230

a ☑ Nenne drei Familienformen.

b ☑ Zähle auf, wer zu deiner Kernfamilie gehört.

c ☑ Beschreibe die Bedeutung der Regenbogenflagge.

d ☑ Formuliere eine Worterklärung für das Wort Regenbogenfamilie.

4 Die Geschlechtshormone ↗ S. 238/239

a ☑ Beschreibe die äußerlich sichtbaren Veränderungen während der Pubertät bei männlichen und weiblichen Personen.

b ☒ Nenne die sekundären Geschlechtsmerkmale, die auf den Toilettenschildern dargestellt sind.

c ☑ Nenne weibliche und männliche Geschlechtshormone.

d ☑ Beschreibe den Regelkreis für die Bildung der Geschlechtshormone mithilfe von Bild 2. Nutze die Wörter: *Zwischenhirn, Hirnanhangsdrüse, setzt Hormone frei, Geschlechtsorgane, bildet Geschlechtshormone, negative Rückkopplung*.

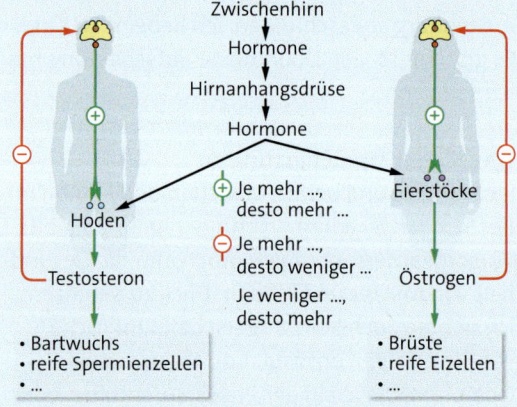

2 Der Regelkreis der Geschlechtshormone

e ☒ Beschreibe die negative Rückkopplung bei der Hormonbildung am Beispiel Östrogen. Ergänze dazu die folgenden Sätze:
Wenn die Östrogenmenge im Blut hoch ist, dann ...
Wenn die Östrogenmenge im Blut niedrig ist, dann ...

f ☒ Bilde ähnliche Sätze wie die aus Aufgabe 4e für die Bildung von Testosteron.

5 Der Menstruationszyklus ↗ S. 240/241

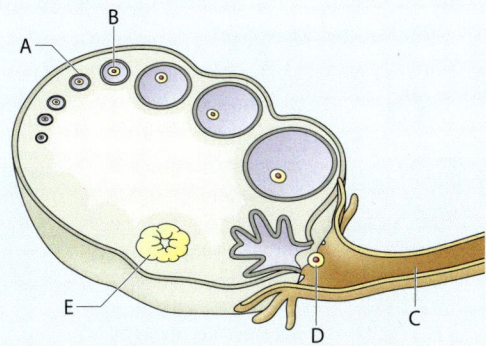

3 Die Reifung der Eizellen im Eierstock

a ☑ Ordne die Buchstaben in Bild 3 die richtigen Fachwörter zu.
b ☑ Beschreibe, was die Menstruation ist.
c ☑ Bringe die folgenden Wörter zum Menstruationszyklus in die richtige Reihenfolge. Beginne bei Zyklustag 1: *reifende Eizelle, unreife Eizelle, Menstruation, Eisprung.*
d ☑ Nenne die beiden Geschlechtshormone, die den Menstruationszyklus steuern.
e ☒ Beschreibe die Phasen eines Menstruationszyklus.
f ☒ Beschreibe die Entwicklung der Gebärmutterschleimhaut in einem Menstruationszyklus und nenne ihre Aufgabe.
g ☑ Nenne mögliche Gründe dafür, dass die Menstruation ausbleibt.

6 Die Geschlechtsorgane ↗ S. 236/237

a ☑ Nenne das männliche und das weibliche Geschlechtsorgan, die sehr empfindlich auf Berührungen reagieren.
b ☒ Beschreibe den männlichen Orgasmus. Nutze die folgenden Wörter: *Erregung, Lustgefühl, Samenerguss, Erektion.*
c ☒ Beschreibe, was beim Orgasmus im weiblichen Körper passiert.

7 Sexuell übertragbare Krankheiten ↗ S. 294

a ☒ Nenne drei sexuell übertragbare Krankheiten.
b ☒ Begründe, warum Safer Sex vor sexuell übertragbaren Krankheiten schützen kann.

8 Die Verhütung ↗ S. 242/243

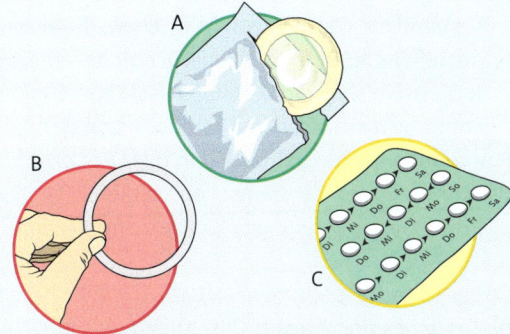

4 Verschiedene Verhütungsmittel

a ☑ Benenne die Verhütungsmittel in Bild 4.
b ☒ Nenne drei Verhütungsmittel, die aus deiner Sicht für Jugendliche geeignet sind. Begründe deine Entscheidung.

9 Schwangerschaft und Geburt ↗ S. 246–255

a ☑ Beschreibe, wie eine Schwangerschaft festgestellt werden kann.
b ☑ Nenne die Entwicklungshasen eines Kindes während der Schwangerschaft.
c ☒ Formuliere Tipps, wie Schwangere die gesunde Entwicklung ihres Kindes fördern können.
d ☑ Nenne zwei medizinische Untersuchungen, die während einer Schwangerschaft regelmäßig durchgeführt werden.
e ☒ Beschreibe die drei Phasen einer Geburt.

10 Fragen zur Sexualität

☑ Die Fragen in Bild 5 stellten Jugendliche im Internet. Formuliere Antworten auf die Fragen.

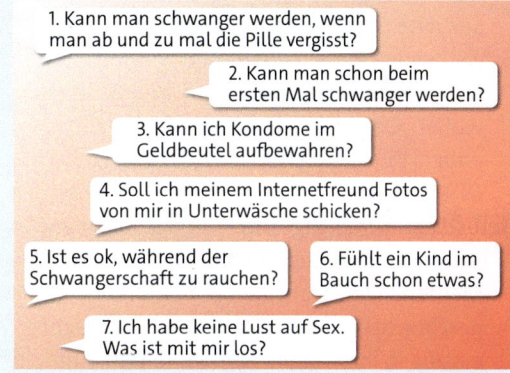

1. Kann man schwanger werden, wenn man ab und zu mal die Pille vergisst?

2. Kann man schon beim ersten Mal schwanger werden?

3. Kann ich Kondome im Geldbeutel aufbewahren?

4. Soll ich meinem Internetfreund Fotos von mir in Unterwäsche schicken?

5. Ist es ok, während der Schwangerschaft zu rauchen?

6. Fühlt ein Kind im Bauch schon etwas?

7. Ich habe keine Lust auf Sex. Was ist mit mir los?

5 Fragen Jugendlicher zur Sexualität

Die Sexualität

Sexualität: Verhaltensweisen und damit verbundene Gefühle von Menschen, die sich anziehend finden. Beispiele für solche Verhaltensweisen sind: küssen, kuscheln, streicheln, sich anfassen, miteinander schlafen

Funktionen der Sexualität: kann das Glück und Wohlbefinden der Menschen stärken, ist Voraussetzung für die Fortpflanzung

Die geschlechtliche und sexuelle Vielfalt

biologisches Geschlecht: Geschlecht, das ein Mensch aufgrund körperlicher Merkmale wie Geschlechtsorgane hat

soziales Geschlecht: Geschlecht, zu dem ein Mensch sich zugehörig fühlt, man spricht auch von Genderidentität

sexuelle Orientierung: sagt aus, zu Menschen welchen Geschlechts sich jemand hingezogen fühlt

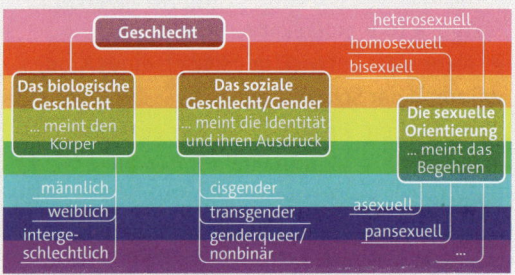

Das Coming-out und die Selbstbestimmung

inneres Coming-out: Vorgang des Bewusstwerdens der eigenen Genderidentität und sexuellen Orientierung

äußeres Coming-out: bedeutet, dass man anderen sagt, welche Genderidentität oder sexuelle Orientierung man hat

Selbstbestimmung: bedeutet, dass alle Menschen selbst bestimmen, wie sie leben wollen. Dazu gehört, dass sie das Recht haben, ihre Genderidentität und sexuelle Orientierung selbstbestimmt auszuleben.

Selbstbestimmungsgesetz: soll das Recht auf Selbstbestimmung regeln: Menschen, die transgender oder intergeschlechtlich sind, sollen den Geschlechtseintrag in ihrer Geburtsurkunde und ihren Vornamen einfacher ändern lassen können.

Liebe und Partnerschaft

Hormone: Botenstoffe, die im Körper bestimmte Reaktionen bewirken

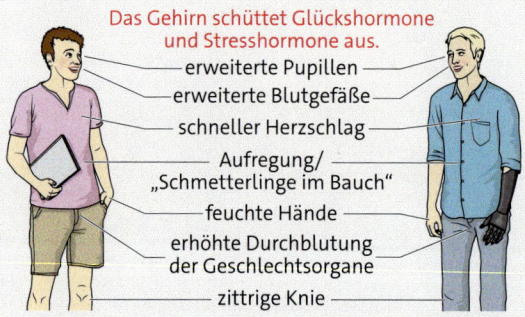

Das Gehirn schüttet Glückshormone und Stresshormone aus.
- erweiterte Pupillen
- erweiterte Blutgefäße
- schneller Herzschlag
- Aufregung/ „Schmetterlinge im Bauch"
- feuchte Hände
- erhöhte Durchblutung der Geschlechtsorgane
- zittrige Knie

Partnerschaft: Beziehung zwischen zwei Menschen, die sich lieben; Jede Partnerschaft basiert auf Regeln, die beide Menschen in der Partnerschaft gemeinsam festlegen.

Familie: eine Gruppe von Menschen, die zusammengehören; Familien bestehen oft aus Erwachsenen und Kindern.

Dein Körper gehört dir

sexuelle Selbstbestimmung: Jeder Mensch bestimmt selbst über seine Sexualität. Niemand darf einen zu etwas zwingen.

sexualisierte Gewalt: ist es, wenn jemand ungefragt, ohne Zustimmung oder trotz Ablehnung zu sexuellen Handlungen überredet oder gezwungen wird

Cyber-Grooming: das Verhalten Erwachsener, die im Internet Kontakt zu Kindern aufnehmen, um sie persönlich zu treffen und zu sexuellen Handlungen zu zwingen

Sei misstrauisch, wenn jemand ...
- in privaten Chats mit dir chatten will.
- dich bittet, euren Kontakt geheimzuhalten.
- dich unbedingt treffen will.
- mit dir über deinen Körper und über Sexualität sprechen möchte.
- verlangt, dass du Fotos und Videos von dir schickst.
- nach deiner Adresse fragt.
- dir Geld oder Geschenke geben will.
- dich zum Einschalten der Webcam drängt.
- sehr fordernd ist und kein „Nein" akzeptiert.

Die Geschlechtshormone

Geschlechtshormone: Hormone, die die Ausbildung der sekundären Geschlechtsmerkmale in der Pubertät bewirken
- weibliche Geschlechtshormone: Östrogen, Progesteron
- männliches Geschlechtshormon: Testosteron

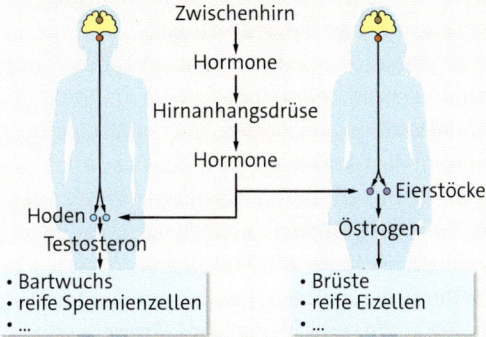

Der Menstruationszyklus

Die Geschlechtshormone Östrogen und Progesteron steuern den Menstruationszyklus.
Follikel: besteht aus Eizelle und ihrer Hülle.
Follikelphase: Das Hormon FSH regt die Reifung eines Follikels an. Der Follikel schüttet Östrogen aus.
Eisprung: Der Follikel platzt und die reife Eizelle gelangt in den Eileiter.
Gelbkörperphase: Der Gelbkörper entwickelt sich nach dem Eisprung aus dem geplatzten Follikel. Er schüttet Progesteron aus.
Menstruation: Blutung, mit der die Gebärmutterschleimhaut und die unbefruchtete Eizelle aus dem Körper abgegeben werden; Am ersten Tag der Menstruation beginnt ein Menstruationszyklus.

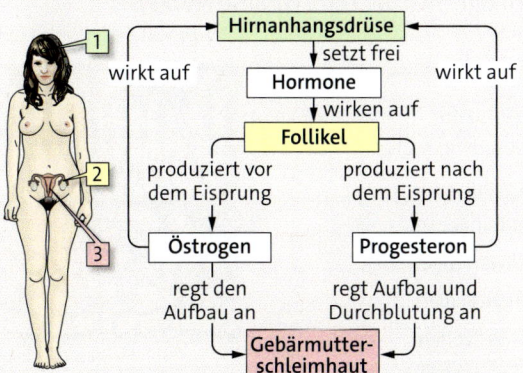

Verhütung

Verhütungsmittel: Mittel, die eine Schwangerschaft verhindern
Pearl-Index: Messgröße für die Wirksamkeit eines Verhütungsmittels. Je niedriger er ist, desto wirksamer ist ein Verhütungsmittel.

Sexuell übertragbare Krankheiten

Sexuell übertragbare Krankheiten: werden vor allem bei sexuellen Handlungen übertragen Beispiele: Clamydieninfektion, Hepatitis B, AIDS, Feigwarzen
Safer Sex: Maßnahmen, die das Ansteckungsrisiko mit sexuell übertragbaren Krankheiten verringern, zum Beispiel Kondome

Ungewollte Schwangerschaft

Ursachen:
- fehlende oder nicht wirksame Verhütung
Entscheidungsmöglichkeiten:
- das Kind bekommen, das Kind zur Adoption freigeben, ein Schwangerschaftsabbruch

Schwangerschaft und Geburt

Entwicklungsphase	Beschreibung
Befruchtung	Verschmelzung der Zellkerne von Eizelle und Spermienzelle
Keimphase	Zygote teilt sich, Maulbeerkeim und Bläschenkeim entstehen, Einnistung des Keims in die Gebärmutter
Embryonalphase	Entwicklung des Embryos von der Einnistung bis zur Anlage aller Organe und Gliedmaßen
Fetalphase	Entwicklung des Fetus ab der 9. Schwangerschaftswoche bis zur Geburt

Zygote: befruchtete Eizelle
Plazenta: Organ, durch das der Stoffaustausch zwischen dem Blut der Mutter und dem Blut des Kindes stattfindet
Wehen: Zusammenziehen der Gebärmuttermuskulatur in regelmäßigen Abständen
Die drei Phasen einer Geburt:
- Eröffnungsphase
- Austreibungsphase
- Nachgeburtsphase

Die Basiskonzepte in der Biologie

1 In einer Bibliothek sind die Bücher geordnet.

Das Wissen in der Biologie wirkt fast unüberschaubar. Es gibt jedoch Möglichkeiten, es zu ordnen, so wie die Bücher in einer Bibliothek.

Das Wissen der Biologie
Manche Beobachtungen in der Natur haben auf den ersten Blick nichts miteinander zu tun. Auf den zweiten Blick gibt es aber doch Gemeinsamkeiten und Zusammenhänge zwischen ganz unterschiedlichen Beobachtungen. Biologinnen und Biologen ordnen das biologische Wissen, um diese Zusammenhänge erkennen zu können. Nur so können sie den Überblick behalten und ihr Wissen erweitern und vertiefen.

Die Ordnungssysteme
In Bibliotheken sind Bücher zum Beispiel danach geordnet, ob es sich um Krimis, Fantasyromane oder historische Romane handelt. Literaturwissenschaftlerinnen und Literaturwissenschaftler sortieren ihre Bücher manchmal nach dem Jahr, in dem sie erschienen sind. Manche Menschen ordnen ihre Bücher nach den Namen der Personen, die sie geschrieben haben. Andere ordnen ihre Bücher nach dem Alphabet.

Jedes dieser Ordnungssysteme hilft dabei, Zusammenhänge hervorzuheben oder Gemeinsamkeiten zu erkennen. So findet zum Beispiel der Krimifan in der Bibliothek schnell andere Krimis, die ihm gefallen könnten.

Die Basiskonzepte der Biologie
Die Biologie ist in verschiedene Gebiete unterteilt. Dazu gehören zum Beispiel die Tierkunde, die Pflanzenkunde und die Zellbiologie.
Diese Teilgebiete sind eine Möglichkeit, das Wissen in der Biologie zu ordnen. Ein anderes Ordnungssystem sind biologische Grundregeln. Sie werden **Basiskonzepte** genannt. Die Basiskonzepte helfen dir, dein Wissen zu vernetzen. So erkennst du Gemeinsamkeiten verschiedener Bereiche der Biologie und kannst dein Wissen aus einem Bereich auf andere übertragen. Auf diese Weise unterstützen dich die Basiskonzepte dabei, die Biologie besser zu verstehen.
Drei wichtige biologische Basiskonzepte sind Struktur und Funktion, System und Entwicklung.

Struktur und Funktion
Lebewesen und ihre Organe sind so gebaut, dass sie ihre Aufgaben erfüllen können. Buntspechte hacken mit ihrem Schnabel Löcher in Bäume. Die Beute darin fangen sie mit ihrer Zunge. Der Bau der Zunge – ihre Struktur – hängt eng mit ihrer Aufgabe – ihrer Funktion – zusammen. Die Zunge hat an der Spitze kleine Haken. Damit kann der Buntspecht Käfer in ihren Gängen im Baumstamm aufspießen und herausziehen (Bild 2).
Laubblätter sind Organe von Laubbäumen. Die Kutikula ist eine Wachsschicht, die die Blätter vor Austrocknung schützt. Spaltöffnungen regeln die Wasserabgabe. Chloroplasten in den Zellen ermöglichen die Fotosynthese (Bild 3).

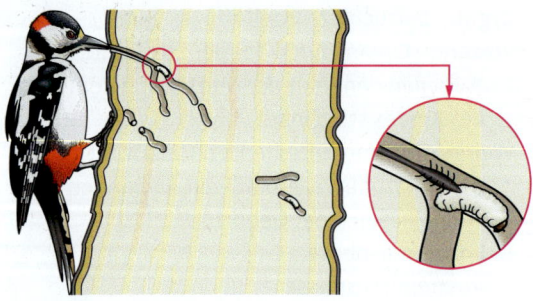

2 Die Zunge eines Buntspechts

Kutikula
obere Epidermis
Palisadengewebe
Chloroplast
Leitbündel
Schwammgewebe
untere Epidermis
Schließzellen

Spaltöffnung

3 Die Schichten eines Laubblatts

4 Eine Stadt ist ein Ökosystem.

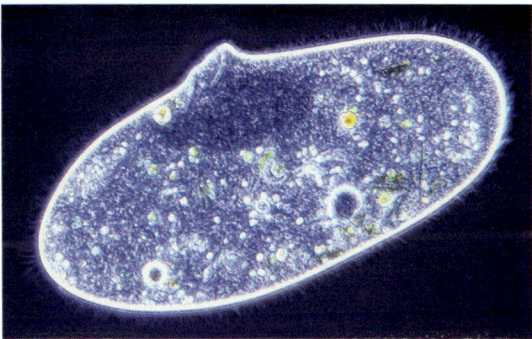
5 Ein Pantoffeltierchen ist ein System.

System

Ein Ökosystem ist ein System. Es hat verschiedene Bestandteile wie biotische und abiotische Umweltfaktoren. Wälder, Gewässer und Städte sind Beispiele für Ökosysteme (Bild 4). Lebewesen sind Bestandteile von Ökosystemen. Auch jedes Lebewesen ist ein System. Es besteht aus vielen Teilen und ist durch seine Körperoberfläche nach außen abgegrenzt. Einzellige Lebewesen wie Pantoffeltierchen haben verschiedene Organellen, die unterschiedliche Aufgaben erfüllen. Alle Organellen müssen zusammenarbeiten, damit das Pantoffeltierchen leben kann (Bild 5).

Entwicklung

Alle Lebewesen entwickeln sich mit der Zeit. Dies besagt das Basiskonzept Entwicklung. Die Entwicklung eines Menschen beginnt nach der Befruchtung der Eizelle durch eine Spermienzelle im Bauch der Mutter (Bild 6). Auch Ökosysteme entwickeln sich. Diese Entwicklungen verlaufen meist langsam. Durch plötzliche Ereignisse wie Überschwemmungen, Stürme oder Brände können sich Ökosysteme jedoch sehr schnell verändern.

> Bei vielen Beobachtungen in der Biologie lassen sich Grundregeln erkennen. Die Basiskonzepte beschreiben diese Grundregeln.

AUFGABEN

1 Die Basiskonzepte in der Biologie
☒ Nenne drei Basiskonzepte in der Biologie.

2 Der Klimawandel
☒ Durch den Klimawandel verändern sich die Lebensbedingungen in Ökosystemen. Erkläre, für welches Basiskonzept diese Veränderungen ein Beispiel ist.

3 Die Fortpflanzung
☒ Die Gebärmutter ist so gebaut, dass sich darin ein Kind entwickeln kann. Nenne das Basiskonzept, das auf die Gebärmutter zutrifft.

4 Der Wald
☒ Ein Wald besteht aus verschiedenen Schichten. Dort leben unterschiedliche Lebewesen. Nenne das Basiskonzept, das auf den Wald zutrifft.

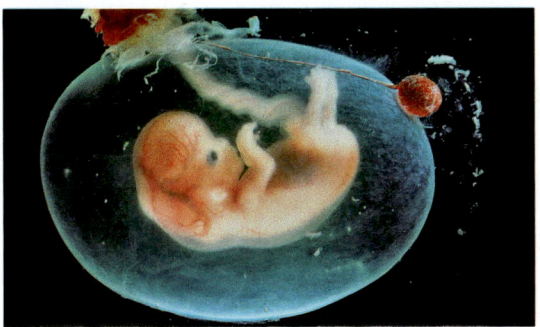
6 Ein acht Wochen alter Embryo

7 Ein Waldbrand

Stichwortverzeichnis

Gefahrstoffhinweise

Piktogramm	Signalwort	Gekennzeichnete Stoffe und Gemische ...
GHS01	Gefahr / Achtung	– können sich selbst zersetzen – können explodieren
GHS02	Gefahr / Achtung	– sind entzündbar – können sich selbst erhitzen – entwickeln bei Berührung mit Wasser entzündbare Gase
GHS03	Gefahr / Achtung	– haben eine brand-fördernde Wirkung
GHS04	Achtung	– stehen unter Druck (gilt für Gase)
GHS05	Gefahr / Achtung	– greifen Metalle an
GHS06	Gefahr	– sind giftig, bereits in geringen Mengen lebensgefährlich

Piktogramm	Signalwort	Gekennzeichnete Stoffe und Gemische ...
GHS07	Achtung	– sind gesundheitsschädlich – verursachen Haut- und/ oder Augenreizungen, allergische Haut-reaktionen, Reizungen der Atemwege, Schläfrig-keit und Benommenheit
GHS08	Gefahr / Achtung	– können bei Verschlucken und Eindringen in die Atemwege tödlich sein – können Organe schädigen – können Krebs erzeugen – können die Fruchtbarkeit beeinträchtigen – können das Kind im Mutterleib schädigen – können das Erbgut schädigen – können beim Einatmen Allergien, asthmaartige Symptome oder Atem-beschwerden verursachen
GHS09	Achtung	– sind giftig für Wasser-organismen

1 Gefahrstoffhinweise und ihre Bedeutung

Das Schutzbrillensymbol zeigt dir, wenn du eine Schutz-brille tragen musst. Das Handschuhsymbol sagt dir, falls du zur Sicherheit Handschuhe tragen musst.

Stoff	Signalwort	Piktogramme	H-Sätze und EUH-Sätze	P-Sätze	AGW in mg/m³
Methylenblau	Achtung	GHS07	H302	P301+P312+P330	–
Salzsäure $w \geq 25\,\%$	Gefahr	GHS05 GHS07	H314 H335	P260 P280	3
$10\,\% \leq w < 25\,\%$	Achtung	GHS07	H315 H319 H335	P303+P361+P353 P304+P340+P310 P305+P351+P338	

2 Gefahrstoffhinweise zur Durchführung von Experimenten in diesem Schulbuch

Bildquellenverzeichnis

Fotos

Cover: mauritius images/Minden Pictures; Cornelsen Verlag/Studio SYBERG; Logo u.r.: Cornelsen/Inhouse | Cornelsen/newVision!GmbH, Bernhard A. Peter: S. 44/2; Cornelsen/Jörg Mair bearbeitet von Bernhard A. Peter, newVision! GmbH: Foto: Science Photo Library/SUSUMU NISHINAGA: S. 203/3 | akg-images/Horizons/Ton Koene: S. 156/2 | ClipDealer GmbH: S. 246/3 | Cornelsen: Bernhard A. Peter, newVision! GmbH; Foto: Euromex Microscopen B.V.: S. 12/1; Birgit Lange: S. 21/2r.; Inhouse: S. 34/1, S. 54/2B–D; Jochim Lichtenberger: S. 198/2; Matthias Niedermeier: S. 84/1; Patrick Porzelt: S. 21/3; Peter Pondorf: S. 84/2, S. 242/2; Volker Minkus: S. 21/2l., S. 40/2, S. 55/3, S. 85/2, S. 88/1+2, S. 240/1 | Depositphotos: Andreas Berthold: S. 167/5; Andriy Popov: S. 171/6; Eduard Zayonch-kovski: S. 128/1; Giedrius Stakauskas: S. 136/1; Lukas Gojda: S. 131/5B; Maciej Zych: S. 180/2; Monkey Business: S. 174/1; Oleg Prolat: S. 148/2; Panther Media: S. 54/2A, S. 114/1o.; Valentyn Semenov: S. 69/3A; Vladyslav Horoshevych: S. 178/2 | Deutsche Bahn AG/Frank Kniestedt: S. 206/1 | dpa Picture-Alliance: S. 123/5D; blickwinkel: D. Mahlke: S. 123/5B, E. Teister: S. 181/5A, F. Fox: S. 97/4, M. Woike: S. 108/2B, McPHOTO/W. Rolfes: S. 106/1r., Naturfoto Frank Hecker: S. 91/7B, S. Meyers: S. 121/6; Chris Schenk/Buiten-beeld: S. 109/4B; euroluftbild.de/Zentralbild/Robert Grahn: S. 78/1; Helge Schulz/OKAPIA KG, Ge: S. 107/4B; imageBROKER: S. 96/2, S. 107/5, S. 114/1u., S. 126/r., S. 138/r.; S. 168/3; imageBROKER/A. Sommer: S. 211/3; imageBROKER/Reinhard, H.: S. 69/4; Jochen Tack: S. 106/1l.; M. Hoefer/blickwinkel: S. 81/4; Martin Grimm: S. 154/3; NaturimBild/blickwinkel/A. Wellmann: S. 91/5C; picturedesk.com/APA/www.picturedesk.com/ROLAND SCHLAGER: S. 150/3; Shotshop/Antonio Gravante: S. 69/3D; WILDLIFE: S. 113/2; Wolfgang Poelzer/WaterFrame: S. 109/4A; X03393/REUTERS: S. 166/4; Zentralbild/Patrick Pleul: S. 79/7; Zoonar: S. 108/1, S. 109/5A, S. 111/3, S. 130/2B+3, S. 135/1; Zoonar/Nico Smit: S. 214/3 | Ed Hawkins/University of Reading, lizenziert unter CC-BY 4.0. https://creativecommons.org/licenses/by/4.0/: S. 150/1, S. 188/3 | Friedrich Strauss Gartenbildagentur/Wothe, Konrad: S. 130/2A | imago images/Ralph Peters: S. 258/o.r. | Imago Sportfotodienst GmbH/Sven Simon: S. 225/5l. | Imago Stock & People GmbH: S. 156/4; Addictive Stock/Gabriel Trujillo: S. 147/5; agrarmotive: S. 69/5; blickwinkel: S. 93/4; blickwinkel/McPHOTO/B.Bachmann: S. 182/1; blickwinkel/S. Koerber: S. 95/4C; Cavan Images: S. 146/1l.; Design Pics/Don Hammond 450944: S. 222/1; Future Image: S. 225/5r.; imagebroker/imageBROKER/K.Wohlgemuth: S. 91/7A, S. 117/o.m.; imago images/Arnulf Hettrich: S. 125/2; imago images/imagebroker: S. 138/L.; imago images/Martin Müller: S. 181/4; imago images/Peter Widmann: S. 126/L.; Koall: S. 112/1; Westend61: S. 32/1 | interfoto e.k.: S. 59/3; ARDEA/John Daniels: S. 123/5C; ARDEA/Sven-Erik Arndt: S. 108/2A; FLPA/Dave Pressland: S. 113/1; FLPA/Dickie Duckett: S. 86/1; FLPA/Nigel Cattlin: S. 109/5D | Ising, H.; Sust, C.A.; Plath, P.: Gehörschäden durch Musik. Dortmund: BAuA, 2004. (erweiterten Quellenhinweis „Dr. J.-M. Aran, Bordeaux"): S. 204/3A+B | lookphotos: age foto-stock: S. 95/4B; Minden Pictures: S. 108/3; VWPics: S. 161/4; Wothe, Konrad: S. 86/3 | mauritius images: age fotostock: S. 87/5, S. 109/5E, S. 111/4u.; Agsaz/Alamy Stock Photos: S. 49/Zapfen | mauritius images/alamy stock photo: S. 247; Ammentorp Photography: S. 242/1; Andrew Darrington: S. 67/3; Antje Schulte: S. 33/4E; blickwinkel: S. 66/1; Chronicle of World History: S. 199/3B; John Birdsall: S. 228/1; Mariano Gaspar: S. 222/3; Micheko Productions, Inh. Michele Vitucci: S. 227/4; Sasa Huzjak: S. 204/1; Sebastian Rothe: S. 102/3A; Stephen Kill: S. 33/4A; Valeria Venezia: S. 226/1; Whittaker Wildlife UK: S. 120/4; Zoonar GmbH: S. 39/4B | mauritius images: Andreas Keil/All mauritius images: S. 30/1; blickwinkel/Alamy: S. 109/4C, S. 123/5A, S. 134/2; ClickAlps: S. 31/5; Eric V. Grave/Science Source: S. 115/4B; Francesco Puntiroli/Alamy: S. 108/2D, S. 111/4o.l.; Hermann Brehm: S. 87/4; Image Source: S. 25/2; lookphotos/age fotostock: S. 90/1, S. 263/5; Maskot: S. 233/2; Minden Pictures: S. 214/1; Mint Images Ltd.: S. 226/2; nature picture library: S. 98/1; nicostock9/Alamy: S. 162/1; Peter Weimann: S. 183/3B; Pitopia: S. 38/3A, S. 244, S. 255/1; Premium Stock Photography GmbH/Alamy Stock Photos: S. 102/3B; Radius Images: S. 79/5; Raimund Kutter/imageBROKER: S. 100/1; Ralph Deseniß/imageBROKER: S. 107/4C; Roland Birke: S. 115/4A; Science Photo Library/photoquest: S. 197/4o.; Science Source/All mauritius images: S. 16/1; Science Source: S. 24/2.2, S. 91/5A+5D; ; Stockbroker RF: S. 246/1; Tetra Images: S. 146/1r.; TPG RF: S. 254/1; Werner Otto: S. 170/3; Westend61: S. 102/2; Wilfried Martin: S. 33/4D; Wolfgang Weinhäupl: S. 25/3 | OKAPIA KG/Lighthouse/Francesco Tomasinelli: S. 157/6 | Panther Media GmbH: Jens Ickler: S. 164/3; Martin Wagner: S. 68/1; Rico Ködder: S. 144/2B; Wieslaw Jarek: S. 69/3B | Science Photo Library: S. 20/1; Biophoto Associates: S. 11/5, S. 24/2.3; Bjorn Rorslett: S. 215/5; Claude Nuridsany & Marie Perennou: S. 10/2; DAVE ROBERTS: S. 208/2l.; David Campione: S. 102/1; DR G. MOSCOSO: S. 263/6; Gschmeissner, Steve: S. 3/o., S. 8–9; Guenther, Gerd: S. 90/3, S. 117/o.l.; Joshua Stevens/Landsat data from the USGS/GEOS-5 data/Landsa/NASA GSFC: S. 150/2; Marek Mis: S. 44/1; NEIL BROMHALL: S. 251/3; Shaw, John: S. 155/5; Universal Images Group/Wild Horizon: S. 178/3 | Shutterstock.com: Adrian Eugen Ciobaniuc: S. 130/4; AlanMorris: S. 145/5; alexandre zveiger: S. 213/3.1; Alexxndr: S. 69/3C; Andreas Hermanspann: S. 169/4; Andrii Oleksiienko: S. 17/4; Arthur Palmer: S. 52/3; Bernhard Staehli: S. 162/2; BlueSkyImage: S. 194/1; Boonchuay1970: S. 49/Salat; captureandcompose: S. 150/4; Christian Roberts-Olsen: S. 154/2, S. 263/7; COULANGES: S. 30/4; DC Studio: S. 211/4; decathlon: S. 252/1; Dietrich Leppert: S. 35/5; Dionisvera: S. 49/Apfel; Emel Malms: S. 94/1; Fevziie: S. 212/1; gallofilm: S. 129/4B; GenViewFinder: S. 234/2; Gil C: S. 222/2-Hintergrund, S. 260/l.; Giuseppe_R: S. 213/3.4; Gorloff-KV: S. 165/4; GP PHOTOTRENDS: S. 95/4A; Ihor Hvozdetskyi: S. 50/1; Inga Nielsen: S. 35/4; Irina Kozorog: S. 67/5; Irina Markova: S. 160/3A; Ivonne Wierink: S. 111/2; Jacek Chabraszewski: S. 13/3; Jane Rix: S. 183/3D; kheartmanee thongyot: S. 181/5B; Kichigin: S. 53/5; Lebendkulturen.de: S. 91/5B; LeManna: S. 46/1; Lukas Pavlacik: S. 108/2C; Lukassek: S. 79/6; Martin Allinger: S. 213/3.6; Martin Cambriglia: S. 176/1; Martin Mecnarowski: S. 30/3; Matthew J Thomas: S. 155/6; Maxx-Studio: S. 262/1; Monika Surzin: S. 33/4C; Monkey Business Images: S. 194/2, S. 248; Montypeter: S. 34/3; Moskwa: S. 181/6; MZPHOTO.CZ: S. 4/o., S. 76–77; NadyGinzburg: S. 166/1; Nattika: S. 49/Möhren; New Africa: S. 10/1; Nick Starichenko: S. 166/3; NicoElNino: S. 144/3; ON-Photography Germany: S. 38/3B; Panksvatouny: S. 165/5; PARALAXIS: S. 153/3, S. 169/5; Photo_Olivia: S. 39/4A; pikselstock: S. 213/3.3; Piotr Marcinski: S. 213/3.2; PRESSLAB: S. 210/1; Protasov AN: S. 135/2B; RACOBOVT: S. 22/2; rangizzz: S. 178/1; rfranca: S. 175/4; ricok: S. 80/1; riekephotos: S. 82/1; Robson90: S. 129/4A; Rocksweeper: S. 81/3; Romolo Tavani: S. 180/1; Sabangvideo: S. 160/3B; Samuel Borges Photography: S. 213/3.5; schankz: S. 49/Kartoffeln; SciePro: S. 24/2.1; Stephen Moehle: S. 51/4; Swetlana Wall: S. 38/1; Thijs de Graaf: S. 183/3C; Tim UR: S. 49/Kirschen; travelpeter: S. 109/5C; TTphoto: S. 52/1; TunedIn by Westend61: S. 18/1; Vaclav Matous: S. 131/5A; Vincent Vroom: S. 144/2C, S. 263/4; Vitalii Matokha: S. 220/1; whitetherock photo: S. 254/2; Willyam Bradberry: S. 103/5; Wondervisuals: S. 128/3; YesPhoto-graphers: S. 78/2 | stock.adobe.com: 2017 Karel Smilek: S. 3/u., S. 28/28-29; als: S. 135/2A; Andrey Armyagov: S. 103/4; AYAimages: S. 129/5; Backwoodsdesign: S. 184/2; BY-_-BY: S. 220/u.m.r.; carballo: S. 196/1; Carol Hamilton: S. 4/u., S. 118/118-119; ChayTee: S. 171/4; Christian Müller: S. 179/4; Christian: S. 156/1; creativenature.nl: S. 132/1; deagreez: S. 171/5; DisobeyArt: S. 220/u.r.; ebenart: S. 125/1;

Erni: S. 56/1B; Federica Fortunat/faithie: S. 221/2; Fiedels: S. 198/1; Forenius: S. 235/5; Friedberg: S. 120/1; Gerisch: S. 180/3; Gialdini Luca 2008/ScubaDiver: S. 155/4; Gorodenkoff: S. 230/2B; hammann1982: S. 208/Hammer; helmutvogler: S. 109/5B, S. 111/4o.r.; Henryk Niestrój: S. 121/5; Himmelreich Photo: S. 60/1; ilijaa: S. 234/3; Image Source: S. 154/1; Jacob Ammentorp Lund: S. 223/4; Jacob Lund: S. 228/2; Jesus: S. 56/1A; JoseASReyes: S. 170/1; JosLuis: S. 24/2.4; JRG: S. 130/1; Jürgen Kottmann: S. 67/4; Kadmy: S. 230/2C; Konrad Weiss: S. 161/5; Korn V./Quality Stock Arts: S. 146/2; lena_zajchikova: S. 49/Kohlrabi; LeslieAnn: S. 209/1; LGBTQ+/Drobot Dean: S. 6, S. 218-219; LIGHTFIELD STUDIOS: S. 229/4; MEISTERFOTO: S. 62/1; merla: S. 5/u., S. 192/192-193; Mike Lane/Erni: S. 83/3; Mirko Vitali: S. 223/5; Miros: S. 157/5; mitifoto: S. 164/1; Monkey Business: S. 238/1, S. 250/1; moritz: S. 122/3; motivjaegerin1: S. 78/3; MrPreecha: S. 183/3A; Muskoka: S. 134/1; NDABCREATIVITY: S. 230/2A; OLAF VON LIERES/von Lieres: S. 208/Steigbügel; photocech: S. 214/4; photology1971: S. 208/Amboss; Quynh: S. 129/6; Radius Images/Jochen Schlenker/Designpics: S. 78/4; RedUmbrella&Donkey: S. 230/1; rohappy: S. 221/1; Ronald Rampsch: S. 33/4B; sebra: S. 202/1; Stanislav Samoylik: S. 5/o., S. 142/142–143; Stocksy/Kike Arnaiz/Stocksy: S. 224/1; Svitlana: S. 258/1; Thorsten Schier: S. 53/4; Tunatura: S. 182/2; Uncites: S. 107/4A; Valerii Honcharuk: S. 236/1; Viesturs: S. 125/3; VINSI: S. 122/1; Wavebreak Media: S. 220/u.l.; Andreas Sell: S. 144/2A; Westend61/Maya Claussen: S. 230/2D; weyo: S. 148/1; william87: S. 220/u.m.l.; WINIKI: S. 88/3; Wirestock Creators: S. 46/3; Елена Гурова: S. 120/3

Illustrationen

Atelier G/Marina Goldberg: Gefahrensymbole | Tierzelle: Katrin Mall; Pflanzenzelle: Tom Menzel; bearbeitet von newVision!GmbH, Bernhard A. Peter: S. 27/m.l. | newVision!GmbH, Bernhard A. Peter bearbeitet von Rainer Götze: S. 231/1, S. 233/1, S. 245/2-5 | Bernhard A. Peter, newVision! GmbH: S. 85/1+4, S. 86/2, S. 89/4, S. 92/1-3, S. 96/3, S. 97/6+7, S. 104/4, S. 105/5-7, S. 110/1+2, S. 112/2, S. 120/2, S. 124/1+2, S. 131/6, S. 139/3+4, S. 140/1+2, S. 144/1, S. 147/4+6, S. 148/3, S. 149/4+5, S. 151/5, S. 152/1+2, S. 153/4+5, S. 156/3, S. 159/2, S. 160/1, S. 161/6, S. 162/3, S. 163/4+5, S. 164/2, S. 165/6, S. 166/2, S. 167/6+7, S. 168/1+2, S. 169/6, S. 170/2, S. 172/1, S. 173/4, S. 176/2, S. 177/3+4, S. 184/1, S. 185/4+5, S. 186/3, S. 187/4, S. 189/4, S. 190/l.+r., S. 191/l., S. 195/3, S. 212/2, S. 213/1, S. 215/6, S. 217/l. | Cornelsen/Inhouse: S. 2/r. | Detlef Seidensticker: S. 105/8, S. 114/3 | Detlef Seidensticker bearbeitet von newVision!GmbH, Bernhard A. Peter: S. 46/2 | Detlef Seidensticker bearbeitet von Rainer Götze: S. 243/4, S. 259/4 | DiGraph: S. 214/2 | Esther Welzel: S. 172/2 | Esther Welzel bearbeitet von Rainer Götze: S. 16/2+3, S. 27/o.r.+u. | Heike Keis bearbeitet von newVision!GmbH, Bernhard A. Peter: S. 32/2, S. 82/2 - bis S. 83, S. 116 | Jörg Mair: S. 80/2, S. 106/2, S. 114/2, S. 122/2, S. 123/4, S. 141/l. | Jörg Mair bearbeitet von newVision!GmbH, Bernhard A. Peter: S. 32/3, S. 54/1, S. 74/l., S. 128/2, S. 197/4u., S. 202/2, S. 208/1, S. 217/r., S. 251/4 | Jörg Mair bearbeitet von Rainer Götze: S. 252/2 | Karin Mall: S. 45/2, S. 85/3, S. 201/3+r. | Karin Mall bearbeitet von newVision!GmbH, Bernhard A. Peter: S. 11/4, S. 45/1, S. 47/7, S. 196/2 S. 199/4, S. 200, S. 201/4 | Karin Mall bearbeitet von Rainer Götze: S. 22/1, S. 254/3 | Karin Mall bearbeitet von Tom Menzel: S. 34/2 | Maryse Forget & Robert Fontner-Forget, bearbeitet von Rainer Götze: S. 256/2 | Matthias Pflügner: S. 158/1, S. 189/5, S. 199/2, S. 207/1, S. 216/1, S. 232/1 | Matthias Pflügner, bearbeitet von Rainer Götze: S. 253 | newVision!GmbH, Bernhard A. Peter: S. 30/2, S. 31/6, S. 37/2+3, S. 40/1, S. 41/3+4, S. 47/4, S. 50/2, S. 51/3, S. 52/2, S. 56/3, S. 57/4, S. 58/1+2, S. 59/4, S. 64/1+2, S. 65/3+5, S. 70/1, S. 72, S. 73/3 | newVision!GmbH, Bernhard A. Peter bearbeitet von Rainer Götze: S. 24/4, S. 26/2 | PEFC Deutschland e.V.: S. 2/u. | Rainer Götze: S. 17/5, S. 18/2o., S. 23/3, S. 24/1, S. 25/1+4, S. 26/3+4, S. 27/m.r., S. 106/3, S. 111/1, S. 113/3, S. 145/4, S. 146/3, S. 188/1+2, S. 197/3, S. 199/1, S. 204/2, S. 222/2, S. 224/2, S. 226/3, S. 227/5, S. 229/5, S. 231/2, S. 234/1, S. 236/3, S. 237/5, S. 246/2+4, S. 251/5, S. 256/1+3+m.r., S. 257/1, S. 258/m.r., S. 259/5, S. 260/li., S. 260/r. | Rainer Götze bearbeitet von newVision!GmbH, Bernhard A. Peter: S. 207/2, S. 208/3, S. 209/2, S. 216/2 | Tom Menzel: S. 36/1, S. 37/4, S. 39/5, S. 42-43, S. 47/5+6, S. 48, S. 56/2, S. 60/2, S. 61/4, S. 62/2, S. 63/3, S. 66/2, S. 68/2, S. 70/3, S. 71/5, S. 73/4, S. 74/r., S. 75, S. 90/2, S. 94/2+3, S. 95/5+6, S. 97/5, S. 98/2, S. 99/4, S. 104/2, S. 115/5, S. 117/u.l., S. 137/3, S. 160/2, S. 185/3, S. 186/1+2, S. 199/3A, S. 239/3+4, S. 241/4, S. 259/3, S. 262/2 | Tom Menzel bearbeitet von newVision!GmbH, Bernhard A. Peter: S. 10/3, S. 13/2, S. 14/1+2, S. 23/1, S. 38/2, S. 49/1+2, S. 60/3, S. 71/4, S. 89/5, S. 90/4, S. 96/1, S. 98/3, S. 100/2, S. 101/3, S. 104/1+3, S. 117/o.r., S. 132/2, S. 132/3, S. 133/4, S. 136/2, S. 137/4, S. 141/r., S. 179/5, S. 191/r., S. 210/2, S. 213/2, S. 240/2, S. 261/u., S. 262/3 | Tom Menzel bearbeitet von Rainer Götze: S. 15/1+2, S. 18/2u., S. 19/3, S. 23/2, S. 24/3, S. 236/2, S. 237/4, S. 238/2, S. 240/3, S. 242/3, S. 250/2, S. 252/3, S. 255/2, S. 258/2, S. 261/o. | Walther-Maria Scheid: S. 91/6

Arbeitsaufträge richtig verstehen

Aufgaben enthalten oft bestimmte Signalwörter. Wenn du genau weißt, was sie bedeuten, dann gelingt dir das Lösen der Aufgaben leichter, denn die Signalwörter sagen dir, was du tun sollst.
Tipp: Wenn es möglich ist, dann verwende in deiner Antwort das Verb und das Nomen aus der Aufgabe.

Nennen – benennen – angeben – aufzählen
Nenne fünf Umweltfaktoren.

Hier sollst du etwas stichwortartig auflisten oder aufzählen. Meist findest du die Informationen im Text oder im Bild zur Aufgabe. Oder du sollst dich an etwas erinnern, das du zuvor gelernt hast.

Lösung:
Wasser, Licht, Temperatur, Boden, Lebewesen

Beschreiben
Beschreibe, was bei der Fotosynthese geschieht.

Hier sollst du die Merkmale eines Sachverhalts oder auch eines Bildes in eigenen Worten wiedergeben. Manchmal musst du auch beschreiben, was du beim Experimentieren beobachten konntest.

Lösung: Bei der Fotosynthese werden aus Wasser und Kohlenstoffdioxid mithilfe von Lichtenergie Traubenzucker und Sauerstoff hergestellt.

Erklären
Erkläre, wieso durch den Klimawandel der Meeresspiegel steigt.

Hier sollst du Zusammenhänge, Abläufe, Strukturen oder Ursachen eines Sachverhalts verständlich machen. Dabei sollst du Regeln, Gesetzmäßigkeiten und Ursachen verwenden. Häufig kannst du Formulierungen nutzen wie „Wenn ..., dann ..." oder „Um ... zu ..." oder „Je ..., desto ...".

Lösung: Durch den Klimawandel wird es wärmer, dadurch schmilzt das Eis auf dem Land. Es fließt als Wasser ins Meer, dadurch steigt der Meeresspiegel. Durch den Klimawandel wird auch das Wasser in den Meeren wärmer. Wenn Wasser wärmer wird, dann dehnt es sich aus. Auch dadurch steigt der Meeresspiegel.

Erläutern
Erläutere am Beispiel von Füchsen, was Kulturfolger sind.

Hier sollst du Zusammenhänge, Abläufe, Strukturen oder Ursachen eines Sachverhalts verständlich machen, indem du zusätzliche Informationen wie Bilder oder Beispiele verwendest.

Lösung: Kulturfolger sind Wildtiere, die den Menschen aus dem Freiland in die Kulturlandschaft der Stadt gefolgt sind. Sie sind an die Lebensbedingungen in der Stadt angepasst und finden dort Nahrung und Lebensräume.
Füchse leben in der Stadt in Parks und Gärten. Sie fressen Mäuse und Wildkaninchen, aber auch auch Essensreste aus Mülltonnen.

Begründen
Begründe, warum es ein Vorteil ist, dass die Hodensäcke außerhalb des Körpers liegen.

Hier sollst du Sachverhalte auf Gesetzmäßigkeiten, Regeln und Ursachen zurückführen und Zusammenhänge aufzeigen. Hilfreiche Wörter sind: „weil", „wegen", „aufgrund" und „dadurch".

Lösung: Weil die Hoden außerhalb des Körpers im Hodensack liegen, sind sie etwas kühler als das Körperinnere. So gelingt die Spermienzellbildung am besten.

Ordnen – Zuordnen
Ordne die folgenden Lebewesen den Produzenten, Konsumenten oder Destruenten zu: Pilz, Fuchs, Holunder, Kaninchen, Eiche, Wurm.

Hier sollst du Wörter in eine sinnvolle Reihenfolge bringen oder in Gruppen zusammenfassen.
Oft steht in der Aufgabe, nach welchen Kriterien die Informationen oder Wörter geordnet werden sollen. Manchmal musst du auch selbst herausfinden, wonach du Informationen ordnen kannst.

Lösung:
Produzenten: Holunder, Eiche
Konsumenten: Kaninchen, Fuchs
Destruenten: Pilz, Wurm